U0716865

工业革命400年

吴京平·著

海南出版社
·海口·

图书在版编目（CIP）数据

工业革命 400 年 / 吴京平著 . —— 海口：海南出版社，
2023.6（2024.8 重印）.

ISBN 978-7-5730-1131-2

Ⅰ.①工… Ⅱ.①吴… Ⅲ.①产业革命 – 通俗读物
Ⅳ.①F419–49

中国国家版本馆 CIP 数据核字 (2023) 第 067654 号

工业革命 400 年
GONGYE GEMING 400 NIAN

著　　者：吴京平
出 品 人：王景霞
策划编辑：高　磊
责任编辑：于晓静
内文插画：飞客流侬
封面设计：云间 book
责任印制：杨　程
印刷装订：三河市祥达印刷包装有限公司
读者服务：唐雪飞
出版发行：海南出版社
总社地址：海口市金盘开发区建设三横路 2 号
邮　　编：570216
北京地址：北京市朝阳区黄厂路 3 号院 7 号楼 101 室
电　　话：0898-66812392　010-87336670
电子邮箱：hnbook@263.net
版　　次：2023 年 6 月第 1 版
印　　次：2024 年 8 月第 2 次印刷
开　　本：710 mm×1 000 mm　1/16
印　　张：27
字　　数：385 千字
书　　号：ISBN 978-7-5730-1131-2
定　　价：89.00 元

【版权所有，请勿翻印、转载，违者必究】
如有缺页、破损、倒装等印装质量问题，请寄回本社更换。

序

毋庸置疑，工业革命是人类历史上具有开天辟地意义的重大转折点。可以说，工业化改写了近现代的历史进程，也使我们每个人的生活方式发生了巨大改变。我们国家最近几十年所发生的翻天覆地的变化，其实就是工业化的奇迹。

所以，这也就引起了我的兴趣。历史上一轮又一轮的工业革命究竟是如何发生的？人类的一项又一项技术发明，如何推动着社会的不断进步？这两个问题一直为我所关注。

当我在搜集这方面的资料的时候，有一种感觉，那就是其中的故事大家差不多都知道。比如瓦特改良蒸汽机，比如爱迪生鼓捣电灯泡，这些都是进了课本的内容。但是，我总觉得这些故事还缺点什么，还有很多东西没讲透。

随着研究的深入，一系列问题也随之而来——为什么是瓦特成了蒸汽机之父，其他人就不行？瓦特做对了什么？为什么瓦特不是出现在法国？什么样的环境能让发明家的奇思妙想落地开花？

为什么最早发明火车头的理查德·特里维西克穷困潦倒，反倒是乔治·斯蒂芬孙成了火车之父？

电灯泡是不是爱迪生发明的？为什么爱迪生围绕灯泡申请了那么多专利？他怎么成了洛克菲勒的潜在竞争对手？

为什么经常是跨行业的选手能够"乱拳打死老师傅"？

特斯拉是如何从欧洲移民到美国的？为什么这些人总喜欢往美国跑？

总之，历史是一条连绵不断的长河，任何一件事的发生都不是孤立存在的，一定和当时的环境与时代密切相关。一边是技术的演变更迭，另一边是人与人之间的恩怨情仇，再加上社会环境的变迁，这几条线索逐渐在我的脑子里交织成了一张网。

这个题材，我酝酿了很久，最终决定把这个故事一章一节地讲出来，从第一次工业革命的煤炭与锅炉，一直讲到智能手机的出现，讲到乔布斯和比尔·盖茨。整个过程就像评书一样连绵不断，相信您是不会觉得枯燥的。

也许，您会在阅读过程中感觉到历史的某种相似性。我们在这个时代所经历的一系列的快速变化，其实之前就已经在欧洲和美国的大地上发生过。

有人说："历史不会重复，但是经常押韵。"我们经历了40年的快速爆发式增长，其实美国在120年前也曾经经历过这种花团锦簇的"镀金时代"，差不多也是40年。我们现在号称基建狂魔，美国当年也曾经是"基建狂魔"，修了差不多40万千米铁路，该修的不该修的，全修了一遍。

你可能也想不到，特斯拉曾经在美国的街头流浪，有可能正好碰上了1886年全美各地工人为争取8小时工作制而举行的罢工，最后间接导致了五一劳动节的诞生……

所以说，不论是中国还是外国，遇到的问题都是那么相似。美国当年也曾经面临着社会发展方向的调整，要从一切向"钱"看的镀金时代，进入调整纠偏的进步时代。

今天的中国正在崛起，这种盛况无论怎样评估都不为过。甚至有人认为，这是人类经济史上自英国工业革命以来最为壮观的历史事件之一。未来往何处去，值得我们思考。回顾这段历史轨迹，但愿能对未来有所启示。

好，祝您阅读愉快。

吴京平

2023年1月5日

CONTENTS
目录

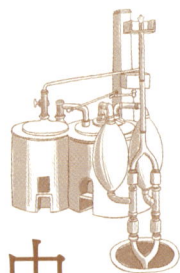

中
篇

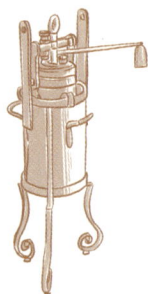

下篇

工业革命400年

上篇

01 击败无敌舰队：海外孤岛的逆袭

工业革命的话题可以说是千头万绪，我们不得不从这场风暴的起点说起——孤悬海外的"英伦三岛"。

英格兰本来地盘就不大，即便是把整个大不列颠岛都算上，也不过跟我国湖南省差不多大。因为境内任何一个地方到海边的距离都不超过120千米，所以大不列颠岛上的人对海洋一点儿都不陌生。

对于欧洲来讲，英伦三岛地处偏僻的西北角，孤悬海外，是大海在保护着这个小岛不受敌人的入侵。从意大利发源的文艺复兴运动在欧洲大陆已经广泛传播，以至影响到了北欧，从北欧绕了个大圈，才来到英伦三岛。

当时，正是英女王伊丽莎白一世统治期间，尽管英伦三岛在经济和军事上总有磕磕绊绊，但文艺方面倒是绽放出了绚丽夺目的光彩——莎士比亚和培根就生活在这个时期。不过，这位女王的名声却不怎么好，因为她始终是和海盗联系在一起的。有关这事儿，我们必须从一个叫霍金斯的人讲起。

这个霍金斯可不是一般人，他父亲是一位出色的商人。当时最赚钱的行当是航海，霍金斯的父亲就经常跑到巴西做生意。霍金斯从小跟着父亲在船上溜达，对航海技术可谓是耳濡目染。

当时的欧洲正处在地理大发现的时代，自从发现了美洲，西班牙人和葡萄牙人就拼命在海外占地盘，为此没少闹矛盾。于是教皇出面，在大西洋里划出一条"教皇子午线",线西边的归西班牙,线东边的归葡萄牙。双方又讨价还价了好久,才最终划定了各自的势力范围。1504年,他们两家把分界线向西挪动了一大截,大约就是以西经46度为界。这一挪动就造成了后来完全不一样的后果。巴西凸出来一块,这一块恰好在教皇子午线的东边,归了葡萄牙。本来西班牙想独占南美大陆,这下被葡萄牙切去一大块。不过西班牙也不含糊,占了菲律宾。菲律宾按理说是在教皇子午线的东边,但地球是圆的嘛,一路向西,跨越太平洋也能到菲律宾。1529年,两家再次商定了势力范围,其实就是对既成事实加以追认罢了。

1554年,霍金斯的父亲去世了,于是他继承父业,从普利茅斯启航,去加那利群岛做生意。那儿是西班牙的地盘,他不过是打工而已。所以,尽管他跟西班牙人打交道多,知道有一门生意利润巨大,但是他的资金不够,迟迟启动不了这个赚钱的大项目。到了1559年,他结婚了,他的老丈人有钱,而且朋友也多,一来二去,他就众筹到一大笔钱,资金问题总算是彻底解决了。

1562年,霍金斯做好准备,领着船队就出发了。船队一共三艘帆船,最大的船排水量为120吨。他们先开到加那利群岛,找了个西班牙的领航员,又把船直接开到了非洲的几内亚和塞拉利昂一带。船上装的都是些纺织品、盐、酒之类的货物,他先把这些货卖了,再加上带来的本钱,在周围转了转,就开始在塞拉利昂"进货"了。舱里装满了"货",导致船员没地方睡,只能睡在甲板上。船舱黑咕隆咚的,里面没光,气味非常难闻,还不时传来镣铐的声音。

里边装的都是什么?是整整300名黑奴!

霍金斯常年跟西班牙人打交道。美洲是西班牙的地盘,非常大,地盘一大,麻烦就来了——土著印第安人因为殖民者从旧大陆带去的传染病而大批死亡,导致美洲劳动力紧缺。霍金斯灵机一动,就开始从英格兰拉上几船货物出发,到非洲卖掉,再装上奴隶到南美洲卖掉,最后从南美洲采购一批

图1-1 霍金斯通过"三角贸易"赚得盆满钵满

货物带回英国。因为航线是个三角形，所以这种玩法叫"三角贸易"，霍金斯就是英格兰玩"三角贸易"的第一人。

他带着三艘船奔着美洲驶去了，到了加勒比海，船靠在西印度群岛的"小西班牙岛"（当时叫圣多明各岛，现在叫伊斯帕尼奥拉岛），他们在港口卸"货"。西班牙人一看，船里赶下来300名黑奴，看着还都不错。霍金斯卖了个好价钱，带着兽皮、生姜、糖和金银财宝从美洲回了普利茅斯。因为这一趟赚得盆满钵满，霍金斯的事迹在社会上引起了轰动，就连英女王伊丽莎白一世都知道了。女王陛下动心了，她把自己那艘排水量为700吨的船折算成钱入了股。这艘船可比霍金斯自己的船大多了。霍金斯又一次扬帆起航。这一次来，气氛跟上次不一样了，新大陆各地的西班牙人见了他们都躲着，不敢跟他们接洽。原来是上面有令，贩卖奴隶只能西班牙人独家经营。

最后，霍金斯只好靠武力威胁和强买强卖，并且残酷地镇压黑人的反抗，抓了无数的黑奴贩卖，带着大批金银回了英格兰。

1565年9月他们凯旋后，女王亲切接见了他们，并奖赏霍金斯一枚徽章，上面的图案就是一个被捆绑的黑人。

在霍金斯的"光辉事迹"感召下，一大群英格兰人有样学样，全都玩开了"三角贸易"。西班牙政府当然火冒三丈，坚决不允许。霍金斯嘴上答应，私下里却找到女王伊丽莎白一世商讨对策。女王看在钱的面子上，明知这是非法贸易，仍然允许霍金斯再去一趟，而且全力支持。

这一次出动了五艘船，规模比上次大多了。以前女王入股的那艘"耶稣号"是霍金斯的座舰，女王又给添了两艘船，队伍一下扩大了不少。另外还有一艘小船入伙，它叫"朱迪斯号"，这艘船很小，排水量只有50吨。它属于霍金斯的表弟，表哥发了大财，表弟心里也痒痒。这个年轻人日后将成为西班牙人可怕的对手，他叫德雷克。

1567年，霍金斯第三次远航，一开始很不顺利，碰上了风暴，好不容易到了非洲海岸，霍金斯派了150人上岸去抓黑人，可惜没抓到多少，不过正好碰上黑人部落之间发生战争。霍金斯跟部落首领谈妥了条件：俘虏都归霍金斯。这一仗就为霍金斯提供了300多个黑奴，加上先前陆陆续续抓的，凑够了500个黑奴，就押到船上开往南美洲了。他们还俘获了一艘葡萄牙的快船，改名叫"上帝的恩典"，加入了自己的船队。这一次算是赚大了。

起先在美洲还比较顺利，霍金斯把奴隶全卖光了，还收获了大批金银财宝，只要顺当地回到英国，就万事大吉了。可惜，老天爷不给面子，刮了一场飓风。霍金斯他们不得不设法避风，把船开到了墨西哥的韦拉克鲁斯港避风。巧合的是，西班牙海上缉私大队的13艘战舰，也全开进了港口避风。

一开始还相安无事，到了第三天，西班牙人说霍金斯这帮人是海盗。霍金斯矢口否认。西班牙人不由分说，突然开炮，导致霍金斯的船队损失惨重，死伤300多人，他带出门一起发财的人非死即伤，船也沉了好几

艘。霍金斯顾不得难过，逃命要紧。最后就只有他和德雷克开着两条小船跑出来了。

消息传得比他们俩的破船快多了。他们还没到家，女王伊丽莎白一世就知道了他们惨败的消息，她不由得勃然大怒，下决心要报复西班牙。正好一支运送财宝的西班牙船队为了躲避法国胡格诺新教徒武装民船的追捕，逃至英国港口避难。女王伊丽莎白一世当即下令于1568年12月夺取了这支西班牙船队的财宝。

从此，西班牙和大不列颠算是结下梁子了。女王伊丽莎白一世颁发了"劫掠许可证"，见着西班牙的船就抢。时间到了1577年，德雷克又一次带着从女王那儿筹来的启动资金，朝太平洋杀奔而来。一开始他带了五艘船，结果路上闹内讧，跑了两艘。德雷克来到了麦哲伦海峡的入口，那里被西班牙人重兵把守，意外地，德雷克被一场大风吹到了更南边。他这才发现，大家的地理认知存在着多么大的错误！

过去，大家都认为存在一个巨大的南大陆。亚里士多德在自己的著作《气象通典》中就是这么说的。托勒密更是发展了这种思想，他们讲究"南北对称"，地球上已经发现的大陆大多集中在北半球，一定存在一个南大陆与之平衡，南大陆与北半球的陆地面积想来应该是对称的。麦哲伦环球航行的时候，一路沿着南美海岸往南走，终于发现有条狭窄的水道可以从大西洋通往太平洋。这个狭窄的水道就被称为"麦哲伦海峡"，是西班牙人重兵防守的地方。而海峡南岸，麦哲伦认为是南大陆的一部分。

这边，德雷克被往南吹了好几百千米。他发现一道宽阔的海域出现在面前，往南不是南大陆吗，怎么会是海呢？闹了半天，麦哲伦海峡南岸的那片陆地根本不够大，只是个海岛罢了。我们现在知道，那个岛是火地岛。火地岛和南极洲之间还有一道宽阔的海峡，现在被称为"德雷克海峡"，就是用德雷克的名字命名的。

德雷克海峡风大浪急，又恰好经过著名的咆哮西风带；洋流的方向也是从太平洋流向大西洋，是水流量最大的南极环流的一部分。德雷克溜到了太平洋，一路北上，大肆劫掠。

他们先后抢了十几座城堡和许多小船，最后在秘鲁外海遇到了一个大金库——一艘装了2.5万比索黄金的西班牙船。2.5万比索是什么概念呢？当时，1比索是37.3克左右的西班牙银币，和墨西哥银币是一样的规格。1墨西哥银币差不多等于明朝1两银子。明朝县官一年的工资是90石粮食，折合银子是42两。照这个算法，这笔钱大概够一个明朝县官干600年了。要折合成现代的财富数额，就只能粗略折算，大约是700万英镑，也就是约合6000万人民币的样子。只是现代人对财富已经没有了切身感受，一切不过是银行账号里的一串数字罢了，很难想象一船的金银珠宝摆在自己面前的那种震撼。

不管怎么算吧，仅两天，他们就从西班牙的"圣克里斯托瓦尔号"抢到了大量金银财宝。到了第三天，德雷克觉得差不多了，就趁着混乱开船溜了。

德雷克在各个城市都有眼线，他接到线报，有两艘大帆船满载着金银财宝，一艘就是刚被自己劫的"圣克里斯托瓦尔号"；另一艘更大的、金银财宝更多的船刚走不久，那就是"卡卡费戈号"。这艘船上装的金银财宝比"圣克里斯托瓦尔号"装的可要多得多。

德雷克不可能放过这艘船。于是，追了两个礼拜，他们终于追上了。夜里9点钟左右，对方听见动静，等他们看到"金鹿号"时，发现炮口全对着自己。

德雷克干脆利落地收拾了对方，"卡卡费戈号"的船长安东和水手长被押到"金鹿号"上关了起来；船上装了价值达30万比索的财宝，其中有钻石、祖母绿、红宝石、80磅纯金、26吨纯银、13箱银币，还有大量的果品和砂糖，也都被德雷克收入囊中。为转运这批货值巨大的战利品，德雷克足足花了6天时间。重达100吨的"金鹿号"吃水变得特别深，此时的"金鹿号"，堪称移动的金库。那时候的"吨"虽与现在的公制单位有差异，但相差不大。而26吨纯银，我们可以按明朝的银两计算，那时候一两是37.3克左

右，26吨可是几十万两白花花的银子，再加上其他的首饰、金子，以及砂糖（砂糖那时候也很值钱），总计大约价值上百万两银子。除此之外，船上还装有粮食、布匹。"金鹿号"上满载的价值由此可见一斑！

德雷克的确是高级海盗，他知道不能把事儿做绝，就把被抓的对方船员聚集到一起，然后给每个人发了路费遣散。但是，不管他如何优待俘虏，还是把西班牙人彻底得罪了，他们在整个美洲沿岸画影图形捉拿德雷克，对麦哲伦海峡更是严防死守。西班牙人算计着，德雷克要回英格兰必定走这里。但是德雷克不信邪，他觉得麦哲伦能发现南方的通道，从大西洋进入太平洋，那么北边有没有类似的通道呢？因此德雷克就想往北走，试图找寻返回大西洋的秘密通道。到了加拿大海岸一看，一片冰天雪地，过不去啊，怎么回英国呢？

其实德雷克不知道，在遥远的北冰洋里面有一条西北航道，从加拿大北方沿岸钻过去是完全可能的。但对于当时的德雷克而言根本走不了，所以他只好从东方回到英格兰。为了躲开西班牙人的追杀，他横下一条心横渡太平洋，走印度洋，绕好望角回了英国。他是世界上第二个完成了环球航行的人。德雷克出发的时候带了几百人，回家的时候只剩下59个人。风险虽高，但他们个个都发了大财。女王陛下的投资回报率更是高得吓人，1英镑得到的回报是47英镑，她当然会犒赏一下远道回家的德雷克。女王陛下亲自登上"金鹿号"，德雷克双膝跪地，接受封赏。女王用权杖轻触德雷克的肩头，封他为爵士，这是多大的荣誉啊！接下来的故事就是他娶了位贵族小姐，双方年龄的差距大约就相当于刘皇叔和孙尚香。

德雷克回家以后，买了一栋豪宅，还买了个修道院。他还当选了国会议员，并且出钱修了一段下水道。德雷克就此过起了退休生活。

1585年，女王下令让皇家海军再出去一趟，攻击西班牙的港口和殖民地。德雷克能不去吗？他欢天喜地带着21艘战船和1800名水兵就把西班牙的维戈港劫了，足足抢了两个星期，然后杀向佛得角群岛，杀向加勒比海，杀向中美洲，把西班牙人搅得人仰马翻。最后，他们扛着大包小包的战利品回了英国。西班牙人差点气疯了。

到了1587年，伊丽莎白女王处死了苏格兰女王玛丽一世。这事儿就成了导火索，之前错综复杂的各种矛盾集中爆发。玛丽一世的丈夫，也就是西班牙国王腓力二世开始组织自己的弟兄要远征英格兰。一开始，伊丽莎白一世得到的消息是，西班牙人还在谈条件，并没有要动手，这个情报显然不准。等她得知西班牙人正在加的斯港（就在直布罗陀海峡的边上）修船、组织召集军队的消息，她气得摘下拖鞋，扇在了失职的情报员脸上（这是真实的历史记载）。

德雷克向女王提了个大胆的计划：主动袭击西班牙的港口。女王觉得有道理，就批准了。德雷克马上行动，带着船出发。德雷克来到了西班牙的重要港口加的斯港。1587年3月，德雷克率领小船队袭击了西班牙的加的斯港。西班牙人万万没想到这个活祖宗会找上门来，停泊在港内的不同国家的60多艘船挤成一团，陷入一片混乱，其中包括5艘满载饼干和葡萄酒的货船。这些船正准备开往里斯本，给集结在那里的无敌舰队运送军需品和粮食，还有被征来的供无敌舰队使用的荷兰船，全都卸下船帆做仓库使用。

这次偷袭，德雷克取得了重大的成功，不但打沉了许多船，还抢到了约11万英镑的财富，更重要的是摧毁了大批的木材和木桶等战略物资。要知道，大航海时代，木桶是不可或缺的战略物资，它可以用来存储火药、酒、水、食物等东西，用完了可以拆开，不占地方，没有它真不行。这次偷袭为英格兰人赢得了一年以上的准备战争的宝贵时间。英格兰没有退路，全部水手都被动员起来参加海军。

对于腓力二世来讲，这简直是被人揪掉了下巴上的胡须：你要说损失大吧，也还好；你要说疼吧，也挺疼的；你要说丢面子吧，的确是没脸见人；可是你要说伤筋动骨，那还不至于。他手下可不只一个国家跟着他，还有威尼斯、热那亚、西西里等小国。1588年4月25日，西班牙"无敌舰队"

图1-2 德雷克满载而归

举行了隆重的出征授旗仪式。5月28日，这支舰队从里斯本出发了。远征军的规模很大，有130艘战船，大约有8000名水手和18000名"陆战队员"，以及1500门青铜大炮、1000门铁炮。那个年代，冶炼技术不发达，火炮是价格很贵的高科技装备，不可能每条船都有，它们平时就存放在岸上的军火库里，出海的时候才能借出来。"无敌舰队"的130艘船中，主力是28艘大军舰，其中有20艘西班牙大帆船（盖伦船）、4艘加莱船（划桨战舰，机动性好，没风天也能机动冲撞）、4艘意大利战船，其他都是一些改装的民船和小船。舰队规模很大，仅出发就花了两天时间。按他们的计划，舰队先前往荷兰一带，那里有3万强悍的陆军等着呢，接上地面部队后，再跨海登陆作战，一直打到伦敦，活捉伊丽莎白一世。

英格兰人曾经在法国和西班牙之间的比斯开湾进行过拦截，但西班牙舰队防守严密，英格兰人无功而返。此时，英格兰也组织了一支相当大的舰队，船只总数大约是200艘，不过大船少（21艘排水量为200~400吨的大船），而且火炮数量只有西班牙人的一半。

然而，这一仗英格兰人大获全胜，他们满载着战利品回到了普利茅斯港。这是一次以弱胜强的海战，虽然有大量的偶然因素，但是起码鼓舞了英格兰人的信心。原来这个孤悬海外的国度也能打败世界最强的国家，他们从此立下雄心壮志，要做世界上首屈一指的大国。这一战是英国命运的转折点，从此英国走向了统治海洋的巅峰之路。

但是，英国人称霸世界的路途并不一帆风顺。1589年，女王伊丽莎白一世要趁热打铁，攻打西班牙。结果德雷克又犯老毛病了，他先去抢劫了一堆金银财宝，耽误了两个礼拜的正事。结果西班牙人有防备，德雷克这帮人铩羽而归。1591年西班牙人卷土重来，德雷克又和西班牙人打了几仗。有时候顺利，有时候不顺。德雷克后来还被降职，毕竟世界上也没有常胜将军。

1595年，德雷克去打加纳利群岛，后来又去打波多黎各，他都输了。在此之后他得了痢疾，1596年1月28日，他病死在了军舰上。不过德雷克临死留下一句话："假如英格兰有需要，只要敲响战鼓，德雷克就会从地狱里回来保卫英格兰。"

英格兰和西班牙之间的战争一直断断续续。英格兰人口只有西班牙的一半，是法国的四分之一，军队打仗用人只能靠临时召集。一直到女王伊丽莎白一世病死，詹姆斯一世继位，西班牙和英格兰讲和，这事儿才算消停。詹姆斯一世同时担任英格兰、苏格兰和爱尔兰的国王。这样大不列颠岛就整合起来了，力量也得到了增强。

在女王伊丽莎白一世的时代，人才辈出，你可能想不到德雷克与培根曾经生活在同一个时代，也想不到当时还有那位大文豪莎士比亚。培根说过"知识就是力量"，这话一点儿也不假。英伦三岛不能总是靠打打杀杀过日

子，今后还是要靠脑子吃饭的。詹姆斯一世在位期间，海军荒废，海上利益得不到保护，因为他居然开始收取造船税。开什么玩笑？英伦三岛全靠海外贸易，收造船税？这不是作死嘛。果然，航运受到了极大的打击。詹姆斯一世自己造了不少华而不实的大船，而且还搞君权神授，闹得跟议会关系紧张。后来他儿子查理一世上台了，大家都上过历史课，查理一世也没得好下场，最后被拉出去"砍头"了。

那一阵子还有克伦威尔主政、查理二世复辟等一系列的历史大事件，伦敦城的主人也像走马灯一样换来换去。1665年，伦敦变得像座死城一样，黑死病在这座城里肆虐。有钱人早跑去乡间住别墅了，谁还在城里待着？穷人们不一样，他们没地方跑。港口也没停歇，大批的货物被运到伦敦，还有大量的外来人口涌进伦敦。据说一年多时间，伦敦死了10万人，也有说5万人的，毕竟当时的统计不全面，如今只能估计一个数字。到了1666年9月，疫情总算得到了一定的控制。疫情发生时，查理二世溜得快，如今见形势好转，他也回到了伦敦。哪知他前脚刚到，立刻就出大事了。一夜之间，整个伦敦城灰飞烟灭……

　　伦敦城暴发的黑死病也就是鼠疫。老鼠是重要的传染源，跳蚤却是最主要的传播媒介，因为跳蚤会在人和老鼠之间传播病菌。当时，整个伦敦地区大约有40万人，据说死了大约四分之一，因此有头有脸的人物都跑了。周围的城镇都防着伦敦的鼠疫蔓延，连牛津大学和剑桥大学也都停课了。

　　此时，伦敦的黑死病已经渐渐得到了控制，患病人数开始减少了，查理二世也回来了。

　　但是，倒霉事总是接二连三。1666年的9月1日这天夜里，伦敦市普丁巷一个叫法里纳的面包师下班了，他急着回家，大概是忘了把炉子里的火完全熄灭，结果到了后半夜，也就是9月2日凌晨，面包房就着起火来了。

　　面包房临近泰晤士河，周围的仓库和商店堆满了各种易燃材料。偏巧那天风力强劲，飘飞的火星把周围的易燃易爆品点着了。火势一发不可收拾，不断向其他地区蔓延。住在面包房顶楼的一个值班人员拉响了警报。后来，一位目击者——作家佩皮斯在他的日记中记录了当时的情形："如果你当时站在风里，那么你几乎会被火星组成的雨点烧焦。"

　　周围的人都被警报声惊醒，一看大火烧过来了，马上四散奔逃。当地离泰晤士河不远，大家都往河边跑，尤其是往河里的船上跑，到河对岸最安全。当然，也有不怕死冲进去救火和抢救财产的。整个街区火光冲天，

夹带着哭喊声和噼啪作响的房屋爆裂声。神职人员文森特在日记中写下了他当时的心情："我觉得伦敦的希望消逝了！完了！伦敦完了！"

佩皮斯马上向查理二世的弟弟约克公爵报告，把自己在路上和船上的所见所闻这么一说，约克公爵觉得这事儿大了。说起来，这个面包房还是国王的财产呢。查理二世知道以后，马上组织救火。

伦敦市市长呢？他到哪儿去了？其实这位市长刚上任没多久——前任染上黑死病去世了。这天是礼拜天，他在家睡觉，因为最近也闹了几次小火灾，但都没惹出大乱子，他就懈怠了。后来他得到报告，火烧大了，已经失控了，才跑来一顿指挥，但没起到什么作用。

当时的伦敦城，房屋密度非常大，而且太多的穷人跑进了城里，没地方住就先搭个茅草棚子凑合着。有钱人为了躲避黑死病，早就举家搬到了乡间住别墅。查理二世还真有先见之明，他早就颁布法令，要限制伦敦的房屋密度，必须留出足够的空间。茅草屋、铁匠铺等全集中在市中心，万一着火怎么办？哪知道这个新上任的伦敦市市长头一个跳出来反对，说降低居住密度不现实。国王的法令就成了一纸空文。所以，国王看见这位市长就一肚子气，现在还瞎指挥，干脆就把他撤了。

伦敦城里有一部分民兵在，说是民兵，大致也就是保安这个级别的。他们是资本家、商人自己雇的人，经常在夜间巡逻。在这事儿上，他们起了大作用。

在大火烧起的时候，他们跑遍市中心的各个街道，摇铃铛、吹哨子、跑去教堂敲钟，叫人们赶快起床逃命，好多人因此保住了一条命，房子就只能看着它烧了。最后怎么灭火的呢？他们采用以毒攻毒的办法，用黑火药炸倒了好多房屋，清理出一条隔离带，才把火势控制在一定范围内。一直到9月6日，大火终于熄灭了。

半个伦敦城被烧掉了，1.3万间房屋被烧毁，87个教区的教堂被烧毁，300公亩（3万平方米）的土地化为焦土。圣保罗大教堂被烧毁，连带古墓也遭了殃。据说，统计下来，有名有姓被烧死的只有5个人：引起火灾的面包师的女仆；舒尔大街上的钟表匠保罗·洛厄尔；一个老人从圣保罗教堂里抢出了一条毛毯，自己却被烟雾呛死；还有两个人试图抢救出粮食和财物，却倒霉地被困在地窖里。

要知道，一场大火中死的人是不会如此之少的，恐怕是有人完全烧没了没法统计。现在有些研究者认为，大火也有另外一面，那就是减少了老鼠和跳蚤的数量。这场大火倒有可能彻底给这场瘟疫画上了句号。

后来，大家追究到底谁是罪魁祸首。一时间谣言四起，人们都以为是外国间谍作恶，或者是异教徒图谋不轨。首相承担了责任被撤职，最后也没人去追究那个面包师的责任。

家园已经被毁，无数人逃离了伦敦城，好多人再也没有回到这里。上万人在郊区搭帐篷勉强度日。伦敦城的重建计划马上被提上了议事日程。国王驾前宠臣，著名的天文学家、艺术家和建筑师雷恩爵士受命担纲伦敦城的总设计师。他有一位好助手，叫罗伯特·胡克。这位胡克是一个优秀的科学家，他经常能搞出稀奇古怪的发明，比如复合显微镜，而且还造出了反射望远镜。他小时候学过画画，还会搞设计。可以说这个胡克是个多面手，哪个方面都拿得出手。

在随后的重建过程中，胡克就开始大显身手了，他负责了近一半的调查、测量工作，还要调解大量的地产纠纷。比如，房子没了，房钱还要不要交？那年头也没火灾保险，一切都还没发明呢。这些事情，胡克处理得井井有条。伦敦开始大兴土木、建设新家园时，工人人手出现了短缺，建筑材料也出现了短缺。胡克提议，是不是比照法国巴黎的香榭丽舍大道，设计一条城市的主干道呢？大家都不干，英国是以保守主义著称的，他们比较喜欢一切照旧，在原来的基础上改改就好了。过去不是密度太大吗？街道改宽敞点儿。房子都是木头的，现在都改成石头的。隔一段距离打一口井，用作消防的水源。泰晤士河边上的仓库里也

别再堆放易燃易爆品了。城里总不能没有消防队，接下来还要组建消防部门……伦敦城的公共职能部门开始慢慢走向正轨。

到了1667年，大部分人都有房子住了，不再搭帐篷了。1675年圣保罗大教堂开工，到1710年才竣工，是典型的巴洛克建筑，这是雷恩的手笔，就是现在我们能看到的样子。雷恩和胡克还搭档修建了一系列建筑，比如皇家的肯辛顿宫、汉普顿宫、皇家交易所、格林尼治天文台等。当然还有一个重要的纪念建筑，就是伦敦大火纪念碑，为了告慰在天的亡灵。

重建伦敦城拉动了英国经济的复苏，所以，写了《鲁滨逊漂流记》的作者笛福感慨，如果没有那场大火，伦敦乃至整个英国的经济不会那么快有起色。伦敦着火的时候，笛福才6岁，他是1660年出生的，可以说是见证了整个城市的变迁。

这个时期，好多科学巨人都开始登上历史的舞台。科学家们一开始只是私下搞搞小聚会，互相交流一下自己的研究成果，人员也没那么多。后来慢慢地形成了两拨，牛津一拨，伦敦一拨。我估计就是懒得两地跑，毕竟两地之间有距离。后来查理二世复辟时，伦敦变得很活跃，人们都聚到伦敦来了。12个科学家组成一个小团体，每周讨论科学问题和实验问题。而且他们开始招兵买马了，他们列了个40人的名单，认为这些人都应该被引进和吸收。

1662年，国王查理二世颁发了皇家特许状，成立"伦敦皇家学会"。后来又追加了一道特许状，正式给予名称"伦敦皇家自然知识促进学会"。胡克被指定为学会的主席。从那时起，每一任国王都是学会的保护人。现在这个组织的名称非常长，全称叫作"伦敦皇家自然知识促进学会的会长、理事会及追随者们"，简称"皇家学会"。它是世界上历史最长且从未中断过的科学学会，在英国起着国家科学院的作用。

有了皇家学会，科学家们有了聚会与交流的场所，不再在自己的书斋里单打独斗了。1669年，牛顿正式担任了卢卡斯数学讲座教授。这个教席算是最著名的教席之一了。牛顿算是正式进入了学术界，已经不是昔日那个穷学生了。

牛顿和胡克一开始还是不错的朋友，但是后来反目成仇。胡克和牛顿这段公案，几乎贯穿了这两位顶尖科学家的一生。双方都是那个时代的杰出学者，也是当时最"好战"的人士；双方都秉持着求知求真的态度，互不相让。这可能是科学史上规模最大的撕扯，涉及许多领域。一开始两人的战斗领域在光学范围内，一个推崇波动说，一个支持微粒说。然后两人就开始撕扯万有引力的知识产权问题，折腾了整整30年。之后，数学家莱布尼茨加入战团，开始撕扯微积分的发明权；天文学家弗拉姆斯蒂德掺和进来，指责牛顿和哈雷合伙偷数据。

胡克生于1635年，他是牧师的儿子。胡克从小就表现出对机械制造和绘画的浓厚兴趣和创造力，画家约翰·霍斯金斯曾看到过小胡克用煤炭、红土和白垩土画画，认为他有绘画天赋。1648年，父亲去世后，胡克来到伦敦谋生。在霍斯金斯推荐下，胡克成为肖像画家彼得·雷利的学徒。不久胡克离开画室进入威斯敏斯特学校读书。校长理查德·巴斯比很看重他的天赋，免除了他的学费，后来两人成了很好的朋友。胡克在威斯敏斯特学校学习了拉丁文、希腊文和几何等一堆课程。教区牧师、数学家约翰·威尔金斯和天文学家塞斯·沃德也注意到胡克在机械制作上的创造力和技巧，并且引导他开始学习物理、天文和医药化学。1653年，胡克得到牛津大学教堂唱诗班的工作。

18岁那年，胡克进入牛津大学。虽然他没能取得学位，但却取得了"比一千个学位都重要的东西"——他认识了一批当时活跃于牛津的学者，最重要的是遇到一个人，这个人可以说在胡克的学术道路上起了重要的作用，他就是当时著名的化学家玻意耳。胡克一开始就在玻意耳手下当助手。

这个玻意耳可不是一般人。他出生的前一年，培根刚刚去世。那是个"巨人"辈出的时代，而且往往有一位"巨人"刚去世，马上就有一位未来的"巨人"出世的情况出现。玻意耳从小就在欧洲大陆游历，而且超级爱看书。即便是在马背上，他也手不释卷。他看到一本书，这本书不但科学原理解释得丝丝入扣，而且文采飞扬；不但是科学经典，还是意大利文学名著。年轻的玻意耳看得入了迷，这本书写得太有意思了。

这是一本什么书呢？这本书的名字很长，叫作《关于托勒密和哥白尼两大世界体系的对话》，有人嫌长，简称《两大世界体系的对话》，结果还是嫌太长了，最后简称《对话》。这也太简化了，不会混淆吗？不会的，这本书名气太大了。因为作者就是大名鼎鼎的伽利略。他巧妙地安排了三个人的对话，一方坚持托勒密的地心说，另外一方坚持日心说。这本书，内容和观点看上去不偏不倚，不但科学性极强，而且文学水平很高。

玻意耳的父亲是保皇派。那年头，保皇派和革命派正闹得不可开交。玻意耳的父亲战死沙场，于是他家经济一落千丈，玻意耳也就没钱在欧洲大陆继续游历了，不得已跟着姐姐回伦敦居住。在伦敦，他认识了科学教育家哈特·利泊，哈特·利泊鼓励他学习医学和农业。

说起医学来，玻意耳深有感触，他小时候因为大夫开错了药，差点儿把他的命给搭上。从此，他一看见医生就吓得不行，怕医生甚于怕疾病。但总不能自己熬着吧？于是他就找各种医学书来看，自己给自己治病，各种方子都拿过来尝试，稀奇古怪的偏方他也不放过。

他因为研究医学，经常要和药物打交道，慢慢地就对化学产生了兴趣。那个时代，各种学问分得不太清楚。化学就是一个非常模糊的东西。玻意耳自己建立实验室，自己在家做实验，经常是黑着脸从屋子里出来，天知道他又把啥东西给烧了。

后来，一帮爱好科学的人士组成了一个小团体，叫作"无形学院"，经常一起讨论各种科学问题。所谓无形学院，我理解的就是"没有围墙的大学"。他们一小撮人走到哪儿，学校就在哪儿。这就是皇家学会的前身。玻意耳很早就参加了无形学院的活动。一开始，无形学院经常在伦敦出没，后来一帮人转战到了牛津。玻意耳只能在家里潜心读书，开始日子过得倒也安逸。但是他心里痒啊，见不到好朋友，没人跟他聊科学，他慢慢憋不住了。1654年，玻意耳去了牛津，在通信不发达的年代，地理位置对朋友圈的影响非常明显。

玻意耳在牛津建立实验室，自己一个人忙不过来，必须找个帮手。于是他就找了几个年轻人来帮他，其中就有胡克。

在玻意耳手下，胡克成长得非常快。玻意耳发现胡克这个小伙子动手能力极强，最擅长制作实验仪器。正巧马德堡市市长奥托·冯·格里克做了一个物理学教科书上的经典实验，叫作马德堡半球实验，就是将两个半球合拢在一起，中间抽成真空，两边用了16匹马才把半球拉开。马德堡半球实验推翻了亚里士多德"自然界讨厌真空"的理论，证明了大气是有压力的。这个实验因为规模大，参观人数多，具有轰动效应，所以这事儿很快就传遍了欧洲。

玻意耳正好也在研究气体。那时候各种知识还处于自然哲学阶段，哲学与科学还没彻底分家。按照当时的化学理论，气体是基本元素，所以化学家研究气体的性质是再自然不过的事了。当他听说马德堡半球实验以后，心里痒痒，就想自己也试试。但一个老大难问题是，他没有真空泵。研制真空泵是德国物理学家格里克的独门绝活。最后，他把这个难题抛给了胡克。

胡克在没图纸、没资料的情况下，愣是凭着自己的心灵手巧，做出来一个非常棒的气泵。玻意耳当然乐开了花。果然，此后不久，玻意耳就拿出了一系列关于气体的成果。比如燃烧必须依赖空气，声音也是在空气里传播的……后来还提出了"玻意耳定律"，描述了气体压强与气体体积的反

比关系。这是人类历史上第一个被发现的"定律"。

介绍个小知识，定律和定理有啥不一样呢？先说一个口诀——"定理可以证明，定律可以推翻"，这句话反过来也对，"定理不可推翻，定律不可证明"。层层推导推出来的叫作"定理"。假如是观察总结出来的规律，那么就叫作"定律"。一个来自笛卡儿的演绎法，一个来自培根的归纳法。路数是不一样的。

图2-1 玻意耳的真空泵

玻意耳定律是他自己做实验总结出来的，不是用数学慢慢推算出来的，所以是"定律"。玻意耳做实验的时候，胡克一直在旁边帮忙。大约就是在这几年里，玻意耳根据自己的思想和研究成果开始写一本书，叫作《怀疑派化学家》。一开始玻意耳是匿名出版的，别人都不知道这本书是谁写的，后来才发现是玻意耳写的。

这本书也是描写几个人的对话。在一个炎热的夏天，四个人在一棵大树下争论起来，其中一个代表怀疑派化学家（摆明了就是玻意耳本人嘛），另一个代表逍遥派哲学家，还有一个代表医药化学家，最后一个哲学家保持中立。四人经过一番激烈辩论，怀疑派化学家把逍遥派哲学家和医药化学家的种种谬论驳得体无完肤。

很明显，玻意耳是伽利略的忠实粉丝。连对话这种写作方式，他都照方抓药。而且，这招好使啊，生动活泼，还能把问题讲透。在古代，没有什么化学。中世纪有一拨人是财迷，只想炼金子。要说化学就是炼金术，另一拨人显然不同意这种说法。他们不为钱财，钱是身外之物，他们是为了长生不老。在他们看来，化学就是"炼丹术"，炉运阴阳火，功兼内外丹。吃了以后可以化去俗骨，得道成仙。到后来，大家发现，无论炼丹术还是炼金术，都是不靠谱的。化学可以用来制药，治病救人，这要实际得多。有一个阶段，化学家就是药剂师。

但是玻意耳却站在了不一样的立场上，玻意耳认为，化学归根结底就是化学。它就是它自己。化学不是依附于其他学科的东西，化学是一门独立的学科。所以，玻意耳的这本书是近代化学史上的一座里程碑，他的江湖地位由此奠定。后世有人尊称他为"近代化学之父"。不过这个名分究竟给谁，大家也在撕扯中。有人说应该给拉瓦锡，也有人说应该给道尔顿。总之，玻意耳比较早，而且够资格。

后来皇家学会成立了，玻意耳在牛津，不在伦敦，所以他没能成为第一批会员。不过大家公认玻意耳应该是皇家学会的元老之一。到了1680年，大家选玻意耳当皇家学会会长，他因为体弱多病，并且讨厌宣誓仪式而拒绝就任。而胡克在皇家学会从一开始一直干到最后去世。

胡克一开始掌管皇家学会的实验工作。苦于没经费，他不得不到唱诗班去混一份工资。但长期当志愿者也不是个事儿，后来，胡克弄了不少的

实验给国王演示，其实就是拉赞助——只有解决了经费问题，他才能成为专职的科学家。后来经济问题算是解决了，他也当上了几何学教授。

在皇家学会的实验主任职位上，胡克干得非常出色。他知识面宽广，擅长机械设计，胡克轮式气压仪及实用的测速仪都是他鼓捣出来的。他首先对弹簧性质进行研究，提出了力学领域最基本的胡克定律。

那时候，没有什么著作权的概念。如果谁有一个想法或者成果，还不想发表出来，但是又怕被别人抢先，他们就会把自己的研究成果加密，写成密码，交给可靠的证人。等到有把握了，或者别人有了类似的结论时，他们就可以告诉那个证人如何解密。等解开一看，果然是自己领先了。这就是一种证明自己比较厉害的方法。胡克就是这么做的。1676年，他通知证人解开密码，解开一看，就是一句话："力如伸长（那样变化）。"说得直白一点儿，就是应力与伸长量成正比。这就是胡克定律。

胡克在光学仪器的制造上，功劳也是非同小可。他制造的第一台复合显微镜，放大倍数不小，而且看得非常清晰。他很喜欢把各种东西放到显微镜底下观察。有一次，他从树皮上切了一片软木薄片放在显微镜下观察，结果他观察到了植物细胞（这些细胞早就死了）。胡克觉得它们的形状类似教士们所住的单人房间，所以他使用单人房间的"cell"这个词命名"细胞"。这是史上第一次成功观察到细胞。

同年胡克出版了《显微术》这本书，这本书其实是一本手册，讲了一些如何使用显微镜或望远镜进行观察的要领，包括前面讲过的如何观察软木切片。胡克用过的显微镜至今仍然保存在美国国家卫生与医学博物馆里，成了非常珍贵的文物。这本书上有大量的插图，胡克绘画方面的"童子功"显示出来了，插图画得真不错。

荷兰有个市政厅看门人名叫列文虎克，他看到《显微术》这本书，大受启发。他把所有的业余时间全部用来磨镜片，反正闲着也是闲着。他对胡克的镜片进行了改进，性能提高了不少。他猛然发现，原来在显微镜头下的微小世界里，居然有那么多微生物。他给英国皇家学会断断续续地写了好多信。皇家学会让胡克鉴定一下这些成果。胡克一看，写得真不错，尤其是他磨镜片的手艺太棒了，那就发表吧。于是，这些信件被发表在皇家学会《哲学学报》上。从此，一个看大门的保安名留青史了。后来他被称为"微生物学之父"。

成也光学，败也光学。胡克真正跟牛顿结下梁子，还是因为望远镜的事儿。

1663年，苏格兰天文学家格里高利设计了一种使用反射镜片的望远镜，可他手艺不行，能设计但是造不出来。年轻的牛顿在1668年端出了一架漂亮的反射式望远镜，现在很多天文商店都有这架望远镜的复制品卖，设计原理和格里高利的不一样。这种望远镜被称为牛顿式反射望远镜，简称"牛反"。胡克看了以后很不爽，要知道光学和仪器设计，那是他的地盘，这个牛顿竟然也来插一杠子。

图2-2　牛顿提交给皇家学会的望远镜（复制品）

胡克强调，他先于牛顿七年就做出了一架仅有3厘米长的反射望远镜，性能比其他的大望远镜还强。甚至还有更小型的设计，可以装在怀表里。前一阵子闹黑死病，然后伦敦又着了一场大火，后边的重建工作把工夫全耽误了，要不然自己早就搞出来了。

牛顿那时候岁数不大，哪儿敢跟胡克叫板。胡克的脾气和牛顿不一样，他比较好炫耀，很多东西还没搞完善，就已经到处讲。胡克一方面喜欢出风头，另一方面又怕别人剽窃自己的东西，好多东西不拿给别人看，给人的印象并不好，很多人心里不爽。牛顿心里也不爽。

胡克吵架的本事也很大，跟好多人结过梁子。莱布尼茨到访英国，拿出一台手摇计算机，设计得比皇家学会的要好。胡克这个皇家学会实验主任基本上就相当于造办处。莱布尼茨拿出东西来嘚瑟，等于是直接打了胡克的脸。胡克跳出来尖酸刻薄地嘲笑了莱布尼茨一顿。后来这个胡克还跟荷兰的惠更斯闹知识产权纠纷——游丝弹簧到底是谁发明的，双方吵得一塌糊涂。最后大家受不了了，皇家学会立规矩，开会禁止谈游丝弹簧知识产权问题……

这些矛盾都不是一天之内产生的，是长期积累的结果。胡克与牛顿更大的梁子还在后头，两个人最后几乎闹得水火不容，这又是怎么回事儿呢？

牛顿在家做光学实验，他用三棱镜分解了白光，从而证明白光是由不同颜色的光混合而成的。光谱分解以后，各种单色光都没办法再分解了，因此这些单色光是单纯的。牛顿就用微粒说来解释为什么会出现色散这个现象。

胡克是光学专家，牛顿的论文就交到了胡克手里审核。当时的胡克是推崇"波动说"的，他认为光是一种波，是一种振动。当他看到牛顿用微粒说来解释光的色散时，他非常不爽，因此对牛顿的论文是横挑鼻子竖挑眼。牛顿也属于心高气傲非常自负的那一类，他的论文怎么容得下别人去批评？

牛顿对胡克给他的批评一一作了反击，而且他的观点得到了很多皇家学会同人的赞同和拥护。他们发现牛顿这个家伙拿出来的东西果然非常靠谱。胡克，你不是说牛顿的实验有问题吗？现在大家决定，你去把牛顿做过的那些实验重新再做一遍，而且要提交实验报告。胡克推三阻四，拖了足足有4年才提交报告。这时黄花菜都凉了，大家的兴趣关注点也早就不在这儿了。

自那之后过了3年，到了1675年12月，牛顿又提交了两篇有关光学的论文。胡克再次传小道消息，说牛顿剽窃了他好多想法，好多灵感是从他的著作里提取的。当然胡克也不是在公开场合说的，他都是在喝咖啡、几个人聚会之类的场合说的。难免有牛顿的朋友私下里传消息给牛顿。牛顿听了当然就很不爽了。

一来二去，两个人闹得非常不愉快，所以交往渐渐就少了。牛顿有很多想法和研究成果就不再写论文发表了，而是自己在家闷着。因此，牛顿写的论文并不多。

到了1676年4月，胡克终于写完了那份报告。报告在皇家学会公开展示，最后证明牛顿的实验结果是对的。自此，光学领域的撕扯告一段落，但是在引力范围内的撕扯即将开始。

1677年，胡克当上了皇家学会的秘书长。会长一般都是贵族，不怎么管具体事务。胡克一方面要管实验，另一方面还要整理文书档案，工作还是很繁忙的。因此他就要求皇家学会给他配个秘书，可惜皇家学会没钱，连薪水都不能保证按时发放，更别说找个秘书了。胡克那一阵子心情也不好，脾气也差。

牛顿和胡克曾经通信讨论过有关引力的问题。当时有人猜测行星轨道之所以是椭圆的，是因为受到一个力的作用，这个力发生在太阳和行星之

间。最早提出行星运动三定律的开普勒曾经猜测，这是因为磁性作用。磁性是遵守平方反比规律的。胡克也猜想，这个力应该是遵守平方反比规律的。不仅仅是胡克，其他人也有类似想法。

胡克问了牛顿一个问题："假设地球不会遮挡任何物体，从高塔上扔一个小球，这个小球将会走出怎样的轨迹呢？"牛顿顺嘴就回答了："应该是条螺旋线，坠向地心吧。"胡克心说"你也有犯错误的时候——应该是走出椭圆轨迹，飞回到原来的位置。这跟行星绕太阳运行不是一码事吗？"

他挖了个坑，牛顿还真就掉进去了。于是胡克再次发挥小广播的特性，到处跟人家宣讲："你看，我问了牛顿一个问题，他答错了，可见他还是不行嘛。"牛顿非常生气，但是他的风格不是到处传小道消息，而是找地方隐居。牛顿要是再冒头，又会被胡克盯上。

这也说明了一个问题，胡克是有这种猜想的，天体和地球上的万事万物都受到同一种规律的支配吗？这种东西应该就是重力。胡克在《显微术》这本书的最后，也附带了几张月亮的图。胡克也在设想，月亮上会不会也有重力作用，就类似于地球的重力？显然胡克认为引力普遍都有，不论地球还是月亮。在此之前的哲学家和科学家总是把天上的事儿和地上的事儿分割开，他们认为这两个空间并不遵循同一种规律。这个观念在胡克他们那一代人里慢慢被打破。

雷恩爵士有一次和胡克以及哈雷在咖啡馆闲聊，他就问："到底这个平方反比规律和行星的椭圆轨道之间有什么样的关系呢？到底能不能根据平方反比规律来推算出轨道呢？"这在当时没人搞得定，雷恩爵士问胡克，胡克直晃脑袋；转头问哈雷，哈雷也摇头。雷恩爵士不仅是个杰出的建筑师、艺术家，还是个不错的科学家。哈雷研究过鸦片的药效，也研究过鱼类的保鲜技术。那年头并不像现在，学科之间的界限如此清晰，科学和超科学往往混杂在一起不容易分辨，而且皇家学会里也有很多奇人，跨界混搭在皇家学会的成员里是常事儿，雷恩爵士就是跨界典型。

这天在咖啡馆，雷恩来了兴致，他说："你俩要是谁先算出来，我给40先令。"这笔钱在当时相当于半个月的工资，可见雷恩还是蛮大方的。胡克说他有办法，但是不便透露，以免有人偷学本事。后来他就不提了。可是哈雷着了迷，他一定要想法子找到答案。

1684年，哈雷憋不住了，去了剑桥大学找牛顿，寒暄几句以后，哈雷就把问题提出来了："假如行星和太阳之间的引力遵循平方反比规律，那么它的运行轨迹是啥样的呢？"牛顿脱口而出："是一个椭圆。"哈雷吓了一跳，这回答也太快了吧。哈雷又问："你怎么知道的呢？"牛顿的回答更让哈雷吓了一跳，牛顿说："我算过。"

牛顿就开始翻找过去的稿纸，翻了半天啥也没找到。他答应哈雷，再算一遍，记录下来给哈雷看。好几个月过去了，哈雷终于看到了牛顿的论文，高兴得直蹦。牛顿的论文太精妙了。要知道当时世界上有能力推导这个轨迹的也就两个人，一个是牛顿，一个是莱布尼茨。因为他俩手上有数学利器微积分，别人搞不定。莱布尼茨心思不在这事儿上，也就是说，对这事儿感兴趣且能搞定的，就牛顿一人。哈雷算是问对人了。

同年12月，哈雷把牛顿的论文公开发表了。后来两人混熟了，哈雷不断地拜访牛顿，不由得挑大拇指称赞牛顿。因为牛顿的思想太厉害了，这家伙是个不世出的天才。哈雷就怂恿牛顿把自己的思想完整地写出来，牛顿答应了。此后，周围的邻居就经常看到牛顿一边沉思，一边围着自家花园绕圈。足足花了两年时间，一本划时代的巨著诞生了，那就是牛顿的《自然哲学之数学原理》，简称《原理》。一说《原理》，人们都知道是指牛顿的这本书。牛顿力学体系由此建立。

哈雷跑前跑后地帮了不少忙。他向皇家学会申请出版经费，这事儿归胡克审批。胡克拿过书稿一看，说好多思想是他的，要牛顿把他的名字加上。牛顿自然不干，反而把涉及胡克的内容全给删了。两边吵架又吵翻了天。

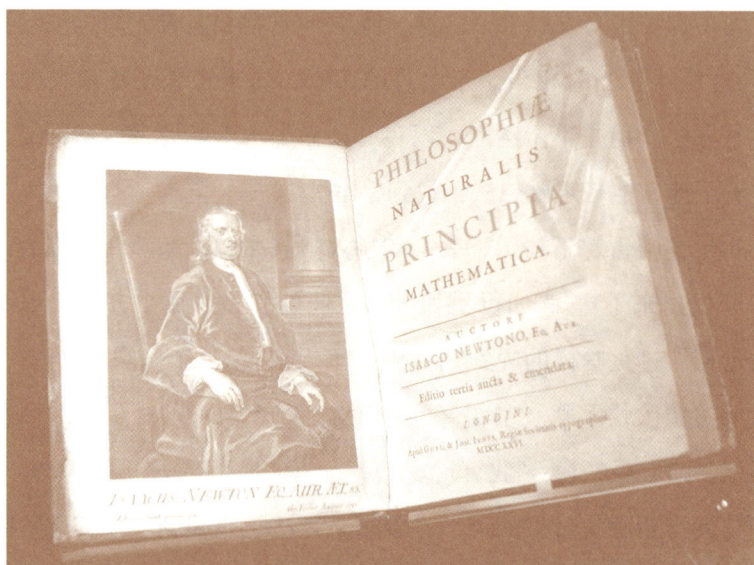

图2-3 《自然哲学之数学原理》第三版

不过说到底，还是牛顿的粉丝更多一些。最后这本书还是出版了。牛顿之所以用拉丁文写，就是为了让一般人看不懂，省得一帮小白横挑鼻子竖挑眼，所以书的销量不大，也就几百本。哈雷还张罗着寄送了好多本给欧洲的各个学术机构。

这一下，牛顿的名字在欧洲大陆也传开了。牛顿在欧洲有不少粉丝，其中有个粉丝就是英国哲学家洛克。洛克在牛津住过一阵子，与玻意耳和胡克也是朋友，因此他对自然科学并不陌生。后来洛克从政，在政治上比较有名的就是他提出的"社会契约论"。1683年，不知怎的他就卷入了刺杀国王查理二世的阴谋，不得不流亡到荷兰。查理二世死了以后，詹姆斯二世当了国王。詹姆斯二世打压新教徒，引起新教徒的不满。

1688年，詹姆斯二世有了儿子，那么信仰新教的女儿就失去了继承权。英国的新教徒不干了，资产阶级趁机造反，7位著名的贵族联名写信邀请荷兰执政威廉三世夫妇回英国——詹姆斯二世的女儿嫁到荷兰，荷兰执政威廉是詹姆斯二世的女婿。女儿和女婿回国推翻了他。洛克在荷兰跟执政夫妇很熟，因此洛克也就跟着回到了英国。之后，英国进入了"双王共治"的年代，也就是两口子都当国王。

因为两位国王都是议会请回来的，而且威廉还是外国人，所以议会趁此机会就给新国王来了个下马威。1689年，他们提出了《权利法案》。内容主要就是：以后国王未经议会同意不能停止任何法律的效力；不经议会同意不能征收赋税；国王在平时不能拥有常备军；等等。在1701年追加的《王位继承法》里面又规定，天主教徒不能担任国王，国王不能与天主教徒结婚等。

君主立宪，国王有职无权就是从这里一点一点开始的。这一场革命叫作"光荣革命"。因为基本上没流血，跟日后的法国大革命没法比。不过那个年代还没到来，现在正是太阳王路易十四在欧洲大陆上东征西讨的时代。英国正在跟法国人打仗，手里钱紧。虽说国王没什么权力，但是账全算在国王头上。政府费了九牛二虎的劲只筹集到200万英镑，这钱根本不够用。拉下老脸一家一家地跟人借，也借不到多少钱。法国国土大，人口多，对手又是如日中天的太阳王路易十四，这点钱根本打不赢。

这时候有个苏格兰人就主动站出来了。记住啊，以后还会有好几个苏格兰人蹦出来，一个比一个厉害。现在站出来的这个叫威廉·佩特森，是个银行家，他写了一本《拟成立英格兰银行的简述》。这本小册子当然比不上牛顿的那本《原理》深奥，不过它也具有划时代的意义。《简述》里写道，应该成立一家银行，筹集国内民间资金，然后借给国王打仗用，这钱不用还。

威廉三世是荷兰人，荷兰人搞银行可是老手了。不用还钱？天上真的掉馅饼啦？佩特森说只要国王发一纸特许状，允许他们发等额国债就行。借给国王多少钱，他们就发多少国债。国家急等着用钱，于是议会很快就批准了。

在1694年7月27日，英格兰银行成立。一千多位股东合伙借给国王120万英镑。当然他们也发了120万英镑的国债，利息是8%。全国上下，有钱人全都踊跃购买。这等于是英格兰银行当了"白手套"，从民间借了120万英镑给政府。发行国债筹钱，再借给英国政府，这么循环滚动。到了1700年，英格兰银行借给政府1000多万英镑。

从此，在战场之上，英国人的装备好得让法国人羡慕不已。国家打仗，再也不用为钱发愁了。从此英国有了强大的资金支持，发展海军和搞活国内经济，都离不开强大的金融支持。国王拿人的手短，不敢对资产阶级怎么样。而资产阶级也不敢把国王推翻了，不然借给国王的钱就打水漂了。因此，英国内部上下利益协调一致，实现了国家的稳定。

有人说借债不就是寅吃卯粮嘛，这个佩特森又不是慈善家，他总要赚钱的吧？其实这帮商人看中的是国家整体经济的上升，他们赚的是国家强大的便宜，还有就是银行券的特许经营权。银行券也就是纸币。到了1696年，银行券发了76.5万镑，但银行里的金币只有3.6万镑。纸币嘛，都是可以超发的。这就相当于凭空增加了72.9万镑的财富。只要没有挤兑风波，就万事大吉。

可惜，人算不如天算，这一年，一群金匠来到了英格兰银行，要求兑换金币。银行管事儿的差点哭死，库里只有3.6万镑，上哪儿弄那么多钱去。最后还是国家兜底，下令银行不用兑付。这事儿一直拖了两年，黄金和纸币的兑换才恢复。

这时，也就是在1696年，英国财政大臣蒙塔古推荐牛顿担任皇家造币厂的总监一职。蒙塔古是牛顿的学生，十几年来，蒙塔古一直为牛顿在三一学院所受到的待遇愤愤不平。牛顿就任首席教授一职多年，研究成果与著作无数，可他住的房子却不怎么样，还没有任何晋升的机会，工资只够吃饭。而同辈的科学家都纷纷获得教会和皇室的赏识，或出任政府要员，或享受国家颁发的终身荣誉，名利双收。蒙塔古自己也是身居高位，是哈利法克斯爵士，在皇室和贵族圈里人脉很广。

蒙塔古看老师生活得比较拮据，工资不高，就想给老师找个肥差。造币厂总监的职位，不用去上班，三一学院的教职也可以保留。牛顿收拾收拾就上任了，在皇家造币厂一干就是30年。在他的手里，英国金融市场将被搅和得地覆天翻。他的一个决定，足足影响世界二百多年，而且，这事儿还与洛克有关。

牛顿上任造币厂总监这一年，英格兰银行正好发生了挤兑风波。一群金匠来到英格兰银行要求兑换，看来他们都挺有钱的。要知道，当时的金匠可不仅仅是手艺人啊。他们平常给人打造金银器皿、首饰，一般情况下，人们都是拿着金子、银子来加工，有时候就把金子、银子存在金匠铺子里。人们一般也不担心，反正也不怕赖账，大不了上法院打官司。金匠家有金子，卖

了就是钱。所以啊，很多金银匠人都从事金融活动，倒卖贵金属是常有的事儿。英国第一批银行家就是从这批人之中诞生的。当然，金银手艺人之外的人也有从事金融借贷的，都是借给外来户，比如荷兰人，还有犹太人。

皇家造币厂其实也跟金银匠人类似，也有不少人把金银存到造币厂，然后等着造币厂加工成符合国家标准的硬币再拿回来。这就是代加工的意思。反正金子银子变成硬币，也还是金子、银子。硬币作为国家法定货币，存在几个问题：首先，硬币会磨损，时间长了，分量就不足了，人们总是喜欢把足斤足两的硬币藏起来，把那些不足值的硬币花出去，久而久之市场上全是不足值的劣币，良币都被藏起来了或者是干脆熔化了变成银块。这就是著名的"劣币驱逐良币"。伊丽莎白一世时代收上来的税里面一半都是这种很差劲的硬币，实际上按份量来算就少了好几成。

既然市场上流通的都是不足值的硬币，有人就开始动起了歪脑筋，一批"剪刀手"应运而生。他们从硬币的边缘磨下去一圈银粉，用来造假币。尽管后来为了防止有人剪边，在硬币周围做了一圈锯齿，可是这帮嚣张的假币贩子手艺居然比皇家造币厂还好，做出来的硬币真假难辨。

不仅仅是外部有人造假，造币厂的内贼也不少。皇家造币厂内部也有人在降低硬币的品质，掺杂其他的金属。国家不断打仗，固然可以通过借贷来缓解燃眉之急，但总是要还的。1695年，财政大臣提出要铸造新硬币，据说成色比以前的还差。一时间谣言四起。转过年来，英格兰银行出现了挤兑风波。人们大量囤积黄金，都不打算要手里的银子了，银子这东西不保值。

财政大臣干了什么捅出这么大娄子？财政大臣威廉·朗兹发表了一篇经济学论文叫作《银币改造论》，他的意见就是索性把银币做成不足值的。这样他就可以堂而皇之地用少量的白银铸造更多的货币，以清偿堆积如山的战争贷款和国家债务。这招显然对政府和国王是有利的，因此朗兹被称为"保皇派"。和他针锋相对的就是洛克，前面提到的那个大哲学家，人家是"保民派"。洛克觉得，国家怎么能为所欲为呢？假如手里的硬币不是足斤足两的，民众会更没信心。国家怎么能与民争利呢？货币没信誉，这怎么行啊？

　　刚上任的造币总监牛顿初来乍到，对金融并不熟悉，只能看着这二位吵来吵去的。但是牛顿跟洛克是朋友，他坚定地站在了洛克一边。于是，王室迫于压力同意足斤足两铸造硬币，保民派获得了胜利。

　　牛顿在造币总监的位置上大显身手。先是在铸造硬币的技术上下功夫，加强防伪技术的研究，把硬币的边缘用了更加复杂的花纹。还要防止私采银矿，坚决打击走私贩子和假币贩子，把不少假币贩子送上了绞刑架。严刑峻法之下，形式有所好转。牛顿的这一场仗打得很艰难，毕竟有利润的驱动，就有人敢干杀头的事儿。

　　牛顿的麻烦还不止一个，为什么呢？因为总是完不成任务。每年要铸造多少枚硬币，这是有定额的。可是银子不够，怎么足斤足两地造硬币啊。而且当时英国的金银比价大约是1∶16，欧洲大陆的一些国家比价是1∶15，把银子拿到欧洲大陆就能兑换到更多的金子，把金子拿到英国可以换更多的银子，然后再拿银子去欧洲大陆换金子，就这么周而复始，白银在大量外流。所以，连续3年，牛顿都没完成任务，手头没银子嘛。

　　牛顿是物理学家，他明白，理论永远要立足于现实，现实是怎样的呢？银币的公信力已经荡然无存，不管牛顿做出怎么样的努力，人们都不再

图3-1　皇家造币厂1653年铸造的金币

信任银币，纷纷以白银换取黄金，连造币厂自己也开始大量储存价值相对稳定的黄金。黄金已经基本上成为大家都接受的流通贵金属。

1703年，胡克去世了，牛顿接任皇家学会的会长。本来牛顿以前不怎么出席皇家学会的活动——不想看见胡克那张脸——现在他当会长了，抓紧权力绝不撒手，后来的活动他一次不落。牛顿的大部头著作《光学》出版了，微粒说得到推广，毕竟反对派都去世了。皇家学会搬家，胡克唯一的一张画像不知怎么就弄丢了。所以到现在我们也不知道胡克长什么样子。现在的画像都是后人根据文字描述来画的。

以前，会长不怎么管事儿，但是牛顿一上任，什么事儿都管。首先就是消灭胡克的一切痕迹。牛顿本来就比较好斗，不久又把皇家天文学家弗拉姆斯蒂德拉黑了。

对于别人在造币问题上的指责，牛顿没回应。到了1705年，安妮女王封牛顿为爵士。"牛爵爷"这个俗称就是这么来的。过去都认为牛顿是因为在科学上的成就以及在皇家造币厂的工作而获得了这个爵位，现在有最新考证认为是为了1705年的议会选举党派平衡。不管怎么说，牛顿都是够格的。他是继培根之后第二个获得爵位的科学家。

后来，牛顿递交了自己亲自撰写的调查报告，报告结合东印度和日本等地的例子，详细论证了白银如何大势已去、沦为辅币，黄金如何普遍流行、升为主币的问题。从这时起，金子逐渐成为英国的标准货币。他建议将黄金价格定为每盎司3英镑17先令10便士，获得了议会的批准，这就是金本位的开始。这是1717年发生的事儿，当时的牛顿已经年过古稀，垂垂老矣。当然了，这个过程非常漫长，不是一蹴而就的。同时期的中国还是银本位，一直持续到民国时期。

整个英国处在国力上升的时期，少不了要磕磕绊绊的，毕竟很多路从来没人走过。牛顿老了，本来已经功成名就——学术上成了物理学的祖师爷，经济上掌管皇家造币厂，干得也是得心应手，金融史上居然也留下重重的一笔，可以说是风光无限。

到18世纪初，英国已经建立了现代金融架构的四大支柱：股份公司、银行、保险公司、证券市场——包括股票与债券市场。牛顿很快就将见到人性贪婪的一面，在他人生最后的路途上还有个天大的坑在等着他。

南海公司于1711年成立，拥有王室特许权，专营英国与南美洲等地的贸易。所谓"南海"，就是指南美洲附近海域，含义就是南美到英国的贸易，特许经营嘛，就是只许他家搞。

南海公司一出生就有着高贵的血统，创始人是牛津伯爵，1715年威尔士王子变成了它的总经理，这个位子到1718年换成了英国汉诺威王朝国王乔治一世。这级别也没人可比了。几乎所有的内阁成员都参与了南海股票的买卖，不少贵族在人为操纵股价上下波动时得到好处，国会议员还成了南海公司董事会成员。直到1720年这个公司也没有从事任何实质性业务，就是在乱炒股价。

1720年年初只有128英镑的公司股票，在5月升至500英镑，6月上升到890英镑，7月就升到1000英镑了。其他股份公司的股票也卖疯了。英国人从上到下全民狂热，见股票就买。南海公司自己虽然吹牛，但它生怕别的公司吹得比自己还厉害。公司领导者向议会提出请求，要求制定法律防止其他公司吹嘘业绩，打算在市场上一枝独秀。

也不知道这个公司领导者的脑袋是不是被驴踢了。1720年6月，英国议会批准《1719年皇家交易所及伦敦保险公司法案》，并发布了一个公告，警告禁止不实宣传及制造股价泡沫。这个法案后来被简称为《泡沫法案》。金融史上第一次出现了"泡沫"这个词。老百姓醒过味儿来了，原来这东西不靠谱儿啊。覆巢之下焉有完卵，结果南海公司的股价被打回原形，狂跌不止。

牛顿本来赚了7000英镑，及时撤离了，可看到一开盘还在涨，心里就痒痒了，又买了2万英镑。结果全赔进去了。牛顿留下一句名言："我能算

准天体的运行，却无法预测人类的疯狂。"这句话到今天听起来仍然很有道理。

1727年，牛顿去世。英国为他举行了隆重的国葬，把他安葬在了威斯敏斯特教堂里。墓碑上刻着："让人们欢呼这样一位多么伟大的人类荣耀曾经在世界上存在。"诗人亚历山大·波普为牛顿写下了以下这段墓志铭：

Nature and Nature's law lay hid in night；

God said: "Let Newton be", and all was light.

（自然与自然的定律都隐藏在黑暗之中；

上帝说："让牛顿来吧！"于是，一切都变为光明。）

牛顿是第一位获得国葬礼遇的科学家，为他抬棺的有两位公爵、三位伯爵和一位大法官，无数市民也来为他送行。伏尔泰正好在英国伦敦，他不可能不知道牛顿的葬礼，但是没有证据证明他亲自参加过。伏尔泰对牛顿算是佩服得五体投地，感叹道："走进威斯敏斯特教堂，人们所瞻仰的不是君王的陵寝，而是国家为感谢那些为国增光的伟人建立的纪念碑……"

牛顿的一生很有意思，按照英国当时的儒略历，他是出生在圣诞节这一天，也就是1642年12月25日。按照格里高利历就要差几天，是1643年1月4日——恰好与伽利略完美错过。1642年1月8日伽利略去世，第二年牛顿恰好出生。他生活的时代，恰好是科学技术崛起的时代。皇家学会这种学术组织的建立，以及当时一大群科学家的科学研究活动，为日后的工业革命奠定了坚实的思想基础。而且要玩工业化是需要钱的，恰好政策与金融也做好了准备。

从伊丽莎白一世时代开始，英国就是这么深一脚浅一脚、磕磕绊绊地前行的。我们不禁感叹，英国在走上坡路，谁也挡不住。那个引爆工业革命的伟大发明也正如十月怀胎，就快要一朝分娩了。

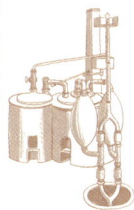

伦敦城越来越繁华，人口越来越多。城市总要消耗大量的物资，比如食物和燃料。每天城里还会产生很多垃圾和污水。那时候的伦敦城并不像今天这么美好。燃料一出现短缺，木材价格就开始上涨。好多人奔深山老林去砍木头烧炭。海军急眼了："千万不能烧啊。你们把大树都砍掉烧了炭，那我们海军拿什么去造军舰啊。"

这时候，伯明翰的铁匠们就蹦出来了："皇家海军造军舰要用木头不假，你们难道就不用铁钉子、铁链子、铁锚之类的？你们的炮都是什么造的呢？我们冶铁炼钢都少不了木炭，没这东西玩不转啊。不让砍树，木炭从哪儿来啊？"

商船的船长也蹦出来了："海军要木头，难道我们就不要木头？难道我们的船是纸糊的？"看来木头成了大家都抢的香饽饽了。

当时还是女王伊丽莎白一世在位期间，她老人家不让砍树。但是，这很矛盾啊，况且伦敦城里取暖也要燃料，难道女王陛下不怕冷，不需要木炭取暖吗？难道女王陛下做饭靠烧秸秆、烧草？问题都是明摆着的，不烧木头烧什么呢？

从17世纪初开始，一种黑乎乎的东西被大量开采出来，这东西就是"煤"。我一直查找不到英国早期使用煤的记录，直到17世纪，英国才开始

大规模使用煤炭。因为英国的煤埋藏浅，品质好，容易挖，而且燃烧热量比木头高得多。用煤炭当燃料，所有人皆大欢喜。但用煤代替木炭来炼铁炼钢，还有不少技术难题要克服。但是越来越多的行业加入进来，逐渐攻克了用煤代替木炭的技术难题，煤的用途也就越来越广泛了。

在经济刺激下，大家到处挖煤，煤挖出来就能赚钱啊。于是，整个不列颠岛被挖了无数的深坑，这种开采方式叫露天开采。但是很快，埋藏浅的煤就挖光了。深处的煤是不能开大口子挖坑的，那样工作量太大了，只能靠打井的办法深入到富含煤的地层。煤炭需求量大，谁挖的煤多，谁赚的钱就多。但是英国人碰上个头痛的难题，导致早期的煤矿都没办法挖得太深，那就是地下水。

人们发现，只要挖得够深，地下水就会冒出来，必须想方设法把水排出去。当时能想到的办法无外乎风力和水力。

风力是荷兰人的拿手好戏。荷兰地势低洼，世世代代有围海造地的习惯，有句俗话叫作"上帝造人，荷兰人造陆地"。他们常年都会碰到排水的问题，他们的办法就是用风车。很多风车都是用来带动排水机械的。荷兰面朝大海，利用海风的风力很方便，所以荷兰成了"风车之国"。

煤矿井下的积水的确也可以利用风车来排，但是这东西的缺点到今天都让人类头痛，那就是不能全天候工作。因为风不是天天有，万一关键时刻掉链子，该怎么办啊？采煤的人下去挖煤，全靠风车作为动力排干矿井里的积水，要是风突然停了，下面眼看着积水上涨排不出去，那不要命嘛。

风力不稳定，水力行不行呢？英国很多河流的流速都不快，水力不那么丰富。英国人就在流速比较快的那些峡谷河流两岸装满了水车转轮，很多工厂都挤在河谷里面，甚至达到了拥挤的程度。此外，英国人还拦河建坝，人工抬高落差，努力提高能量的利用效率。

无奈的是，工厂可以建在河边，煤矿未必有这个运气。万一旁边没有河流，岂不是干瞪眼没辙？排水仍然是一个老大难问题。可行的办法是利用牲口的力量来暂时对付。用一群牲口，比如牛或者马拉动一个大轮盘，带动一系列机械抽取地下的积水。早期英国工业用牲口的情况很普遍。实在不行，就只能靠人力了，靠人来拉动机械抽水，可以想象一下几十条壮汉一起拉磨的场景……

在当时，动力来源无外乎风能、水能、畜力以及人力。几千年，就这么过来了。可是偏偏就在这个孤悬海外的小小岛国，人类鼓捣出了新鲜玩意儿。一开始，鼓捣这玩意儿的是个法国人。他的初衷也不是发明什么动力装置，不过是想解决"炖骨头汤"的问题。

他叫丹尼斯·帕平。关于他的名字有很多不同的翻译，有翻译成"帕潘"的，也有叫"巴本"的，本书取"帕平"这个翻译。他是个法国人，早年是学医的。1663年，他拿到了医学的学位，后来给著名科学家惠更斯当助手。莱布尼茨常过来串门，时不时和帕平谈谈，发现这个人很了不得——能让莱布尼茨看得起的人当然很厉害。这些人都是科学大腕。

1675年，帕平漂洋过海去了英国，给玻意耳当助手。当时玻意耳正在研究真空，胡克搞出了真空泵。就在给玻意耳当助手的这一阵子，帕平鼓捣出来一个好玩意儿，那就是高压锅。往一个密闭的罐子里放水，在外边加热的话，水会蒸发成气体。因为气体全都跑不出来，憋在罐子内部，因此内部压力越来越大。在高压力下，水的沸点被提高了，本来100摄氏度就开锅，现在要110~120摄氏度才开锅。简而言之，煮东西更快了。原来炖不烂的东西，放高压锅里边一焖，连骨头都酥了。

这是个好东西啊。1679年，帕平给皇家学会的人展示了一下。他给皇家学会的人做了一顿饭，果然可以快速把肉炖烂。帕平还说，过去在高山之上，煮饭往往是煮不熟的，现在有了"帕平罐"，这个问题已经不是问题了。我们知道这是因为高山上气压低，水的沸点也降低了，即便开锅了，温度也不到100摄氏度，当然煮不熟东西。现在利用高压锅，可以解决这

个问题。

皇家学会的人一高兴，就把高压锅推荐给了国王查理二世。查理二世也拿这东西炖肉，果然炖得很软烂。国王陛下高兴了，什么事儿都好说。1681年，帕平向皇家学会递交了论文，把原理说得清清楚楚、明明白白。这里头涉及了温度与压力的关系问题、压力与液体沸点的问题。这些都是重要的科学问

图4-1 18世纪的高压锅

题。鉴于帕平在高压锅上的成就，皇家学会接纳他为会员。

皇家学会那会儿还是胡克管事的时代，帕平曾经在皇家学会给胡克帮了好多年忙。现在得偿所愿，终于成了正式会员。

高压锅虽然效率高，但是安全性不好。这东西烧过了头就会爆炸，这在当时是个危险因素。于是帕平又在高压锅上安装了安全阀门，压力太大时可以自动放出一部分蒸汽。我小时候家里也用高压锅，那已经是比较现代化的高压锅了，顶上压着一个阀。蒸汽压力过大时，能把阀顶起来，从放气的小孔冒出白色的蒸汽。有时候，煮着东西，大家忘了，火一直在烧，弄不好就会发生阀被蒸汽喷上去老高的情况。虽然有惊无险，场面也蛮吓人的。在帕平早期的产品里，这种事儿层出不穷。帕平一次次见识到了蒸汽的巨大力量。他想，这样的力量是不是可以用来当作动力呢？

后来，帕平离开了伦敦到德国去工作。他的主要精力都放在了蒸汽动力的利用上。帕平在德国期间设计了一台带有活塞的蒸汽机，同时还在鼓捣蒸汽大炮，或者是利用蒸汽给喷泉供水。很多东西在实验室桌子上当个模型凑合可以运行，真要做大，恐怕很难。他还做过用蒸汽动力划桨的船，可惜

效率不高。

就在这一阵子，斜刺里杀出来另一个发明家，此人也对蒸汽动力兴趣浓厚。他叫托马斯·萨维利，年龄和帕平差了几岁。1698年，他拿到了蒸汽机的专利，这是第一个正经八百的蒸汽机专利。1699年，他给皇家学会做了展示。1702年，萨维利出版了一本书叫作《矿工之友》，里面详细描述了他的专利技术。"矿工之友"嘛，帮着排除矿井里面的水是第一要务。

萨维利的蒸汽机最出乎我们想象的地方是没有活塞。首先在一个气缸里面充入高压蒸汽，关闭蒸汽阀门。然后打开抽水阀门，在气缸外边喷淋冷水，这样气缸里面的高压蒸汽冷却以后，体积缩小，压力降低甚至变成负压，比外界大气压还低，水自然就被吸进气缸了。关闭抽水阀门，打开排水阀门和蒸汽阀门，依靠高压蒸汽把吸进来的水排走。等到气缸内部充满高压蒸汽，再次喷淋冷水。这样循环往复，就可以把水吸完了，根本不需要什么活塞，只需要控制好几个水龙头的开关就行了。

听上去很不错是吧？可惜吸水的高度有限，不超过30英尺，大约就是9米，再高就搞不定了。因为吸水依靠大气压力，而大气压力是有限的，只能支撑10米以内的水柱，再高，大气压无能为力。那么只好把蒸汽机摆在中间，从下面9米的地方吸水，然后利用高压蒸汽把水送到上面更高的地方去，两头的落差就可能远超过10米。

另一个麻烦是需要高压蒸汽机，因为这东西没有活塞，全靠高压蒸汽把吸上来的水往上顶。而且，那年头加工技术都很粗糙，高压下，阀门经常跑冒滴漏，很多焊缝承受不住高压，时不时就要停工修理，毕竟它用了8～10个大气压力才把水顶上去。这玩意儿虽然有专利，但是实用性不强。不过到了1699年，专利法修改了，允许专利保护延长到21年。偏巧萨维利的专利用途非常宽泛，这一下就挡住了后人的进取之路，暂时没人能撼动他的地位。几个地方试用了萨维利的机器，不是提水失败就是故障频繁，反正表现不算出色。

1705年，帕平试图对萨维利的机器进行改良，但也没什么结果。1707年，帕平又返回了英国。皇家学会经常刊登他的文章，可惜不怎么给他钱。这时候，已经是牛顿主政的年代了。帕平穷困潦倒。1712年1月23日，他写了一封信。这封信是他尚在人世的最后一个记录。1月4日皇家学会寄给了他10英镑，他也没收到。我们大概可以确认，一年以后，他去世了。当时他穷困潦倒，家人也就在贫民窟里胡乱找了个地方把他埋掉了，大家再也找不到他的痕迹。一个对科学与技术都做出贡献的人就此消失在人们的记忆中。

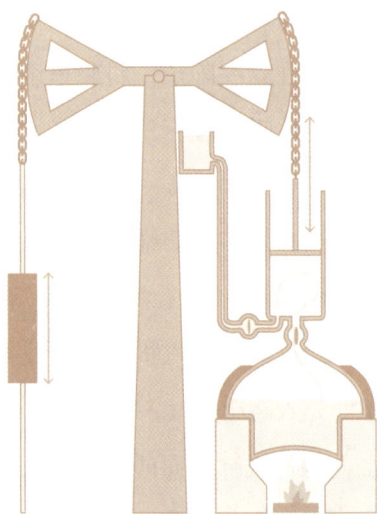

图4-2　纽可门蒸汽机原理

　　也是在1712年，一个叫作纽可门的五金商人鼓捣出了既实在又安全，而且非常皮实耐用的蒸汽机，那就是大名鼎鼎的"纽可门蒸汽机"。纽可门的本业是经营各种金属工具，矿主主人可是他的大主顾，他经常上矿山去实地考察，看看工人需要什么样的工具。所以他对矿山的需求非常了解，用马的畜力来提水太贵了，还不合算。

　　纽可门蒸汽机的特点是结合了帕平的活塞和萨维利的气缸，又结实又耐用，很多纽可门机到现在还能使用呢，这都已经300年过去了。而且纽可门蒸汽机对加工要求并不太高，蒸汽压力也不太大，因此非常安全。

　　那么，纽可门究竟是怎么做到的呢？其实也不难，纽可门蒸汽机的外形基本上就是一个大号的烧瓶，肚子是个圆球，里面装了大量的水，上面其实就是气缸，里面有个活塞，管道阀门那是少不了的啦。蒸汽进入上边的气缸，活塞被顶出去，然后下边的蒸汽阀门关闭，往气缸里喷冷水，蒸汽冷却下来，压力降低乃至变成负压，把活塞吸回来。这时，阀门打开再次吹进蒸汽。一直循环往复，活塞带动杠杆，杠杆带动抽水装置。蒸汽机只负责输出动力，不负责具体干什么，提水也行，舂米也行，打铁也行。

纽可门蒸汽机的压力不需要太高，因此也没阀门失灵、故障频发的麻烦，结构简单可靠，就是效率低了点儿。这也不是什么大问题，毕竟煤矿上有的是煤，烧煤的成本基本能忽略不计。有了这东西，就可以夜以继日地抽水了，刮风下雨也毫无影响。

可惜，萨维利的专利权拦在了面前，该怎么办呢？好在纽可门与萨维利有关系，两人充分协调，纽可门知道，自己绝对无法绕过萨维利的专利

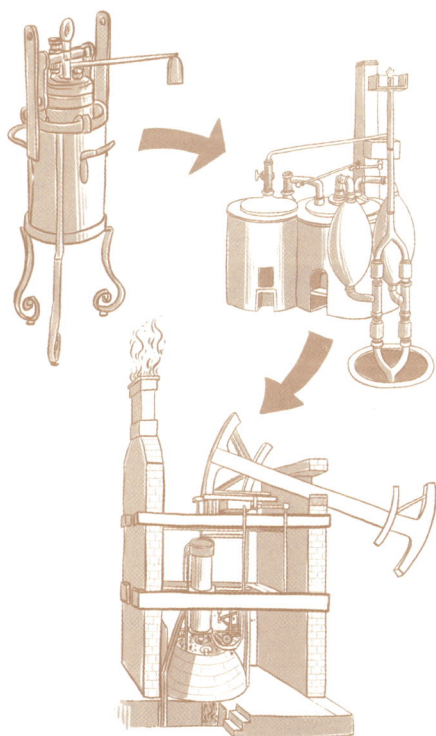

图4-3　蒸汽机进化史：帕平罐—萨维利蒸汽机—纽可门蒸汽机

权，萨维利也知道自己的蒸汽机比人家纽可门的机器差很远，双方合作一拍即合。纽可门的机器就挂靠在萨维利的专利保护之下。

1715年，萨维利去世了，1733年，他的专利才到期。纽可门1729年去世，享年65岁。对他的生平，人们知道得很少。但是纽可门的机器已经开始推广，陆陆续续安装了125台纽可门蒸汽机，大部分安装在矿场，比如煤矿、锡矿、铁矿等。1722年，蒸汽机开始在欧洲广泛使用，维也纳人埃拉克从英格兰招聘了一个工匠去萨克森的科尼西山。在那里，他们建造了几台纽可门蒸汽机，这是欧洲大陆的第一批蒸汽机。1726年，巴黎郊外安装了一台蒸汽机，用来从塞纳河里抽水。

纽可门蒸汽机在发明后的75年里，一直忠实地执行着抽水的任务。因为只有在煤矿抽水才是划算的事儿，也因为那里的煤相对便宜。其他的金属矿山不产煤，开销就比较大了。要放到伦敦城里，因为煤很贵，使用成本大大上升，更不划算。当然也有人想象力比较丰富，他们利用纽可门机来灌水，提高水位，加大落差，带动水轮机，这样就可以获得比较稳定的动力来源，原本水力资源贫乏的地区，也可以开展工业了。反正蒸汽动力一直在背后默默无闻地支持着矿产资源的开发与工业的发展。

英国的煤炭出产在纽卡斯尔、南威尔士和英格兰中部地区，这些地方的煤矿挖出来的煤要运到海边上船，然后再运到别的地方去。可是到海边还有一段距离，这段距离只能靠陆路运输，也就是靠马车拉。大家也能想象，那时候都是泥土路面，一大车煤炭是很重的，因此在泥土路上走非常不方便。要怎样才能提高效率呢？

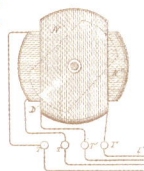

为了能相对轻松地把煤从矿里拉出来，英国人想出了一个办法，就是用木头来搭建轨道。铺设木头轨道是比较合算的事儿。就在查理一世在位期间，英国一个叫作布蒙特的人搞出了英国第一条木头轨道，就在纽卡斯尔的煤矿上，花了3万镑。钱可是花得不老少，但是收益很差，这笔钱就这么打了水漂。

木头轨道这东西很容易复制出来，况且这也不是布蒙特原创的。1530年，德国人在开采煤矿的时候，就用过这招了，因此英国各个煤矿纷纷建立木质轨道系统。

但是大家都知道，运煤的车辆非常沉重，木头轨道的耐用性非常差，用不了多久就被压烂了，所以在木头轨道旁边往往放着备用材料，一发现木头不行了马上换。后来为了提高耐用程度，搞了一层铁皮包在木质轨道的外面。

到了1750年左右，出现了铁轮子。1767~1776年，出现了生铁铸造的轨道——真正的铁轨出现了。很快，铁轨就应用到了英国大大小小的煤矿。

那时候的运煤车都是木头的，用马拉着走。即便是有了铁轨，状况仍然没有改善。一匹马能拉多少货物，大家心里都有数。一匹马，拉着一车

煤，时速最高也就12千米左右，这还不包括路上堵车的情况。那年头也堵车？一根轨道上来了两辆车，方向还相反，这不就堵了嘛。那年头不仅仅有堵车，还有碰瓷的和车匪路霸呢。车上装的都是黑乎乎的煤炭，他们连煤炭也打劫？是啊，这东西也很值钱的。

不过，那年头也有其他的路径可走，为什么非要走陆地呢？能不能下河，沿着水路走呢？你别说，那时候英国人集资挖了不少的运河，但是都不太宽，一条平底船也就能装25吨煤，由牲口拉纤，走起来又稳当又舒服。可惜，这条运河是收费的。

即便是你交了买路钱，也不一定能走。因为碰上枯水期，运河水位太低就走不了。假如碰上冬天结冰，运河也是没法走的。没办法，陆地上虽然运煤少，但是起码还有保障。

所以，轨道马车就像毛细血管一样，逐渐深入到了各种各样的矿场里。铁路可比火车的出现早得多。在铁路上用马来拉货也是英国的老传统了，不值得大惊小怪。我国早期的唐胥铁路就是用马拉的。那会儿早就有火车头了，为什么还用马拉呢？后文您就知道了，现在不剧透。

在这几十年里面，纽可门的蒸汽机老老实实地在煤矿里抽水，挖出来的煤一如既往地用轨道马车来运输。这样的情况并没有什么改观。各大工厂还是集中在水力资源丰富的河谷里，乃至到了拥挤的程度。因为他们还是一如既往地使用水力驱动纺织机械来运转。

英国当时的纺织行业非常繁盛。1764年，英国的纺织工人哈格里夫斯回到家里，他开门的时候不小心踢翻了老婆的纺纱机。原先横着的纱锭变成直立的了，但是仍然在转。是啊，横着转、竖着转不都在转嘛。哈格里夫斯灵光一闪，假如带动一堆纱锭一起转，那么岂不是可以让纺纱效率翻倍吗？哈格里夫斯说干就干，敲敲打打地搞出了一个新纺纱机，一次能纺8根线。效率一下提高了8倍！后来经过改进，一次能纺80根线。他给这台机器起名叫作"珍妮纺纱机"。据说是用妻子或者女儿的名字命名的。但是现在有人考证，他老婆根本就不叫珍妮，他闺女也没有一个叫珍妮的。天知道哈格里夫斯是怎么想出来这个名字的。

一般认为，哈格里夫斯发明了珍妮纺纱机是工业革命的开端，是个标志性事件。哈格里夫斯大约到了1770年才拿到专利。他是不是就可以依靠自己的聪明才智发家致富了呢？并不是！刚刚走上正轨，他就被同行暴打了一顿。

纺纱和织布工序是上下游的关系，当时机械工人凯伊发明了飞梭技术，织布的效率大大提高了。但是织布的速度快了，棉纱就不够用了。因此棉纱的价格就大大上涨。一家一户纺纱的手工家庭作坊当然是喜笑颜开，一个个心里乐开了花。但是，好景不长，哈格里夫斯发明了珍妮纺纱机，纺纱效率也大大提高了。所以，织布机需要多少棉纱都能足量供应，棉纱的价格便开始大跳水。

于是哈格里夫斯就倒了霉。一群愤怒的男男女女冲进了哈格里夫斯家里，把他和家人统统暴打了一顿。他家里的珍妮纺织机全都被捣毁了。还有人顺手把他家房子给点着了。最后，他不得不搬家了事，老家是待不下去了。

所以，技术革命与科学革命不一样。科学革命更大程度上是思维方式的变化，是观念的变化；而技术革命往往涉及利益格局的变化，以及上下游产业的配合。就拿纺纱和织布来讲，仅仅发明了飞梭技术，纺纱机技术跟不上，那么整个系统的效率仍然是受到限制的。反过来也是一样。一个发明能够迅速被推广应用，往往是因为上下游恰好条件都已经准备好了。假如条件不满足，就很难推广开。一个技术到底在什么时候算成熟呢？周边配套的技术什么时候能跟上呢？这需要企业家的判断，需要企业家有足够丰富的知识，而且对最前沿的东西持续关注。一个人的脑袋瓜子总是有限的，彼此之间的交流可以大大促进知识的传播，更容易促进新技术的推广。

大约在1765年，一群对科学技术有着浓厚兴趣的人走到了一起，聚集

在工业重镇伯明翰。伯明翰的铁匠特别多，此地就是靠小五金起家的，后来越做越大，成了钢铁工业的重镇。人口从几千人发展到了将近十万人。

这群人经常在一起高谈阔论，他们对最新的科学技术都很感兴趣。最开始的创建者是伊拉斯谟斯·达尔文和约书亚·韦奇伍德。后来这二位结了亲，他们家族互相联姻。他们家族最出名的就是查尔斯·达尔文——进化论的提出者。他是伊拉斯谟斯·达尔文的孙子，娶了韦奇伍德家族的闺女，也就是他的表姐为妻。

约书亚·韦奇伍德也很了不起。他家是制作陶瓷的，因为他从小得过天花，腿脚有残疾，而且过去制瓷拉坯需要脚蹬转轮，他的腿没办法去蹬脚蹬子，所以他最后转向设计瓷器，不参与制作。后来他娶了一位比较富有的妻子，有了第一桶金，开始自己创业生产陶瓷。他对质量要求极其严格，看见次品就用手杖敲碎。他也非常注重最新的科学技术，尽量把最新的科学技术用到陶瓷生产上。因此他们家的瓷器越做越好，最后得到女王的青睐，成了皇家专用瓷器。俄罗斯的女王还专门订购了一套，现在保存在圣彼得堡艾米塔什博物馆。

他们这伙人常常碰头聚会，不过人数并不太多，虽然后来又陆陆续续有人加入，但前后都不超过14个。他们本来就是碰头闲聊，也就没有正式记录，因此一切都模糊不清。这帮人就被称为"月光社"，也有翻译成"月光协会"的。我们这年头也有"月光族"，不过那是指每个月工资全花光的人。那么他们为啥叫月光社呢？难道他们也是每个月工资都花光？

真实原因是那时候英国还没有路灯系统，一到晚上，大街上乌漆墨黑的。为了大家行走方便，每次聚会时间都定在了月圆之夜。某位月光社成员先要夜观天象，月圆的时候，马上穿戴整齐收拾停当，拎着拐棍戴上大礼帽就出门了。他们聚会的地点就选在了实业家马修·博尔顿的索霍会馆，也就是他家的私宅。他家是开钢铁工厂的，家资巨富，而且他对新技术非常感兴趣。

图5-1　索霍会馆

我们无从考证，到底是什么时候月光协会的活动多了一个年轻人的身影，此人的名字叫作詹姆斯·瓦特。他和马修·博尔顿的黄金组合推开了蒸汽机的辉煌时代。詹姆斯·瓦特1736年出生在苏格兰的格拉斯哥附近，父亲是个小镇的官员，拥有自己的船只和造船作坊。因此我们可以想象，瓦特对这种机械加工技术是很熟悉的，毕竟从小就在厂里玩儿嘛。他母亲是贵族家庭出身，受到过良好的教育。小时候的瓦特体弱多病，因此去学校的时间不多，都是他母亲在家教他。瓦特从小就显出了超强的动手能力。

到了17岁的时候，瓦特的母亲不幸去世了，父亲的生意也走了下坡路，瓦特就去了伦敦的一家仪器修理店给人打杂，当了好几年的学徒。他后来回到苏格兰打算自己创业。当时苏格兰还没有仪器修理工，那时候开店都需要向行业协会申请，自己开店那是不行的。

那么瓦特应该向哪个行业协会申请呢？他向锤子公会申请了许可。听这名字就像游戏里的东西，怎么还有锤子公会啊？人家说了，只要你用锤子干活儿就归我们管。这个协会也管得太宽了点儿，加工制造行业、修理行

图5-2　月光社成员在月圆之夜聚会

业，哪个行业不用锤子啊？修理钟表弄不好也要用小锤子敲敲打打的。但是瓦特学徒的年限不够，人家规定必须学够7年才能开业。

到了1757年，格拉斯哥大学给了瓦特一个机会，让他在大学里开了个仪器修理铺，大学里的仪器坏了都找他修。瓦特算是走出了困境，生活稳定下来了。

瓦特人缘不错，因为仪器坏了都找他修，所以他跟很多教授都混熟了。开业4年之后，罗宾逊教授一看，瓦特手艺不错，就开始指导他研究蒸汽机。那个时候，瓦特根本没见过蒸汽机，对于这东西两眼一抹黑，因此他自己鼓捣了半天，也没能搞出来。瓦特当然不死心，他努力搜集一切跟蒸汽机相关的资料。

1763年，瓦特得知，格拉斯哥大学有一台纽可门蒸汽机，但是机器坏了，已经送去伦敦修理了。瓦特非常兴奋，因为他从来没有看到过能正常运行的蒸汽机，这台纽可门蒸汽机虽然是坏的，但总比自己鼓捣的强，因此他强烈要求把机器运回来，自己修理。

瓦特把机器拉回格拉斯哥大学，这个机器不算太大，气缸的直径2英寸（5厘米），活塞行程大约6英寸（15厘米）。瓦特就开始鼓捣这玩意儿。说白了这不是一个实用的蒸汽机，只是一个教学模型。瓦特发现这个机器的效率低得可怜，烧一锅水运行不了多久就不动了。

瓦特开始思考，到底蒸汽的力量都消耗到哪里去了。那时候热力学还处在萌芽状态，很多东西都没有现成的公式和单位，瓦特全靠自己鼓捣。他自己搞了个水壶做实验，他想了解一下，到底蒸汽的温度和体积有什么样的关系。他发现，把水烧成蒸汽，体积扩大了6倍。这都是在标准大气压下测试的。

他假定，1克水从0摄氏度加热到开锅，需要的热量为100单位。他发现1克100摄氏度的水变成100摄氏度的蒸汽，需要534单位的热量。现代测量的数值是537，瓦特的测试虽然有误差，但没差多少。让瓦特最奇怪的是温度完全没变化，蒸汽是100摄氏度，开水也是100摄氏度。为什么那么多的热量并没有使温度提高呢？瓦特理解不了。

瓦特就去求教了他的朋友布莱克教授。布莱克教授也发现了这个现象，他管这个现象叫"潜热"。所以布莱克教授就告诉瓦特，水变成蒸汽的过程里，因为涉及状态的变化，所以需要额外的热量。

瓦特明白了这个道理，也就明白了纽可门蒸汽机的问题出在哪儿了。

我们再来回顾一下纽可门蒸汽机的工作原理：先在下边烧一锅水，上边架个气缸，里边放个活塞。最原始版本的纽可门蒸汽机，阀门都是靠人手动控制的，后来经过不断改进才变成了自动的。

打开锅炉阀门，蒸汽冲进气缸但压力不大，活塞被顶起来，这个过程

中，蒸汽机不做功。关闭锅炉的阀门，打开冷水阀门，冷水冲进气缸，蒸汽冷凝，体积急剧缩小，内部形成负压，大气压把活塞压回气缸底部，可以说活塞是被吸回来的。这个过程中是做功发力的。因此和我们想象的完全相反，纽可门蒸汽机不是靠蒸汽的膨胀做功，相反是利用冷凝收缩来做功的。因此这东西不需要承受高压，比较安全。

瓦特搞明白了这个蒸汽机的基本原理以后，差点把鼻子气歪了。因为蒸汽冲进气缸，气缸好不容易热起来了，一喷冷水，气缸全凉了，在这冷热交替的过程中不知道要损失多少热量，不管怎么调整进气和注水的过程都没办法弥补。所以瓦特气归气，一时半会儿也没有什么好办法，因为不把气缸冷下来，蒸汽就无法凝结，当然也就不会形成负压。

1765年5月的一天，天气不错，瓦特吃饱了饭在河边草地上散步。苏格兰严格规定，星期天不许工作，因此瓦特可以休息一下。他脑子当然停不下来，一直在思考，突然灵光一闪，想到一个办法，那就是设立一个独立的冷凝器。气缸里的蒸汽为什么要在气缸里冷凝呢？干脆排放到另外一个冷凝器里去冷凝算了。这样就实现了分工，气缸一直是热的，冷凝器一直是冷的。蒸汽反正是流体，为什么要在一个地方待着呢？

瓦特开始了新的实验，分离式冷凝器能不能试验成功，他自己心里也没底。他做了一个小模型，这个小模型的确是可以运行的，但是因为冷凝器太小了，温度很快就上去了，却无法有效冷凝蒸汽，所以这个小模型运行了几圈以后就停了。但是这至少证明原理可行，瓦特很受鼓舞，他就开始专心研究冷凝器。

瓦特的实验也引起了很多教授的关注，不管是不是研究物理学或者机械的。一个研究文科的教授也喜欢到这里来看看瓦特的工作；一个道德哲学教授偶尔也到瓦特这里来溜达，时不时还聊两句。日后这两个人的塑像将会并列矗立在格拉斯哥大学的校园里。一位教授的名字叫亚当·斯密。他写的

《国富论》，其伟大意义怎么评价都不为过。亚当·斯密和瓦特都是苏格兰人，也算是老乡吧。另一位也将成为科学巨匠，他叫麦克斯韦。

就在瓦特鼓捣蒸汽机的时代，那个钟表匠哈里森也在研究他的航海钟。他要把计时精度提高到过去不敢想象的程度。瓦特自己也是个优秀的仪器工匠。在当时，能工巧匠是一个新崛起的阶层，他们手艺精湛，而且他们也获得了科学界的认可。他们个个都有自己的技术诀窍，轻易不告诉别人。他们鼓捣的都是桌面上小型化的精巧仪器，与工厂里的生产设备完全不是一码事。工厂里的那些工程师，听着还挺好听，说白了就是些打铁的铁匠，大型机器的加工精度是很差的。把那些机器和精巧的实验仪器摆在一起，你很难相信这是同一个时代的产品。

瓦特虽然自己做的模型还工作得不错，但是当他要生产大型化、实用化的蒸汽机的时候，他发现自己力不从心。因为找好的工匠需要花钱，自己要攻克一系列的技术难题也需要资金支持。当时瓦特遇到的一个很大的问题就是气缸活塞到处漏气，阀门也不过关，加工精度太低，难免跑冒滴漏。一提到工业革命，总是想到煤炭、钢铁，好像有了这两个就可以造蒸汽机了。其实大家忽略了另一个战略性的材料，这种材料叫作"橡胶"。在没有橡胶的年代，解决漏气的问题都是一件让人头痛不已的大难题。研读技术史，我们不难发现，一个技术的广泛应用，一定是各方面的条件全都凑齐了才行。条件凑不齐，再天才的想法也都是空中楼阁。

还有一个大问题，那就是钱。工业革命绝不是发明家工程师单打独斗就能搞定的，没钱是万万不行的。瓦特需要寻找投资人。他急切需要一位头顶光环、背后扇着翅膀的天使投资人来到身边。

很快，他就碰上了一生中的第一位贵人。布莱克教授介绍了一位朋友给瓦特，这人就是号称"苏格兰工业革命之父"的罗巴克。罗巴克是一位大企业家，而且还有博士头衔。他一开始是学医的，后来自己开业行医。不过他的主要兴趣点是在化工上。当时化工产业也开始兴起了。罗巴克开办的第

一家企业是生产硫酸的化工厂，后来又开了一家更大的硫酸厂，赚了不少钱。他从伯明翰来到了苏格兰，跟人一起开钢铁厂，厂址就选在卡伦河畔，名字也由此得来。在这里，工业需要的水源、铁砂、石灰、焦炭全都不缺。

第一座高炉于1760年元旦开炉，第一年里炼出了1500吨铁，后来又有几座高炉建成投入生产，产量稳步增长。由于苏格兰的铁砂特别适合炼铁，所以实际上产出的全都是铸铁。卡伦炼铁厂后来以铸造大炮而驰名，尤其是专门制造的大口径短炮，在1779年同法国舰队的战斗中，这种炮大显神威。

罗巴克的下一步计划是要租借汉密尔顿公爵在博尼斯附近的一块地，他看中的是地下的煤炭。于是，他就在这块地上安了家。别看这个罗巴克生意越做越大，并且之前每次投资都赚得盆满钵满，这次却彻底栽了。这地方底下有煤倒是不假，可惜地下水太多了。矿井挖下去，水咕嘟咕嘟地冒出来了，连最大功率的纽可门蒸汽机都甘拜下风。所以这个罗巴克听说了瓦特在研究蒸汽机的时候，他很有兴趣。

罗巴克和瓦特一拍即合，成了合伙人。罗巴克是投资人，占了2/3的股份。1769年，瓦特拿到了第一个专利，也就是分离式冷凝器的专利。罗巴克不是有家钢铁厂嘛，瓦特到他的工厂去了一趟，看看这个工厂能不能在气缸和活塞的制造方面有个突破。可惜这个厂最好的产品都是不合格的，没办法达到瓦特的要求。瓦特最头痛的就是气缸活塞漏气，阀门也漏气。

瓦特有一次出差去伦敦，路过伯明翰，见到了达尔文的爷爷伊拉兹马斯·达尔文。双方一见如故，后来经常还通信。估计就是这一次，他和伯明翰月亮会的人接上了关系，成功进入了人家的朋友圈。

后来罗巴克经商失败，赔得倾家荡产，也就没有能力继续资助瓦特了。瓦特为了维持生计，到运河上去当测量员，改进蒸汽机的工作也就暂时搁下了。如果没有后来的机缘巧合，瓦特可能也就只能老老实实当个运河测量员了。

但是历史就是眷顾瓦特，他遇到了一生里最重要的一个贵人，此人就是马修·博尔顿。他是伯明翰的大企业家，也是月光社的成员，他家就是月光社的聚会地点。马修·博尔顿拥有一家大型工厂，当时建厂就花了2万英镑，雇佣的工人达到了1000人，当时在伯明翰都算是首屈一指了。以当时英国的世界地位，这个厂很可能是全世界首屈一指的厂家。

那博尔顿工厂生产啥呢？一方面生产钢铁煤炭之类的，另一方面生产小五金、金属纽扣、装饰品、镀金的盘子之类的。别忘了，伯明翰就是靠钢铁和小五金发家的。

博尔顿也有烦心事儿，他的工厂是建立在河边的，全靠水轮机当作动力。水轮机就是工业的原动机，通过皮带齿轮传动到各个加工机械上。每年夏天霍克利的溪流水位很低的时候，他的工厂就停滞了。博尔顿最头痛的就是这事儿。他不得不依靠马拉抽水机，用人工拉高水位的方式来维持生产。大家也知道，靠马拉的效率很低，没多久马就累得不行了，必须停下来休息吃东西。1766年，他打算安装一台纽可门蒸汽机来抽水，从朋友嘴里听到了瓦特的事儿，他认准了瓦特的想法是能成功的。

后来博尔顿见到了瓦特，带着他参观自己的工厂。瓦特简直着了迷，这座工厂的工艺水平让瓦特非常惊喜，简直是一切工艺条件都具备了。博尔顿打算和瓦特合作，但是瓦特和罗巴克是有协议的。博尔顿认为这好办，罗巴克不是破产了嘛，把他所拥有的股份都收购了，不就皆大欢喜了嘛。

博尔顿对蒸汽机非常痴迷，无条件支持瓦特，可以说没有博尔顿也就没有瓦特最后的成功。而且博尔顿很有商业头脑，先是为一座煤矿建造了一台50英寸气缸的蒸汽机，后来又帮一个铁器制造商威尔金森建造了一台30英寸的蒸汽机。巧了，威尔金森在1774年发明了一种镗床，专门用来生产高精度的炮管，刚好能满足瓦特对于气缸的加工精度要求。瓦特这两台蒸汽机由此大获成功，耗煤量不到其他蒸汽机的1/3。

瓦特蒸汽机的耗煤量下降到了这个程度，原本用蒸汽机不划算的矿山

就变得划算了。要知道很多金属矿山也需要抽水，但是他们那里又不见得产煤，因此用老版本的纽可门蒸汽机来抽水是不划算的，换用瓦特的蒸汽机以后，这些矿山就变得划算了。瓦特的蒸汽机恰好跨过了一个门槛，打开了一个新的市场。博尔顿收到了一大堆来自康沃尔郡的订单。因为康沃尔郡就属于缺少煤炭的地区，博尔顿创新地提出了一种收费模式，不仅要收蒸汽机的钱，还要收专利费，毕竟瓦特的蒸汽机是有独家专利的。相对于纽可门蒸汽机，瓦特的蒸汽机能省下很多煤，少花很多钱，就按照节省量取一定的比例来收钱。说白了就是博尔顿要收月租费。

博尔顿的这个行为造成了他完全想不到的后果。要知道，后来康沃尔地区不但是盗版蒸汽机横行，还逼出了世界上第一台火车头。

前面讲到瓦特搞出了分离式冷凝器的蒸汽机，而且遇到了他一生中的贵人博尔顿。这两个人作为一对好搭档，合作了25年，而他们的后辈也仍然在合作。瓦特拥有分离式冷凝器的专利，谁要是造出来跟他类似的产品都是不被允许的，博尔顿还特地跑去延长了专利权，分离式冷凝器专利一直到1800年才过期。

当时在英国，抽水式蒸汽机最有消费潜力的地方是康沃尔。因为康沃尔有很多金属矿山，但是没有煤矿。矿山的老板们不得不花费大价格购买从南威尔士远道运来的煤炭，平时他们根本就舍不得烧，只有矿井里的积水实在太多了的时候，他们才会打开纽可门蒸汽机抽水。可随着矿井越挖越深，水也就越来越多，最大功率的纽可门蒸汽机都不管用。矿山老板个个都在呼唤着新机器的出现，工人也每周记录煤的消耗量，日后这些日常记录变成了非常有用的统计报告。他们听说瓦特的机器表现不错，一个个都来了兴趣。

1776年的夏天，来了一大群矿山老板，为首的是雷德鲁斯矿的矿主托马斯·恩尼斯。他们都是从康沃尔来的，目标当然是瓦特和博尔顿工厂，那儿正在装配最新式的蒸汽机。他们当然少不了问东问西，看什么都觉得新鲜。瓦特和博尔顿也不得不作陪，等一群人稀里哗啦全走了，瓦特发现少了一张装配图纸。博尔顿当即大发雷霆，这也太不像话了，怎么能跑到这儿来偷图

纸呢？

尽管这些人都是大主顾，但是有关知识产权这事儿没得商量。博尔顿当即给恩尼斯写了一封信，他在信里表示："我们不是开办一所教别人制造蒸汽发动机的学校，而是要由我们自己来制造。"恩尼斯作为矿山大老板，当然觉得这事儿很没面子，到底是谁把图纸拿走了？查了半天，发现根本就不是自己手下人干的。这事儿是坎伯恩附近西部矿区段科斯锡矿的财务总监特里维西克干的。

老特里维西克，我们最好记住这个人，倒不是因为他有多厉害，而是他那个儿子比较厉害。不过这个时候他的儿子才5岁，正在花园里骑木马呢。

博尔顿和瓦特对康沃尔地区的了解并不多，这回一接触，发现这个地区形势还挺复杂的。矿区还分为东、西两个区域，这个老特里维西克是西部矿区的人。瓦特和博尔顿发现，西部矿区的人比较难打交道。就拿这个老特里维西克来说吧，平常纽可门蒸汽机出了一些故障，都是他自己修理。现代企业好像没听说过哪位财务总监能直接上阵搞维修的，不过当时的分工并没有那么专业，某个经理或者财务总监之类的，很可能前些年还在炉子边打铁呢。所以这些矿区的高层领导，多半属于半瓶子醋，他们总觉得自己也可以修理蒸汽机了，平常偶尔还做点小改进。假如瓦特说的东西但他们压根儿就没想到或者没听懂，他们也从来不会认为自己有问题，反而认定一定是你在忽悠他们。

瓦特负责跟他们沟通技术方面的事情。瓦特自己的耐心也很有限，脾气又不好，难免闹出些矛盾。这个老特里维西克就遭了瓦特一顿骂，遣词造句大概跟诸葛丞相骂死王朗那一句"我从未见过有如此厚颜无耻之人"非常类似。不过，这个老特里维西克又不是司徒王朗，人家才不会被瓦特骂死呢。况且，瓦特骂死他也没有什么用，有本事就去骂他儿子，他儿子将来是瓦特的死对头嘛。

瓦特和博尔顿更愿意跟东部矿区的人打交道。东部矿区先订了两台机器，在博尔顿的工厂里面造好了零部件。因为装起来体积太大，无法运输，只能分开运到矿上再安装。瓦特就不得不跑到康沃尔郡一趟。于是，瓦特就带着妻子于1777年8月9日离开伯明翰，前往康沃尔亲自指挥安装这台蒸汽机。

他们在康沃尔地区打开了销路，博尔顿和瓦特不得不经常出差到康沃尔，还在当地租了房子。但是时间一长，成本就太高了。瓦特和博尔顿的岁数都已经渐渐变大了，再也不是当年那个能闯能干的毛头小伙子了。瓦特的妻子也非常贤惠，在1779年还给他生了第二个孩子，瓦特现在也不愿意长期出差在外。康沃尔当地人总是跟瓦特讨价还价，毕竟专利费还是蛮贵的。可是瓦特很烦谈财务方面的事情，这本来都应该是博尔顿的事儿。瓦特对当地的工程技术人员也很不满，因为他们本事都没多大，酒量倒是不小，经常喝得醉醺醺的，出了差错，总让瓦特收拾残局。

所以瓦特和博尔顿急需在康沃尔地区有一位能干的大区经理，必须是个行家里手，脾气要好，情商要高。他们果然找到了这样一个人，在瓦特蒸汽机的历史中，这个人的重要性仅次于博尔顿。他叫威廉·默多克。论起来，他跟瓦特还是苏格兰老乡。默多克本来去过瓦特和博尔顿的工厂应聘，可惜瓦特对他印象并不太好。有一次瓦特不在，默多克碰到了博尔顿。博尔顿此人极具眼光。他看到默多克手里拿着一顶帽子，好像不是布做的，上面刷着油漆。他就问默多克，这是什么材料？默多克告诉他，这是木头。博尔顿当时吃了一惊。英国的大礼帽可是椭圆的，这家伙是怎么用车床车出一顶椭圆的木帽子的？这绝不是一个普通的工匠能干得出来的。所以默多克就被录用了。要不怎么说博尔顿此人慧眼识珠呢。

后来默多克职位越升越高，管的事情越来越重要，渐渐开始独当一面。就在1779年9月，他被派到了康沃尔，而且他在那里安家落户，一住就是15年。这个人要是生活在现代社会，进入了一家IT企业的话，那么老板也会很喜欢他的。此人的特点是对企业绝对忠诚，办事妥当，孜孜不倦。只要

工作需要，他就可以夜以继日地工作。不仅如此，他很快就显示出了仅次于瓦特本人的发明创造才能——瓦特蒸汽机的很多关键性的改进和发明，都是默多克做出的，只是专利权算在了瓦特头上。

瓦特和博尔顿对默多克并不是太放心，因为这个人本事太大了，万一他跳了槽或者自己鼓捣点儿什么技术，对瓦特的专利有威胁，又该怎么办呢？这种事儿还真出现过一回。

默多克造了一个蒸汽车的模型，他打算扛着这个模型乘坐公共马车去伦敦，申请发明专利。偏巧在车站遇到了博尔顿。博尔顿马上拉住了默多克，让他千万别去伦敦。忠厚老实的默多克也就放弃了。晚上默多克在旅馆里给他们演示模型，原理与瓦特的蒸汽机很不一样，蒸汽车模型在院子里跑得还挺欢。因为瓦特和博尔顿的反对，默多克暂时放下了蒸汽车的想法。也正因如此，火车的发明被推迟了好多年。

瓦特得知以后，惊出一身冷汗。后来，瓦特自己申请了一个蒸汽车的专利。其实他对蒸汽车并不感兴趣，为的就是堵死别人的路。与此类似，他

图6-1　默多克的小火车模型

还申请了高压蒸汽机的专利。当然啦，你以为采取了这样的措施，瓦特和博尔顿就能舒舒服服地闭着眼点钞票了吗？那就错了。因为康沃尔地区的矿山老板们就是死赖账，不肯给专利费，这事儿还闹了好久。

博尔顿极具战略眼光，他知道现在瓦特的蒸汽机虽然效率很高，但是仍然像纽可门的蒸汽机一样，只能用来抽水。这怎么能行呢？要想办法让蒸汽机能够直接带动各种各样的机器工作，就必须把蒸汽机的往复运动转化成旋转运动。这个问题解决了，那就是一个质的飞跃。

图6-2　行星齿轮系统

我们现在都知道，把往复运动转化成旋转运动，最简单的办法就是用曲柄连杆系统，可是瓦特他们却不能用这个办法。原因很简单，这个装置被别人注册了专利，他们不能侵犯人家的专利权。而且那个家伙狮子大开口，要瓦特用蒸汽机冷凝器专利跟他换，瓦特当然不肯换。所以在1781年，瓦特改用了另外一个技术，就是行星齿轮系统。这个系统是默多克设计的，跟曲

柄连杆系统相比，其实是换汤不换药，只是把曲轴换成大齿轮，连杆顶端顶着个小齿轮，小齿轮转动，大齿轮也会跟着一起转。这个系统简单有效，瓦特自己非常喜欢。以至于1794年曲柄连杆的专利到期以后，瓦特仍然不肯换掉这个设计。

1782年，瓦特对蒸汽机又做了重大改进，那就是改造成往复式蒸汽机。现在不再用冷凝吸收来做功，而是用蒸汽的膨胀。瓦特发明了双向气缸，利用自动阀门的巧妙设计，使得蒸汽能够从两端进出从而可以推动活塞双向运动，所以叫双动式蒸汽机，区别于过去的单动式蒸汽机。如此一来，蒸汽机的效率就大大提高了。

经过瓦特的这些改进，蒸汽机真的成了工业的原动机。它输出的是旋转运动，挂上皮带轮可以传导给任何机器，不管是拉磨还是带动车床，也不管是去打铁还是带动纺车。经过这一系列的改进，双动式蒸汽机的效率已经远远把纽可门蒸汽机甩在了后面。工厂不再需要沿河分布了，随便哪里都可以建立工厂，只要能源源不断地运来煤炭就行。工业革命就此被瓦特蒸汽机引爆。

默多克后来也成了瓦特和博尔顿的合伙人。他在瓦特的公司辛勤工作了62年，一直忠心耿耿。默多克还对煤气行业贡献颇多，1792年发明了煤气灯，经过改进可以照亮整个屋子。1795年，瓦特让默多克在苏格兰的工厂全部安装了煤气灯。1798年，在伯明翰的soho工厂本部安装了煤气灯，在明亮的煤气灯灯光下，工作效率提高了很多。蜡烛开始慢慢淡出照明的舞台。日后，蜡烛将变成渲染怀旧或者温馨气氛的道具，照明还是交给电灯去办吧。照明行业日后有几次大的争夺，既造就了富可敌国的大亨，也成为第二次工业革命的突破口。

蒸汽机既然改成了用膨胀做功，那么冷凝器本质上是不需要的，直接把蒸汽排进大气就可以了。瓦特也尝试过更高的蒸汽压力，但他总觉得这东西不安全。不过他还是申请了专利，别人再想造高压蒸汽机，他有的是办法挡住人家。而且当时老的冷凝式蒸汽机的订单非常多，不愁销量，瓦特也就没有了改进的动力。

1802年，年轻的后辈赶上来了，这个人我们前文提到过，就是那个老特里维西克的儿子——小特里维西克。别看人家家境优越，从小不愁吃喝穿戴，但是人家从小在工厂里摸爬滚打，对机器非常熟悉，特别是对瓦特的蒸汽机。他对瓦特蒸汽机最大的不满就是压力太低，这导致蒸汽机体积极其庞大，想要缩小体积，就必须把压力提高。这个年轻人充满信心，要改进蒸汽机的设计，但是他不会想到自己的发明之路会走得如此坎坷。这都是因为前路之上，瓦特埋下了无数的"地雷"。

前面提到过，瓦特的蒸汽机得到了广泛的应用。在短短十几年里，英国的钢产量就翻了一倍。蒸汽动力在这其中扮演的角色是不可或缺的。大炼钢铁，总要建高炉吧？高炉总要鼓风吧？当然就要用蒸汽机作为动力来驱动，靠人力、畜力都是不行的。有了蒸汽动力以后高炉就可以越造越大，钢产量当然就会提高。

瓦特和博尔顿解决的最重要的问题，就是蒸汽机成为工业的原动机的难题。蒸汽机从上上下下的抽水运动变成了旋转运动，可以深入工厂里面，带动各种各样的机器。这是一种通用的动力，有了这样的动力，大型化工厂的出现成为一个必然。不得不承认，这个商人博尔顿是有战略眼光的。

要是能回到那个时代，进入一座座工厂车间里，你会看到一幅非常壮观的景象。蒸汽机带动皮带，带动房顶上一排排的齿轮；这些齿轮再带动一排排长长的传动杆，传动杆贯穿整个车间，飞速旋转着，带动着一排排的皮带；这些皮带把动力传动到地上每一台机器里，各种各样的机器在一刻不停地旋转着。通过大机器生产，工业品产量急剧上升，过去很贵的东西，现在价格变得很便宜。因此英国的工业开始变得越来越发达，历史进入了一个快速发展的时期。

巧得很，就在瓦特鼓捣蒸汽机的这个时代，发生了一件非常重要的大

事，这件事搞得英国国王焦头烂额，那就是北美殖民地独立了。法国国王路易十六想尽办法帮助美国人独立，还派出了海上舰队去北美洲帮忙。内忧外患双重打击之下，英国决定放弃北美洲的殖民地。最终13块殖民地联合起来，变成了一个崭新的国家——美国。此时的英国也还没走向巅峰，不过转折点就在这几年了。前面7年战争打得很惨，后边的北美独立的确使英国走背运，不过很快，人家就挺过去了。

要说英国人碰上这事儿，就别提多闹心了。法国人怎么多管闲事呢？我们家的事要你来管？可是在路易十六看来，就不是这个逻辑了。敌人的敌人就是朋友，帮着美国人闹独立，就是打击老对手英国。可惜路易十六干这事儿干得太投入了，花钱像流水一般。那时候法国自己的内部矛盾也很尖锐，1788年一场大旱闹得元气大伤。到了这年的夏天，就开始玩命下雹子，鸡蛋大小的冰雹铺天盖地地打下来，又是一场大灾。于是闹了饥荒，面包价格开始狂涨。

要是换了太阳王路易十四那个年代，即便闹灾也不会闹到如此不可收拾，但是架不住后代作死啊！路易十四从不到5岁登基坐殿开始，一干就是72年3个月零18天。人家什么风浪没见过？太子爷没熬过老爹，先去世了。儿子死了还有孙子嘛。转过年来，路易十五的爹妈得了急病，一个礼拜之内全去世了。这是孙子辈的继承人啊。路易十五的哥哥本来排位比他高，但是也染病去世了，最后，法国就剩下路易十五这么一个继承人了。

但是，这个路易十五是个出了名的昏君。他说的最著名的一句话就是"我死后，哪管洪水滔天"。他是得了天花死的，倒霉全在他孙子路易十六身上。

路易十六没钱了，就召开三级会议筹钱。这回把上上下下全惹毛了，于是爆发了法国大革命。推翻他的不少革命者，都有参与北美独立战争中的经验。他们回到法国以后，接着闹革命。最典型一位就是拉斐特伯爵。这是法文翻译成中文，也有叫"拉法耶特"的，叫时间长了，就变成了"老佛爷"。巴黎那个老佛爷百货用的是同一个法文词。

1789年7月14日，法国民众攻陷巴士底狱。开始没打算拿国王怎么样，后来路易十六想跑，革命者不干了。于是，1793年，路易十六被拉出去砍了。当然，革命者也没少被杀。老百姓当然不希望老这么没完没了地砍人，他们只想呼唤一位强有力的英雄来领导他们。别急，这个人选，历史已经安排好了。他正在去埃及的船上，一路躲过了英国纳尔逊海军少将的拦截，冲出了英国人的海上封锁线，扬帆远航去了埃及。

这就是这些年世界局势发生的变化，这些变化与蒸汽机的广泛使用，恰好是同时的。英国孤悬海外，好处是非常安定，后来没有大的内乱，可以说是一心一意求发展。

现在来说说小特里维西克，也就是理查德·特里维西克。别看他才19岁，对瓦特的蒸汽机构造已经是烂熟于心。他也知道瓦特蒸汽机最大的问题就是压力太低，这么低的压力，要想输出非常大的功率，就不得不加大蒸汽机的体积，消耗的水多，消耗的煤也多。他从哪儿懂得这些知识的呢？1794年，他从威廉·默多克那儿看到过高压蒸汽机的模型。主要是因为他跟默多克当过一阵子邻居，当然会了解到这一点。

一个蒸汽机的效率如何衡量呢？瓦特用了一个双关词。他认为蒸汽机的能效转化是它的"duty（责任）"，这个词也一语双关代表了转化率。也就是说，以烧1蒲式耳煤（大约94磅，也就是42.6千克左右）所产生的功为标准，并用"英尺·磅"为单位。纽可门蒸汽机最好成绩大约是700万（英尺·磅），大部分只有500万（英尺·磅）。瓦特设计的低压蒸汽机，最好成绩可以达到2500万（英尺·磅），一般情况下也有1700万（英尺·磅）。所以瓦特蒸汽机效率是纽可门蒸汽机的3倍。后来瓦特团队搞出来的高压蒸汽机，效率可以到6500万（英尺·磅）。可见高压蒸汽的效率是比低压蒸汽的高很多，瓦特自己心知肚明。

那么，瓦特为什么不推销高压蒸汽机呢？说到底还是经济利益闹的。

他当时生产量最多的是低压蒸汽机，销量很不错，而且形成了非常规范的操作流程以及生产标准。假如生产高压蒸汽机，这一切都要改。再者，蒸汽机是个耐用消费品，一台机器可以几十年都用不坏，那些刚刚安装了低压蒸汽机的煤老板当然也不愿意换机器。

特里维西克是怎么做的呢？1797年，他首先设计了一个高压蒸汽系统，但要制造一个安全的、能够承受高压的气缸不是个容易的事儿。在后来他结婚后，岳父是个手艺精湛的铁匠，有岳父帮忙，他终于解决了高压气缸的问题。他给这种型号的蒸汽机起了个名字叫"吹气者"。他又不断改进蒸汽机，使其性能越来越好。

瓦特当然就会知道这件事儿，有个小子叫特里维西克，在鼓捣高压蒸汽机。而且这个人的发明绕开了瓦特的专利，让瓦特的专利防线失守了。瓦特当然就不干了，但他没法子用法律手段来对付特里维西克。其实，当时搞高压蒸汽机的不仅仅是特里维西克，还有美国的伊文思。但是美国嘛，山高水远，瓦特不知道。也就在这阵子，伊文思在搞更高压力的蒸汽机。反正瓦特就盯着这个特里维西克，他对舆论界说："高压蒸汽机不安全，压力太高了容易炸啊。"大家一听，有道理啊，高压蒸汽不安全。

一帮子矿山的矿主和煤老板对体积不太在乎，只要能抽水就行，体积大点儿就大点儿吧。结果特里维西克完全不是瓦特的对手，他开始还卖掉几台，后来客户全跑光了，怎么办呢？特里维西克开始思索自己的蒸汽机到底有什么优势。他必须跟瓦特的蒸汽机错开市场，必须去做一件瓦特的蒸汽机干不了的事儿。终于，他发现了一个突破口。

关键因素就是"功重比"，就是功率与重量的比值。这个值越高，机器就越轻便，越容易被使用，用途越广泛。他的高压蒸汽机功重比要比瓦特的蒸汽机高得多，这意味着，他的蒸汽机是可以驱动车辆的，而瓦特的蒸汽机根本没办法把自己拉走。当时在矿山上出现了一种用蒸汽拉车的机器，蒸汽机是固定的，可以转绞盘拉绳子，把装着矿石的车厢从矿道里拉出来。可是

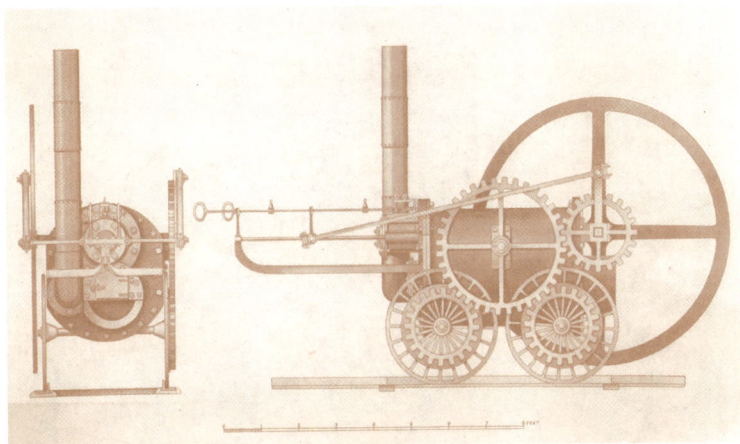

图6-3 特里维西克的蒸汽车

特里维西克想到，他的蒸汽机很轻，可以自己把自己拉走。

于是他和表弟维维安搞出来一台四轮车，就是蒸汽机驱动的，还起了个名字，叫"吹气的家伙"。蒸汽引擎压力高达145磅/平方英寸，换算一下，大约是10千克/平方厘米。大气压是多少呢？大概是1千克/平方厘米。可见已经达到了10个大气的压力了。锅炉是铸铁的，直径是4英尺的圆筒，换算起来直径1.2米；气缸直径7英寸，换算成公制是0.18米；活塞行程3英尺，大约0.9米。

他经常呼朋唤友出去兜风，这玩意儿开着太酷了，风驰电掣啊！其实，那种蒸汽车根本快不起来，而且故障率高，拐弯儿也不灵便，该刹车时刹不住，还时不时要加水加煤，就是个大玩具。特里维西特和表弟有一次开车出去兜风，玩儿太疯了，跑了8千米，出了故障直接撞到人家房子里，差点儿把墙撞塌了。

他们几个太能玩儿了，完全没去管这些事儿，直接扔下车去餐馆大吃了一顿。回来一看，锅炉没熄火，已经烧得一塌糊涂，连人家房子也点着了，这样一来谁还敢买啊。这倒是真应了瓦特的预言，高压蒸汽机不安全。其实不是蒸汽机不安全，是这个特里维西克不太靠谱儿啊。

图6-4 伦敦客车

1803年，他造了一辆新车叫作"伦敦客车"号，开始在伦敦做表演。你说这个特里维西克没有商业头脑吧，他有，毕竟他老爹是经商的，耳濡目染也都明白其中的诀窍；你说他有商业头脑吧，他又不太灵光，他一点儿都没有博尔顿那样的战略眼光，老用些旁门左道。一个伟大的划时代的发明，被他弄得特别小家子气，特别没出息。他在伦敦搞表演，经常搭载好几个人到处兜风，当时车的时速是9英里/小时，大约14.5千米/小时。一帮人玩儿疯了，9迈！9迈！风驰电掣啊！哐当！——又撞了，撞墙上了。大家全散了，这玩意儿坐着不舒服啊，而且一路黑烟滚滚的，时不时还往外冒蒸汽，太不安全了，还是坐马车好啊！马车速度可以达到20千米/小时，这车叫什么风驰电掣，还没马车快。

屋漏偏逢连夜雨。1803年，一台高压蒸汽机发生了爆炸，特里维西克赶过去查看，他觉得是操作失误导致的。瓦特和博尔顿能放过这次机会吗？他们大肆宣传高压蒸汽机不安全。

特里维西克又一次遭到打击。高压蒸汽机的安全性的确是个问题，他不得不好好面对。他发明了一个安全阀门，其实就是一颗铅制成的铆钉，万一锅炉过热，铅铆钉就化了，蒸汽放出去。这是一个重要的改进。他又动开脑筋了，看来盈利模式没想清楚啊，蒸汽车在地面上是不赚便宜的。因为拐弯儿不方便，地面状况复杂，有个沟啦，道路泥泞轮子陷进去啦，都是麻烦事儿。再者蒸汽车太重了，惯性太大，最好是放在铁路上去用，沿着轨道走总不会再撞墙了吧……

问题摆在面前，可他没钱，该怎么办呢？就在他一筹莫展的时候，好像机会来了，但新的问题也来了……

蒸汽机爆炸事故发生在1803年，就在这一年，特里维西克还是赚了点钱的，因为他的专利卖出去一份。一个钢铁厂老板汉弗莱跟他买了一台高压蒸汽机，这台蒸汽机是用来打铁的，带动一个大锤子，本来是个固定的蒸汽机，但这个工厂的老板他有一次心血来潮，跟另外一个钢铁厂老板克劳谢打赌，说他能让蒸汽机拉着10吨重的铁块跑上15千米。对方当然不信，他们的赌注是500金币。当时金币是很贵的，价值1英镑1先令，不少钱呢。

要说这个汉弗莱胸有成竹，那当然是他先前就想过这事儿，把打铁的蒸汽机拆下来，找特里维西克和自己厂里的工人一起给这个机器装上了轮子——这就成了火车头。当地为了拉各种矿石，早就建好了铁路，以前都是马拉货车，今天用火车头试试看，别说，还真行。火车头专利是特里维西克的，不给钱不让用，于是汉弗莱给了他一笔小钱，算是买下了专利。

1804年，汉弗莱真的把克劳谢找来了。政府官员也来了，他们是来检查蒸汽机是不是安全，万一半道儿上又炸了，可不是闹着玩儿的。特里维西克操纵改装好的火车头，带着10吨的铁块、半车煤球和一辆5节敞篷的客车车厢，里边坐了70位来凑热闹的乘客，就上路了。铁路沿线全是来看热闹的观众，大家倒是要看看，这东西能不能拉动10吨重的铁块。

那时候矿山都有自己的铁路系统，最长的铁路已经有几十英里了。他们所走的路线是从潘尼达伦到阿伯希南，距离9.75英里，大约15千米。火车头喷烟

吐火地拉着沉重的货物走得稳稳当当的，以每小时2.4英里的速度走完了全程（大约是每小时4千米，跟人不紧不慢溜达的速度差不多），足足花了4个钟头才到了目的地。但是这仍然有划时代的意义，因为这意味着第一列用蒸汽机驱动的列车——火车诞生了。

但是这一次打赌也验证了，火车头是可以在光滑的铁轨上运行的。起先有人担心火车无法在光滑的铁轨上运动，必须在有齿的铁轨上才行，这就要把车轮做成齿轮，现在看来不需要这么做，摩擦力足够用了。

那么，特里维西克是不是可以就此发大财了呢？汉弗莱老板打赌赢的钱是不是可以分他点儿呢？答案是：没有。特里维西克这一次里里外外地白忙活一场，不倒赔钱就算谢天谢地了。为啥？汉弗莱老板虽然赢了500金币，看上去不少，但是他的这条货运铁路全废了。这条铁路根本就不是为了蒸汽机车设计的，承重严重不足。特里维西克的火车头有5吨重，外带10吨铁块和70来号乘客，这是多大重量？这一趟下来，整条路上的枕木已经被轧碎了，东倒西歪的，不少铁轨已经断裂。那时候的铁轨都是铸铁的，铸铁是很脆的东西。

图6-5　特里维西克设计的火车头

我们研读工业史，会发现一个有趣的现象，那就是先驱者往往成为"先烈"，蒸汽机不是瓦特发明的，我们却记住了瓦特；灯泡不是爱迪生发明的，我们却记住了爱迪生，为什么？因为工业时代，需要的是相互协作。一个技术不可能孤零零地突然冒出来，它能够大规模被采用，一定是上下游都梳理通顺了，因此那些关键节点就备受瞩目。瓦特就是连接了蒸汽与工厂的人，爱迪生就是那个连接了电与家庭的人。火车也是一样的，需要高效率的蒸汽机，火车才能上路。可是对铁路也是有要求的，生铁轨道根本承受不住火车的重量，必须改用熟铁，甚至是钢才行。不仅仅是铁路要配套，车站也要配套，里里外外是个系统工程。特里维西克始终只关心一头，其他的他不管不顾，所以他成不了事。

火车头在完成这次比赛以后就拆了。蒸汽机也被拆下来，继续装回原处，变成了一台固定蒸汽机，还在那里打铁。特里维西克的一辈子都走得不顺。1808年，他又搞了个小火车，在伦敦城里开游艺场，拿布围成个圈，让表弟在门口卖票。一个划时代的发明，就此成了杂耍的大玩具。

1810年，特里维西克还与人合伙开挖穿越泰晤士河的地下隧道，又出了工程事故，为此欠了一屁股债，不得已去了南美闯世界。在南美高原之上，瓦特的蒸汽机就不行了。就像人有高原反应一样，瓦特的蒸汽机还是依赖于大气压力工作，这就体现出特里维西克高压蒸汽机的优势了。

1816年，特里维西克去了南美，攒了点钱投资银矿开采，正好碰上南美闹革命，他被独立运动领袖玻利瓦尔的军队抓了，银矿被没收，他啥也没了。释放后，他在南美丛林待了10年，妻子跟他离婚，带走了孩子还要走了康沃尔郡的房子，他成了光棍一个。

就在这时，他碰上了一个救星，此人是特里维西克的一个粉丝，疯狂崇拜着他。这个年轻人叫罗伯特·史蒂芬逊。你听着这个名字特别耳熟是吧？好像课本上有过史蒂芬逊这个名字，不过课本上写的不是他，而是他父亲乔治·史蒂芬逊。真正让火车变成改变世界的伟大发明的人，就是这父子

俩。罗伯特资助了特里维西克50英镑，让他回了英国。

特里维西克回到英国依然穷困潦倒。1828年，乔治·史蒂芬逊看不下去了，特里维西克可是发明火车头的人啊，自己也是在他的感召之下才投身铁路事业的。于是他联络了几个有影响力的实业家，向政府呼吁，应该给特里维西克发放公益养老金，表彰他早年对于发明火车的贡献。但是他们的提议被议会驳回了。1833年，特里维西克得了肺炎没钱医治，在贫病交加中去世，死后连一分钱都没有，是大家凑钱才安葬了他。这个先驱者就这样消失在人们的视野里。

过了100年，人们再一次想起了这位蒸汽火车的先驱者。1932年，康沃尔郡给他竖立了铜像纪念其功绩。1933年，著名的英国土木工程师学会为特里维西克逝世100周年举办了一场纪念讲座，大家对特里维西克的评价是："在1799年和1808年之间的短暂时期，他完全改变了蒸汽机的性质，使蒸汽机从笨重的巨人变成了提供推动社会发展原动力的机械。"这是对特里维西克贡献的明确肯定，他为人类前进做出了开创性的贡献。

现在，我们回到18世纪末，那时候特里维西克还在鼓捣他的高压蒸汽机。这时，一个年轻的美国人来到了法国，他本来是个画家，后来经人介绍去了英国，接触了欧文等人。课本上讲过罗伯特·欧文是"空想社会主义"的早期思想家，但大家可能不知道，这个欧文还是个实打实的企业家。从美国来的这个年轻人没学会人家管理上的本事，空想的本事倒是学会了。英国当时正在开挖运河，不少运河都是私人投资挖的。这个年轻人也特别来劲，他梦想着回美国也去挖运河，毕竟运河航道就像是整个经济体的毛细血管一样。

受到欧文的影响，这个年轻人可不是单纯为了赚钱这么简单，他认为技术是能改变世界命运的，尤其是交通技术的改变。这些思想都在他写的一本名叫《关于改良运河航运的论述》书里，这本书正文一共144页，还有17幅雕版图画。他本来就是学绘画的，画插图可是手到擒来。这本书在英国工程界影响很大，这也标志着这个年轻人开始从一个画家向工程师转变。

这个年轻人叫罗伯特·富尔顿——未来的蒸汽轮船之父。既然他醉心于运河，那么最好的交通工具无疑就是船了。那个时候海上航行的船全靠风帆，内河航运要么靠拉纤，要么顺流而下，都是没有自主动力的。蒸汽船的优势很明显，管你有风没风，管你顺流逆流，都可以照开不误，必定能取代

现有的船舶系统。

他写了一封信给博尔顿和瓦特，咨询了有关蒸汽机的性能，是不是可以装到船上。可是这二位没理他，这事儿也就不了了之了。这时正好是在法国闹革命时期，富尔顿就想乱世出英豪，是不是去法国机会更多呢？于是他去了海峡对岸的法国。

哪知道富尔顿去了法国不久，英法两国关系紧张，海峡封锁，他被困在了法国。他只好安心在法国学习数学和机械，一边充实自己，一边开始研究跟战争有关系的玩意儿。

英法是冤家，大打小打不断。1337～1453年，一打就是上百年。之后是"七年战争"，法国人输了。再后来就是法国大革命，1793年，路易十六被拉出去砍了，各国国王难免兔死狐悲，包括西班牙帝国的皇帝、神圣罗马帝国的皇帝、大英帝国国王、普鲁士国王、撒丁王国国王等，一大群君主顿时觉得自己的宝座也不稳当，于是联合组成反法同盟，跟法国敌对。

就在1797年，一个年轻的科西嘉人尽显锋芒，他率领法国、意大利方面军打败了多国部队，第一次反法同盟就此土崩瓦解。这个年轻的将军就是拿破仑。经过一番征战，1799年，拿破仑发动雾月政变，获取了法国政权，法国国内算是平静下来了。但是外部环境依然凶险，不断有反法同盟主动挑起战端，法军不得不到处打仗。富尔顿决定好好抓住这个机会，跟拿破仑政府讨价还价。打沉了英国的船，法国人可是要给他报酬的。

拿破仑虽说是陆战之神，但一下水就不灵了。第二次反法同盟已经形成，好多地方都在打仗。英国人正在封堵法国的港口，这对法国很不利。正好富尔顿来找拿破仑，拿破仑当然来了精神。原来富尔顿造了一艘潜艇，名字叫作"鹦鹉螺"号。

记住这个名字，世界范围内前后有7艘潜艇都叫"鹦鹉螺"号。法国人儒勒·凡尔纳写的《海底两万里》就描写了这么一艘强悍的潜艇，也叫"鹦鹉螺"号，当然是受了富尔顿的影响。后来美国研制的第一艘核动力潜艇也叫"鹦鹉螺"号。可以说这个名字是一个光荣伟大的名字，开创了诸多的第一。

但我要说的是，这不是世界上第一艘潜艇。目前认为第一艘潜艇是美国的"海龟"号，建造者是毕业于耶鲁大学的布什内尔。不过，他只是设计了这艘潜艇，真正动手的是他找来的工匠。他住的地方附近就有好几个铜匠。那时候铜匠和铁匠可不一样，铁匠总是打造比较粗笨的东西，而铜匠是专门鼓捣仪器的。当时美国正在打独立战争，英国军舰封锁了美国的港口。这个布什内尔就写信给美国的开国元勋华盛顿、杰斐逊等人张嘴要钱，说要建造这艘潜艇。你别说，他还拿到了一部分支持资金。现在去翻查文献资料，这个布什内尔当时非常注意保密，所有技术细节在资料里边没多少，大部分是要钱的资金申请书。

一开始布什内尔造了个长得像啤酒桶一样的船体，下了水以后发现一个劲儿在水里瞎转。为什么呢？因为圆形的东西，各向均等。碰碰船就是圆的，方向不好控制，人家要的就是这个效果。可是一般的船就不能这么干了。布什内尔改进了他的方案，搞成一个拍扁的酒桶形状。从侧面看，形状像个手雷。打开顶上的盖子，人钻进去，里面不宽敞，只够一个人坐着。脚底下有踏板，带动前面的螺旋桨；左面有个长杆，控制着后边的船舵；左手摇动另外一个螺旋桨，这个螺旋桨装在船顶上，可以控制船的上升下降；右手边有个钻头，可以用来在英国船底下钻孔；腿旁边有个打气筒，用来排出压舱水。压舱水就在脚踏板的下方。船体里面的空气可以支撑人呼吸半个小时，再久点就不行了。

他们用这个"海龟"号潜艇去攻击英国军舰"鹰"号。驾驶员是一个不怕死的中士，叫埃兹拉·李。他们在潜艇外边带了个炸药包，拴了个绳子在钻头上，事先点着了捻子，就打算把这个炸药包固定在英国人的船底下。哪知道，他偷偷摸摸慢慢游过去了以后，想用钻头钻船底，怎么也钻不进去。最后英国人发觉了，正好他们也被水流冲走了，就脱离了英国人

图7-1 "海龟"号外观（上）；"海龟"号驾驶示意图（下）

的视线。可是炸药的捻子还烧着呢，总时长1小时啊，只好把炸药包给扔了。时间一到炸药爆炸了，英国人吓了一跳，于是英国人的船只全都停到较远的地方去了。

总之，这次袭击不成功。他们还纳闷儿，怎么钻英国人的船底就钻不进去呢？道理很简单，因为英国人的船底覆盖着一层铜皮。早期西班牙人在船底铺铅皮是为了防腐，海水腐蚀性很大，木头用时间不长就变得很粗糙，船底坑坑洼洼的非常影响船速，而且各种海洋的生物喜欢附着在船底搭便车。西班牙人很想避免出现这个问题，但是他们发现铅皮不管用，很快就烂光了。所以100年来，没人再惦记这事儿了。最近英国人又想起这手技术。他们找来找去，发现铜皮耐腐蚀，而且能抑制贝类藤壶附着。但是他们又发现，假如你拿铁钉子把铜皮钉在船底，铁钉子很快就烂了，铜皮也就脱落了。他们换了好多方法，发现用铜锌合金造的钉子没这个问题，不过比铁钉子软点，那也没办法，软就软吧。

说实话，也只有开展了工业化的英国有这个财力和技术搞定船底包铜皮，换了别人还真干不成。就在美国独立战争这个年代，英国战舰普遍包了铜皮，所以也难怪海龟号打孔失败。不过，有人会说船底铜皮很薄，不至于钻不进去，估计是他们打眼儿的地方太靠近舵的位置，那儿有铁轴，是大型铁制构件，导致打孔失败。

这次行动虽然最终失败了，但这是世界上第一次用潜艇执行军事任务。美国人当然会大肆渲染这件事，可以鼓舞民心士气。出生在美国的富尔顿对这事儿当然是耳熟能详。相反，英国人根本没记载这件事儿，现在依靠的仅是美国人的说法。

话说回来，富尔顿的这艘潜艇不大，现代潜艇有的元素这艘都有了，

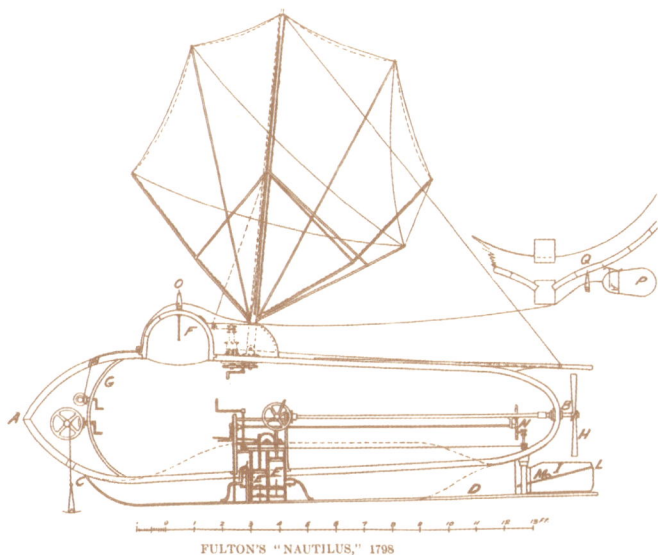

FULTON'S "NAUTILUS," 1798

图7-2 富尔顿设计的"鹦鹉螺"号

长圆柱形的船身水平放置，上边有个大鼓包，现代潜艇也有类似结构，叫作"围壳"，全都是用铜皮敲打出来的。铜皮耐腐蚀，经得起海水的浸泡。那么，动力来源呢？水下靠手摇带动螺旋桨，水面上可以打开一个折叠的帆。富尔顿一顿忽悠，法国海军还真的动了心，海军让富尔顿在塞纳河边的鲁昂改进和测试他的"鹦鹉螺"号潜艇。一开始他要在潜艇里点个蜡烛，不然太黑了什么都看不见。可是蜡烛是要消耗氧气的，后来他在顶上开了个38毫米的玻璃窗口，漏进来的光足够看清楚东西，也就不用点蜡烛了。

怎么攻击英国船呢？还是跟"海龟"号一样，靠近了以后钻个眼儿，把一个羊眼螺丝拧在英国军舰的船底上，然后挂上一根长绳子，一头拉着炸药包，潜艇带着绳子从另一头游走，绳子拉着炸药包会越来越靠近船底，当撞上船底的时候就爆炸。他们还在塞纳河里做了实验，效果还不错。

海军方面想造两个大的、能装8个人的那种潜艇，但是拿破仑不同意。拿破仑亲自在旁边测潜艇的速度。这东西跑得太慢了，7分钟才跑了400米。拿破仑对科学技术很感兴趣，富尔顿跟拉普拉斯认识，拉普拉斯是拿破仑的老师，还在拿破仑政府里面任职，就把富尔顿引荐给了拿破仑。拿破仑一看，这东西浑身漏水，这怎么能行？士兵去了简直是送死啊。

拿破仑无法判断这东西有多少战略价值，就让财政部门象征性地给了1万法郎。当然，那时候的技术也不成熟，潜艇根本就不实用。后来，富尔顿的潜艇实际去攻击英国军舰的时候，效果依然很差。

尽管在欧洲拿破仑承担的压力很大，但他还是派他妹夫勒克莱尔出兵海地，镇压当地人的起义。但这次出兵是损兵折将，付出的代价很大。勒克莱尔诱骗当地人领袖杜桑去法国船上谈判，结果就直接把人扣押回了法国，杜桑后来还死在了法国。即便是逮捕了人家的领袖，也没法把起义压下去，最后起义军于1803年发起反攻，打得法国人节节败退，损失巨大。拿破仑这次算是学乖了。他本来想在美洲大发展，欧洲这边和英国人缓和，看来是行不通的。

就在拿破仑处理海地事务的时候，美国人找上门来了。他们要买下密西西比河口的土地，谈判代表正是利文斯顿，后来又加派门罗一起参与谈判。当时的美国总统是杰斐逊。这个门罗后来也当了总统，还搞出了一个"门罗宣言"。美国人为什么要买下密西西比河口的这块土地呢？这就说来话长了。

本来法国在北美中部有一大块领地，被称为路易斯安那领地。这块地的面积非常大，包括现今路易斯安那州的大部分，以及阿肯色州、密苏里州、艾奥瓦州、明尼苏达州一部分、南达科他州、北达科他州大部分、蒙大拿州大部分、内布拉斯加州、堪萨斯州、俄克拉何马州、得克萨斯州北部、新墨西哥州东北角、科罗拉多州落基山脉以东、怀俄明州大部分，还有现今加拿大南部边境部分地区。这块地和当时美国的面积是差不多的，后来被西班牙人占去了，就成了西班牙统治下的一块说法语的地区。

这块地方和美国本来是隔着密西西比河相望的，西班牙人在河西岸，美国人在河东岸，两边相安无事。但恰恰出海口那一块的两岸是在西班牙人的统治之下，也就是新奥尔良那一块。密西西比河是北美洲最大的一条河流，堪称是黄金水道，也是美国的经济命脉。所以美国人就和西班牙人搞好关系，保证美国人在整条密西西比河上畅通无阻，而且能够使用新奥尔良的港口。

到了1800年，事情起了变化。西班牙和法国签了秘密条约，西班牙就把路易斯安那块地转交给了拿破仑，以此换取拿破仑在欧洲地区对西班牙的支持。但是交接一块领土是很麻烦的，要过一段时间西班牙才会完全把领土交给法国人。这个消息偏巧被美国人知道了，美国人就非常不安。美国人知道法国是一个很强大的国家，如果法国控制了密西西比河下游，就等于捏住了美国的经济命脉，所以美国人就想把密西西比河下游新奥尔良这一块买下来。于是，美国就派利文斯顿到法国去找拿破仑。

一开始的谈判谈得非常不顺利，拿破仑总是拿美国人当大忽悠，毕竟先前就来了个民间忽悠富尔顿，现在又来了一个官方忽悠利文斯顿。你们打

算忽悠几顿呢？别说，后来这个富尔顿和美国老乡利文斯顿真的认识了，富尔顿也就遇到了他一生中最大的一位贵人。

富尔顿当时正在一个宴会上高谈阔论，引起了利文斯顿的注意。这老头有点耳背，别人说话他听不清，只有富尔顿说的话他听清了。原来富尔顿当时要搞蒸汽船，这一下就引起了利文斯顿的兴趣。因为利文斯顿的梦想就是在哈德逊河上搞蒸汽船航运业。

法国人当时对蒸汽船很不屑一顾，法兰西科学院甚至称蒸汽船是"一种极其愚蠢的想法，一个重大的错误，一件荒唐的事情"。

1802年10月10日，富尔顿和利文斯顿正式确定了合作关系。富尔顿父子在纽约建造一艘吃水15英尺、长120英尺的轮船，起码可以搭载60名乘客。钱就由利文斯顿掏，而且要利用他的政治影响力，保护他们在纽约的垄断地位，最后赚的钱大家平分。如果项目失败呢？那么，富尔顿就必须归还利文斯顿一半的投资。你看，瓦特和博尔顿是一对好搭档，富尔顿也找到了他的好搭档利文斯顿。他们决定先在法国建造一艘蒸汽船做实验，反正现在两个人都没法回美国。

利文斯顿和门罗对买地的谈判一直没什么进展，美国总统杰弗逊也很着急，他请了一个法国贵族杜邦来帮忙。这个杜邦在法国国内的人脉关系极广，他的出现使事情不但变得很顺利，而且还加了码。拿破仑的态度也来了个180度的大转弯，他要卖的不是密西西比河口那一小块，而是整个路易斯安那地区。拿破仑是怎么想的呢？

拿破仑是有他的现实考虑的。首先他在海地用兵不顺利，无奈之下只好对英国人保持和平，跟他们搞好关系。只有这样，美洲大陆的路易斯安那领地才保得住。别看那块地方那么大，人口却没有多少，边境线又很漫长。假如派兵去保卫，不知道要花多少钱。假如英美两国不怀好意，法国根本就保不住路易斯安那领地。美国刚刚建国不久，国力还不强，但英国的国力可以说是如日中天。

那么能不能和英国保持友好关系呢？看来根本就做不到。先前法国曾经和英国签署过一个《亚眠条约》，规定英国必须从埃及撤军，把马耳他还给马耳他骑士团。（拿破仑自己开了这个坏头，他留在马耳他那几千人根本就守不住这个地方，后来就被英国人占据了。）但这个协议其实双方都没有遵守，英国人根本就没有从马耳他撤军，拿破仑这边也开始大造战船，准备攻打英国。他希望美国能够在背后牵制英国，所以干脆把路易斯安那领地都给卖了。

拿破仑开价1500多万美元，可利文斯顿和门罗兜里没这么多钱，本来他们只打算花200万美元把新奥尔良那一块地方买下来就行了，哪知道拿破仑不顾其他人的反对，执意要把整块地都卖掉。利文斯顿和门罗最多能付1000万美元买新奥尔良那一小块地，这也是杰弗逊总统告诉他们的谈判底线。但是机不可失，时不再来。利文斯顿和门罗当场拍板买下整块地，而且一切交接手续都要尽快进行，生怕拿破仑反悔。

杰弗逊总统知道以后也非常支持他们的做法，为此还顶住了好大的压力。美国的国土就此扩大了一倍。1803年7月4日，美国国庆日这一天，杰弗逊向全国人民宣布了这件事，1500万美元买到了路易斯安那领地。但实际上付的钱远远多于1500万美元，因为他们没钱，必须向银行借贷，算上利息要2000多万美元，一直到1823年才全部还清。但不管怎么说，2000多万美元买这么大一片国土，太值了。辽阔的国土是美国登上世界之巅的重要因素。

利文斯顿在离开巴黎之前一直跟富尔顿在一起，老头儿又不懂技术，富尔顿只好掰开揉碎了给他讲技术路线和蒸汽船的源流。要知道蒸汽船也不是富尔顿最先发明的，以前有人搞过了，而且是美国人。这个人还参加过美国的制宪会议，他叫菲奇。一说菲奇，利文斯顿还知道此人。

要说菲奇，这人真是要多倒霉有多倒霉。美国还没独立的时候，菲奇没上过学，去给钟表匠打工，本想学点儿技术，但人家不肯让他学。后来他自己学了些手艺，开始经营金属制品的小作坊。但后来在独立战争的时候被英国人毁

了，他就啥都没有了。再后来，他参加了独立战争，负责军队里的枪械修理工作。美国独立的时候，殖民地的钞票都成了废纸，他又损失了一笔。

后来，菲奇在肯塔基州投资地产，又在俄亥俄河流域勘测土地并同当地人做生意。旁边全是印第安人的地盘，本来印第安人和白人关系就不好，菲奇两次被印第安人袭击，但两次都逃脱了。后来他被印第安人抓了，被转交给了英国警戒部队，关了9个月。当时英国在美洲还有好多据点，并没有完全撤走，后来才逐渐撤走的。

被放出来以后，他决定这辈子一定要干出点名堂来。他先是想弄个蒸汽车，但那时候大部分都是纽可门蒸汽机啊，太笨重了，还是船靠谱儿。可是这也要想法子缩小蒸汽机啊，否则还是装不上去。他遇到的麻烦远比富尔顿要大。

菲奇骑马跑遍了当时所有州的首府，想法子签专利证书，呼吁各州允许他独家搞蒸汽船运输。然后他还玩儿了一把众筹，筹集到了一笔钱带着两个工匠造了个蒸汽机的模型。光有蒸汽机不行，如何推进船舶呢？菲奇想了个直来直去的办法。他造了个小模型，用蒸汽机带动6支桨来划船，模拟人手。大家都觉得这东西好玩儿，但是都不掏钱。他还去制宪会议上拉赞助，结果也没筹集到多少钱。即便他跟美国的开国元勋都混了个脸熟，也没用。不过，据说他促进美国通过了专利法，那是后话了。目前，他还得靠众筹来拉投资。

后来他的船越做越大，推进方式也改成了像鸭子的脚一样来回划水，放在船后部，在河上经营航运业，速度比普通的船快，但是比骑马要慢。但是坐他船的人很少，拉的货也不多，他老是亏本。后来船被风暴吹沉了，菲奇又是一穷二白了。好在有人投资了他的蒸汽船，一个叫斯蒂文斯的人。说来利文斯顿很熟悉这人，因为是他的亲戚。另一个投资者是当时驻法国的外交官叫阿伦·韦尔，他后来给菲奇在法国申请了专利。此时的菲奇决定到法国去碰碰运气。可是他去法国正好碰上大革命杀人最多的时候，也是时运不济。

后来他回了美国，自己的地产被人侵占，他也没钱打官司，此时他已

图7-3　菲奇的蒸汽船

经55岁了。他借口失眠，找医生开了鸦片药丸，慢慢攒了不少的量，最后一次性都吃了下去，自杀了。这是1789年的事了，比富尔顿去法国早了几年。两个人的轨迹何其相似，可惜菲奇的运气太差了。

　　富尔顿去法国之前在英国停留过一阵，他遇到过一个叫詹姆斯·拉齐的年轻人。这个年轻人也提出了蒸汽船的设想，但他的设想是用喷水推进。喷水推进在现在都是高科技，美国的海狼级核潜艇和弗吉尼亚级核潜艇用的就是喷水推进，俗称"泵推"。

　　其实这是想得太远了。大家记得吗，蒸汽机一开始是用来干什么的？是用来抽水的。那么把水抽上来从后边喷出去很难吗？后来拉齐去了英国，所以富尔顿在英国见到过拉齐。但拉齐英年早逝，1792年突然感到头痛，很快就去世了。

　　至此，富尔顿的竞争者基本上都已经出局了。在结合了很多前人的设计方案之后，富尔顿觉得最好的推进方式是明轮，就是把河里的水车倒过来用。这一回不是水流驱动着水轮在转，而是水轮驱动着水流在转。菲奇和拉齐这些人都用到了蒸汽机，区别就在推进方式上，毫无疑问，富尔顿找到了最合适的办法。

　　富尔顿还有个优势，那就是他不用自己去鼓捣蒸汽机，只要弄到一台

瓦特蒸汽机就行了。富尔顿想让利文斯顿找关系去弄一台蒸汽机，但是利文斯顿没搞成，因为英国禁止蒸汽机出口。富尔顿他们只好在法国想办法。他们租借了一台蒸汽机，开始在塞纳河上搞试验。但是下水以后没多久，这个锅炉就爆炸了。看来机器还是有问题。

没办法，再租一个吧。1803年5月，他们把租来的蒸汽机安装到了一艘船上，富尔顿就回屋睡觉去了，等着第二天试航。半夜他被人叫醒了，原来是那艘船已经成了一堆碎片，沉进了塞纳河。富尔顿跳起来直奔河边，冒着大雨跳进河里拼命地打捞蒸汽机。这东西是租借来的，这可怎么办啊。最后终于把蒸汽机给捞上来了。

那么，好端端的怎么大半夜船会沉呢？当时的报纸上说法不一。有人说低压蒸汽机的重量太大了，船根本就撑不住，头重脚轻自己翻了；有人说是塞纳河上的水手们妒忌了，合伙蓄意破坏。富尔顿没日没夜地修理蒸汽机，连轴转了好几个月，终于修好了。1803年8月9日，富尔顿的蒸汽船开动了。船上的轮子开始运转，推着船在水里缓缓地航行，速度是每小时3英里，大约是每小时4.8千米，速度和人走路差不多。富尔顿本来期待他的船能达到每小时25千米的速度，可是根本做不到。但这起码是一个好的开头，所以当地报纸说这是"完全失败的辉煌"。

剩下的事儿就有点戏剧性了。利文斯顿和门罗完成了与法国的谈判，回美国复命。然后，利文斯顿就回纽约的农场养绵羊去了，把蒸汽船这事儿扔到了脑后。富尔顿在法国，充分感受着巴黎上流社会的浪漫与前卫。结果他就被英国人盯上了。

英国情报机构的特工邀请富尔顿去英国，富尔顿也觉得这个事可行。于是他就化名"弗朗西斯"去了英国。这事儿千万不能让拿破仑的情报机构知道，保密很重要。

富尔顿一来二去还跟英国首相小威廉·皮特认识了。这个小皮特可以说是英国最伟大的首相之一，他当政时期正好是英国工业大发展的时期。小皮特对富尔顿的潜水艇很感兴趣，便请他来造个更大的。富尔顿就在英国继续设计潜水艇。他跟小皮特首相开的价钱跟以前给法国人开的价钱差不多。小皮特口头答应了，但是没签署许可证。这已经是1804年的事儿了。

富尔顿一方面要研制潜艇，另一方面要研制爆炸装置，也就是鱼雷，否则拿什么去攻击敌人的船啊。这研制起来是很花时间的。哪知道转过年来，小皮特首相就不再支持他搞潜艇了，说白了，就是不给钱了。合着富尔顿费了半天劲，全白干了。他气坏了，威胁英国政府要是不给钱，就把这些鱼雷卖给别人。英国人最后给了他12000镑。

富尔顿此时已经人到中年，这一段时间他的行为有点让人难以琢磨，干什么事儿总是有一搭没一搭的。钱也有了，蒸汽机也已经买了，放在港口等着运回美国，结果这台蒸汽机在港口一放就是半年多。他那时候的兴趣已经转移到鱼雷上了，利文斯顿一个劲儿地写信催他，他也不着急。

英国政府费劲巴拉地把富尔顿从法国挖回来，许诺支持他搞潜水艇，搞鱼雷，怎么突然就变卦了呢？因为英国人一时半会儿不需要富尔顿的潜艇了，将来的一百多年之内都无人能撼动英国海上霸主的地位。

1805年的11月4日，一个年轻的海军中尉坐快船"皮克尔号"赶回英国，上了岸以后，一路狂奔，连换19匹马，没日没夜地跑回伦敦。11月6日清晨1时，他赶到海军部急匆匆地向海军大臣报告，特拉法尔加大捷……

08 "凤凰"出海：蒸汽船出征大西洋

特拉法尔加海战是大英帝国海军在19世纪关键的一仗，法兰西联合舰队遭到了毁灭性打击。从此法国海军精锐尽丧，一蹶不振，大英帝国将统治世界海洋一百多年。

特拉法尔加海战是木帆船的辉煌顶点，但是毫无疑问，木帆船要走下坡路了。这个下坡路正是富尔顿开启的。

到了1806年，富尔顿这家伙还是不着调，他在英国闷着也不想回美国。利文斯顿非常着急，写信一次次催他。不得已，哈德逊河上的独家航运许可又延长了两年。虽然利文斯顿的人脉广，但也不能这么消耗，延期许可是要花钱的。从博尔顿工厂专门定制的蒸汽机已经在港口堆了半年多，风吹日晒都生锈了。

1806年12月，富尔顿终于回到了美国，他离开家乡出去闯荡已经20年了。回来以后，蒸汽机已经提前运到了美国的港口。富尔顿看了看，觉得不急，他就跟朋友一起到费城旅游去了。利文斯顿虽然急，但也没闲着，他又拿下了密西西比河下游的航行权，可以一直航行到佛罗里达。富尔顿旅游回来以后，听说了这几件事，他搭错的筋又搭回来了，又一次热情高涨，跟船厂的工人一起干活儿，改进蒸汽机。这艘船比较大，比他在塞纳河上搞的船大多了，排水量121吨，长43米，宽4.3米，最大高度19米（这当然是烟囱的高度，舱室没这么高），吃水2.1米，浆轮宽度1.2米，直径4.6米。轮船之所以叫轮船，就是打这儿来的。因为是明明白白地露在水面上，所以也叫明轮船。

富尔顿很细心，工人们有啥问题，他马上及时回答。但是他也关心围观群众的风言风语。其实，很多人纯粹是抱着看笑话的心态在关注着富尔顿的工作。富尔顿的蒸汽船下水的时候，他们管富尔顿的船叫"蠢货"号，但是富尔顿可不关心这事儿，人家还是请杰弗逊总统派个海军代表团来参观。富尔顿认为蒸汽船代表着海军的未来。但是海军也就是过来凑个热闹，没真当回事儿。

1807年的整个夏天，富尔顿都在忙蒸汽船的事儿。到了8月9日，距离他在法国塞纳河搞蒸汽船足足4周年，他的船做了第一次测试航行，速度达到每小时3英里，也就是大约每小时4.8千米，跟在法国塞纳河上的行进速度差不多。他发现蒸汽机的能力没有完全发挥出来，因为浆轮太小了。他试着把浆轮加大一倍，速度果然快多了。

正式的首航定在了8月17日。从纽约出发，沿着哈德逊河北上，到奥尔巴尼，水路全程是150英里，大约241千米，一天恐怕到不了。晚上，他们在110英里外的利文斯顿的庄园住一宿，第二天再走剩下的40英里。他的船起名字叫"北河蒸汽船"，简称"北河"号。后来，富尔顿去世以后，他的朋友写富尔顿的传记，错把这艘船的名字写成了"克莱门特"号，其实"克莱门特"是利文斯顿大庄园的名字，不是船的名字。

这次首航比较低调，邀请了亲朋好友，但是媒体不关注，只来了两家小报社，周围倒是很多人在围观。哈德逊河对面不远处就是斯坦顿岛，岛上的一个农场里有个孩子正在快乐地玩耍，他才13岁，也来观看了"北河"号的首航仪式。这个孩子后来成了一位富可敌国的大亨，一辈子掌控美国内河航运业，到70岁的时候，毅然转向铁路投资，又变身为最大的铁路大亨。他一切事业的起点就是蒸汽船内河航运，他从母亲那里借了100美元，开始经营斯坦顿岛与曼哈顿岛之间的客运，一个旺季下来就赚了好几千美元，这个时候他才16岁，时间是1810年。50年后，他手里的钱比美国财政部还要多，

他叫范德比尔特。这是后话，暂且按下不表。

还接着说富尔顿的蒸汽船。下午1点钟，船发动了，高高的烟囱冒出浓烟，船缓缓离开了码头，没多会儿就出故障了。富尔顿说半小时搞定，果然，故障很快排除了。"北河"号继续航行，船行驶得非常平稳。慢慢到了黄昏时分，船上点起了蜡烛。女士们都在船舱里的帆布床上休息，男士们都在上层甲板上聊天。富尔顿独自一人站在船头，看着满天繁星渐渐升起来，一切烦心事儿全都扔到脑后去了。他专心致志地欣赏夜空，可周围其他船上的水手都吓坏了。

水手们没见过这玩意儿，岸上的农民也没见过，后来有报纸报道说一个农民在夜里看见对面模模糊糊来了一团光，时隐时现的，而且还有轰鸣

图8-1　蒸汽船吓坏普通人

声。是啊，煤烟太黑了，时不时飘过来，闹出了某种若隐若现的效果。这个农民吓得扭头就跑，到了家还是惊魂未定。人家问他怎么了，他说河里出了妖怪。原话是"魔鬼藏在锯木机里显灵了"。

第一天下午1点钟，船已经航行了110英里。到达克莱门特庄园，利文斯顿很开心，他把自己的堂妹介绍给了富尔顿，几个月后两个人订婚，富尔顿和利文斯顿成了亲戚。

在利文斯顿的庄园休息一晚，第二天接着上路，大概下午5点钟到达了纽约州的首府奥尔巴尼。扣除停船休息的时间，总共花了32个小时。他们返航的速度快一点儿，30个小时就够了，因为是顺流而下。哈德逊河上有个地方的河面突然拐了个接近90度的大弯儿，行船经过这里都要减速，富尔顿他们也不例外，在这个地方放慢了速度。因为是拐了90度，所以河岸拐角处有个灯塔，否则夜里容易出危险。高高的岸边有一大片灰色的堡垒，是个易守难攻、扼控咽喉的要塞，这是一个控制哈德逊河的好地方，一小群军校的学员也跑到岸边好奇地看着富尔顿的蒸汽船。

因为哈德逊河这个大拐弯处的地理位置非常重要，所以在独立战争时期，华盛顿就在这里建立了要塞，这就是著名的"西点要塞"，离纽约80千米。这之前5年，杰弗逊总统批准成立了一所军事学院，就设立在了西点要塞，这就是大名鼎鼎的西点军校。

富尔顿的首航大获成功，回航途中还又捎带了几位乘客。这几个搭船的人也挺开心的，因为只要两个小时就能到纽约，比坐帆船快多了。蒸汽船逆流而上的能力强，不受风向影响，作为内河渡轮还是很不错的。9月，富尔顿就开始推出从纽约到奥尔巴尼的定期班轮业务，中间停靠几站，西点军校就是其中的一站。推出以后，大受欢迎，很快船上就挤了100人。富尔顿赶快扩大业务，最后搞了17条船来经营哈德逊河与密西西比河下游的航运业务。对于富尔顿来讲，搞发明只是他的一小部分工作，他的真正身份是CEO，掌管公司的各个部门。他一方面要迅速开展业务，另一方面要打压对

手，保持垄断地位。挑战者里边偏偏就有个熟人，那就是利文斯顿的亲戚史蒂文斯。

这个史蒂文斯本来投资过菲奇的蒸汽船公司，但是收益不佳，后来菲奇还死了。史蒂文斯不服气啊，他觉得自己也能当发明家，而且他对各种机械也不陌生，他的家族都和工程技术有缘分。所以，这个史蒂文斯看着利文斯顿和利文斯顿的堂妹夫富尔顿拼拼凑凑搞出来个蒸汽船，他也弄出个蒸汽机，但那是改进过的，体积小巧，很小的一艘船都能装上去，而且他用的是螺旋桨，不是明轮。当时使用螺旋桨还有困难，因为螺旋桨必须在船底下开个洞，然后这个轴才能穿出去，密封在当时很成问题。英国航母伊丽莎白一世"女王"号刚下水试航不久就发现，推进大轴漏水，一小时能漏进来200升水，只能开回朴次茅斯去修理，现在都漏何况当初呢。像富尔顿那样搞个桨轮则不存在这个问题，不需要在船底钻洞，所以史蒂文斯后来也是用桨轮推进的。

富尔顿本来想，大家都是亲戚，干脆我们出让五分之一的股份，大家有钱一起赚。但是这个史蒂文斯不干，他看不上富尔顿。富尔顿首航成功8个月以后，史蒂文斯的船"凤凰"号也搞出来了，就在纽约和布伦瑞克之间搞航运。结果人家利文斯顿拿出法律大棒，一棒就把史蒂文斯打晕了，因为人家有垄断权。史蒂文斯又不服气了，内河航运怎么能垄断呢？这条河上的蒸汽船只能是你家的，别人家的不行？这没有道理啊。但是人家拿到授权书了，没辙。他怕自己的船被扣留，心想干脆拉到别的州、别的河流上不就完了嘛。美国那么多州，各个州法律不一样，于是他就去了附近的特拉华河。可是史蒂文斯的船怎么去特拉华河呢？这可难了。当时普遍认为，海上风大浪急，蒸汽船吨位太小，走不了海上。但是如果不走，万一利文斯顿动用法律扣船怎么办？

只有铤而走险了，他绕过新泽西的外海，去特拉华河的入口，然后逆流而上去费城，费城可不是富尔顿的地盘了。其实，这事儿挺难的，必须挑选一位优秀的船长来执行这个航行任务。驾驶"凤凰"号出海的是罗杰斯船长。

罗杰斯船长把"凤凰"号开进了大西洋，贴着新泽西的海岸开行，一路上狂风暴雨，狼狈不堪。开了7天以后，终于找到一个避风的港湾躲过了暴风雨，一切平静下来以后，罗杰斯船长把"凤凰"号开到了费城。"凤凰"号后来就开始执行费城到特伦顿之间的班轮。算起来，"凤凰"号在大西洋上开了130海里，这是蒸汽船第一次与大海的亲密接触，虽然这实质上是一次狗急跳墙的行动。

图8-2　"凤凰"号

1824年，最高法院宣布，富尔顿这种垄断经营是违宪的，无效。于是，整个航运业就进入了百花齐放的年代，也正好给范德比尔特大显身手创造了机会。

冒险家总是敢为天下先，他们自然是不会傻乎乎地苦等法律的修改。况且上有政策，下有对策。河里不让走，大西洋里总没人拦着吧？

1819年，罗杰斯船长驾驶320吨的蒸汽船"萨凡纳"号从佐治亚州直航英国利物浦，这艘船本来不是蒸汽船，是一艘320吨的小船，是罗杰斯船长从纽约的一个船厂买来改装的。它很结实，可以承受大西洋的风暴。蒸汽机

的锅炉来自纽约本地的铁工厂，其他的发动机部件和传动装置则是新泽西州的一个炼铁厂提供的。锅炉有特殊的设计，可以防止结水垢。

这艘船看上去仍然是一艘普通的三桅帆船，只是在桅杆之间有一个非常奇怪的大烟囱。因为船不大，只能装75吨煤和25捆木柴，最多搭乘32名旅客，就装不了其他什么东西了。"萨凡纳"号的地毯是从国外进口的，船舱内部还装饰着黄铜饰品和红木。可是他想找乘客，人家一个都不来，哪怕不要钱也没人来。没人来的话，能不能装少许货物呢？照样没人理他们，所以商业上是不成功的。

这艘船的首航是从纽约到萨凡纳，萨凡纳位于佐治亚州和南卡罗来纳州的交界处，萨凡纳河的入海口。这趟航程一共花了207个小时，只有41.5个小时使用了蒸汽机。假如风大浪急，船一直在摇晃，划水的明轮很容易就会露出水面空转，船就会往右边一歪，左边儿的桨轮离开水面。反过来也是一样。这种情况还不如用帆呢。这也是大家不愿意在深海大洋使用明轮船的一个重要原因，在内河航运则没有这些麻烦。

到达萨凡纳港以后的几天，门罗总统在战争部长卡尔霍恩的陪同下沿着萨凡纳河巡视了城市的堡垒和防御。总统非常开心，还承诺了一个"空头支票"，说"萨凡纳"号在完成了跨大西洋航行以后，政府应该把它买下来。最近经常有古巴海盗到佛罗里达沿岸来骚扰，这艘船正好可以用来打海盗。结果这个许诺永远没有兑现，"萨凡纳"号从欧洲转了一大圈回来以后，政府根本就没买。因为船上的蒸汽机又大又重，导致根本装不了多少东西，最后反而是拆掉蒸汽机，把它当作普通的帆船还赚了点儿钱，这是后话不提。

1819年5月24日，"萨凡纳"号开始了这段历史性航程，从萨凡纳港直航到利物浦。几天之后，5月29日，在大西洋上，有一艘船发现了一艘烟雾非常大的船，看上去好像着了火，别的船追了好几个钟头，死活追不上。第二天，一艘英国军舰碰上了"萨凡纳"号也觉得新鲜，没见过这种冒着火还能跑得飞快的船，想追又追不上，不得已开炮示警。罗杰斯船长这才把船停下来。英国军

图8-3 "萨凡纳"号

舰上的指挥官要求检查这艘船，上了船一看，发现原来这艘船是用蒸汽机驱动的。

到了6月20日下午6点，航行经历了将近一个月，这艘船开进了利物浦港，稳稳地停靠在了码头。实际开蒸汽机的时间只有80个小时，因为船上的燃料根本不够，只能省着点儿用。

当时的利物浦港正是一派繁忙的景象，每年都有1万艘船停靠在利物浦港，不少是运棉花的船，因为附近的曼彻斯特是棉纺业的中心。不过，利物浦和曼彻斯特之间的矛盾由来已久，从19世纪一直延续了下来，就连球迷都跟有仇一样。这两座城市的关系怎么会弄到这个地步呢？

铁路之父：09 机车受限于马屁股的宽度

当时纺织业的中心曼彻斯特距离利物浦只有50千米。利物浦港的吞吐量非常大，每年来自美国的棉花有40万包之多。当时美国是英国最大的棉花供应国，占了47%的份额；巴西的份额也非常大，占了16%；剩下就是印度东南亚等地方的棉花。这些棉花运到曼彻斯特制成纺织品之后再运往世界各地。棉纺行业对气候有着非常特殊的要求：第一，温差不能太大；第二，空气中还要有足够的湿度，这样棉花纺出的纱线就会变得更加纤细。对于曼彻斯特来讲，它的东面和北面都有高大的丘陵拦截了西南的暖湿气流，因此这个地区温差非常小，每年的平均降水量可以达到1000毫米，所以气候特别适合发展纺织业。

但是，曼彻斯特最麻烦的是交通问题。在利物浦和曼彻斯特之间用车拉的话，运送货物每吨最起码要40先令。费用太贵了，大家接受不了。走默西河水运的话，每吨的通行费大概是12先令。后来又挖了若干条运河，把运费降到了6～7个先令。但是，利物浦和曼彻斯特这两个城市活生生把相互依存、共同繁荣的局面搞成了互相抬杠的形势。

说到底，还是因为利物浦总是拿航运优势卡曼彻斯特的脖子，曼彻斯特当然很不爽。后来曼彻斯特自己咬牙发狠，开了一条通海运河，算是绕开了利物浦的限制。慢慢地，这两座城市之间的死对头关系延续到了足球上。如果你仔细看曼彻斯特联足球俱乐部（曼联队）的队徽，里面还画着一艘船，代表着曼彻斯特这座城市是跟运河紧密捆绑在一起的。

不管这两座城市之前有什么恩怨情仇，但它们共同创造了一段历史——世界上第一段商业运行的干线铁路就是连接利物浦和曼彻斯特的。要讲这条铁路，就不得不讲到"大主角"乔治·史蒂芬逊和他的儿子罗伯特·史蒂芬逊。

1781年，乔治·史蒂芬逊出生在诺森伯兰郡怀拉姆的一个矿工家庭。他父亲是在煤矿蒸汽机房里烧锅炉的，也就是给蒸汽机加加煤，加点柴。蒸汽机就有这个好处，对燃料不是太挑剔。全家八口人就靠父亲微薄的工资来维持。老两口都是文盲，结婚登记的时候，他俩甚至无法签名。

穷人的孩子早当家，小乔治8岁就去给人家放牛，10岁就去赶马车，还当过矿井上的挑拣工。因为他父亲能近距离接触蒸汽机，所以他对矿井和蒸

图9-1 小乔治上学很认真

汽机也非常熟悉。直到年满14岁，他才跟随在父亲身边成为一名助理司炉。但是，他从小根本就没上过学，没有机会接受教育。到18岁了，他也是一个文盲，连字母都不认识。18岁的大小伙子跟七八岁的娃娃一起坐在课堂里，听老师讲课，我想很多人根本就拉不下这个脸，我们也可以想象史蒂芬逊要承受多大的压力，还要遭受无数小娃娃的嘲笑。一直到19岁，他才能写出自己的名字。可就是这么一个起点如此之低的人改变了世界。

1808年，特里维西克制造的最后一台蒸汽机车在伦敦当玩具挣钱，一直没什么大的进展。后来特里维西克跑去南美，蒸汽车也就不了了之了。过了4年，怀特黑文的煤矿工程师打算把一台纽可门蒸汽机装到车上。那怎么可能呢？纽可门机是最笨重、效率极低的一种蒸汽机，结果一上路，就压坏了轨道。后来有几个工程师又造了几个能跑的机器，但都是中看不中用，跑不了几步就趴窝。

到了1812年，布伦金索普倒是成功研制了一台有齿轮的蒸汽机车。说白了就是轮子上带齿，铁轨上也带齿，这两边的齿必须咬合在一起。这个车运行起来是成功的，但是投入商业运营的效果却非常差，一来造价非常高，二来运行速度极慢，根本没什么实用性。到了1813年，一个叫威廉·赫德利的采矿总监，他也搞出了一个蒸汽机车。这台蒸汽机车倒是可以使用，而且一用就是好多年，但是他始终就在自己的煤矿里面打转转，从来不出门。

各大煤矿的矿主也都在想办法制造蒸汽机车。他们也看出了这个门道，但是因为各种技术问题都不成功。他们还派商业间谍到处打探消息，还闹出了不少笑话。那个年代的商业竞争什么手段都会用，远不像现在这么规范。即便如此，一台像样的蒸汽机车都没能研制出来，导致很多人彻底没了信心，放弃了研究，甚至连工程界和科学界的很多人都认为蒸汽机车没什么前途。打破这种局面的，就是乔治·史蒂芬逊。

乔治·史蒂芬逊的弱势非常明显，那就是他的学识水平太差了。他学会写自己的名字都足足花了一年的时间，可见错过了教育的黄金期，要付出

图9-2 布伦金索普的蒸汽机车

多么大的代价。而且，他的思维也缺乏系统与规范。他几乎所有的经验都来自他自己拆装机器。但是他有一点非常了不起，那就是他知道自己的知识非常缺乏，所以一辈子都在如饥似渴地学习，而且真正做到了不耻下问——大部分知识是跟他的儿子罗伯特·史蒂芬逊学的。乔治的成功，很大程度上是因为他有一个好儿子。儿子罗伯特是他最好的助手。乔治深刻体会到受教育对人这一辈子有多么重要。他的父母是彻头彻尾的文盲，他自己也是个文盲，他决不能让这种悲剧再发生在自己儿子身上。所以在他的儿子罗伯特·史蒂芬逊这一代身上，打破了恶性循环。

乔治也有很多的优势，一是他对机械有一种特别的天分，二是他有足够的耐心和毅力，三是他懂得成功绝不是孤立的。要做成一件事，需要方方面面的支撑。

当时的蒸汽机车有几个大问题要解决：

1.蒸汽机的引擎体积太大，功率太小；

2.运行起来不平稳，跑起来的时候经常会翻车；

3.只能前进，不能倒车；

4.火车跑得太慢了；

5.轨道承受不住。

乔治最可贵的地方就在于他认识到这些问题是彼此关联的，牵一发动全身。有一个环节做不好，火车与铁路就不可能成功。在他之前的那些工程师，统统没有想到系统的配套问题，只是一味地关心火车头。

1814年，乔治·史蒂芬逊造了一台蒸汽机车，起名字叫"布吕歇尔"号。这个名字来自著名的普鲁士元帅布吕歇尔。这位老元帅是个屡败屡战的典型，他多次被拿破仑打败，但就是不服输。很可能是这种精神与品质引起了乔治的共鸣，因为他自己也是个命运的逆袭者。

乔治·史蒂芬逊在研制"布吕歇尔"号的过程中解决了很多技术问题，比如说动力不足。当然，他并不知道到底是怎么回事，他只是凭着经验把排气管插到了烟囱里。后来的科学史专家去考证也没有查出个所以然，一般认为史蒂芬逊是误打误撞搞出来的。加高烟囱的确可以提高蒸汽机效率。

那么行车不稳的问题他又是如何解决的呢？那是因为齿轮生产不过关，史蒂芬逊开发了一整套连杆系统就把这个问题解决了。现在我们在老式蒸汽机车轮子上看到的那一套连杆系统，最早就是乔治·史蒂芬逊搞出来的，后来又经过不断的改进，才形成现在这个样子。正因为有了这些改进，"布吕歇尔"号才能平稳地在铁轨上运行，拉着8节重达30吨的煤矿车，以每小时6.4千米的速度平稳行驶。

此后的十年间，乔治·史蒂芬逊和他儿子罗伯特一起先后搞了16台蒸汽机车，每一台都有所改进。用今天的术语来讲叫"迭代升级"，也叫"小步快跑"。火车头的时速从6.4千米提高到了40千米。这已经产生了质变，因为每小时40千米已经超越了以前火车所达到的最高速度。

解决了蒸汽机车本身的问题，就该解决外部配套的问题了。首要就是解决铁轨的问题。生铁制成的轨道非常脆，沉重的机车经常把轨道压碎。1818年，爱丁堡的一个工程师写信给乔治·史蒂芬逊，建议他采用熟铁锻造的铁轨。那个时代钢的造价非常高，所以钢还没有被大规模采用。等到钢的造价跌下来了，工业生产中也就很少看到熟铁了。到19世纪中期，铁轨基本上都被钢轨取代了，不过那已经是后来的事情了。有人说熟铁是不是太软了？实际上在当时来讲强度是够用了。乔治·史蒂芬逊在车上多加几个轮子就可以有效降低压强。

尽管已经得到了改进，但蒸汽机车仍然只是在矿山上使用，还没有介入普通市民的生活。一个新生的事物要想被公众接受，不能只靠工程师的努力。当时的一些作家和艺术家也介入了这件事，他们要用想象力描绘一个"未来的世界"。

当时有一位作家托马斯·格雷干了一件重要的事情，那就是画地图。这家伙不干别的，就趴在地图前面盘算着哪些城镇应该连在一起，他最后画了一张全新的英国铁路交通网规划图。他为英国铁路的发展构建了宏伟的蓝图。可惜，这种事儿不应该是他干，应该是首相去干才对。所以他到处呼吁，折腾了20年，照样没人理他。最后托马斯·格雷穷困潦倒而死。

现在回头去看，英国的铁路网和格雷的规划大体一致。先驱往往变成先烈，这是个普遍规律。天下那么大，能工巧匠那么多，偶尔冒出个思维的火花，鼓捣出两个超越时代的产品，那不难。但是一个产品要想成功，必须有适合它生存的土壤与环境。只有周边所有的条件都凑齐了，它才能够迅速成长。

我们去翻工业史，就会发现成功的发明家总是和优秀的企业家互相帮助、互相促进。乔治·史蒂芬逊也不例外，只是彼时他还没遇到那个给他机会的人。那么给他机会的人又是谁呢？

给了乔治·史蒂芬逊父子巨大帮助的是威廉·詹姆斯律师。他早先是律师，后来变成了地产代理人和企业家。他倒是看到过乔治制造的车头。

他觉得这东西代表着未来，于是写信给好朋友爱德华·皮斯，把乔治的火车头夸得像朵花似的。他说："乔治·史蒂芬逊先生的蒸汽机车，超越了一切我所看到过的类似的发明，我认为他在发明机车方面的功绩仅次于不朽的瓦特。"

瓦特在1819年去世，他在推动工业革命这方面的贡献巨大。乔治·史蒂芬逊能获得詹姆斯律师这么高的评价，跟瓦特相提并论，绝非浪得虚名。不过到此时为止，詹姆斯律师并没有见过乔治·史蒂芬逊。后来詹姆斯上门去拜访他，史蒂芬逊还受宠若惊，以前没见过这么大的老板。詹姆斯也开心坏了，终于见到偶像了。

詹姆斯的好朋友皮斯是达灵顿的一个商人，他特别喜欢铁路，而且有一种使命感，并不完全是奔着钱去的。当然啦，没有钱是万万不行的。要筹措一大笔钱是非常重要的事儿，所以皮斯牵头组织了一个斯托克顿－达灵顿铁路委员会。麻烦事不仅仅是资金方面的，还要勘查线路，要跟反对铁路的人做斗争，发动舆论战。那时候双方报纸都有大批"水军"。

达灵顿和斯托克顿这两个城市都在英格兰的东北角，在蒂斯河畔，斯托克顿靠近入海口。北边50千米外就是纽卡斯尔，纽卡斯尔可以说是铁路的发祥地。纽卡斯尔靠近海岸，各大煤矿都有铁路线直通港口，因此煤炭运输上了船去伦敦很方便，伦敦烧的煤很多都来自纽卡斯尔。达灵顿这边也有煤矿，但是因为不靠海，只能眼巴巴地看着纽卡斯尔赚钱，自己这边的煤运不出去，因此，从达灵顿运煤到出海口斯托克顿是有强烈需求的。

皮斯组织的这个铁路委员会也都是当地的企业家和有钱人，他们造铁路的另外一个动机是造福乡里。因为这两个城市制造业都很发达，如果物流变得顺畅，成本就会降低，竞争力也会变强。

但是话要说清楚，铁路是一码事，蒸汽机车又是另外一码事了。当时很多铁路线用的都是马拉铁路，而不是蒸汽机车。当然，也有讨巧的，利用落差，车厢自动从高处滑向低处。上坡挂个钢索，山坡顶上置一台蒸汽机，拉动钢索把车厢拽上坡，下坡自己滑下去。皮斯也不过是想造一条马拉铁路。这样的想法在当时顺理成章，因为大家印象里蒸汽机车的速度很慢，比走路快不了多少，比运河里的船还要慢。等到1821年，乔治·史蒂芬逊前来拜访皮斯的时候，皮斯才知道，原来蒸汽火车已经可以跑得那么快了。

从此，皮斯先生的态度来了个180度大转弯，成了蒸汽机车的坚定拥护者。皮斯先生在铁路委员会里舌战群儒，终于说服大家用蒸汽火车头，但是还留了个尾巴，要求跟马车兼容。假如不用蒸汽车头，至少马拉货车也能跑。这俩有啥区别吗？区别大了，假如不考虑马跑，那么轨道就可以用枕木；假如考虑马跑，就没办法用枕木了，要不然马跑起来很容易绊倒。动力系统的区别会导致轨道方案完全不同。这个难题就留给史蒂芬逊父子了。

乔治·史蒂芬逊被任命为达灵顿－斯托克顿铁路的总工程师，这是他第一次全面掌控整个工程的所有技术标准。首先就是马拉车和蒸汽机车兼容性的问题。铁轨不能用枕木，该怎么铺设呢？有办法，用一块一块的方石头，排成两列，上边放两根铁轨。这样的话，两列石头之间没有碍事儿的障碍物，马跑起来也很方便，蒸汽机车也没问题。第一个兼容性问题算是解决了。下面的问题就是选择轨道宽度的问题了。这个宽度选择影响了世界两百年，至今为止国际标准轨道宽度还是1435毫米。这个标准就是乔治·史蒂芬逊留下来的。今天世界上60%的铁路都是标轨，比这个宽的叫"宽轨"，比这个窄的自然叫"窄轨"。

有个传说，这个轨道距离是古罗马的战车轮距，这个轮距是由马屁股的宽度决定的。这个说法不能说没有道理。战车必定要比两匹马的屁股宽才行嘛。后来出现的铁路也是长期用马来拉货车的，自然，这个宽度必定比两匹马的屁股宽，但这个数值并不单是考虑马屁股。当时已经建设了不少隧道，车辆是不能比隧道宽的，车轴必定比车厢还要短一截。当时铁路马车的宽度是7英尺，因此乔治·史蒂芬逊就把车轴长度定在了5英尺4.75英寸，也就是1645毫米，考虑到轮子边缘的厚度，最小轮距是1416毫米。最早期的轨

道距离设定在了4英尺8英寸，也就是1422毫米。但早期的火车并没有转向架和差速装置，在实际运行中发现轮子噪音太大，轮轨磨损也比较严重，史蒂芬逊就再放宽了一点标准，也就是后来的1435毫米。

1822年5月23日，达灵顿到斯托克顿的铁路开始铺设铁轨。乔治·史蒂芬逊拥有生铁铁轨的专利权，但他放弃使用这种生铁铁轨，这等于损失了一笔专利费。后来采用了贝德林顿铁厂制造的熟铁铁轨。于是其他生产生铁轨道的生产商跳出来阻挠。最后，皮斯先生出来协调，熟铁铁轨铺设80%，生铁铁轨铺设20%，大家掺和用一下完事。

皮斯和史蒂芬逊父子合资成立了一家蒸汽机车公司，贝德林顿铁厂老板麦克·朗格威志成了第四个合伙人。史蒂芬逊父子总算有了自己的合伙人。达灵顿铁路上运行的火车头，全是这个公司的产品。

当时铁路在加班加点的建造之中，众小报的口水战也如火如荼，各路"水军"到处散布谣言，铁路委员会这边还要组织笔杆子反击。舆论战从来都是商战的一部分。史蒂芬逊父子俩加紧工作，到了1825年9月，铁轨全线铺通了。

举办通车典礼的日子，天气非常好。

周边群众全跑来了，大家都没见过蒸汽车头（实际上蒸汽机车已经诞生20年了）。乔治·史蒂芬逊驾驶着"机车1号"登场了，车头冒出浓烟，火星子到处乱飘，好多吃瓜群众的衣服上都被烫出了小洞。你别说，蒸汽机的轰鸣声真是蛮大的，好多人吓得扭头就跑。

蒸汽车头拖带着"试验"号客车、11节载满煤和面粉的货车以及20节满载乘客、嘉宾和工人的车厢向前飞驰。"机车1号"售出火车票300张。整个列车长度122米，大约80多吨重。平均速度是12.8千米/小时，某些下坡路段速度达到了24千米/小时。那年头还没发明汽笛，也没发明铁路信号系统，乔治只好让人骑着马在前边开道。假如看见铁道上有人，马上把他们赶走。下午3点45分，世界上第一列蒸汽牵引的商用列车完成了行程。一路上乔治·史蒂芬逊都提心吊胆的，生怕出问题。列车抛锚倒好办，就怕铁路桥承受不住车的重量。好在一路平稳，没什么大问题。

在终点站斯托克顿，有4万人前来迎接，7门礼炮开炮致敬，教堂也纷纷鸣钟庆祝。在达灵顿上车的时候是300人，下车的时候足足有600人，估计是半路停车的时候有人蹭车，蹭车的比正式坐车的还多。晚上开庆功宴，铁路委员会的所有人都喝得酩酊大醉，包括总工程师乔治·史蒂芬逊。乔治·史蒂芬逊已经创造了历史。他的一个朋友说，如果谁现在还不承认蒸汽机车比马车强，那他肯定是又老土、又顽固。是啊，铁路必将成为廉价的交通工具。风霜雨雪都不怕，速度比水上运输快，而且费用还比水路低。倒不是船运效率低，而是运河过路费太高了。

乔治·史蒂芬逊收获的不仅是荣誉，还有经验。建造达灵顿铁路，他也培养了一支团队，这是非常宝贵的。铁路是个系统工程，路轨标准定下来了，转弯半径也要有规范。铁路和普通道路的交叉路口该怎么处理？此地万一发生事故该怎么办？火车的速度快了，控制信号系统也不能缺失，万一调度错误迎头相撞呢？这些问题都要一一解决。

就在这条达灵顿铁路修筑过程中，在利物浦和曼彻斯特之间修建铁路的事也提上了议程。两个城市的市民先前去和运河航运业主展开过协商，看看能不能把过路费降一降，可人家就是不答应。倒是利物浦的市民提出了修铁路。威廉·詹姆斯不是乔治·史蒂芬逊的朋友吗，他就到处摇旗呐喊，铁路有多少好处，反正就是舆论造势嘛。

利物浦和曼彻斯特这边的企业家集资筹建铁路。发起人通常认为是玉米商约瑟夫·桑德斯和曼彻斯特最大的纺织厂老板约翰·肯尼迪（不是后来的美国总统约翰·肯尼迪），他们后来陆陆续续凑了很多人入股，还公开发行股票。

董事会请了威廉来负责勘测线路，要知道这是很费力气的苦活儿。运河公司自然是强烈反对，甚至雇人暗中破坏，还到处造谣。而且威廉他们没

拿到许可证，测绘都是半夜偷偷摸摸进行的。威廉非常投入，以至于自己家的生意都没时间打理，最后破产了。董事会嫌他没完成工作，就让乔治·史蒂芬逊来接手。不过不管谁接手都是个烫手山芋。

乔治·史蒂芬逊的学识水平应付测绘是不够的，因为他的受教育程度太低。对于铁路机车他是行家里手，但对于测绘他接触不多。儿子罗伯特去了南美洲，只有全部交给下属去干，这就为铁路计划埋下了隐患。

当时的阻力非常大，一方面运河公司始终暗中捣鬼。多年前，布里奇沃特公爵出钱开凿了一条布里奇沃特运河，这样就可以很方便地把他家的煤炭从沃斯利的矿井运到曼彻斯特。这条运河建造水平很高，号称是英格兰第一条不沿现有水道而建的运河。虽然老公爵在1803年去世了，但是余威犹在。铁路对家族的利益产生了损害，布里奇沃特家族当然要反对。

其他的贵族也持反对意见，比如老牌贵族德比伯爵和赛夫顿伯爵。赛夫顿伯爵祖上那可是800年前跟着征服者威廉在龙渡海立过功勋的，谁也不敢惹。其实铁路规划只是从距离他家1.6千米之外通过，但那也不行，他家的土地不能让平民百姓随便过。他家的土地非常大，绕都绕不过去。只能争取议会批准，那样伯爵就没话说了。

1825年上半年，铁路董事会向议会提交了建造铁路的申请。议会要进行公开辩论，反对派雇用了8个代理人对乔治·史蒂芬逊展开多次猛攻。乔治的口才并不好，这还是跟受教育程度有关系。反对派个个都是贵族代表，名校毕业、律师出身，耍嘴皮子是他们的专业，史蒂芬逊难免要吃亏。在当面询问有关铁路和火车头的问题的时候，乔治可以对答如流；可是一碰上测量方面的问题，他就支支吾吾地答不出来。人家问他一条河的宽度，他不清楚，问他造一座桥要几个拱圈，他也不确定。反正是一问三不知。

最后，议会把法案否决了。赛夫顿伯爵和德比伯爵就得意扬扬地走了，布里奇沃公爵家族和代理人当然也很高兴。但是利物浦－曼彻斯特铁路董事会可气坏了，作为总工程师CTO，你怎么能一问三不知呢？最后，乔治·史蒂芬逊被解除职务，扫地出门。随后他陷入了人生最低谷，这是他一辈子最大的一个坎儿。

铁路董事会也不甘心失败，他们聘请了当时知名的工程专家伦尼兄弟出马，他们俩的工程报告无可挑剔，顶住了反对派的一次次进攻。铁路董事会的人也在私下里找几位贵族老爷们沟通，最终，找到布里奇沃公爵家族的人直接谈，说服了他们投资这条铁路，有钱大家一起赚嘛。这一下，最大的反对者变成了最大的投资者。后来，铁路法案得以通过。修建铁路已经没有反对派的阻碍了。

但是，作为总工程师的伦尼兄弟却坐地起价，提出了更高的报价。董事会一时陷入了困境，到底该怎么办呢？谁能接手这个半拉子工程呢？转了一圈，也没找到合适的人。正在这个时候，达灵顿-斯托克顿铁路获得了成功，运行效果良好，一年能运几万乘客。乔治·史蒂芬逊的声誉终于被挽回。

利物浦-曼彻斯特铁路董事会最终决定，请乔治·史蒂芬逊回来担任总工程师。乔治终于走出了低谷，开始向人生的顶点冲击。这一点是不是有点像乔布斯？

这次回来，乔治·史蒂芬逊不想再留下任何遗憾。上一次的达林顿铁路还是留下了些许遗憾，达林顿铁路上一多半跑的是马拉货车，蒸汽机车不占大头，这就让史蒂芬逊父子很不爽。他们下定决心，决不能让利物浦到曼彻斯特的铁路再搞什么马拉货车兼容的事儿了。不过这事儿他们俩说了不算，人家投资者非弄个马拉货车跑上去，你能怎么办呢？这不能靠命令去阻止，只能靠实力说话，假如蒸汽机车真的方便快捷，马拉货车自然就淘汰了。

史蒂芬逊父子俩有个大致分工，儿子去管火车头，老爹管修铁路。乔治碰上的最头痛的事儿就是自然环境的限制。在两座城市之间，有个大沼泽，按计划有7.6千米的路程要通过这片沼泽。但大部分工程师认为沼泽没办法修铁路，因为到处是水，下边全是烂泥，还有好多水生植物一代一代堆

在烂泥塘里，火车一走，还不全陷进去啊？这该怎么办呢？

难题不止这一个，乔治在修建达林顿铁路的时候已经发现了一个问题。在完全水平的铁路上，10磅的牵引力可以拉动1吨重的货物。假如有0.5%的坡度，那么能拉动的重量就打了对折。因此铁路要求尽量保持水平。所以乔治就需要削平山头或者架设桥梁。沼泽当然可以用架桥的办法来解决。现在很多地方就是这么做的，因为沼泽湿地是非常重要的生态系统，得尽量减少破坏。但是在那个时代，人们并没有这样的环保观念，而且全程架桥太贵了，经费是没办法承受的。

以前根本没人在沼泽地上修过铁路，这是破天荒第一次。一般来讲，最彻底的办法就是把水排干，但是这显然做不到，因为工程量太大了。另一种办法是填进大量的沙土、石头之类的，但是，下边还有大量的淤泥，淤泥是软的，时间长了是会沉降的。现代的处理方法是先排水，起码铁路线附近要弄成干的。然后把部分的淤泥挖掉，重新填土，填土的顺序还有讲究，沙子、碎石、土壤的特性不一样，顺序不能搞错。当然啦，现在可以动用大型工程机械去挖掘。可是，在200年前，根本没有这些大型工程机械，所以乔治·史蒂芬逊才会一个头两个大。

后来，乔治·史蒂芬逊观察到，周围的居民有办法在沼泽的泥地里行走。道理也很简单，脚底下绑个长木板之类的就行了，反正是尽量加大接触面积，那么就不容易陷进去。最后，史蒂芬逊定下的解决方案就是"多管齐下"，第一步是动用200名民工在两边建排水沟，尽量把水排出去。即便如此，脚下的土地还是很容易冒出水来，地下水位也很高。第二步是组织大批人马往路线上填土，填进去砂石之类的东西。然后在地下铺上木材，铺上草，或者是拿柳条编成的大网，反正就是这一类长条形的东西，或者是面积大的东西，为的是尽量把铁路和火车的重量分散开，这样的话是可以防止沉降的。为了防腐，还洒了不少的煤焦油。下一步，再在上边堆泥土砂石建立铁路的路基。

这么干的确可以解决问题，但是工作量大得惊人。切特莫斯沼泽地的环境非常差，有的地方积水很深，地形环境不利，导致排水不畅。大量的土石扔进去就像扔进无底洞一样。那也没办法，董事会的人也清楚，开弓没有回头箭，只能硬着头皮干下去。大家不由得心里打鼓，这地方人都没法站立，一脚踩下去，淤泥和腐败的植物残渣能一直埋到膝盖，这怎么能走火车呢？后来从利物浦运来不少的焦油桶，埋在了底下，还盖上了很多石板，最艰难的路段就这么解决了。这条穿过沼泽的铁路一直沿用到今天，现代火车的重量比乔治·史蒂芬逊的车重了好几倍，仍然可以安全行驶。只是某些特别敏感的人会发觉，似乎这一段铁路是软的，因为列车振动的节奏和别的路段有区别。

不光是这一段沼泽泥地，后边还有大工程，那就是穿越橄榄山的通道。这就需要把一座石头小山包硬生生切开一个大口子，人工制造一个峡谷。这条峡谷长2英里（大约3.2千米），有的地方深度超过了80英尺（约0.024千米），两边是直上直下的石壁，火车将从这个深沟里面穿越橄榄山。不得已，他们用黑火药炸山，总比人力要快点儿。

铁路还要跨越很多河流，最后一共修建了64座桥梁。火车要求尽量走直线，最好避免上下坡。桥梁都是用砖石结构修建的，跨越运河的桥梁还要考虑桥拱的宽度，太窄了严重影响船只通行。有的桥梁就没办法采用砖石结构，乔治·史蒂芬逊便动用了铸铁横梁，他在很多地方都是有创新的。

史蒂芬逊父子带领无数工人奋战在铁路工地上。这些工人前一阵子还是失业者。因为从1825年开始，英国就在闹经济危机，这是一次生产相对过剩造成的经济危机，就像课本上学到过的那些知识。英格兰银行的黄金储备从1070万镑降到120万镑，70多家银行破产。最重要的棉布出口减少了23%，可见经济危机来势汹汹。经济危机嘛，当然会有很多人失业。这些工人好不容易才能找到一份工作，不管修铁路有多苦多累，也比失业在家蹲着强多了。

过去修个房子或者修座桥，都是在人多的地方，唯独修铁路，一直在野外

工作。工人们只能搭个窝棚住，生活条件当然是很差的。几年下来，病死和工伤致死的人一天比一天多，每拖下去一天，就要花掉无数的钱。董事会的人一直在催乔治·蒂芬逊：这都1828年了，开工多长时间了，我们陆陆续续投资46万英镑了，啥时候能建成通车？乔治·史蒂芬逊两手一摊：快不了啊，除非给钱、给资源，否则怎么加快啊？没钱是万万不行的，不得已，董事会向利物浦政府贷款10万英镑。政府出了钱，就要派人考察这条路的建设情况，铁路建设是没多少可说的，但是很多人在政府派出的工程师托马斯·特尔福特耳边说坏话。主要是说，蒸汽机车不灵，还是用马车比较靠谱儿。甚至在铁路董事会里，也有人坚决支持使用固定式动力牵引机，这下又开始无穷尽地吵架了。

达灵顿铁路的大股东爱德华·皮斯跟乔治·史蒂芬逊是一伙儿的。他提议组织一个代表团到达灵顿铁路实地调查一下，看看再说。结果考察团调研后认为还是用固定蒸汽机车拉纤比较好。但这也不能定纷止争。最后没辙，董事会出了个主意，来个比赛吧，是骡子是马拉出来遛遛。这是智慧与技术的较量，也是新观念与保守派的较量，意义重大，这场比赛势必会载入史册。

铁路董事会决定进行公开悬赏，征集一种最好的蒸汽机车。什么叫最好的蒸汽机车呢？根据速度、重量、马力、耗煤量、排烟量等各项指标进行综合打分，谁的分数高谁赢，胜出者奖金为500英镑。这相当于乔治·史蒂芬逊当总工程师一年的收入。比赛的地点就在利物浦-曼彻斯特铁路已经完工的雨山段，时间是1829年10月。路段长1英里，大约是1600米，比的就是来回跑圈。

悬赏告示一贴出，立刻就炸锅了，全英国甚至欧美的工程师都欣喜若狂。这机会太难得了，既能展现自己的机械才华，又能拿到大笔的奖金，何乐而不为呢？各地的工程师们发了狂，不少铁匠也跟着起哄。那年头工程师和铁匠也没多大区别。

当然啦，学校里的学者也不甘寂寞。幻想家、发明家、哲学教授、机械工人等各色人等纷纷登场，民间隐藏的高人也纷纷出马。各种机车制造计划和方案甚至实物，源源不断地涌向利物浦铁路公司。铁路公司的人快招架不住了，拿过来一看，这个是减小机车摩擦力的方法，只用一根丝线就能拉动。那个是啥？那个是大马力机车，能够拉断碗口粗的绳索。还有的说机车采用氢气作为燃料，这玩意儿多危险啊，难道这家伙不怕氢气爆炸？

更搞笑的是，有人提出不用燃料和蒸汽就能让机器循环运转，专家们一看，这不是永动机嘛。法国科学院1775年就提出永远不接受有关永动机的提案。尽管当时人们并不清楚为什么造不出永动机，但是这么多年来，各路神仙都试过了，没有一个能成的。宇宙基本法则是"出来混总是要还的"，怎么总想不劳而获啊。

热力学的几个定律发现过程都很曲折，正是因为永动机始终都搞不出来，冥冥之中大家意识到，一定有什么规律在暗中支配着能量的转化运行。这就导致了热力学定律的诞生。但是在当时，很多工程师的知识素养并不高，不懂什么热力学定律。

董事会组织的这个活动起到了非常大的作用，铁路这个新生事物经过这么一折腾，等于宣传给了全世界，为英国铁路将来走出国门做出了贡献。

史蒂芬逊父子当然很开心。罗伯特·史蒂芬逊先前去了南美，回到英国以后并没有着急回家，而是到处走访，把英国当时蒸汽机车的状况了解了一下，摸了个底。他心里有谱儿了，他家的机车肯定是最强的。父子俩信心十足，精心准备调试机车，就等着比赛的到来。

他们改进后的机车用的是所谓的"火管锅炉"，也就是一个大水包，许多根管子在水包里边通过。燃料燃烧的烟气就从这些管子里面通过，把外边的水加热。烟气和水接触的面积越大，传热效率就越高。管子多，表面积就非常大，效率就非常高。有没有反过来的呢？水在管子里跑，烟气在外边。有啊，这叫"水管锅炉"，家用燃气热水器就是典型的水管锅炉。

燃烧的废气直接从烟囱排走，乔治·史蒂芬逊偶然发现，加高烟囱就能提高效率。北方自己家生过煤炉子的朋友可能有体会，烟囱高一点、粗一点，拔烟效果就更好。上边烟拔得快，下边新鲜空气就不断补充进炉膛，里

边就烧得旺，火力就大。这是因为烟囱里面有一管子高温的烟气，这一管子高温烟气比周围的冷空气要轻得多，当然会有很大的浮力。现在这个拔力是有经验公式可以计算的，跟烟囱高度成正比，也和冷空气的密度以及烟气的密度有关系，温度差越大，拔力越大。

图9-3 "新奇"号

经过第一轮的淘汰，有5辆机车进入了下一轮。"新奇"号自重2吨，"无敌"号自重4吨，"火箭"号自重4吨，"渊博"号自重3吨，"坚定"号自重2吨。"新奇"号的颜值最高，一下就获得了大家的青睐，而且表现也不错，第一天飙出了45千米的时速，但是锅炉管子爆了，而且无法在现场修理好，必须运回厂家维修至少7天。第二天"新奇"号带伤上阵，还能跑到15英里（约24千米）的时速。但是，锅炉管子的损坏程度已无法继续运作，"新奇"号不得不退出比赛。

负责搞笑的是"渊博"号。别的车都是喷烟吐火的蒸汽机车，"渊博"号不是。人家是一辆马车，说马车也不准确，它是在车上装了个类似跑步机的装置，然后让高八尺长丈二的大洋马在上边跑，再带动车辆前行。能允许

图9-4　"渊博"号

这种车上来凑热闹，真是服了这帮评委。"渊博"号跑不了几步就不行了，直接退出比赛。

　　"坚定"号在运输途中就坏了，连修了5天都没修好，只参加了最后一天的比赛，跑出了每小时6英里（约10千米）的速度，最后拿了一个安慰奖，获得了25英镑。"无敌"号以16英里（约26千米）的时速跑了8个来回，但之

图9-5　"无敌"号

图9-6　"火箭"号

后汽缸裂了，不得已退出比赛。不过，落选未必没有好运，有人看上这辆车了，它的发明人蒂莫西·哈克沃思还接到了两个订单，算是没白来啊。

史蒂芬逊父子的"火箭"号则是表现完美，没有出任何故障，稳稳当当地跑完全程，速度也很快。大家虽然觉得这辆车长得不好看，但是不得不佩服人家的动力性能。这辆车主要是儿子罗伯特的功劳。经此一战，"铁路之父"的桂冠就戴在了乔治·史蒂芬逊的头上，这父子俩成了世界上最大牌的铁路工程师。从此蒸汽火车开始得到全欧洲的青睐。各国开始大力发展火车，连美国也不例外。

英国掀起了建造铁路的狂潮，持续了20多年，英国正式商业运营的铁路也从几十千米猛增到上万千米，并且影响了全世界的运输格局。

虽然乔治·史蒂芬逊功成名就，但是他心里还有一个小小的隐痛。这个隐痛导致了他与科学家群体的隔阂，他从不相信伦敦的那帮科学家，因为之前他们闹出过一场专利纠纷。直到1833年，议会才宣布乔治·史蒂芬逊的设计和戴维爵士是不一样的，并没有抄袭的问题。那么，到底是什么纠纷纠缠了十几年呢？

这专利纠纷是怎么回事儿呢？说来话长了。英国当时主要的能源就靠采煤，我们在前面讲过，煤矿一开始只能露天挖个大坑，把浅层的煤挖出来。但深层的煤靠这种露天开采的挖法是不行的，需要开矿井来挖。这就碰上一个问题，就是地下水的渗透，于是蒸汽机被用来排水。随着蒸汽机的性能越来越强大，效率逐渐提高，水不是太大的问题了，但是下一个麻烦又出现了——当矿井挖到一定深度的时候，矿井里面会聚集一种易燃的气体——瓦斯，动辄就造成爆炸。进入19世纪，这个问题就变得非常突出了。

当时矿工们也没有别的办法，他们都是用蜡烛来照明的，可是用蜡烛不安全，经常会引燃矿井里的瓦斯。于是有人想到了生物能源——萤火虫。萤火虫当然不管用，亮度太低，根本没法干活儿。1733年，斯佩丁搞出另一个发明，那就是利用手摇砂轮去摩擦火石。擦出来的那一串火花可以用来照明。这个发明被称为"斯佩丁磨机"。通常找个童工专门来负责摇磨机的手柄。那年头英国有童工？是啊，你想想啊，乔治·史蒂芬逊到煤矿上给父亲当助手时也才14岁。所以，当时的童工是个普遍现象。

1784年瓦尔德斯煤矿发生了一系列爆炸事件，有人怀疑就是斯佩丁磨机的火花引燃了瓦斯。按理说，这些火花是没有那么大能量引爆瓦斯的。但是到了1785年6月，沃尔森德煤矿爆炸的幸存者证实，火花的确可以引爆瓦

图10-1　斯佩丁磨机

斯。看来，这个照明方式也不行。难道下井挖煤真的要靠萤火虫的屁股吗？

后来很长一段时间内，人们还是靠蜡烛下井挖煤，怀疑有瓦斯的地方还是采用斯佩丁磨机，这是没办法的办法，为了挖煤赚钱，也只能担风险了。当时引起很大关注的一次矿难事故是发生在1812年5月25日的菲林煤矿大爆炸，这天是星期一，中午11点30分发生第一次爆炸，周围半英里（800米）的范围内震动严重，4英里（6400米）范围内都可以听到巨响。外边的人赶快过去救援，拉着矿工们上下的装置都受到损坏，地面上的人只好靠人力转动绞盘往外拉。最终确认死亡人数96人，其中有当场死亡和掩埋后死亡的人。

爆炸以后45分钟，救援队下井，带着斯佩丁磨机作为照明工具。但是在井下发生了第二次爆炸，几乎没人能幸存下来。正因为这次事故死伤惨重，所以引起了舆论哗然。然而，舆论哗然又有什么用呢？这个煤矿1813年、1821年、1847年又陆续发生过矿难事故。那时候英国到处都有矿难，可以说是层出不穷。当时的人们都知道是瓦斯爆炸，但不知道还有另外一种煤粉尘爆炸。因此所有人都是往防止瓦斯爆炸上去思考的。

就在1812年，英国成立了一个"防止煤矿事故协会"，后来也叫"桑德兰协会"，主要是由矿主、医生和神职人员组成的。

这个协会的主要职责就是3条：

1.对安全生产广泛进行宣传，做好防范工作；

2.对煤矿的通风进行研究；

3.研究安全矿灯。

来自北爱尔兰的兰尼克医生很积极。他鼓捣出一个安全矿灯，采用了水过滤的办法，先用皮囊压气进入玻璃罐子里边，里边有个蜡烛。灯的下方有水，空气要经过水的过滤再进入灯里，看看是不是可以吸收一点易燃易爆的气体，排气也是要通过水来过滤的。这样一来，火焰就和外界隔绝了，不会引燃外界的瓦斯。

这个灯的确是可以用的，但是相当麻烦。因为内部有水，不能有任何歪斜。而且要不断打气，稍有停顿灯就灭。那年头取火都用火绒，不像现在用打火机这么方便。万一灭了，想在矿坑里边再一次把灯点上就难了。首先是不知道周围有没有易燃易爆气体。其次是即便周围没有易燃易爆的瓦斯，黑灯瞎火的，拆开复杂的带过滤系统的灯来，弄坏了怎么办？万一丢几个零件，又上哪儿找去？克兰尼的灯虽然从原理上讲行得通，但是实际使用效果很差，亮度也很低。

1813年，这个菲林煤矿又发生了一次事故。到1814年，纽卡斯尔、卡尔迪弗等地的煤矿相继发生了几起由矿灯火焰引起的煤气爆炸事故，前后矿工死亡累计达到数千人，英国宣布全国哀悼。乔治·史蒂芬逊从小在矿上长大，对矿井的事儿了如指掌。他受到的触动很大，因为死去的人有不少是他儿时的伙伴。他研究安全矿灯，完全是为了小伙伴们的性命着想。另外一些矿主则去求助于当时英国最大牌的科学家汉弗莱·戴维爵士。戴维刚从欧洲大陆回到英国，桑德兰协会的人一找他，他立刻决定全身心投入，毕竟这是人命关天的大事。当然，他们都不知道对方也在研究安全矿灯。

乔治·史蒂芬逊是草根出身，他搞发明全靠灵感和实验。他模模糊糊感觉到要把灯给密封起来。他设计的灯有一个玻璃管子，顶上罩着一个黄铜的罩子，带好多气孔。底下是铜的底座，也有好多气孔。他的思路是控制气

流流入。一罐子空气，假如瓦斯沼气的比例偏高，那么必定氧气不足，里面的蜡烛就会熄火。关键是不能让外界空气直接进来，必须通过底下的小孔进来，经过曲折的管子进入灯的内部。上边的气孔纯粹是出气的，空气想从这里逆流进入灯的内部是不行的。

乔治·史蒂芬逊的矿灯有个明显的特点，就是瓦斯多的地方反而会熄灭，因为含氧量不够。假如蜡烛火焰直接和外界接触是有可能把瓦斯引爆的，但是他努力把内外隔绝，火焰没有办法通过很细的管子来引燃外部的瓦斯。

另一边的戴维爵士走了另外的路。他认为玻璃是不安全的，因为玻璃很容易碎裂，那么怎么办呢？只能用金属纱网之类的材料。当时的戴维因为做三氯化氮的实验损坏了眼睛，他的视力不好，需要助手来帮忙。1813年，他找到了一位得力的助手兼学生。他的这个学生未来可比他更加出色，叫法拉第。

1814年，这两人搭档合作鼓捣安全矿灯。过去认为，引起煤矿爆炸的气体是一氧化碳，俗称煤气，但戴维爵士发现不是这样的。煤矿瓦斯的成分比较复杂，大部分是甲烷，少部分是二氧化硫，极少一部分是氢气。戴维是化学家，常在实验室里面摆弄各种化学试剂，点上酒精灯烧一烧、煮一煮都是家常便饭。大家可能还记得中学做化学实验的时候，用石棉网隔着烧瓶和酒精灯。

戴维和法拉第就顺着类似的思路走下去，只要降低火焰的温度，就能防止爆炸。可是怎么降

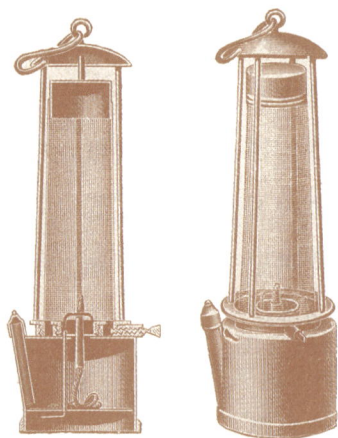

图10-2 戴维师徒设计的"戴维灯"

低火焰的温度呢？他们发现，金属网可以起到散热的作用。也就是说，假如用金属网做个灯罩，完全把火焰罩起来，火焰的热量在路过金属网罩的时候会迅速被金属罩散掉，温度自然就上不去了，也就安全了。他们也发现，火焰直接暴露在大气中不安全。但是假如火焰和大气相隔着障碍物，那么就不会引爆瓦斯气体。细密的金属网可以有效防止火焰引燃瓦斯。

乔治·史蒂芬逊也在改进他的灯。他也觉得玻璃管子太容易碎裂，那么不如套上一层金属防护网，这样即便碎裂，玻璃碴子也不会到处乱飞。但是，造成的后果是他的灯和戴维的灯长得非常像，这就为后来的争论埋下了伏笔。

1815年11月3日，在纽卡斯尔举行的"煤炭贸易会议"上，宣读了戴维的一封私人信件，宣布了迄今为止在开发安全灯方面的进展。戴维在信中提到了4种不同的设计，有一个设计和乔治·斯蒂芬森的设计很像。

1815年11月4日，乔治·史蒂芬逊在基林沃斯的煤矿测试了改进后的安全矿灯，效果很不错。

1815年11月9日，在伦敦皇家学会的会议上，戴维宣读了他的论文，介绍了他的安全矿灯设计。

1815年11月30日，乔治·史蒂芬逊的灯又完成了一次迭代，做了二次改进。

1815年12月5日，乔治·史蒂芬逊的灯在纽卡斯尔的哲学与文学社会会议上展示。

1816年1月9日，在赫伯恩煤矿首次试验"戴维灯"，效果也很不错。

你看这两边的时间节点真的是很巧，进度几乎重合。1816年，英国皇家学会为了表彰戴维的贡献，授予他拉姆福德奖章，各地煤老板又另外凑钱奖给戴维大约400英镑奖金。戴维的灯也在各地展出，这是最新的科研成果。乔治·史蒂芬逊的灯没有得到专家们的承认，因为戴维的灯和乔治·史蒂芬逊的灯长得差不多。

戴维首先认为乔治·史蒂芬逊抄袭。的确，乔治的灯和戴维没有采用

的某个设计有相似之处。但是这两边都是平行开展研发工作的，根本没有任何交集，当然也谈不上抄袭。设计思路撞车也是很常见的事儿。乔治口才太差，很难替自己辩解，但是很多人为他鸣不平。1817年3月，他写信给《哲学杂志》，大致是说，杂志上一期说我抄袭戴维爵士的设计，但是你们去看看我以前发表过的演讲之类的，你就知道我比戴维爵士还要早一点。乔治·史蒂芬逊的朋友尼古拉斯·伍德非常了解乔治研发安全灯的过程，还写了文章在报刊上发表，替史蒂芬逊喊冤。

到了1817年11月，在一个会议上，乔治·史蒂芬逊讲述了研制安全灯的全部经过并请人作证。锡匠何格证明1815年10月7日乔治带着设计图纸到他店里，请他照样子制作安全灯。还有很多矿工也证明，早在8月间，此灯已在矿井里试用。到了12月，大家普遍承认，乔治·史蒂芬逊是独立设计，不是抄袭。最后得到官方承认则是拖到了1833年。那时候，史蒂芬逊早已经是实至名归的"火车之父"了。

在英国东北地区，大家普遍都使用乔治·史蒂芬逊的灯，大家亲切地叫它"乔迪灯"。"乔迪"是英格兰东北地区的人的自称，这个词来自当地的方言，可见当地人对这个发明的喜爱。戴维灯则流行在其他地区，反正戴维爵士也没有申请专利。在这一点上戴维爵士还是大度的，毕竟救人一命，功德无量。

这两个灯的设计差异不小。乔迪灯的特点是瓦斯气体一多，灯就灭了，比较安全。但是戴维灯和乔迪灯都没办法在黑灯瞎火的矿道里面重新点燃。乔迪灯灭了，说明周围瓦斯气体浓度很高。如果你还要点灯，轰的一声就炸了，你这不是作死嘛。但是黑灯瞎火的，对撤退显然是不利的，这是乔迪灯的缺点。戴维灯则刚好相反，遇上瓦斯浓度偏高，火苗子会变得更大，而且是蓝色的。有人在戴维灯的旁边钉了一根金属条，条子上打了几个小孔，这就是一个刻度条。打比方说，3个孔被火苗子照亮就是正常；4个孔照亮就是不安全；5个孔照亮了，就很危险了。撤还是不撤，你自己看着办。

那么，安全矿灯是不是大幅度减少了煤矿的爆炸事故呢？不见得，因为有了安全矿灯的加持，煤矿挖得更深了，工作时间更长了，这样反而加大了出事故的概率。

大家对此也容易理解，更宽的路并没有带来更流畅的交通，刚痛快几天，新路又堵了。技术的发展和社会的发展之间有非常复杂的互动关系。这也充分体现了社会的复杂性。

安全矿灯毕竟还是有明火存在的，也还是有一定隐患的，这要一直等到1900年，电力照明开始被应用到矿井之中，才有所缓解。

乔治·史蒂芬逊获得了煤老板们几百镑的奖金，同时，乔治在下层老百姓之中也很有人缘。戴维和乔治的阶级差异非常明显，也难怪戴维会怀疑乔治抄袭，因为他实在想象不出来，一个大老粗，一个文盲，何以能够设计出安全矿灯的。

但是，很多人想不到，戴维自己也没有受过高等教育，他的学生法拉第更是草根出身。但他们都是飞上枝头变凤凰的典型案例。这师徒二人恰好处在了从蒸汽时代走向电气时代的转折点上。

戴维是个性格非常有特点的人，才华横溢却小肚鸡肠。把戴维和法拉第归类为化学家或者物理学家都不合适，因为他们脑子里根本就没有什么化学或者物理分科的概念。那时候很多东西都是混着来的，他们应该算那种"实验学家"，喜欢做实验，不管是哪个学科的实验。

化学来源于炼金术，后来才慢慢摆脱炼金

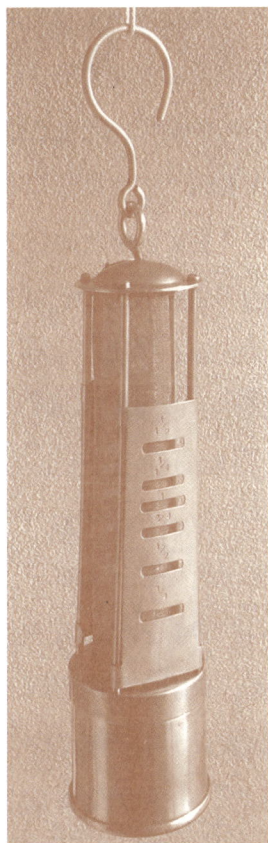

图10-3 带有火焰刻度的"戴维灯"

术的概念，炼金术师也就转变成了药剂师。虽然玻意耳写《怀疑派化学家》的时候明确提出，化学就是化学，不是炼金术也不是药剂师。但是，当时很多化学家还是在药房里当药剂师。因为化学不是一门闷在书斋里的学问，它始终是一门实用的学科，这种情况一直延续到19世纪初。驱动化学发展的是医疗行业或者是印染行业。

典型人物是瑞典的化学家舍勒，他就是个药剂师。他14岁就在一家叫"独角兽"的药店里面当学徒，而且一直喜欢摆弄瓶瓶罐罐，做各种化学实验。时不时地会把屋子点着了，要不就是把什么东西搞炸了。好在老板是他父亲的朋友，一直很照顾他，对他这些行为很包容。

舍勒这一干就是8年，等他长成了大小伙子，独角兽药店的老板也把药房给卖了。没办法，舍勒就在各个药店打零工。后来到了一家叫"展翅鹰"的药房工作，老板看他水平很高，就把他留下了。后来舍勒和学术圈子里的人混熟了，大家都知道这个家伙做实验的水平非常好。32岁时，舍勒就成了瑞典皇家科学院的院士。

舍勒的主要贡献是提纯了很多有机物，比如1768年，他提纯了草酸和酒石酸。舍勒一生中，一直对有机酸研究有着浓厚的兴趣，之后他还相继提纯了尿酸（1776）、乳酸（1780）、甘油（1783）、柠檬酸（1784）、苹果酸（1785）和没食子酸（1786）。

他还发现了氧气和氯气，但是在当时并不能区分各种气体。氧气这东西无色无味，很难分辨氧气与空气的不同。而且那个年头流行"燃素说"，科学界普遍认为任何物质在燃烧的时候，都会释放燃素。以现在的眼光看来，这刚好是搞颠倒了，燃烧是个化合反应，两种东西结合成一种；但是燃素说认为是分解反应，燃烧就是燃素跑了，燃素跑到某些土里，土就变成金属了。这种思维都是受到古代留下来的"水火土气"四元素说的影响。

舍勒对燃素说深信不疑，他用金属和酸反应生成了氢气，但是他不懂什么叫氢气，他认为氢气就是燃素本身。1772年，舍勒把软锰矿和浓硫酸混合加热，得到一种能帮助燃烧的气体。他不知道这东西是氧气，于是起名字就叫"火气"。1774年他用盐酸和软锰矿混合加热，得到一种黄绿色的气体，这种气体有漂白作用。舍勒认为这是软锰矿夺走了盐酸中的燃素，所以他管这种黄绿色的气体叫作"脱燃素盐酸"。想来也好理解，盐酸的成分是氯化氢。舍勒认为氢是燃素本身，夺取氢元素，可不就剩下氯气了嘛。反正他满脑子都是燃素说的理论。

1774年，他写信告诉法国的拉瓦锡，说他发现了一种气体叫"火气"。这东西如此这般，这般如此。英国化学家普利斯特里刚好在1774年发现了一种"脱燃素空气"，实际上讲的也是氧气。因此这就成了公案了，到底氧气是谁先发现的，到了1993年才找到证据，舍勒在1772年就发现了氧气，瑞典人的发现归属权是跑不了的。

但是当时的普利斯特里也坚持燃素说，这一点就比不上法国的拉瓦锡了。拉瓦锡拿个封闭的玻璃罩子，里边放上金属铅进行加热，质量并没有发生变化。但是打开玻璃罩子以后，质量增加了。拉瓦锡用"氧化反应"来解释这种现象。一定是有什么东西和铅结合在一起了，导致质量变大了。那么在玻璃罩子里边燃烧点儿东西，看看质量变不变呢？也是不变的。拉瓦锡模模糊糊地感觉到，化学反应就是某些成分重新排列组合了一次罢了。

拉瓦锡的一个贡献就是定量分析。过去总是定性地分析，看看是不是变色，有没有什么味道，普利斯特里发现氧气的时候自己吸了一口，顿觉精神百倍。舍勒还曾对颜料和染料进行过分析。他研究过普鲁士蓝，发现普鲁士蓝加热后分解出一种气体，这种气体溶于水，有弱酸性。由于舍勒有亲口尝尝生成物的习惯，他就伸舌头舔了舔，味道有点酸。好在喝下去的量很少，他没有大口闷，因为这种物质有剧毒，它就是氢氰酸。

后来，舍勒又搞出一瓶绿色的染料，一仰脖子全喝了，然后满不在乎地继续做实验。那时候的化学家、药剂师命都不长，什么都敢乱喝，所以舍勒44岁就死了。这种黄绿色染料就被称为"舍勒绿"，到处都在用，因为颜色好

看嘛。拿破仑被流放到圣赫勒拿岛上的时候，房间里就是用这种舍勒绿装饰的。舍勒绿里边富含亚砷酸（氢）铜，这种物质有毒。

拉瓦锡和他们都不同，他不仅仅记录这些模糊的描述，而且定量检测。前面讲到的玻璃罩实验就是如此。他因此证实了"质量守恒定律"。化学反应时、反应前和反应后，质量应该是不变的，东西又没少嘛。当然，当时俄国的罗蒙诺索夫是现在学界认可的提出"质量守恒定律"的人，不过当时的莫斯科在欧洲科学研究的中心之外，所以他的观点没有被人注意到。

拉瓦锡比较有钱，小时候继承了一大笔遗产，而且他还是税务官，负责替国王收税。能从老百姓那里收到多少税，就看税务官的本事了，反正税务官只要交给国王一个定数，剩下都是自己的。因此他从不为钱发愁。1780年，年轻的革命派马拉提交了一份有关燃烧的新理论，想加入法兰西科学院。但是拉瓦锡作为法兰西科学院里重量级的科学家，对这个理论评价很低，因此得罪了马拉。后来雅各宾派掌权，罗织了一大堆罪名，让民众对税务官的恨意到达顶点。后来有27个税务官被捕，全都被处死了，包括拉瓦锡在内。其实拉瓦锡这个人不错，多次减免了老百姓的税赋，无奈死于非命。当时拉格朗日跑前跑后地为拉瓦锡求情，结果求不下来。拉格朗日评价："他们砍下了这颗头只需要一瞬间，但再过一百年也找不到像他那样杰出的脑袋了。"

在英国的普利斯特里受到法国大革命的冲击，而且他还有宗教信仰冲突的问题，因此家里被人打砸抢，他不得不远遁美国。美国的杰斐逊、华盛顿都对他不错。美国设立的有关化学的最高奖项就是普利斯特里奖。相比拉瓦锡，他算是有个善终。

后来，普利斯特里发现燃素说和他做的实验并不吻合，所以在1783年，他开创了一门新的有关燃烧的学说，那就是"热质说"。他认为热是一种基本元素，热质从温度高的物体流到温度低的物体。这个热质说，比燃素说要靠谱儿多了。燃素说甚至很难用定义去精确描述，因为例外特别多，很难自圆其说。但是热质说就好多了，可以解释非常多的现象，描述起来也简单。

所以，18世纪末到19世纪初的那些化学家，实际上是开创了近代化学和热力学两门学问。因为当时燃烧和有关热的研究是不分家的。对于气体来讲，化学家远比物理学家感兴趣。

比如热茶在室温下冷却就可以用热质说解释：热茶的温度高，表示热质浓度较高，因此热质会自动流到热质浓度较低的区域，也就是周围较冷的空气中。热质说也可以解释空气受热膨胀，是因空气的分子吸收热质，使其体积变大。若再进一步分析空气分子在吸收热质过程中的细节，还可以解释热辐射、物体不同温度下的相变化，甚至到大部分的气体定律。

道尔顿的气体分子模型中就包括了热质说。尼古拉·卡诺提出了卡诺循环及相关的定律，形成了热机理论的基础，而卡诺的分析就建立在热质说的基础上。

不过，热质说的重大成就之一就是拉普拉斯修正牛顿的音速公式。拉普拉斯在热质说的基础上，在牛顿的公式中增加一个常数，此常数即为气体的绝热指数。上述发现大幅修正了音速的理论预测值。

但是热质说也有缺陷。低温物体摩擦生热，该怎么解释呢？1798年，伦福德伯爵对热质说提出了异议。他发现，用镗床加工炮管，只要不停下来，炮管子就一直在发热，难道是没完没了地产生热质吗？假如热质是一种基本元素，不能创造也不能消灭，那么怎么会源源不断地多出来呢？

1799年，戴维描述了一个实验：在绝热的真空环境里，两块冰摩擦以后化了。按照热质说，只能是冰的热质降低了，释放出热质，因此温度升高了。戴维认为这是矛盾的，因为水的热容比冰要大。因此戴维认为，所谓的热容实际上是物体微粒的振动导致的。伦福德伯爵和戴维的发现并没有得到重视，热质说仍一直很流行。这样的历史还要持续50年之久。不过1799年，戴维的另一个发现却非常引人注目，那就是"笑气"。

1795年，戴维到一位外科医生那儿去当学徒，算是开始了和瓶瓶罐罐

打交道的日子。1798年，医学家托马斯·贝多斯在克里夫顿创办了一个气疗研究所。说白了就是研究药物能不能不从嘴吃进去，而是通过呼吸道吸进去呢？贝多斯知道了小有名气的戴维，于是邀请他参加研究工作，戴维欣然同意。

戴维的主要工作就是制备各种各样的气体，比如说，需要制备一种最早由普利斯特里制取出来的"含燃素的亚硝酸气"，也叫"复杂空气"。按照普利斯特里的书上所写，加热铁屑和硝酸的混合物可以用来制备这种气体。这种气体实际上就是一氧化二氮，用金属和稀硝酸反应可以生成硝酸盐、一氧化二氮以及水。但是要控制好硝酸的浓度，否则会产生二氧化氮之类的其他氮化物。

戴维在一次三氯化氮的实验之中炸坏了眼睛，视力模糊，因此很多实验他暂时没办法自己去做了，他急需一位助手来帮忙，这才挑中了法拉第。这也就引得法拉第阴差阳错走上了通往科学巨匠之路。

工业革命400年

中篇

勤奋的学徒：是金子总会闪光的

戴维为什么选中法拉第呢？说来话长。

法拉第家里很穷，父亲是个铁匠，没读过书，在伦敦城外的萨里郡开了个铁匠铺。法拉第5岁的时候，全家搬到了伦敦城里，他父亲还是当铁匠。

法拉第在公立小学读书，但是不久以后，他父亲丧失了劳动能力，不能干活了，他们全家因此没了经济来源，只能靠领救济粮过活。他母亲把一块面包切成14片，孩子一顿只能吃一片。他家一共四个孩子，这哪吃得饱啊。

就这么忍饥挨饿过了几年，法拉第的哥哥可以去别的铁匠铺打工了。母亲给别人家里帮工，算是有点收入。法拉第13岁的时候，也到了一家书籍装订的铺子里面去帮工。

19世纪初，印刷业还不发达，书是一种奢侈品，只有有钱人才买得起书。穷人家里偶尔买了一本书，也当宝贝留着。时间一久，某些书掉页了，某些封面磨坏了，就需要拿到装订铺子里面去修理。法拉第去帮工的就是这么一家店铺，老板里波为人很不错，对法拉第也很好。

当时，里波的店铺还经常接到合并装订的业务，就是有些书是一本一本的小册子，有人收集了一大堆，打算订成一本合订本。此外，还有租报纸的业务，某人租了一份报纸，看两个钟头，然后还回来。这种收发书籍类似快递的业务，老板就经常让法拉第去跑腿。

法拉第很喜欢看书，老板也放心让他去送书，因为老板知道，法拉第绝对舍不得把书弄坏。很快，一年过去了，老板同意让法拉第当学徒。本来学徒是要负担自己的饮食费用以及学费的，但是老板里波给他全免了。

法拉第学手艺非常快，装订书本的技术非常好。高档书的封面是用羊皮之类的包装，非常考究。毕竟书可以代代相传，客户当然舍得下本钱。法拉第什么书都看，而且还看什么都信。他连《一千零一夜》都信以为真。他以为魔鬼真的能从瓶子里冒出来。他还到处问人家，这是真的吗？弄得别人哭笑不得。后来他读到沃茨博士写的一本专门谈学习方法和自我修养的书，才渐渐懂得了怎样选择书。

在里波先生的店里，他读到了《大英百科全书》和玛西特夫人写的《化学漫谈》。这两本书把法拉第给迷住了。特别是有关电现象的描述和化学实验。为什么一块琥珀用丝绸去摩擦，周围的纸屑就会被这块琥珀吸引呢？为什么一个瓶子，里外放上两层锡箔，就能用来储存电荷？这是当时法拉第最着迷的部分。《化学漫谈》这本书里还介绍了用一块铜片和一块锌片插进盐水里，就能做成伏打电池。用许多伏打电池串联起来，就可以电解水，而且电解出来的两种气体遇到火星子还会爆炸。

《一千零一夜》里面讲到的雷鸣电闪和喷烟吐火都是假的，但是《大英百科全书》和《化学漫谈》里面讲的可都是真的。于是，法拉第开始收集各种废旧的瓶瓶罐罐。很多东西不得不花钱买，他就一点一点地攒钱去买，日子过得苦哈哈的。

他还经常去听塔特姆先生的自然科学讲座，非常细心地记笔记。回到店铺以后，店主一家人早就睡了，法拉第还要在昏暗的灯光下仔细修订和誊写笔记。

法拉第的字写得非常好，大家都想不到这个没上过多长时间学的半大

孩子居然能写得一手好字。而且，他还特别向住在隔壁的一位法国落魄画家学习过绘画，所以法拉第画的插图也非常漂亮。法国人当然不是白教他，他要替人家擦皮鞋的。可见法拉第有多努力。没人逼着他学习，是他自己如饥似渴地要学习知识和技能。

他去听了十几次塔特姆先生的讲座。整理出来一本《塔特姆自然哲学讲演录》，装订得非常漂亮。打开一看，字迹也漂亮，插图画得也非常清晰，让人都不敢相信这是纯手抄的版本。他把这本书送给了自己的老板里波先生。

老板里波和科学界以及艺术界的关系很密切，好多人都到他的店铺来装订东西。这一天，当斯先生来店铺里装订书籍，看到有个年轻的伙计干活非常麻利，而且在店里不干活的时候，还总是捧着一本书在看。老板里波先生把那本《塔特姆自然哲学讲演录》拿出来给当斯先生看，称赞这孩子不但喜欢看书，自己编书的本事也很厉害。

当斯先生被惊到了，天哪！这孩子这么厉害！他把4张皇家学院的讲座票塞进了法拉第的手里。法拉第高兴坏了，因为讲座的嘉宾正是当时最出名的化学家戴维先生。1812年2月29日晚上，法拉第来到了皇家学院的门外，他来得太早了，苦等了一个小时才进了门。

这个皇家学院是个什么机构呢？这要从伦福德伯爵讲起了。伦福德伯爵本来是美国人，从小过得也很苦，后来美国独立的时候，他也参了军。但他是个保王党，心里向着英国人，后来逃到了英国的军舰上，跟着英国人跑了。之后他到了德国，在巴伐利亚选帝侯手下干活儿，慢慢开始飞黄腾达，最后受封为伯爵。早年从美国逃出来的事儿也就没人再提了。他后来娶了拉瓦锡的遗孀为妻。

但是伦福德伯爵非常热爱科学。上文中我们提到过他。他发现镗床在镗制炮膛的过程中会一直发热，因此他怀疑热质说。假如是热质在转移，那么怎么会源源不断地冒出热质呢？这不可能啊。所以这个伦福德伯爵他不相信热质说。我们现在都知道，摩擦生热实际上是机械能转化成了热能。但是当时科学界并没有这种观念，热也是能量这个观念也要很多年以后才被大家确认和接受。

在当时，很多科学研究和生产生活是脱离的。讲了这么多，大家也能发现，推进工业革命的人大部分是工匠，说好听一点儿叫工程师，他们很多人都没文化。伦福德伯爵感到这是个大问题。他自己也是贫苦出身，因此他觉得应该搞贫苦大众的职业教育，提高他们的知识水平。他上下奔走呼吁建立皇家学院（Royal Institution），对平民进行普及教育和职业技能培训。但是，1799年，皇家学院建立之后，办学宗旨已经发生了很大的变化，开始面向新兴的中产阶级提供服务。因为皇家学院主要靠私人捐款，穷人可是没钱的，而且平民感兴趣的是填饱肚子而不是科学知识，像法拉第这样的是个另类。

不过，皇家学院还是有一部分面向大众的服务，就是每个礼拜一次的科学讲座。皇家学院的院长是皇家学会的会长班克斯，当然不怎么管事儿，管事儿的是理事会秘书伦福德伯爵。他请了一位加内特教授来当化学讲座的主讲嘉宾。可是这位加内特教授口才不好，再者最近他妻子死了，情绪过于悲痛，讲座变得像追悼会差不多。伦福德伯爵不得不开始找人顶替他。

找来找去，伦福德伯爵找到了戴维。当时戴维才22岁，长相英俊，而且口才极佳。他试讲了一次，听得伦福德伯爵两眼直放光。戴维的职务是皇家学院助理化学讲师、兼任实验室主任和出版部助理编辑，年薪100基尼。那时候1基尼等于21先令，合1英镑5便士，这笔钱虽说比他预计的500镑要少，但是也很多了。而且房子不要钱，外带取暖补贴，烧柴火、烧煤，全是皇家学院包了。

1802年5月，才23岁的戴维就被任命为皇家学院化学教授。戴维开设的通俗化学讲座风靡伦敦。他水平非常高，讲得通俗易懂，外带人家长得非常精神，所以他的成功不是偶然的。

那年头中产阶层开始崛起，到皇家学院听戴维教授讲演成了时髦，谈论的都是电、元素、合成、分解。700个座位的大讲演厅总是座无虚席，无数的夫人、小姐成了戴维教授的铁杆粉丝。当然，戴维的邮筒也被挤爆了，疯狂的女粉丝寄来不少十四行诗表示爱慕之情，有署名的，也有匿名的。除了通信方式和现在的追星族有区别，其他的都很相似。

戴维是根本没心思管这些事，人家还是抓紧时间研究科学。他干起活儿来可是不要命的。1803年，戴维不到25岁，已经是皇家学会的会员了。两年以后他就拿了皇家学会的最高奖克普利金质奖章。他的讲座不仅人气高，也带来了大量捐款。不过，1807年他生了一场大病，探望的人太多，不得不在门外贴戴维教授的病情公报，每天都要张贴最新情况。第二年他没有搞讲座，这就导致皇家学院的收入锐减，从4000英镑下滑到了1000英镑，可见这家伙多招人喜欢，大家把捐款都当成打赏了。

后来伦福德伯爵去了巴黎和拉瓦锡的遗孀结婚，皇家学院就全都由戴维在管理。到33岁的时候，戴维已经赢得了崇高的国际声誉，整个欧洲都知道戴维的大名。就连和英国不对付的拿破仑都是知道他的。

法拉第在皇家学院门口等着，看到大门开了，好多人都往里走。这时候当斯先生走出来带着法拉第上了大厅的二楼。在这儿看得清楚，记笔记也方便。对法拉第来讲，戴维就是偶像，就是榜样。戴维来了，讲的题目是发热与发光。讲座时间只有一个小时，很快就结束了。法拉第低着头拼命记笔记。后面几次讲座，法拉第还是早早就到了，专心做笔记、画插图。

4月9日那次的讲座给法拉第留下了深刻的印象。戴维拿出个小瓶子，从里面拿镊子夹出一个小颗粒，看上去灰不溜秋的，戴维把这一小块东西扔进水里，这块小颗粒在水上乱蹿，冒出大量气体，水面还冒出一团火光。在场的人看傻了，这是什么东西啊？

现在了解中学化学知识的人都知道，这是一种碱金属钾和水发生化学反应表现出的现象。钾与水剧烈反应，甚至在冰上也能着火，生成氢氧化钾和氢气，反应时放出的热量能使金属钾熔化，并引起钾和氢气燃烧。所以大家看到有火苗子冒出来。

碱金属的发现是戴维非常大的成就。戴维发明了电解方法，他把从草木灰里提取的苛性钾放在白金盘子上通电，干燥的苛性钾是不导电的，加入一点点水之后就能导电了，苛性钾和电线接触的部位发生熔化，很快就流下了金属液滴。这些液滴马上就开始燃烧。这实际上就是金属钾，也就是他在讲座上扔进水里的东西。

他还依靠类似的办法电解苏打获得了金属钠。当时不少化学家并不相信它们是金属元素，戴维自己也曾怀疑其中含有氢。法国化学家盖吕·萨克和泰纳干脆认为它们就是碳酸钠和碳酸钾与氢的化合物。但是，他们通过反复的实验验证却始终也没有发现其中有氢的存在。这时化学界才承认了这两种金属元素。

在获得了钾和钠以后，戴维又把眼光盯向了石灰石。他把生石灰和氧化汞混合在一起，然后电解，生成了一种金属汞齐。所谓的汞齐就是金属溶解在水银里面获得的合金。戴维电解完了以后，得到了金属汞齐。只要让水银蒸发，留下金属残渣，再收集起来分析一下，就知道了这是一种新的金属，戴维起名叫"钙"，原意就是石灰的意思。所以说，戴维是碱金属和碱土金属的发现者。在非常短的时间里，戴维发现了7种元素，钾、钠、钙、锶、钡、镁、硼。因此在化学史上，戴维是发现化学元素最多的人。

戴维在讲座上展示的正是当时最新的科学成果。法拉第当然仔仔细细地完全记录下来了，而且把实验装置的图也都画了下来。很快，讲座就到了尾声。戴维倒没着急走，因为这是他开始讲座10周年的纪念日。他当众宣布了三件事情。第一件事是几天前他被封为爵士，他已经拥有了贵族头衔，因为科学成就而受封是非常大的荣誉了。第二件事是后天他要举行婚礼，然后去苏格兰度蜜月。第三件事就是他不再举行讲座了，已经经历了10年时光，是时候画个句号了，他要专心科学研究工作。这是戴维首次以爵士身份来讲

座，但也是最后一次了。

法拉第一如既往地回家去整理笔记，也就在1812年，法拉第出师了，可以独立出去闯世界了。法拉第到了另外一家书店去打工。他梦绕魂牵的还是科学研究，他不想把一生都花费在装订书本上。他写了一封自荐信给班克斯爵士，可是石沉大海。这么一来，他只有写信给戴维本人了。

这时候，戴维正在陪着新婚的妻子游玩，他妻子很喜欢苏格兰乡村悠闲的生活。戴维早就坐不住了，他太喜欢科学研究，太喜欢做实验了，心思根本不在苏格兰的乡村。

别看戴维坐在小河边架着鱼竿在钓鱼，其实他早就不耐烦了。这时从巴黎来了一封信，是法国的科学家安培写来的。信中告诉他，最近发现了一种新物质，是氮气和氯气的化合物，这是一种很容易爆炸的液体，制造它的迪隆先生被炸掉了一只眼睛和一根手指。

戴维一听心就痒痒了，有这种好东西，你怎么不早点告诉我呢？他居然在蜜月期间还随身带着化学仪器，于是，马上展开实验。但是，他随身带的仪器不够用。他一顿软磨硬泡，终于求得了新婚夫人的同意，于是他就先撒丫子跑回伦敦了。

回到伦敦，戴维就开始研究这种三氯化氮。哪知道，"砰"的一声——炸了。戴维炸伤了眼睛，未来的几个月都必须包裹得严严实实的。戴维写给夫人的信里倒是轻描淡写，只是受了点小伤。

法拉第得到戴维爵士炸伤了眼睛的消息，立马写信毛遂自荐，来给戴维打下手。为了体现诚意，他把自己做的笔记一块儿寄给了戴维。戴维虽然眼睛炸坏了，但不是完全不能看东西，用一只眼睛勉强可以看见点儿东西。戴维收到了一本书还有一封信。书的小羊皮封面显得非常精致，上面有一行烫金大字《戴维爵士讲演录》。戴维想来想去不记得自己曾经出版过这么一本书。等到打开一看，发现这本书完全是手写。法拉第总共听过戴维4次讲座，每次1个小时，加起来也不过4个小时。即便是一字不差记录下来能有几页纸啊？可是这本书居然有380多页，把戴维吓了一跳。

戴维仔细一看，自己讲过的所有内容都记得一丝不差，而且这个编辑者还旁征博引地补充了好多内容。字写得漂亮，图画得清晰，扉页上写着法拉第的名字，看来他就是这本书的编辑者。戴维把那封信拿过来看了一遍，原来这是法拉第的一封求职信，言辞非常诚恳。

戴维在这个叫法拉第的年轻人身上看到了自己过去的影子，敢于向命运挑战，勇于追求本来不属于自己的东西，对未来充满希望，而且戴维也看到了法拉第身上强于自己的地方。戴维自己的试验记录写得非常潦草，他非常大胆、有魄力，但是他的工作很杂乱，不够严密，也不够细致。看到法拉第编辑的这本笔记，他就知道法拉第一定是个非常精细的人，有着良好的、一丝不苟的记录习惯，这个脾气秉性正好和自己是互补的。

戴维心动了，于是给法拉第写了一封回信，叫他来皇家学院和自己聊聊。这对于法拉第来讲是最好的圣诞礼物。来年一月，他去找了戴维，这实际上可以算一场面试。戴维对他的印象非常好，马上叫他到皇家学院来帮自己整理手稿。过了两个礼拜，戴维的助手佩恩和皇家学院的玻璃仪器工匠打起来了。这个佩恩真是不含糊，把那个玻璃仪器师傅打得鼻青脸肿。戴维当即就把这位火爆的佩恩先生解雇了。

这样的话，戴维就缺了一个实验室的助手。于是，他就让法拉第来干这个工作。也就是说，法拉第一方面要当他的实验室助手，另一方面又要担任他的文案工作。而且戴维告诉法拉第，他的薪水是一个礼拜25先令，在皇家学院楼顶上有两间小房，他可以去住。这样，法拉第就从装订铺子里搬了出来。老板还挺依依不舍。老板说他自己没儿没女，将来这家店铺可以留给法拉第，只要法拉第肯留下来就行。有道是"金鳞岂是池中物，一遇风云便化龙"，小店铺没能留住法拉第。

很快，戴维就要到欧洲大陆去旅行。尽管当时拿破仑和英国敌对，但是法国科学界一直邀请戴维去访问，拿破仑也特批了。不得不承认，拿破仑

133

真是喜欢科学，喜欢科学家。现在戴维是贵族，人家出门都是前呼后拥地带着仆人、丫鬟。临出发前，戴维的仆人突然变卦不去了。原来是仆人的老婆死活不愿意他跟着戴维去法国，觉得拿破仑等于"科西嘉屠夫"，去法国太危险了。

戴维临时找人也找不到，这个仆人的职位要求也高，需要会法语。不得已，戴维只能让法拉第来干一些仆人的工作。戴维也挺不好意思的，毕竟法拉第是科学实验的助手，不是仆人，这两个工作不是一个档次的。法拉第当然也不愿意，但是先凑合着吧。戴维答应，到了欧洲大陆就找个人来接班。哪知道这个诺言一直没兑现，因为欧洲大陆的英国人要么全跑了，要么都被拿破仑当敌国侨民抓起来了。所以戴维一路下来，一个仆人都没能找到。戴维对法拉第非常客气，但是戴维的夫人可就不客气了，经常颐指气使，闹得法拉第一肚子的委屈。

法拉第把他在法国旅行的经历详实地记录了下来，这是他的好习惯。戴维就没这样的习惯。他们在杜伊勒里宫见了拿破仑，也和法国科学界的人见了面。11月23日，安培和另外两个法国化学家来找戴维。他们拿出来一些紫色的东西，散发着金属的光泽，但是此物并非金属。这到底是什么，法国人一直都没能最终搞清楚。戴维立刻就来了兴趣。这个东西加热以后直接变成了紫色的蒸气，有股刺鼻的气味，跟氯气有点儿像。

稍有化学知识的人，应该立刻就能想到，这就是"碘"元素。碘元素的发现史，还是很有意思的。因为拿破仑到处打仗，需要大量的军火。那年头打仗都是用黑火药，粗略地说就是"一硝二磺三木炭"。木炭好办，硫黄也好办，就是硝石不好弄。巴黎有个叫库特瓦的药剂师，他正在研究利用海草灰来制取硝石。法国紧靠大海，海草有的是。库特瓦把海草烧成灰，把灰泡在水里，再用这些泡灰的水制出一袋袋白色透明的硝石，剩下的就白白倒掉了，留着也没有用。

当然，那年头药剂师和化学家是一码事儿。他也想研究一下残余物里

134

面有什么东西。他家的猫也太顽皮了，经常蹿上蹿下的。要知道猫有个爱好，就是喜欢把桌子上的东西全扒拉到地下。这只猫也属于爪子太欠了，把一瓶硫酸打翻了。一整瓶硫酸一滴不剩，全倒进了下边的一盆子残液里边。当时就升腾起一阵紫色的烟雾，而且这个烟雾还非常呛鼻子。库特瓦感到好奇，而使他更为惊奇的是蒸气冷凝后，并没有变成水珠，而是成了晶体，闪烁着紫黑色的光彩。

库特瓦不知道这是个什么玩意儿，就向两位化学家朋友求助，一个叫德索尔姆，一个叫克莱门。这二位研究了两年才向法兰西科学院提交报告。接下来，法国著名化学家盖-吕萨克开始研究这种奇怪的晶体。戴维当然也很好奇，这东西究竟是什么。这也是年轻的法拉第第一次亲身参与到重大科学研究之中。

戴维有个绝招几乎是屡试不爽，那就是电解。他试图电解这种紫色的物质，可是怎么也分解不开。戴维断定这个东西和氯气一样是一种独立的元素。1813年12月10日，戴维向法兰西科学院提交了报告，这种紫色的东西是一种新的元素。这下可捅了马蜂窝了，法国人觉得，我们辛辛苦苦折腾两年多了，特别是盖-吕萨克，人家研究这种玩意儿下了很大的功夫，成果应该算法国人的，没想到英国人跨过海峡来摘桃子。戴维是谁请来的？安培是吧？结果，安培被他们叫去骂了一顿，安培心里苦啊！

不管怎么说，科学就是科学，摆在面前无法否认。这种元素被命名为碘。碘在希腊文里的原意就是紫色。这个名字非常恰当。后来法国的波拉德为了提取碘，也用了和库特瓦类似的办法，就是把海藻烧成灰，泡在热水里，这回不能往里倒硫酸了，改成往里面通入氯气，这样就能得到固体的碘晶体，但是最后总留下一些深褐色的液体。结果仔细研究了一下，发现瓶子底部留下的这些液体是一种新元素，起个名字叫"溴"。

波拉德发表了一篇论文叫作《海藻中的新元素》。后来被德国化学家李比希看到了。李比希悔得肠子都青了。他4年前也看到过这种有刺激性

气味的液体，但是他万万没想到这是一种新元素，他以为是氯化碘。他当时给这种液体样本的瓶子还贴了一张标签，上面写着"氯化碘"。现在证明他错了。

李比希是有机化学之父。他发现了氮元素在植物营养方面的重要性，因此也被称为"肥料工业之父"。他对德国化学工业做出过非常大的贡献。并且，他还是个好老师，他门下出过霍夫曼、凯库勒、齐宁这样的化学家。霍夫曼奠定了染料化学工业的基础。凯库勒发现了苯环结构，号称"化学建筑师"。碘元素在当时的染料工业里面发挥了重大的作用，碘甲烷可以用来合成苯胺染料。化学工业的兴起在很大程度上和纺织业发达是有关系的，纺织品和印染行业总是紧密相关。

齐宁是俄国人，是俄国近代化学奠基人，门捷列夫就得到过他的提携。他还培养出了一个音乐家兼化学家鲍罗丁。齐宁年轻的时候给沙皇聘请的外国水雷专家的孩子当过家教，那个孩子就是诺贝尔。欧洲圈子不大，兜兜转转总是能找到联系的。

扯远了，继续讲戴维和法拉第。他们这一伙人在法国抢生意，闹得法国人很不开心，于是他们赶快跑路，去了意大利。他们先去了都灵，然后去了热那亚。在热那亚戴维还弄到了几条电鳗。我想不出他是怎么弄到的，这东西会放电的，功率大的能电得人半个身子发麻。

戴维发现，电鳗的电和伏打电池的电是一码事，都能把水电解成氢和氧。问题就是电鳗的电持续时间太短了，一个脉冲就没电了。3月他们到了古城佛罗伦萨，看到了伽利略当年亲手制作的望远镜，还看到了托斯卡纳大公造的一块巨大的凸透镜。

很多人小时候都玩儿过用放大镜烧蚂蚁啊，玩儿得特别来劲。戴维也打算找点儿东西烧。他拿了一块钻石去烧，这家伙也太奢侈了。他拿了一个圆的玻璃罩子，把钻石放在里边，玻璃罩子里面充满氧气。戴维就把那块大号凸透镜给举起来了，保持焦点，对准玻璃罩子里边的大钻石。不一会儿，钻石就烧起来了，烧完之后检查玻璃罩里面的气体成分，他发现有很多的二氧化碳。戴维和法拉第这才明白，原来光彩夺目的钻石和黑不溜秋的石墨，在成分上是完全一样的，都是碳构成的。法拉第仔仔细细地记述了实验的全部过程和现象，戴维又给皇家学会寄去一篇论文，论证金刚石就是纯碳。

那么石墨能不能转变成金刚石呢？后来有个化学家莫瓦桑对此是魂牵梦绕，折腾了一辈子也没折腾出来，他的助手实在是不耐烦了，就往最后的生成物里边偷偷放了一小粒钻石。莫瓦桑以为自己成功了，还挺高兴，哪知道是学生造的假啊。1906年的诺贝尔奖就发给了莫瓦桑，挤掉了本来呼声很高的门捷列夫。转过年来，门捷列夫死了，很遗憾，没拿到诺贝尔奖。

到后来，诺贝尔奖委员会才发现闹了乌龙事件。还好，莫瓦桑在化学方面的贡献的确很大，是他突破了氟元素的大规模提纯和生产。诺奖委员会只提了他在氟化学方面的贡献以及高温电炉方面的贡献，而他在获奖典礼的演讲中强调了人造金刚石方面的成绩。

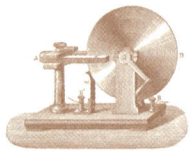

法拉第和戴维一直在欧洲游历。1814年4月，他们从佛罗伦萨去了罗马，看着万神庙、斗兽场等历史文化遗迹，他们还是挺兴奋的。5月到了那不勒斯，维苏威火山就在附近。维苏威火山是欧洲最危险的火山，11千米以外就是那不勒斯。公元79年的一次大喷发，埋葬了庞贝古城和附近的赫库兰尼姆等城市。一开始连续发生了4天的地震，但是震级都不大，当时古罗马的人都不在乎。哪知道维苏威火山突然喷发了，火山灰云柱直冲33千米高空。

大量火山灰落到了附近的城市里面，房顶上累积了3厘米厚的火山灰，夜里发生了6次火山碎屑流，火山喷发的时候，喷出的火山灰是滚烫的，加热了周围的空气，形成强大的上升气流，裹挟着火山灰往天上冒。但是温度下降了，热空气没那个力气把火山灰送入高空，火山灰很可能喷出来没多高就沿着山坡往下翻滚。于是热空气和火山灰裹挟着，形成了火山的碎屑流。到达赫库兰尼姆的时候，温度高达500摄氏度。因此城里的人瞬间碳化，定格在了那一刻。到达稍远的庞贝城时，温度降低到300摄氏度，因此庞贝城里的遗骸留下了大量的遗体和衣服。

到了1599年的时候，因为挖掘地下引水工程，人们发现有雕塑和壁画，庞贝古城被发现。1738年，命运悲惨的赫库兰尼姆被发现。1748年，在那不勒斯王国国王夫妇的资助下，庞贝城也被挖出来了。如今这里都是世界文化遗产。

那不勒斯如今仍然处在维苏威火山的威胁之下。欧洲大陆最活跃的两座火山埃特纳火山和维苏威火山都在意大利。法拉第和戴维去爬维苏威火山的时候，两个人特别兴奋。法拉第在采集岩石标本的时候，火山口突然喷出不少硫黄气体，石头乱飞，吓得法拉第扭头就跑。但是法拉第算是胆子大的，后来他又去了一趟，还在滚烫的岩石上烤鸡腿、煮鸡蛋，不过估计硫黄味道比较重。

在意大利他们转了一大圈，见到了发明伏打电池的伏打伯爵。伏打是甲烷的发现者，他还仔细研究过电容器以及电压和电荷之间的关系。为了纪念他的贡献，现在电压的单位就是用他的名字命名的，干电池电压1.5伏，锂电池电压3.7伏。他把铜片和锌片泡在盐水里，搞出了最早的原电池，这是1800年的事儿。

老头如今60岁了，还挺精神的。他见到戴维挺兴奋，因为他发明的伏打电池在戴维手里大放光彩。戴维的身份在不断地转换，碰上伏打这样的科学家，他就是科学家，法拉第是他的助手；碰上贵族的话，戴维的身份就是贵族，法拉第是他的仆人。戴维开始还想专门找个仆人，不想让法拉第老是兼职。但是在巴黎找不到合适的，在罗马和佛罗伦萨也没找到，到了水城威尼斯也一样没戏。戴维干脆就不提这一茬儿了。所以，法拉第实际上憋着一肚子火。

好在戴维对法拉第相当客气，法拉第还能接受。但是戴维的夫人就没这么客气了，不仅让法拉第去扛猎枪，拿钓鱼竿，帮着洗衣服、擦皮鞋，而且还挑三拣四的。法拉第当然很不痛快，两个人没少吵架。到了瑞士的日内瓦，戴维和德拉里弗教授一起去打猎，戴维冲到前头去了，德拉里弗教授和法拉第走在后边。原本教授以为他就是仆人，哪知道他对科学前沿的所有问题都了如指掌。

图12-1 法拉第身兼数职，十分繁忙

教授问他法语什么时候学的，法拉第回答是跟着戴维到欧洲大陆的这些时间里学的。教授吓了一跳。法拉第把自己的身世说了一遍，教授没想到这个拎着鹌鹑、扛着猎枪的跟班儿居然是个人才。晚饭的时候，教授坚决要求法拉第到主人这一桌来吃饭，但是戴维的夫人死活不干。最后没辙，法拉第是在自己房间里吃的饭。

戴维本来还打算去希腊和土耳其，但是接到英国的信，要他尽快回英国，煤矿瓦斯爆炸的问题急需他来解决，因此他才和法拉第赶回了英国。法拉第回到了皇家学院，他的职务名称是"实验室助手兼矿物标本管理员兼仪器设备总管"，头衔好长啊！实际上就是打杂的，不过工资倒是涨了，每个礼拜30先令。法拉第既是实验助手，又是独立研究人员、勤杂工、技工，洗瓶子、吹玻璃管、扫楼道、拖地板、擦玻璃、清理厕所、修家具、通下水道都是他的活儿……

法拉第既需要在布兰德教授讲演的时候充当助手，还要帮助戴维做研究，他自己也独立做研究，写研究报告。只要是和科学研究有关的事情，他没有一样不干的。

法拉第的夜里也排得满满的：星期一、星期四学习，星期三参加市哲学会的活动，星期六去韦默思街看望母亲，星期二、星期五处理私事。其实，所谓的私事，常常也就是他的科学工作——写论文、编辑、校对。除了科学工作，他也没什么其他事儿了。后来戴维又一次去欧洲游历，法拉第再也不跟着了，本来皇家学院的事儿就多。

到了1820年，这一年物理学界发生了一件大事儿。丹麦的物理学家奥斯特有了一个重大发现，在通电的金属导线旁边的小磁针会发生偏转，原来电与磁是有关联的。奥斯特是康德的信徒，他认为一切力都是一个"原生力"的不同表现。你看，电分正负，磁分南北，是不是很像啊！

那时候储存电的装置就是莱顿瓶。一个瓶子内壁和外壁贴两层锡箔，这个瓶子就能储电。现在我们知道，莱顿瓶实际上就是个电容器。但是当时奥斯特抱着带电的莱顿瓶在磁针旁边晃悠了半天，磁针纹丝不动，看来带电的莱顿瓶并没有磁性。后来奥迪特发现，雷雨天气磁针会乱摆。闪电应该是有电流的，难道电流才能引发磁性？于是他才用带电的导线去做实验，果然磁针动了。奥斯特马上写了一篇论文发表了。

戴维并没有看到这一篇论文，他是在1820年10月从《哲学年报》上看到了相关的内容。他立刻回去做实验，发现的确是这样，通电的导线可以使磁针偏转。1821年，戴维的朋友沃拉斯顿想做出一个能用电驱动的马达，弄了半天也不行，于是他来找戴维。戴维鼓捣了半天，这个装置就是不转。沃拉斯顿因为这个实验没成功，因此也就没有发表任何论文，我们现在只能从1821年年初发表在皇家学会会刊上的一则简报来猜测沃拉斯顿的想法。他认为，通电导线周围会形成一圈一圈的电磁流。所以沃拉斯顿猜测，两根通电

导线相互靠近的时候，导线会自己绕着自己的轴心转起来。我们现在知道这种想法是错的，导线根本不能转起来。

所以沃拉斯顿和戴维都感到头痛。但是法拉第看在眼里记在心里。几个月以后，法拉第搞出了一个真正能转的电动机，虽然现在看来这个装置有点简陋但在当时还是很厉害的。

首先是一杯水银，水银是导电的，往中间插一根条形磁铁，上面挂钩上垂下来一根铜丝，另一头泡在水银里面，可以任意移动。顶上通电，电池另一头接到水银里边。这等于电流通过水银和铁丝形成了一个回路。一通电，这个铜丝就在围着水银里边的磁铁画圈圈。这是世界上第一个利用电磁力驱动的电动机，后来称为"单极电机"。

当时法拉第听说法国人也在研究，安培、阿拉戈、毕奥和萨伐尔都有新发现，其中还搞出了一个毕奥－萨伐尔定律，看来人家是下了功夫的。有人劝法拉第，赶快发表吧，别让法国人抢先了，于是法拉第就写了一篇论文。法拉第到皇家学院工作已经8年了，此前他做的工作多半是给别人打下手，他隐隐感觉到，这个电流驱动马达的实验是个非常重要的成果。他去找沃拉斯顿，人家不在家，戴维也出差去了，不在家。那么在论文里边是不是要提一下，沃拉斯顿和戴维怎么鼓捣都不转的那个实验呢？法拉第觉得还是不写了，总不能哪壶不开提哪壶吧，于是他就没写。法拉第把论文寄给了《科学季刊》，然后他就结婚度蜜月去了，连续一个多月没在家。

等到1821年10月，法拉第回到伦敦，发现事情有些不对劲。坊间流传，法拉第一个小小的实验员，剽窃了大科学家沃拉斯顿的思想，抢先发论文。法拉第越想越气，不知道这些风言风语都从哪儿冒出来的。法拉第到处解释，但是没人为他说话。明明自己的装置和沃拉斯顿的完全不同，可是人家就是不听。没办法，法拉第直接给沃拉斯顿写了一封信，想把事情说清楚。

沃拉斯顿这人不错，性情温和而且富有幽默感。他发现了元素钯和铑，而且为了戏弄法国同行，他把新发现的金属钯放到了一家商店里出售，果然这东西被法国人买去了。法国人分析来分析去，认为这东西是铂和汞的合金，不是什么新发现的金属。结果沃拉斯顿开心坏了，这是个打法国人脸的好机会。他立刻发表了全套的论文，弄得法国人下不来台。

就是这么一位老顽童，接到了法拉第的来信，信写得不卑不亢。沃拉斯顿就回了一封信，让他明天来家里谈谈。第二天上午10点钟，法拉第来到了沃拉斯顿的家里。沃拉斯顿足足比法拉第大了25岁，这一老一少谈了些什么没对外透露，但此后两个人的关系越来越好，显然他们之间的所有误会都消除了。沃拉斯顿也不像是到处传小道消息的人。那么，这些流言蜚语都是谁传的呢？参与实验的里外里就三个人，法拉第、戴维、沃拉斯顿，我们用排除法也能想到，是法拉第的老师戴维传的闲话。戴维为什么要这么做呢？

说穿了，也很简单，戴维妒忌了。他的妻子也可能在后边煽风点火。说到底，科学家都不是完人，有人的地方就有江湖。

法拉第再接再厉，在1821年圣诞节，搞出了利用地球磁场的电动机。沃拉斯顿也来看他的实验。法拉第只用了一根导线，周围空空荡荡的什么也没有，通上电就会转。电极反过来接，电线开始反转。太有意思了，法拉第开心得手舞足蹈啊。沃拉斯顿也向他祝贺，这一年法拉第30岁。

尽管如此，法拉第在皇家学院依然是个普通的实验员，地位也没什么变化。后来法拉第在研究如何把氯气液化的过程中，得到了戴维的点拨。但是大部分的想法都来自法拉第自己。法拉第写论文的时候，戴维要看看。戴维开头结尾加了大段的话，强调这事儿是他先想起来的，然后在他的指导下，法拉第才如何如何操作的，于是成功了。法拉第当然很不开心。

戴维也在明里暗里给法拉第下绊子。1823年，戴维又在一场现场报告上暗示当年法拉第剽窃沃拉斯顿的成就。1823年4月的《哲学记事》杂志当作新闻登出来了。戴维答应5月在《哲学记事》杂志上登一篇澄清的稿子，但是效果不大，仍然是谣言满天飞。

后来，有29个皇家学会的会员联名推荐法拉第进入英国皇家学会。戴维火冒三丈，他要法拉第撤回申请。法拉第告诉他，自己从来就没有递交什么申请，如何撤回。戴维没辙。最后投票结果出来了，只有一张反对票。尽管是无记名投票，大家也都知道反对票是谁投的。

但是，戴维是皇家学会的会长，他总是让法拉第去研究那些他不喜欢的东西，比如光学玻璃制造、合金钢的性能。当然这些方面的研究进展不大。在1931年，庆祝法拉第发现电磁感应现象100周年，大家去参观了法拉第的实验室，发现在一堆的合金钢样品里面有一块样品一直没有生锈，原来这种合金钢含有大量的铬，法拉第无意中做出了一块不锈钢。可是他恐怕根本没有意识到。

当时在英国早已经开始用煤气作为照明和燃料，但是煤气都是用鲸鱼或者鳕鱼脂肪裂化制成的，把煤气压缩到30个大气压，装在铁筒里送到各家用户。压缩煤气公司发现，在煤气压缩装筒的过程中，筒底上总有一些黏稠的液体凝聚起来。

1825年4月，这种液体的样品被拿给法拉第分析。法拉第采用分馏的办法，把这种液体渐渐加热煮沸，在不同的温度下得到了不同成分的挥发物。显然，这种黏稠的液体是一种很复杂的混合物。当它加热到八十几摄氏度的时候，挥发出来的气体似乎比较单一。从这种气体凝聚而成的液体中，法拉第提炼出一种没有颜色的透明液体，它在五六摄氏度凝结成美丽的白色晶体，在80摄氏度的时候沸腾。法拉第运用巧妙的实验技术，测定了这种物质的化学组成和化学、物理性质，给它起了个名字，叫"重碳化氢"。

"重碳化氢"在当时并没有引起多少重视。9年以后，德国化学家米彻利希研究了"重碳化氢"的各种衍生物，并且建议把它叫作"苯"，这才引起了世界各国有机化学家的重视。1856年，18岁的英国青年化学家柏琴发现苯胺染料，开始了苯在染料、香料、医药等各个工业领域中的广泛应用。

1925年，也就是法拉第去世后第58年，在伦敦专门举行了发现苯一百周年的庆祝纪念活动。

那一阵子法拉第一直在埋头苦干，远离了电磁学。这个状况一直到1829年才结束，因为在这一年，戴维去世了。戴维在1826年瘫痪之后，去了风景秀丽的瑞士疗养，但是这也没能改善他的健康状况。1829年5月29日，他在日内瓦病逝，时年51岁。据说在他病重的时候，别人问他，这一生最大的发现是什么？戴维意味深长地回答："是法拉第。"同年，沃拉斯顿也去世了。

1831年，法拉第已经40岁了，到了不惑之年。此时，他已经10年没碰电磁学了。这年9月23日，法拉第给老朋友菲利浦斯写信："我正再度忙着研究电磁学。我想，我捞到了一样好东西，可是没有把握。或许我花费了那么多劳动，捞到的不是一条鱼，而是一团水草。"

但是，法拉第一个月后就捞到了一条大鱼，他也从此成了最伟大的科学家之一。

当时的人都知道静电感应现象，只需要弄个瓶子，插进一根金属丝，下边绑上两个很薄的锡箔，然后拿琥珀这种容易起电的东西用丝绸来回摩擦，很快琥珀就带电了。用带电的琥珀去接近金属丝，下方的锡箔会张开一个角度。可是琥珀并没有触碰金属丝。这个电是怎么传过去的呢？这种现象叫静电感应。

静电感应实际上改变了金属丝内部电荷的分布。在外界电场的作用下，电子都挤到了金属丝的一端，因此这一端带负电，另一端带正电。那么锡箔怎么会张开呢？因为它们带电相同，同性相斥，因此两片锡箔就互相排斥，张开了一个角度。

当时人们把电分成好多种，比如摩擦产生的静电和伏打电池产生的伏打电，还有生物产生的生物电，比如说电鳗。静电是有感应现象的，伏打电池行不行呢？法拉第开始研究能不能通过磁场实现伏打电的感应。他在一个

铁环上绕了两组线圈，他发现在一组线圈通电的瞬间，另一组线圈上接的电流表会抖动一下，但是无法稳定输出电流。法拉第做了很多实验，假如不用铁环，线圈直接绕在纸筒上，感应现象很弱。假如用直的铁棒缠上两个线圈，感应就比较强，最强的是铁环。法拉第断定，伏打电的感应现象是通过磁来实现的。铁棒可以改变磁性的分布。

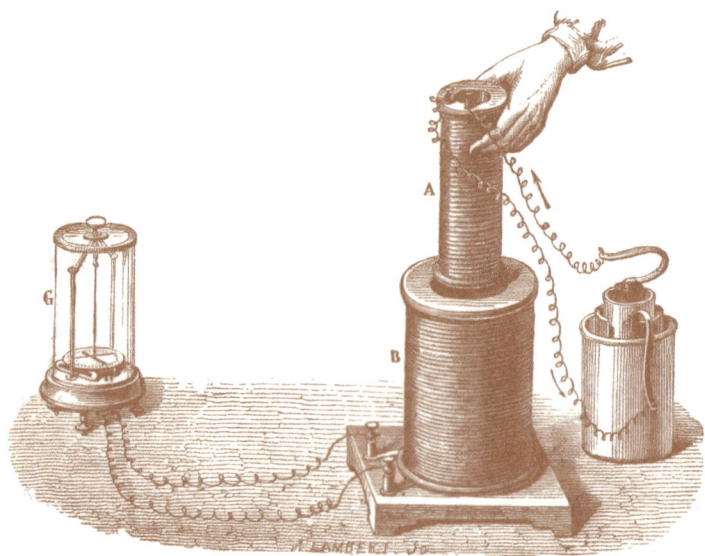

图12-2　法拉第的电磁感应实验装置（1831年）

如果是磁性能感应出电流，那么换成条形磁铁也应该可以导致电流表指针偏转。他把条形磁铁插进了螺线管，发现指针动了一下，他迅速拔出来，指针也动了。这就说明变化的磁导致了变化的电。1831年10月27日，磁转变成电的设想成功了，法拉第做了详细的记录。

法拉第换了个花样，他让条形磁铁固定不动，然后让线圈运动，结果是一样的。只要有相对运动就可以，哪个动都一样。法拉第也没觉得有什么问题。但是在后来经典的电磁理论里面，这两个过程是不同的。1905年，爱因斯坦写了一篇著名的论文叫《论运动物体的电动力学》，这篇论文标志着狭义相对论的诞生。爱因斯坦一开篇就表示不满，为什么在经典电磁学理论里边，磁铁动和线圈动要用不同的计算方法？

但是，法拉第那个时代根本想不到这些。他认为这是磁生电，应该叫磁电感应。现在除了静电、伏打电、生物电，又多了一种磁电。他苦恼的是，这种电是不稳定的，只有变化的一瞬间电流表有变化。于是他想到将一个铜盘伸到马蹄形磁铁中间，一根线接在圆盘中心，另一根线接在圆盘边缘，连续转动应该能产生持续的电流。但是实验没能成功，他觉得是马蹄形磁铁磁场太弱了。他记得皇家学会有个非常强的磁铁，不过很不巧，它被皇家军事学院的克里斯蒂教授借去了。法拉第在两年前被聘为皇家军事学院的化学讲师，每年要去讲20次课，和那里的人很熟。10月28日一早，法拉第就上皇家军事学院去了。他在那里做了许多实验，在实验日记上记了45条记录。那块硕大无比的马蹄形磁铁好极了，法拉第用铜盘获得了持续的电流。他果然成功了。

后来法拉第在皇家学会的会员们面前展示了他的电磁感应实验，而且还总结出了电磁感应定律。很多人就把1831年称为"电气时代元年"，因为从1831年开始，法拉第投身于纯科学的研究。他在电化学方面的贡献也很多：阳极、阴极、电解质等术语，都是他在一位剑桥大

图12-3 法拉第的圆盘发电机

学教授的帮助下定下来的。

1839年，法拉第开始著书立说，他写了一本《电学实验研究》，一开篇就是电磁感应实验，而且他还对已知的电现象做了总结，生物电、静电、磁电等这些东西都是同一种玩意儿，并没有什么不同。

1845年，他发现，偏振光在磁场作用下，偏振方向会发生改变。这证明光与磁性也有关联。法拉第模模糊糊地建立起了一种新的思想。电和磁是如何相互转化的呢？为什么电能生磁？他用细铁粉洒在了磁铁的周围，轻轻敲击桌子，铁粉排列成了规则的一根根线条。这就是所谓的磁力线。但是他们为什么会排列成一根根磁力线呢？没有铁粉的话，磁力线还存在吗？这些线条到底表示什么含义呢？法拉第一时也想不清楚。

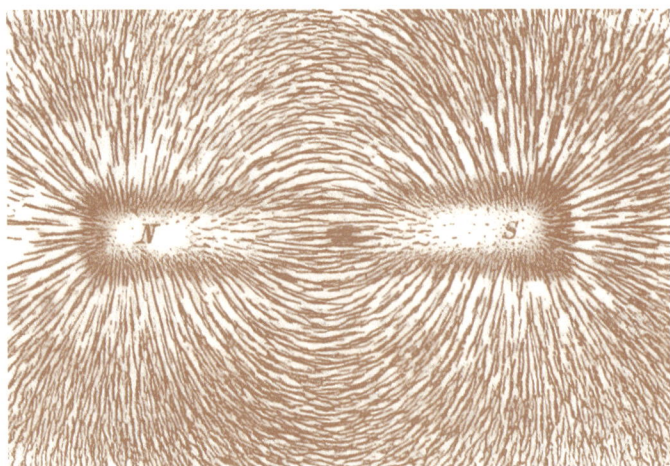

图12-4　磁场中的铁屑沿着磁力线分布

法拉第从1816年到1818年在哲学学会做化学讲座。开始他讲得不算好，但是他练习非常刻苦。他向各位老师求教演讲的技巧，还专门去上有关演讲的课程。从1827年开始到1860年，法拉第在皇家学院做了19次圣诞节讲座，每一次都很认真。为了打磨演讲的技巧，他专门请朋友在下面举牌子，提示他慢一点儿，或者是时间快到了，所以他的演讲水平也来越好了。

皇家学院的科普讲座到现在都很有名，法拉第曾经比较过好几个演讲厅，发现还是皇家学会的报告厅效果最好。他挑选题材也是有讲究的，解剖学就不适合讲，搬着一个尸体在公众面前开膛破肚，口味太重了。最好是实验仪器简单直观，能让大家看清楚。这些事儿少不了助手的帮助，因此法拉第的演讲是团队合作的产物，不是他一个人单打独斗的成果。皇室成员有时候也来听他的讲座，维多利亚女王的丈夫阿尔伯特亲王带着小王子也来了。

小王子那时候才14岁，受到法拉第的影响，1859年，他还去爱丁堡大学学习了一阵子化学。王子嘛，牛津、剑桥随便他上，但他并不是一位好学生，哪个大学他都没读完。据说在剑桥还闹出了绯闻。此时，阿尔伯特亲王已经身患重病，他不得不抱病跑到剑桥教育儿子，还要讨论如何处理这事儿，回去没几个礼拜他就英年早逝了。维多利亚女王非常悲痛，后半辈子只穿黑色衣服，为亡夫戴孝。这位小王子直到60岁才登基坐殿，谁叫他老妈维多利亚女王太长寿呢，这位小王子就是后来的爱德华七世。

咱们不扯王室八卦了，说回法拉第。法拉第演讲每次都准备充足，但是也有意外。有一次，法拉第邀请的演讲嘉宾临阵脱逃，他只好自己临时顶上去。他事先没什么准备，全看临场发挥了。这一天法拉第发挥得淋漓尽致，该说的不该说的全说了。他把自己有关场和力线的思想明确地告诉了公众，当然，能听懂的恐怕一

图12-5 法拉第的圣诞讲座（1856年）

个都没有。

实际上，法拉第人生的后30年搞的纯学术方面的研究成果，包括他写的那些文章，大部分科学家都看不明白。亥姆霍兹说："每次我看法拉第的论文都快要疯掉了，整整十几分钟才看懂一页，我在拼命把那些所谓的'力线'转化成图像，可我还是想不出来它们该是什么样的。"好在有生之年他看到了麦克斯韦的《论法拉第的力线》。麦克斯韦把法拉第生造的那些稀奇古怪的名词整理得井井有条。

法拉第多年来的心得体会以及研究成果都记录在了他的那本《电学实验研究》里面，这本书直接把两个年轻人推上了历史的舞台。第一个人就是来自苏格兰的麦克斯韦。1854年，他刚从剑桥毕业几个星期就读到了法拉第的书，他兴奋坏了。第二年，麦克斯韦写的第一篇电磁学的论文就发表了，标题是《论法拉第的力线》。写出来以后，他还直接去找法拉第，给他看自己的论文。法拉第一脸蒙圈，因为上面写满了微积分符号，法拉第根本看不懂。

法拉第没受过高等教育，这是他的短板，复杂的数学不是他擅长的，但是他的直觉是一流的。凭什么两块磁铁能够做到同性相斥，异性相吸呢？那些磁力线到底代表什么含义？似乎磁力大小和磁力线密度、分布、走向都是有关系的。库仑定律平方反比似乎也和力线是有关系的。他最先意识到"场"作为一个物理量的重要性。

"场"这个概念是很难通俗地讲清楚的。我们每个人都有个模模糊糊的感觉，但就是说不出来。物质与物质之间是有相互作用的，比如电荷之间就有吸引或者排斥，这种相互作用并不需要接触，似乎电荷周围是有某种看不见的东西存在。法拉第设想：从带电体发射出一种力线，你越是靠近带电体，电力线越是密集，因此电场也就更强；越是离得远，电力线越稀疏，电场就越是弱，电力线延展到广袤的空间。麦克斯韦用方程式精确地表达了法拉第的这种思想，而且他统一了电和磁。一开始，法拉第和麦克斯韦认为，场只是用来帮助人们计算的一种数学工具。但是后来人们越来越感到，场应该是一种物质。这是人们对万事万物的一种全新的认知。理论太抽象了，这里就不多讲了。总之，麦克斯韦被公认为第一位理论物理学家，不是没有道理的。

麦克斯韦擅长数学计算，他吸收了法拉第力线和场的思想，把电磁场和不可压缩的流体的流场相类比，力线就好比流场之中的流线。借助这样的思想，最终推导出了电磁方程，经典电磁学就此奠基。麦克斯韦预言了电磁波的存在，光也是电磁波——这是物理学中第一个统一的"场论"。

麦克斯韦常去找法拉第，两人见面的机会并不少，但深谈的机会却不多。麦克斯韦发现法拉第衰老了，说话开始含混，开始忘事儿，法拉第出现了失智症的状况。那时候，阿尔兹海默病还没有被发现，估计法拉第可能是得了这种病，慢慢会变得越来越严重，法拉第也感到自己的精力大不如前了。

法拉第一生淡泊名利，相关负责人两次让他当皇家学会主席，他都坚辞不就。维多利亚女王和阿尔伯特亲王要封他为贵族，他也拒绝了。他一生以自己身为平民为荣，他从小是铁匠的儿子，现在仍然是铁匠的儿子。他几十年都住在皇家学院的楼里，别的地方高薪挖他，他也不去。他对这座实验室的瓶瓶罐罐和桌椅板凳是有感情的。

女王的丈夫阿尔伯特亲王时不时到皇家学院来拜访。他也很注重科学研究。他发现法拉第住在皇家学院楼上已经40年了，于是找女王要求御赐一套房子给法拉第。房子很上档次，但是内部乱糟糟的，需要花钱装修，法拉第没钱啊。女王陛下就好事做到底，下令把房子装修一新。1858年，法拉第从皇家学院搬到了汉普顿法院大道37号居住。因为是御赐恩典居所，所以不需要掏房钱和维护费。这地方原来叫"梅森大师之家"，现在当然改叫"法拉第之家"了。

享受这样不掏房钱的待遇的最典型代表是住在唐宁街10号的首相。可

见法拉第的荣誉还是蛮高的。法拉第的余生就在汉普顿法院大道37号居住。他仍然喜欢做实验，但是他突然发现，现在做的实验几年前就做过，记录上都有，他完全忘记了。他最后一次演讲是在1862年6月20日的皇家学院星期五晚间讨论会，内容是西门子的气体炉，结果讲稿被不小心烧焦了。法拉第站在台上，什么也想不起来了，他只能向大家道歉，说他老糊涂了，该退休了。此后他逐渐辞去了一切本兼各职，安心回家静养。

1867年8月25日，法拉第像往常一样，安然地坐在椅子上睡着了，但他再也没有醒来。如果他愿意被安葬在威斯敏斯特大教堂，与牛顿做伴，那他一定能如愿。不过，因为教派信仰的关系，他最终被安葬在了海格特公墓，出席葬礼的仅有几个人。他生为平民，死为平民，一代科学实验大师就此长眠。在威斯敏斯特大教堂有他的纪念碑。

就在这前后几年，1866年，德国的西门子提出了交流发电机的工作原理，由他公司的一名工程师造出了实用的交流发电机，西门子开创的企业到现在都是电器巨头。1870年，扎诺·格拉姆发明了实用的电动机，发电与动力都凑齐了，一个新的时代扑面而来。

1868年，一个美国少年看到了法拉第的书《电学实验研究》，立刻疯狂地喜欢上了电学实验。那时候他还年轻，在火车站的电报机房打工，这就是被法拉第的那本书推上历史舞台的第二个年轻人，他是谁？

　　我们要说的这个被法拉第那本书推上历史舞台的年轻人是荷兰移民后裔，1847年出生于美国俄亥俄州的米兰镇。这个小镇就在伊利湖的西南，1833年开始修建米兰运河，1839年7月4日独立日这一天开放运营。依靠这条运河运输小麦等物资，五大湖地区的经济条件非常好，1825年伊利运河通航，这样五大湖地区的各种商品和资源都可以沿着水路辗转一直运到纽约港，纽约也开始快速兴起。

　　伊利运河甚至对抗了早期铁路的竞争，后来由于铁路兴起，运河整体行情开始衰落。伊利运河还可以撑一段时间，但是米兰运河就不行了。1854年，伊利湖南岸铁路通车了，米兰这个号称"西方敖德萨"的小城地位一落千丈。所以小男孩一家就搬家了，搬到了休伦湖南端的休伦港，这里有河流与伊利湖连通，南边88千米

图13-1　爱迪生（1861年）

外就是底特律。

这小男孩就是后来大名鼎鼎的托马斯·爱迪生。

在爱迪生12岁的时候，他老爹的生意越来越不景气，经济开始出现困难。1859年，休伦港到底特律的火车开通了，需要个小男孩在火车上贩卖小商品，于是，12岁的爱迪生就去火车上当小贩了。1860年，林肯当选美国总统，美国建国之初埋下的隐患爆发了——南方的"蓄奴州"和北方的"自由州"之间的矛盾问题，根子就是奴隶制。就在林肯当选以后到正式上任之前的这段时间，也就是1860年年末到1861年年初，南卡罗来纳州挑头，有7个州宣布退出联邦，另外搞了个"美利坚联盟国"。他们选举来自肯塔基州的戴维斯为总统，一本正经地搞起了分裂。两个月后他们开始攻击合众国在南方的军队，北方政府被迫应战，南北战争爆发。

当时爱迪生正在五大湖地区的列车上当小贩，不过他也发现了凡是刊登战争消息的报纸就比较好卖。他找到了《底特律自由报》的印刷排字工人，提前看了新闻底稿，在报纸还没印刷之前就知道了主要的内容，这样他就可以预估第二天的报纸销量。有一次他看到火车站公告栏里面贴着有关夏伊洛战役的消息：谢尔曼将军带领联邦军在一片桃树林里防守，对方南方军炮弹像狂风暴雨一样砸向北方士兵，格兰特和谢尔曼带着士兵打退了对方四次进攻，自己这边也是死伤惨重。

爱迪生看到这样的消息，马上冲向电报机房，让报务员往各个火车站散布战争打得正激烈的消息。人们都开始关注这场战役的消息。第二天，爱迪生的报纸比平常多卖了几倍，而且爱迪生还把报纸的价钱从5美分翻了一倍。平常每天他只能给家里1美元，这一天，爱迪生给了妈妈100美元。

从此，爱迪生与报纸结下了不解之缘。他明白信息速度的重要性，时间就是金钱。但爱迪生并不满足，于是他搞了个小号印刷机，本来是饭店里印菜单用的，他弄到手以后，开始自己印报纸。他既是"社长""记者""发行人"，又是印刷工人和报童，办报的全过程都由他一个人包办，所以他的工作十分繁重。一个礼拜就只能搞出一期，算是周报。爱迪生给报纸起了个名字叫《先驱报》。主要的新闻来源也就是铁路沿线的各种家长里短，比如"詹姆斯溪车站的行李长约翰·罗宾逊昨天摔下站台，一条腿受伤。他的同事都表示同情"。要不就是"机车进厂大修"，或者是"利特尔的妻子在底特律枢纽站休息室里生下了一个女孩，这是在底特律车站降生的第22个孩子！"等等。

爱迪生自己也知道，离开了火车站可能也就没人再愿意看报纸了，毕竟坐火车很无聊嘛。哪知道爱迪生的报纸引起了一个英国旅客的兴趣，人家买了1000份，带回英国大肆渲染了一番，宣称《先驱报》是世界上第一份在火车上发行的报纸。

1862年8月，一个突发事件成了他命运的转折点。15岁的爱迪生正在铁路边卖报纸，看到一个小孩子摇摇摆摆地跑到了铁轨中间，这时有一节货车正在沿着铁轨开过来，这孩子根本不知道危险，正在那儿扔石头呢。爱迪生扔下报纸，一个箭步跳过去推开了孩子，两个人摔在铁轨旁边。他们都鼻青脸肿的，石头子都嵌进肉里了。爱迪生爬起来看看这个孩子，发现他认识这个小家伙，名字叫吉米，他老爸就是当地克利门斯山火车站站长麦肯齐。

这地方离火车站不远，麦肯齐在远处看见了事情的全过程。他当然很感激爱迪生，他早就认识爱迪生，这孩子总是往电报机房跑。麦肯齐站长的工资不高，也没多少钱，因此他无以为报，就让爱迪生到电报机房当实习生，跟着他学发报技术。这对爱迪生来说，无疑是比金钱更为宝贵的酬谢。

爱迪生学习非常勤奋，但他卖报纸的工作也不能停。每次火车到达克利门斯山火车站，爱迪生就抽时间跟着站长学一阵子。要是找小弟代班，他就有一天的时间来学习发电报。仅仅4个月，他就成为一个合格的电报员。那时候的电报员都是高技术职业，所以能不花钱白学这么一门手艺，算是站长很对得起他了。电报是一个新事物，当时没有多少人能收发电报，最好的报务员每分钟只能收45个字，干这一行不容易，但是，能收发电报的人几乎到处能找到工作。

1863年，经过麦肯齐站长的推荐，爱迪生到大干线铁路斯特拉福特枢纽站当了报务员。从此以后，他就在各个火车站当报务员。

电报可以说是引爆现代通信业的一项发明创造，使人类第一次有办法实现大范围快速通信。过去送一封信没几个月是不行的。即便是用600里加急，一昼夜最多走300千米。还有就是用飞鸽传书，但是可靠性不高，万一路上鸽子被老鹰吃了呢？再者就是建立烽火台，烽火狼烟传递战争警报。但是传递的信息内容极其有限，而且还避免不了有人玩儿烽火戏诸侯。

英国人海上通信是靠旗子和放炮，不同的旗子有不同的含义。法国的拿破仑非常重视通信工作。因此法国人发明了一种信号机。它是用木板制成的，一块木板两端有两个可以旋转的短臂，这三块板摆成不同的姿势，就表示不同的字母。每隔一段距离就设置一台。这个东西比旗子尺寸要大多了，离得很远也能看清楚。1815年，拿破仑逃出厄尔巴岛的消息，就是用这种信号机接力传递，传到巴黎的媒体圈子里的。当时的《世界箴言报》的大字标题每天报告拿破仑的动向。

· 3月9日：魔鬼自流放之地逃出

· 3月10日：科西嘉食人魔在儒安港登陆

· 3月11日：老虎出现，但他必将在山中逃避追捕，最终结束其悲惨的冒险

· 3月12日：怪物竟然前进到格勒诺布尔

· 3月13日：暴君抵达里昂，所到之处皆是恐惧和恐慌

· 3月18日：篡位者离巴黎还有60小时的路程

· 3月19日：波拿巴向巴黎进军，但他永不可能成功

· 3月20日：拿破仑明日抵达巴黎

· 3月21日：拿破仑皇帝已到枫丹白露

· 3月22日：昨晚皇帝陛下公开进入杜伊勒里宫，没有什么能更引起举世欢呼的了

就是靠着信号机，消息的传递速度才超过了拿破仑的进军速度。想用电来传递信息，以前不是没人想过，但是靠摩擦起电那点儿可怜的电量，实在是传不了多远。1809年，德国人搞出了电化学电报，拉好长的电线，这边开关往下一按，那边就开始电解水了，电解水时冒的气泡，也算是一种信号。为了表达不同的字母，需要拉35根线。

图13-2　克劳德·查佩发明的光学信号机

1832年，俄国人帕维尔希林在圣彼得堡的家里拉了根电线，第一次搞出了电磁电报。1833年，数学家高斯在哥廷根拉了一根电线，连接了物理所和天文台。

1837年，英国的惠斯通和威廉·库克搞出了第一条商用电报系统。他们为此申请了专利。1839年，大西方铁路的火车站之间拉起了电报线，这条线路很短，只有13英里，大约21千米的样子。他们使用的是指针式电报机，电磁铁一通电，指针就会偏转。6根指针不同的角度偏转就可以表达好多字符，但是这个电报系统要拉好几根线才行。

惠斯通这个名字，恐怕有熟悉电子电路的朋友们会感到耳熟，还记得惠斯通电桥吗？就是他的发明。爱迪生第一个有意义的发明，就跟惠斯通电桥有关系。他发明了在一根电报线上收发2路电报的办法，后来又扩展到4路。这是后话，暂且不表。

真正对电报的发展做出重要推动作用的人是一个画家，叫莫尔斯。这

个莫尔斯画了一幅画，叫作《登陆的朝圣者》，引起了一位艺术家奥尔斯顿的注意，他拉着莫尔斯一起去了欧洲。他们到了英国以后，在皇家艺术学院学习了3年。莫尔斯看着米开朗琪罗和拉斐尔的画作特别喜欢。那时候很多艺术家都要学习解剖学的知识，为的是能够准确画出人体的肌肉结构。莫尔斯照着新古典主义的风格画了一幅画叫作《垂死的赫拉克勒斯》。

后来，莫尔斯回到了美国，给很多政界要人画了肖像。总体来讲，莫尔斯一直是个艺术家，跟电磁学没有半毛钱关系。1830年到1832年，他在欧洲游历，在回美国的船上，大家闲得无聊，一位乘客叫杰克逊，懂得电磁学。他给大家展示电磁铁的神奇特性。莫尔斯当然也很好奇，这东西怎么一通电就有磁性呢？太好玩儿了。

一个念头涌上了莫尔斯的心头，那就是发明一种利用电磁铁来通信的工具。为什么一个画家会冒出这样的念头呢？原来1825年，莫尔斯正在华盛顿画一幅法国拉斐特侯爵的肖像，一个信使快马加鞭赶来给他送一封信，上面写着：您的妻子正在康复中，原来是他妻子病了，现在有好转的迹象了。第二天，他又收到一封信，是他父亲写来的报丧的信。原来短短的一天就发生了突变，他妻子病情恶化，已经去世了。当他骑快马赶回老家时，妻子已经下葬了。他很难过，假如有一种快捷的长途通信方式，自己或许还能见上妻子最后一面。这是他常年埋在心底的一个愿望。现在看到眼前的电磁铁，他觉得这东西能实现自己的愿望。

莫尔斯遇到的第一个问题是，

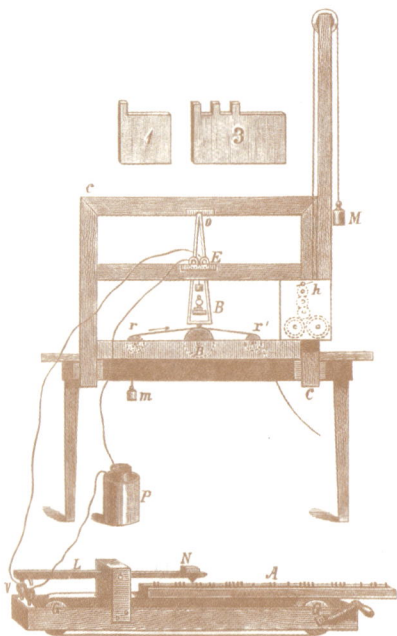

图13-3　莫尔斯早期的设计

如何让电流传递得足够远。他用的办法是继电器。所谓继电器就是用电磁铁控制的开关，一个电磁铁控制下一个电磁铁。一个16千米的通信线路上，放着好几组电池。1837年，莫尔斯和助手韦尔在美国获得了电报的专利。1838年，他们向公众展示了电报系统。大西洋两岸研发电报可以算是齐头并进。

莫尔斯的助手韦尔开发了一套字母编码系统，因为简单易行，特别适合单线电报，这就是后来大名鼎鼎的莫尔斯电码。莫尔斯电码至今为止都是国际通用的无线电编码，特别是业余无线电爱好者，更是要熟练掌握莫尔斯电码。莫尔斯发明的电报按键，一直沿用了上百年时间。

国会反复讨论了好几年，直到1844年，美国才拨款建立了华盛顿到巴尔的摩的电报线路。1845年，在国会大厦，莫尔斯发出了这条线路的第一份电报——"上帝创造了何等奇迹"。肯尼迪总统第一次通过卫星通讯与尼日利亚总理通话的时候，也引用了这句话作为结束语。这句话可以说标志着人类进入了电信时代。

1850年，英法之间建立了第一条海底电缆。1857年，海底电缆跨越了大西洋，但是只用了几天，这条电缆就断了。后来又花了好多力气，过了9年之后大西洋海底电缆才进入实用状态。1902年，太平洋海底电缆才开通。

1851年，莫尔斯电码成为欧洲的标准电码。英国人还是那么不合群，他们仍然采用惠斯顿和库克的指针式电报机。1858年，莫尔斯在波多黎各建立了电报系统，莫尔斯电码进入了拉美国家。

所以爱迪生学习发电报技术的年代，是一个铁路和电报行业同时蓬勃发展的年代。铁路线延伸到何处，电报线也就延伸到何处。那时候，电报是一种高科技，谁能在电报线上玩出花样来，就能成为受人们瞩目的技术高手，所以爱迪生这样会发电报的人根本就不怕找不到工作。

电报行业和铁路行业的飞速发展还带来了一个意想不到的东西，那就是国家的标准时间。过去每个城市都是按照太阳来对表的。每天太阳恰好运行到正南方向，就是中午12点。可是电报线一接通，麻烦就来了。约好了中午12

点发电报，你说的是哪个12点？是纽约的中午12点呢？还是旧金山的中午12点呢？每个火车站的时间说不准差几分几秒，这怎么行啊？火车时刻表也没办法编写啊。这才促使大家把地球划分成若干时区，相邻的时区相差1小时，零头就不算了，免得更麻烦。人们习以为常的时间不得不做出相应的调整。

铁路线的延伸还对政治有着莫大的影响。林肯就是乘火车去上任的。当时南北分裂的迹象已经越来越明显了，林肯获得了160万张选票，但是南方各州没有一票投给他。1847年，美国和墨西哥打了一仗，获得了太平洋沿岸加利福尼亚的大片领土。1850年，加利福尼亚正式成为美国第31个州。而且人们在加州发现了金子，无数人要奔向加州发财致富。林肯知道，从东部去加州，起码在路上就要走半年时间。西部的崇山峻岭可不是那么容易翻越的。他以政治家的眼光看到了交通和通信的重要性，假如铁路不能延伸到加州，美利坚还算哪门子合众国呀？

南北战争爆发以后，南方7个州打算独立。国会里没了反对派阻挠，林肯的各项法案反而容易顺利通过。尤其是《太平洋铁路法案》，这是政府支持建立的第一条横贯大陆的铁路线。去往太平洋沿岸线路的前期考察工作已经进行了好多年，现在是万事俱备只欠东风。尽管战争还在继续，但是太平洋铁路的计划一刻也不能停歇。

1863年1月8日，加州萨克拉门托小镇的居民们聚集到了几家店铺的门口，四位商人在此举行奠基仪式，他们挖下了第一锹土，太平洋铁路就此开工。他们来自东部，白手起家，没有一个懂铁路该如何修建，他们要么是杂货铺老板，要么就是五金行老板，要么就是卖布头的，但是他们大胆接下了修建太平洋铁路的任务。可是此地不比东部地区，根本没有任何工业基础，最多有几个铁匠铺，能打造几把合格的铁锹卖给财迷挖金子就不错了。而且，萨克拉门托旁边没多远就是高耸的内华达山脉，他们凭什么穿越崇山峻岭，去修建大铁路呢？

14

烈性炸药：从黑火药到硝酸甘油

前面讲到，太平洋铁路在萨克拉门托开工了。四位商人组成了加州中央太平洋铁路公司，准备大干一场。可惜，当时加州很不发达，人口也稀少，要工厂没工厂，要人没人。从东海岸来了很多淘金者，他们坐着驿站马车或者大篷车，穿过西部大平原，穿过印第安人控制区；翻山越岭，翻过高耸的落基山和内华达山，多数山峰海拔在1800～3000米。沿途环境恶劣，遇上高山峡谷，冰天雪地，中途死了不少人，甚至出现过人吃人的情况。这条线路被称为"俄勒冈小径"，从密苏里州横越堪萨斯州、内布拉斯加州、怀俄明州、爱达荷州，终点抵达俄勒冈州，全长3490公里。这条翻山越岭的路起码要走半年时间。如果不走陆路，走海路，那就只能从东海岸上船出发，绕过南美洲最南端的麦哲伦海峡，进入太平洋，然后一路向北，开到加州沿岸，路程更远。

当时最后名的船运大亨是范德比尔特，他运营着一条航线，从美国东海岸上船，开到巴拿马或者尼加拉瓜，进入当地的河流以后尽量沿着河往西走，尼加拉瓜和巴拿马有的河流流进大西洋，有的河流流进太平洋。沿着河开到上游，船走不了了，旅客们需要下船在陆地上走12英里（大约19千米），走到另一条通往太平洋的河岸，再上另一条船，然后从河里开进太平洋，前往加州沿岸。这么走，4个月就能到加州。大家也能想象，美国从东

161

海岸到西海岸有多费劲。

当时有很多人建议政府修铁路，一个叫道奇的年轻工程师在别人的推荐下见到了林肯，当时林肯还没当总统，只是个律师。他们两人谈起修铁路的事儿，林肯问道奇，要是想打通去太平洋沿岸的铁路线，该从哪儿走？道奇给林肯画了一张图，从东边的铁路网修建去西部的铁路，也就只有这几条线路可走，都要翻山越岭，地形如此，绕不开。后来美国打了内战，道奇成为北方军队最年轻的将军。

还有一个叫朱达的工程师，在西部山区考察了多年。1860年，他靠一匹马、一个记录本，沿着印第安人打猎走的小路完成了对内华达山脉的勘查，画出了铁路线路图。他规划了一条铁路线，基本沿着北纬41度线走。大约要架50座桥梁，打通十几个隧道，才能把铁路修到加州。

他的计划一提出，所有人都觉得他疯了，因此他也就有了个外号，叫"疯子朱达"。东边在打仗，什么都顾不上，朱达就到了西边的萨克拉门托，忽悠商人们掏钱，果然就有四个有头有脸的商人掏钱了。这四位都没有一点儿铁路方面的经验，但那是一个能给创业者好机会的年代，也是冒险家大有可为的年代。朱达回过头来又去游说美国国会。这下两边意见统一了，政府的支持也就是水到渠成的事。

林肯一边想着平息南方叛乱，一边想着向西部进发的国家大计。作为总统，他要把富饶而蛮荒的西部真正揽入合众国的版图。1862年7月1日，林肯签署了一道行政命令，确定太平洋铁路的起点为康瑟尔布拉夫斯。这座小城隔着密苏里河与内布拉斯加州的奥马哈相望，后来成为奥马哈的一部分，可以认为铁路起点就是奥马哈。

太平洋铁路分为东、西两段：一段是从萨克拉门托向东，穿越内华达山脉；另一段是从内布拉斯加的奥马哈往西修铁路。西边这段由中央太平洋铁路公司修建，东边这一段由联合太平洋铁路公司修建。

带头铲下第一锹土为工程奠基的正是这四个商人的头儿，他叫斯坦福，他当时是加州州长。不过那年头加州人太少了，州长也跟镇长差不多，充其量是个县长。别看加州的面积有40万平方千米，比我国四川省小点儿，但是，1850年加州人口只有9万人，到1860年人口不过才38万人。

斯坦福有3个好伙伴，他们是科利斯·波特·亨廷顿、马克·霍普金斯和查尔斯·克罗克。这四个人联合起来，建立了中央太平洋铁路公司，后来大家习惯叫他们"四巨头"。说了半天，大家听斯坦福这个名字特别熟是吧？因为大名鼎鼎的斯坦福大学就是他和妻子两个人创立的，还阴差阳错地推动了硅谷的崛起。不过，这是后来的事了。

一开始，总工程师当然就是"疯子朱达"来担任，后来他和四巨头关系不好，铁路公司转向支持克罗克兄弟来当总工程师。朱达还天真地想凑一笔钱买回四巨头手里的股份，但是哪有那么容易啊，这事儿肯定干不成。1863年11月，朱达返回东海岸，走的就是巴拿马那条线路，结果得了猩红热去世了，他没能看到太平洋铁路的成功。

四巨头这边的麻烦很大，因为萨克拉门托往东没多远就是高耸的内华达山，他们先要修一段40英里（64.3千米）长的铁路，才能拿到国家的补贴，否则一分钱都别想拿。真当国家是冤大头啊？万一你们几个卷钱跑了怎么办？所以，先建设一段，证明你们的能力和诚意，然后每建立一段铁路就能拿到国家的债券和土地。对于东边的联合太平洋铁路公司来讲，这事儿好办，东边是平原，按理说进展很快，但是出于种种原因，一直拖着没开工，纯粹是人祸闹的。对西边的中央太平洋铁路公司来讲，刚开始就碰上了硬骨头，这属于天灾，纯属地理条件不配合了。

1846年，本来爱尔兰人大量种植土豆，主要粮食也是土豆，哪知道突然之间，一种真菌引起的霜霉病铺天盖地而来，大批马铃薯烂在地里，整片整片地绝收了，引起了一场让爱尔兰人刻骨铭心的大饥荒。

真正让爱尔兰人刻骨铭心的还不仅仅是天灾。当时爱尔兰在英国管辖之下，英国正是如日中天的维多利亚时代，1850年还开办了万国博览会，有

点万邦来朝的意思。但是，英国政府救济不利，英国和爱尔兰的矛盾变得非常深。

英国大量从美国进口的粮食都要路过爱尔兰，他们也不给爱尔兰分点。奥斯曼苏丹想捐助1万英镑，维多利亚女王还嫌人家捐得太多，让他捐1000英镑意思意思就行了，所以爱尔兰才一定要闹独立。根据1851年的统计，爱尔兰减少了660万人口，是死了还是走了不好统计，现在估算死了110万人。大批人口往新大陆流动，一批接一批爱尔兰移民来到美国。爱尔兰的移民和同时期的意大利的移民不过是换了个国家继续当底层穷人罢了。况且，美国也是新教占主流地位，天主教徒不招人待见。美国黑帮暴力犯罪的源头也能追溯到这些底层移民的贫民窟。

所以最开始四巨头雇用了大批爱尔兰人。在"独眼龙"监工的强力驱动下，大批工人在工地上干活。1864年6月4日，铁路修到31英里（大约50千米）外的新塞，整个工程停滞了半年之久。因为线路进入了内华达山，地质坚硬，地况复杂，到处都是花岗岩。高大威猛的爱尔兰工人都受不了了，很多工人也在算计：山那边就是加州，是淘金子的好地方，我在荒山秃岭修铁路，工资又低，工作又累，不如去淘金子。于是这帮工人成群结队地跑了。包工头在后边急得不行——跑了总得把铁锹留下啊，那不是你们的。

四巨头这边只剩下300多工人，爱尔兰人威胁四巨头，不给涨工资就全都跑路了。四巨头本来也不是善茬儿，他们甚至想过能不能把监狱的囚犯弄来干活儿。不是解放黑奴吗？黑人都哪儿去了？战争不是有大批战俘嘛，让他们来干活行不行？但是这些措施都不奏效。

最后，四巨头之一的查尔斯·克里克万般无奈之下，决定到附近招50名华人来试试。斯坦福表示反对，因为他当州长的时候，承诺要把来淘金子的华人赶出加州。监工斯特罗布里奇也根本不相信这些瘦小的华人能修铁路。但是，克里克说了一句意味深长的话改变了他们的看法——能修万里长城的民族，就一定能修铁路。我想这句话蕴含着一种洞见，它绕开了纷繁复杂的细枝末节，直达事物的本质。

我讲了这么多工业革命的故事，这是第一次讲到我们中国人参与的事。就在19世纪中期，大清朝人口暴涨到了4.3亿，大部分都是农民，当然是人多地少，社会已经陷入了马尔萨斯陷阱，工商业不发达，消化不了这么多的劳动力。两广地区的矛盾尤其突出，土客矛盾也非常尖锐。珠三角地区比较富庶，这个情况不明显，但是在台山、开平、恩平、鹤山、新会这些地方，土客械斗非常频繁。其实大家回忆一下历史课本上的内容也能知道，太平天国不就是一群广东人跑到广西闹起来的嘛，也跟当地土客矛盾有关系。后来太平天国导致的常年战乱也使得大批人口往国外跑，不少参加太平军的都是广东和广西的人，他们当然也不愿意落到朝廷手里，刚好有老乡来招工，看上去待遇还不错，干脆出国算了。

正巧，西方在19世纪中期停止了奴隶贸易。林肯解放黑奴也是国际大环境使然，结果美国出现了用工荒的现象，非常缺劳动力。从美国回沿海老家招工的人也都会夸大其词，绘声绘色地描绘美国有座"金山"，吸引华工去美国。当然，华工会被倒卖好多次，因此叫作"卖猪仔"。于是很多华人就漂洋过海到美国谋生，加州淘金热的中心就是旧金山。旧金山这个名字怎么来的？人家本名叫"圣弗朗西斯科"，常见的音译应该是"三藩市"。因为这里是淘金热的中心地带，所以海外华人俗称此地为"金山"。后来，澳大利亚的墨尔本也发现了金矿，为了区别，美国那边儿的叫"旧金山"，澳大利亚的墨尔本叫"新金山"。

中央太平洋铁路公司陆陆续续招聘了50名华工来到工地附近，这些华工搭起帐篷，吃了点儿米饭就去休息了。东方破晓，他们早早地就在工地上手拿镐铲、推着独轮小车开始劳动了。经过工人们12小时的埋头苦干，克里克和他的工程师们惊讶地看到，工作进度竟如此之快。他们中一些人认为中国人体质虚弱，会累得精疲力竭，半路上就倒下来。现在他们改变了看法，承认中国人确实能吃苦耐劳。没多久，又招了3000多名华工来到太平洋铁路

的工地上。

华人还给美国人显露了另一招祖传的本事：遇到悬崖绝壁就从山顶上垂绳子下来，把自己悬挂在半空中开凿炮眼，然后装上炸药就能炸下一大块石头。炸药都是黑火药，杜邦公司出品的。杜邦家族本来是法国贵族，法国大革命时期，被拿破仑赶了出来。后来他们家族在美国混得不错。门罗去和法国人谈判购买路易斯安纳时，杜邦家族就参与了谈判。

杜邦公司的创始人埃鲁西尔·伊利泽·杜邦，16岁时在法国皇家火药厂给大化学家拉瓦锡当过学徒。后来他来到美国，在特拉华州建立了自己的火药工厂，专门生产黑火药。他在第二次美英战争中发了一笔战争财。当时杜邦公司按照工业化的生产要求，优化了火药的配方，硝石原料来自孟加拉国，从西西里岛进口硫黄，而且要经过好几道工序去除杂质，对品控一丝不苟。

别看火药是我国发明的，但是没有严格的化学理论作为指导，而且火药的配比靠长期经验。很多人都以为火药就是一硝二磺三木炭，其实这是不对的。实际上，黑火药最佳配比按照化学方程式计算出来是硝酸钾74.64%、硫黄11.85%、木炭13.51%。所以鸦片战争的时候，英国火枪的配比就是75：10：15，很接近最优比；大炮的火药是78：8：14；清朝的火药根据关天培的记载是8：1：1。硝占比太高导致容易吸水潮解，而且清朝的火药杂质太多了，影响了火药的性能。

由此可见，即便是古老的黑火药，也需要严格的科学化品控管理，不能全凭经验。杜邦是生产火药的巨头，对战争有着非同小可的影响。杜邦公司所在的特拉华州地理位置特殊，特拉华和宾夕法尼亚的分界线恰好就是"蓄奴州"和"自由州"的分界线，因此南北双方都想拉拢杜邦公司。当时掌管杜邦公司的三兄弟冷静决策，分析利弊，最后倒向了林肯。同样倒向林肯的还有平克顿侦探事务所——最著名的私人侦探公司。在南北战争期间，平克顿起到了情报局的作用，战后还经营保安业务。去西部拓荒的牛仔，很多都聘请了平克顿的侦探当保镖。我们后文讲钢铁大王卡内基的时候，还要

图14-1　华工打炮眼、炸山石

提到平克顿的侦探。

继续说华工打炮眼炸山石。内华达山花岗岩特别多，华工们需要从山顶挂绳子下来，把人悬到半空中去工作。打好炮眼以后，灌进黑火药，点燃捻子，上边迅速把人拉上去。轰隆一炸，就能在山坡上炸出一块平地，铁轨就在这一块块平地上通过。

开凿隧道也要用炸药，但是爱尔兰人在放炮炸山的时候，经常不通知华工，因此时不时就造成工伤事故。后来，华工放炮也不通知爱尔兰人，两边算是扯平了。中央太平洋铁路公司一出门就撞上内华达山，因此他们的进展很慢。东边的联合太平洋铁路公司迟迟没进展，一直到南北战争结束以后他们才加快进度。

这里必须交代一下，从1862年起，美国的历史大事件很多，南北战争还在

继续打。1862年颁布了《宅地法》，拥护联邦的人交10美元就可以在西部拥有一片64.74公顷的土地。因为价钱便宜，无数人奔赴西部，有去淘金的，也有当牛仔的。

1863年元旦，林肯宣布解放黑奴，很多解放的黑人上了战场。同年，林肯开始搞征兵制。7月葛底斯堡战役打响，北军大胜，获得了战争主动权，这是美国内战的转折点。

1864年，林肯开始东西两线推进。9月谢尔曼攻下亚特兰大。亚特兰大是南方为数不多的工业城市，结果谢尔曼清空了老百姓以后，一把火把亚特兰大烧了，足足烧了半个月。电影《乱世佳人》里面就有这样的镜头。谢尔曼为什么要烧毁亚特兰大呢？当时已经进入了工业时代，没有了工业，战争根本玩儿不转。南方欠缺的就是工业，亚特兰大一烧，家底子全没了，南方军队也就打不下去了。当然，这也跟谢尔曼本人的脾气有关系。

1865年4月9日罗伯特·李向格兰特投降，南北战争结束。南北战争是工业革命后的一次大规模内战，在此期间确立了一系列战术、战略思想、战地医疗等现代战争的标准。军队已经开始用电报来指挥战斗，用铁路运兵，机关枪也开始崭露头角。

参战的350万人中绝大多数为志愿兵。此次战争造成75万士兵死亡，40万士兵伤残，平民肯定受到了波及，林林总总算到一起，美国可能死了90万人以上。美国为国家统一付出了巨大的代价，但好处是消除了自身内部的矛盾，建立了一个欧洲人想都不敢想的巨大的统一市场。美国开始大踏步前进，再没什么能阻止美国崛起，这个充满活力的国家，100年后将迈上世界的巅峰。

战争结束5天之后，华盛顿的戏院包厢里一声枪响，林肯总统遇刺身亡。林肯的死标志着一个时代的结束，也标志着一个新时代的开启。美国进入了所谓的"镀金时代"，有人说这是美国发展的"黄金时代"，马克·吐温说：这哪是什么黄金时代？别看表面光鲜亮丽，其实揭开外表一看，内部丑陋不堪，只能叫"镀金时代"。巧合的是，1901年麦金莱总统遇刺身亡，镀金时代落下帷幕，随之而来的是"进步时代"。"镀金时代"由一声枪响开始，由另一声枪响结束。现在回过头去看这一段历史，真是让人唏嘘不已啊。

大洋彼岸，美国未来的那些富可敌国的大亨还都是不到30岁的年轻人，他们正踌躇满志，希望大干一场，而未来的汽车大亨还在摇篮里甜甜地睡着。

战后百废待兴，联合太平洋铁路公司终于凑够了足够的人手，大批退伍的老兵和战俘开向西部。扛铁轨与扛炮弹的动作也没多少不同。还有很多军队剩余物资可以利用，火药大批大批地供应，都是杜邦的产品。加州淘金者用的火药很多也都是杜邦的产品，但是后来打起仗来，两边交通就断绝了，杜邦也没有余力供应加州那边。中央太平洋铁路公司开始还有不少存货，后来就用光了。幸好加州成立了自己的火药公司，中央太平洋铁路公司就用加州自产的火药。

东边的联合太平洋公司的总工程师就是道奇将军，他领着一帮老兵施工。因为东边的地形地貌相对平坦容易施工，再加上战争结束了，人手充足，自然进展很快。西边一直进展很慢，有的地方花岗岩太坚硬，黑火药根本炸不动，监工就请来了一个化学家，现场配制一种烈性炸药，据说威力比黑火药大8倍。但这种东西是液态的，稍有颠簸就炸，不能预先生产，只能请这位英国化学家现场配制。没错，这种必须现场配制的炸药就是大名鼎鼎的硝化甘油，也叫硝酸甘油。

硝酸甘油是1847年意大利化学家索布雷洛发明的。起初他也不知道这东西有多厉害，他把甘油倒进了硝酸里边，得到了一种油状物质，就是这东西把他的实验室炸得一塌糊涂，他自己还受了伤。他觉得这东西是个祸害，因此没有发表科学成果，在家藏了一年之久。后来他发表出来，强烈呼吁大家别摆弄这个东西，这东西是恶魔。果然，各大实验室没人敢摆弄这东西。稀释以后的硝酸甘油倒是可以用来做心脏病的急救药。

那时候，在世界范围内对炸药的需求量很大。黑火药这种配方已经使

用了500年，仍然牢牢占据着统治地位。一来是价钱便宜量又足，二来是这东西很安全。缺点是爆炸威力实在太小了，而且容易受潮。打起仗来，火药是最重要的军备物资，各国都争相发展火药和军事工业。

在美国南北战争之前10年，欧洲爆发了克里米亚战争，俄国和英法以及奥斯曼帝国对阵，结果俄国惨败，塞瓦斯托波尔被攻陷。这也是一次近代化的战争，新式线膛步枪、蒸汽动力战舰、铁路、电报通信等科技发明在战争中扮演了重要角色。此外，军事后勤体系发展成为一个独立部门。那么多的粮食弹药如果没有强大的运力，根本运不到战场上。别看英法劳师袭远，但是人家船舶运输方便。当时，俄军使用木制帆船，而英法是蒸汽炮艇。俄军的老式燧发步枪射程仅200码（大约180米），英法联军的来福枪却可以射到1000码（900多米）。英法联军从本国经海路到克里米亚只需3周；而俄国莫斯科以南没有铁路，俄军靠两条腿走路，有时需要3个月。

战前俄国人也在大力发展军备，聘请大量外国专家来圣彼得堡工作，老诺贝尔一家就来到了俄罗斯。齐宁知道硝酸甘油的威力以后，自己也制备了一点儿，他和同事去了老诺贝尔的家里。老诺贝尔当时专门为沙皇陛下研究水雷。他们家还在俄国开了工厂。齐宁给他们家孩子当过家教，因此跟他们家都很熟悉。这其中有个孩子非常聪明，尤其擅长学习语言，瑞典语、法语、俄语、英语、德语和意大利语，样样精通，这孩子叫阿尔弗雷德·诺贝尔。后来他去了欧洲游历，还去美国学习了4年时间，现在回来帮父亲的忙。

老诺贝尔也是个发明家，因此才受聘到俄国来帮助研究武器，他家制造的水雷给英法的军舰造成了不少的麻烦，波罗的海非常狭窄，用水雷很容易封住主要航道，他家制造的水雷为保卫圣彼得堡这样的北方城市立下了汗马功劳。齐宁当然知道会爆炸的东西正是造水雷需要的玩意儿，因此才来找他。齐宁拿出小瓶子，倒出一点儿硝酸甘油，拿火点着，烧得非常快。他又在铁砧上滴上几滴，拿锤子一砸，噼啪作响，这实际上就是微型爆炸。硝酸甘油的稳定性实在是差。小诺贝尔立刻就认出这是硝酸甘油，因为他在书上读到过硝酸甘油的相关知识。别看他年纪小，对于爆炸物他比他父亲更在行。从此诺贝尔跟硝酸甘油结下了不解之缘。

俄罗斯沙皇尼古拉一世在1855年3月2日去世了，正统说法是前一阵子阅兵穿衣服太单薄，感冒一个月转成了急性肺炎，因此去世。有人不信，认为是听到塞瓦斯托波尔被攻陷的而消息，他无颜面对列祖列宗，服毒自尽了。新皇帝登基坐殿，立刻就改了政策，俄国惨败，没钱了，因此新皇帝不想让钱都被外国人赚走，就取消了全部合同。诺贝尔家的工厂有1000来号人，没了订单，而且还欠了银行大笔贷款，屋漏偏逢连夜雨，他家的工厂又着了一把大火，全都烧光了。于是他们跑到伦敦去借钱，伦敦不借，又跑到巴黎，巴黎也不借。

于是老诺贝尔带着孩子回了瑞典，大儿子罗伯特去了芬兰自己创业。老诺贝尔找到一个办法，可以让硝酸甘油老老实实听话，那就是在黑火药里面掺进10%的硝酸甘油，这种掺杂的火药威力很大。

诺贝尔知道，通常硝酸甘油是液体，只有全部受热或者是全部都受到冲击的时候才会爆炸。如果像黑火药那样用捻子去点着是不行的，只能局部引燃，即便爆炸也是不完全的，很多硝酸甘油没有参与化学反应就被炸飞了。少量炸药没问题，但是大量炸药就不行了。诺贝尔想到了一个办法。他把硝酸甘油装在一个瓶子里，瓶子放在一个包装盒里，周围填充黑火药。他在河里做了实验，爆炸掀起的水柱非常高。

后来，小诺贝尔和父亲一起开始用不同的办法来"驯服"硝酸甘油。老爹的办法不稳定，好几次都没炸响，小诺贝尔也有过几次类似的经历。总体来讲，还是小诺贝尔比较成功，改进了密封性能以后，每一次都能炸响。小诺贝尔带着硝酸甘油到处做演示，于是几乎整个欧洲都知道硝酸甘油的威力很大。

1864年，小诺贝尔去城里见投资人，父母在家吃早饭，最小的弟弟埃米尔在工厂里帮工，他千叮咛万嘱咐，这东西危险，必须小心加小心。哪知道他走了以后不久，突然之间大火从工厂实验室冒了出来，紧接着就发生了

猛烈爆炸。周围的人怕发生二次爆炸，因此不敢去救火，眼睁睁看着工厂和实验室全部烧光。诺贝尔的弟弟埃米尔不幸身亡。

最后，老爹承担了一切责任，他辞去工厂的一切职务，回家养老。政府也禁止在城里搞爆炸实验。老爹后来中风瘫痪了，躺在床上也闲不住，还想搞点发明。他设想是不是能把碎木材利用起来，压成一层一层的薄片，然后用胶粘起来，做成板材。这种板材可以派上许多的用场。可惜，老头子也只能是自己想想罢了。其实这种胶合板在1810年就有人发明了。

诺贝尔还是要搞硝酸甘油。他把工厂建在了一艘船上，自己兼任总经理、总工程师和会计。瑞典的冬天是很冷的，湖里结了冰，大风吹过来毫无遮挡，因此船上非常寒冷，工人们都不愿意来上班。1865年3月，诺贝尔不得已找了个荒岛，把工厂建在了无人地带。

从此，诺贝尔慢慢地走出了困境，订单越来越多，各地都来购买硝酸甘油产品。1863年，诺贝尔就申请了专利。不过，现在查不到专利的具体内容了，看样子是制造硝酸甘油的方法。硝酸甘油不是诺贝尔发明的，他一直强调这一点。后来，他又申请了一堆专利，都是关于如何引爆或者如何制造方面的专利。他还发明了起爆的雷管。

1865年，诺贝尔在德国的工厂开工了，形势一片大好。随着使用硝酸甘油的人越来越多，危险也就随之而来。因为大家根本没拿这东西当回事儿，搬运工看见箱子上大字写着"小心轻放"，仍然不管这一套。毕竟硝酸甘油看上去不就是几瓶油嘛，所以大家经常不用任何防震措施就带着硝酸甘油上路，随便路上怎么颠簸。两个工程师带了两瓶硝酸甘油坐马车，下来一看，少了一瓶。两个人吓死了，搞炸了怎么办啊。马上顺原路回去找，结果看到有个伐木工，正打算拿硝酸甘油擦皮鞋，两个工程师看见后，吓得魂飞天外。

还有一次，一瓶硝酸甘油洒了，顺着马车的缝隙往下滴，正好滴在车轴上。赶马车的看见了，也没在乎，就当是免费给马车上润滑油。当时的人

图14-2　硝酸甘油爆炸很危险

神经太迟钝了，根本就不知道硝酸甘油有多大威力。

　　那些人不认识硝酸甘油，硝酸甘油就想让人认识认识。1865年8月，一个德国推销员在纽约市的一家旅馆寄存了一只木箱。早上有十几个顾客正在吃早饭，突然闻到一股特殊的气味，寻着气味到处找，发现那只木箱正在冒出黄色的烟雾。于是众人赶紧抬起这只木箱就往街上跑，刚抬到街上木箱就炸了。马路中央被炸出一个1米多深的大坑，18个人被炸伤，附近的楼房玻璃全被震得粉碎。

　　1865年12月，纽约爆炸事故之后4个月，一次更加惊心动魄的爆炸，震撼了整个德国。这不是由于疏忽或者意外，而是因为一场阴谋……

1866年年初，德国的不来梅港，一个美国人托运行李上了一艘大船。这家伙事先买了巨额保险金，打算等托运行李中的硝酸甘油爆炸了，自己可以赚一笔钱。哪知道，硝酸甘油提前爆炸了，轮船被炸得粉碎，28人被炸死，200多人受了伤，他自己也搭上了性命。这起恶性爆炸案惊动了世界，这是第一个有预谋的用硝酸甘油犯罪的案例。

1866年3月，悉尼港的仓库发生了大爆炸，也是硝酸甘油惹的祸。那段时间，报纸上经常会出现硝酸甘油爆炸的新闻报道。在德国，有一个矿工去买用于矿山爆破的硝酸甘油，结果一个马虎，就招致本人和店员被炸得粉身碎骨。奥地利的一个炸药仓库不慎发生爆炸，死伤十余人。一艘停泊在巴拿马港口的船只，工人往岸上卸货时，硝酸甘油炸药偶然掉入海里，船只被炸毁，船上十多个人被炸死。旧金山富国银行大楼也发生了硝酸甘油爆炸事件。

美国的杜邦一家人趁势到处渲染硝酸甘油不安全，谁使用硝酸甘油当炸药，谁就必然要丧命，只分来早与来迟。

压死骆驼的最后一根稻草是诺贝尔建在德国克鲁梅尔的硝酸甘油炸药工厂由于大爆炸而毁于一旦。各国开始禁止使用硝酸甘油炸药。诺贝尔不得不开始认真考虑硝酸甘油的安全问题。

当年诺贝尔在美国搞了一个专利技术，那就是往硝酸甘油里面掺入甲醇。甲醇能溶于水，假如要去掉甲醇，只需要用水把甲醇萃取出来，硝酸甘油只是微溶于水。现在看来，只要是液态就是不安全的，晃动时产生的气泡在爆裂的时候会产生高温，因此必须变成固体。那么该如何下手呢？

诺贝尔老爹当年搞过往黑火药里面掺进去10%的硝酸甘油，这个办法行不行呢？方向倒是对的，但是爆炸威力小了很多。诺贝尔当时与哥哥通信，提到了这事儿。木炭可以吸收硝酸甘油，很多东西都有吸附硝酸甘油的能力，但这样做还是很危险。为什么呢？硝酸甘油实际上是把甘油非常小心地倒进硝酸和硫酸的混合液里，这两种东西都有强氧化性。那么在制造的时候，根本就无法保证所有的硫酸和硝酸都跟甘油反应光了，最后的硝酸甘油里面恐怕还剩下不少残余的硫酸和硝酸。

假如把木炭放进去，硫酸和硝酸的成分碰上木炭会有什么后果，大家能想象吗？要知道，氧化反应会产生热量，所以，诺贝尔老爹用黑火药混合进10%的硝酸甘油，其实也是为了安全考量，放多了不安全啊。有硝酸钾和硫黄在里边，这事儿就麻烦了。用黑火药来吸附硝酸甘油原理上虽然说得通，但工艺上是不合适的，还会留下很大的隐患。

诺贝尔只好另寻出路。这段时间，诺贝尔除了忙着各地工厂的事务，几乎把所有的时间都贡献出来了。他总是一边嚼着食物，一边站起身三步并作两步迈向实验室。他晚上也睡不踏实，明明已经在床上躺下了，可脑子里突然涌上来一个想法，他一个鲤鱼打挺从床上蹦起来，披上一件衣服又去实验室里工作了。

其实诺贝尔早就有了解决硝酸甘油不稳定性的基本思路，如果用某种粉末吸收硝酸甘油，硝酸甘油不再是流体，应该就能解决稳定性问题，但是需要寻找一种不会降低炸药威力的吸附材料。诺贝尔尝试了水泥、煤炭和锯末等材料，改变配比组合，但都没有成功，最后他尝试了硅藻土。渗进硅藻土的硝酸甘油没有到处流淌，而是被硅藻土吸收，形成了一团糊状的东西，

这样硝酸甘油就不会到处流淌，对各个种机械振动也不再那么敏感了。

过去人们总是用硅藻土填充空隙，就像如今常用的泡沫和海绵一样，可以防止瓶瓶罐罐磕碰。硅藻土是硅藻的细胞经过几百万年的沉淀而形成的，有很多小孔，吸附能力极强。硅藻土在汉诺威一带随处可见，一开始根本没有人注意它，自从诺贝尔拿它作为吸附剂之后，这种毫不起眼的白色物质开始受到关注，一时间声名鹊起，被誉为"白色的金子"，身价倍增。

就这样，诺贝尔用硅藻土作为吸附剂，吸附硝酸甘油，最终研制成一种固态的炸药。这种新的固体炸药的爆炸力比液体的硝酸甘油低25%，比黑火药高5倍。它的主要优点是大大降低了硝酸甘油对震动和温度的敏感度，方便运输，易于操作。实验证明，这种新的炸药可以方便地包装在炸药纸筒里，做成让使用者可以随时放进炮眼里的棒状物。

新的安全炸药必须有个响亮的名字，诺贝尔是语言学家，给新炸药配方取名字为"达纳"，在希腊文里面是"力量"的意思，达纳炸药威力强大，而且安全可靠，叫这个名字真是太合适了！

接下来的问题是如何顺利起爆，因为达纳炸药的敏感度低，引爆就变得很烦琐。诺贝尔在实验中观察到，当初发明的以黑色火药为填料的引爆装置，虽然可以与达纳炸药配合使用，但是爆炸力极小，而且还经常失效。

诺贝尔开始了各种尝试，最后发现用雷酸汞作为引爆物质是最可靠的。一来雷酸汞的安全性还算可以，二来爆炸威力也比黑火药大。雷酸汞是最早被发现的起爆药，后来还有叠氮化铅和斯蒂芬酸铅等一大堆起爆药。雷管就是因为雷酸汞而得名的。至此，已经有500年历史的黑火药开始逐渐走下主流的位置。

1866年10月，诺贝尔在德国进行了达纳炸药的公开实验。第1项，将1包10磅（4.5千克）的达纳炸药放在火堆上烧，没有爆炸；第2项，将1包10磅达纳炸药从高处扔下来，没有爆炸；第3项，将1包10磅达纳炸药埋入地下，用雷管引爆，威力惊人！事实胜于雄辩，媒体称赞诺贝尔是"一位不向任何艰难困苦低头的青年发明家"。

后来，瑞典皇家科学院授予诺贝尔父子俩一人一枚金质勋章，表彰他们对国家的贡献。诺贝尔因为生产炸药而发了大财，但是他也被称为"欧洲最富有的流浪汉"。因为他总是在欧洲的各个工厂之间来回跑，还经常去美国。他在美国的生意一团糟，主要是当地的合伙人不靠谱。诺贝尔又没办法常年住在美国，所以在美国出现了各种盗版的炸药也没法管。炸药配方大家都清楚，这像是一层窗户纸，一捅就漏。

后来诺贝尔在美国的厂子给了别人，他只占对方一部分股份，经营上也就不操多少心了。中央太平洋铁路公司自己在荒山野岭配制硝酸甘油，别人也管不着。硝酸甘油本身并没有专利，关键是如何安全使用、安全引爆。太平洋铁路公司就在工地安排小作坊生产，1千克75美分的价钱，人家又不需要付专利费。但是，硝酸甘油威力太大，在有些地段能把半座山的泥土炸松，那么滑坡和泥石流将不可避免，只能采用黑火药。因此他们一直是黑火药和硝酸甘油交替使用。等到达纳炸药传到美国，已经是1868年了，工程也进入了尾声。中央太平洋铁路公司一直与诺贝尔没有任何直接联系，倒是他们在加州的火药供应商有诺贝尔公司的参股。

东边的联合太平洋铁路公司开始很顺利，不过越往后事儿越多。道奇将军带着一群退伍老兵逢山开路，遇水搭桥。但是道奇发现，工人们的营地乱七八糟，帐篷酒馆、帐篷赌场，连妓院都一应俱全。工人们喝酒打架是家常便饭，动刀动枪也不稀奇。这样下去，严重影响军心士气。道奇是军人出身，立刻整顿纪律，派人持枪巡逻维持秩序。荒郊野外，一切文明社会的法律都不好使，全靠道奇手下的执法队维持秩序，这下，工人们的状态好多了。春天来了，积雪开始融化，原本潺潺的小溪变成了奔涌的怒涛，一条条大河挡在了道奇的面前。再加上开春以来一直是雨天，导致地面泥泞不堪，前方很难施工。尽管如此，东线的联合太平洋铁路公司这边的地理条件也要比加州好得多，但是这边一直是人祸不断，关键时刻，联合太平洋铁路公司

又闹出了一桩惊天的丑闻。

对联合太平洋铁路公司来讲，国家给了铁路沿线2000万英亩（大约是81000平方千米）国有土地。随着铁路的延伸，逐渐交付，而且每英里铁路还要提供16000～48000美元的贷款，总额超过6000万美元。这是好大一笔钱啊，联合太平洋铁路公司的高管们看着就眼红。虽然国家给了大片的土地，但这些土地要不就是荒山秃岭，要不就在大平原上，时不时还有印第安人出没。股东们判断，联合太平洋铁路公司盈利的可能性不大，纯粹是给国家打工了。于是，公司的管理层就开始动起了歪脑筋。说起来大家都懂，就是成立一家公司，专门承包铁路建设，而且还负责所有的物资和原材料的供应，他们要做的就是在这当中虚报成本，先把本钱捞到手，至于铁路本身是赔是赚，那就无所谓了。

所以几个人说干就干，极力推动这条铁路的马萨诸塞州联邦众议员艾姆斯，还有联合太平洋铁路公司的副总裁兼总经理杜兰特、高管布什内尔和阿雷加上若干小头目，买下了一家有政府背景的公司。这家公司本来是宾夕法尼亚政府在1859年授权成立的，主营贷款和合同承包业务。但是，这家公司经营不善，快倒闭了。所以，杜兰特一伙人入主这家公司，给公司改了个名字叫"美国动产信贷公司"，而且摇身一变成了太平洋铁路建设的独家承包商。

本来按照规矩，太平洋铁路的物资和原材料都是需要招标的，就是为了压低价钱，现在倒好，独家承包。他们报给政府的单子上，价钱恨不得贵了一倍。政府两年内给了9465万美元，5000万美元进了美国动产信贷公司，2300万美元进了杜兰特一伙儿的腰包。

其实这种手法一点儿都不高明，很早就有记者盯上了杜兰特一伙人。但是杜兰特手眼通天，还有一大帮子议员朋友，为太平洋铁路和美国动产信贷公司弄到了提前发行联邦铁路债券等量股票的发行权——每100英里为一阶段，提前发股票。杜兰特为了让投资者买账，还用火车拉着他们沿着修好的铁路线参观。

杜兰特画饼的能力是超一流的。他说：这条铁路一定会使美国成为最富强的国家。这话倒是不算吹牛。所以，他们发行的股票被炒上了天，跟他们关系密切的议员可以用发行价买下大量股票，而且还在公司没多少盈利的情况下就能够超额分红。国会和行政当局算是睁只眼闭只眼了。

后来，媒体把这件事捅破了。道奇身为总工程师，也是火冒三丈。杜兰特怎么能这么干呢？这个杜兰特当初在南北战争的时候，和道奇一起从南方走私棉花，他们是老相识了。但是道奇这一次不干了，要是杜兰特不走人，他就辞职。于是整个东线铁路停工了。艾姆斯还把杜兰特告上了法庭，逼着他从美国动产信贷公司走人。杜兰特最后灰溜溜地走人了。过了一阵子，杜兰特又从联合太平洋铁路公司被踢出去了。

一直到1872年，大选年，这伙人因为分赃不均，有人把受贿名单交给了《太阳报》。《太阳报》自然会把这事儿彻底揭露出来，这一下影响极大。国会一调查，发现共和民主两党居然有30多人牵扯其中，但是这些人有来头，一个个都说自己不知道，是手下人干的。最后也没处理几个人，倒是艾姆斯被国会申斥了一顿。这件事就是高高举起，轻轻落下了。但是艾姆斯命不好，3个月后就去世了，后来还导致联合太平洋铁路公司破产重组。

这件事号称"镀金时代"第一腐败案。"镀金时代"可以算是美国最腐败的时代。要追究原因的话，其实跟南北战争有关系，战争一打，政府部门不得不搞全家老少总动员，也要把各种权力抓在手里。接下来又是大规模建设时期，到底建哪条铁路啊？怎么建啊？谁来建啊？政府部门总是有很大发言权的，因此腐败事件频发也就不奇怪了。从南北战争一直到罗斯福新政，美国走过了"发展—腐败—治理"的艰难历程，美国治理政治腐败足足花了半个世纪的时间。

杜兰特后来过得也不顺，1873年碰上金融危机，杜兰特的钱差不多蒸发完了。不断有过去的合作伙伴和投资者找他打官司，他也是晚景凄凉。

1868年，虽然杜兰特从美国动产信贷公司走人了，但他仍然是联合太平洋铁路公司副总裁。不过，杜兰特再也没办法中饱私囊，道奇也算初步达到目标了。于是道奇就继续修铁路。而中央太平洋铁路公司这边，他们在内华达山里足足干了5年，打通最后的隧道，才从山里钻出来。出来以后，就再没什么工程上的硬骨头要啃了。这也算是西线的转折点，从此穿越内华达山不再艰难，也不必冒失去生命的风险了。

当时美国国会已经给两家铁路公司设定了一个会合点，就在犹他州的岬角。这个岬角周围是一片平缓的坡地，除了有几个小山包，基本上是一马平川。西边20千米之外就是大盐湖的最北端。犹他州这个大盐湖可以算是非常出名，这是西半球最大的咸水湖，盐分含量非常高，人在湖里都沉不下去，号称"美国的死海"，周围都是白花花的盐碱地。这种地方路基非常软，建铁路前要填埋大量鹅卵石夯地基，工作量显然不小。

西线主管工程的克里克碰上了东线的副总裁杜兰特，杜兰特向他吹嘘：东线方向最高纪录是一天修了7英里（大约11千米）的铁路，这是无人能及的最高成绩。东线是全军事化管理，铁路工人也都是老兵，爱尔兰人特别多。克里克就不服气了：西线这边华人也很厉害。所以，这两家就开始憋着劲比赛。直到铁路即将会合前两个星期，这个赌一直分不出输赢。克里克急眼了，把总监工找来，要他加紧办。

"独眼龙"总监工斯特罗布里奇知道华工不止吃苦耐劳这一个优点，而且还很有创造力。1867年冬天，气温降到零下23摄氏度，因运输困难导致工程陷入停顿，工程师们也没有办法。但是华工点子多，他们铺了一条60千米的冰雪道，这样不但恢复了运输而且加快了工程进度。这种事美国人无论如何都想不到，在我国则是惯例。运送沉重的石料总是采用这样的办法。因此"独眼龙"总监工还是很有信心的。

于是，他找来了精兵强将，开始向终点发起冲锋。大部分是华人，只有几个身强力壮的爱尔兰人。总监工承诺当日的工资翻几倍。他把工人分成

图15-1　华工在建造一座铁路桥

两组，一组干活，另一组做辅助工作并预备轮换作业。先上的一组牛劲儿大发，中午饭后拒绝被替换，累计工作12个小时，铺设了3524根铁轨。

于是，这批略显瘦弱的华人创造了一个世界纪录，一天之内修了10英里200英尺（大约16.2千米）的铁路，联合太平洋铁路公司只修了6英里（9.6千米）。华人团队赢了，但是他们的名字没有被记录，8个爱尔兰人倒是留下了名字。这在当时是常态，西线动用了那么多华人，有多少工伤事故？有多少人死亡？这都不清楚。1869年开春，据说还暴发了天花疫情，四巨头马上派来了医生医治，说是医治，其实也没什么办法，而且当时天花的死亡率是30%。他们开来了一列火车作为病房，但是没人去照顾这些染病的工人。最后是总监工26岁的妻子自告奋勇当护士，她是铁路线上唯一的女性。她照顾这些得了天花的工人，她自己后来也被传染了天花，但是没有死，落了疤。从此，她一直戴着白色的面纱，因为天花彻底毁了她的容貌。至于华工死了多少，还是没有任何记录。

1869年4月30日，华工们把路修到了终点，自打斯坦福在萨克拉门托挖

下第一锹土，到此时已经过了6年。他们翻越了艰难的内华达山，修了1110千米的铁路。四个门外汉凑起来把这条铁路修成了。联合太平洋铁路公司修了1749千米的铁路，此时他们还差一段距离才能到会合地点，因为他们被坏天气耽误了。

5月10日，联合太平洋铁路公司的119号火车头开了过来，半小时后，中央太平洋铁路公司的朱庇特号迎面开过来，中间只剩下两根铁轨没有铺设。这两辆火车头上下来了一大帮记者、官员还有铁路公司的领导。10点钟左右，通车典礼开始，两家商量好，最后两根铁轨，一家负责一根，算是团结友好的象征。铁轨安放好了，鱼尾板放好，道钉转备好。然后是铁路公司的人讲话致辞，当然是缅怀一下在这个工程里牺牲的工人们，大家低头默哀3分钟。

斯坦福和杜兰特一起动手，把两根金色道钉插进了枕木，孔都是事先打好了的。道奇作为总工程师讲话，讲完之后，斯坦福和杜兰特两个人拿银锤子，象征性地碰了碰那两个金钉子——不能真的钉进去，这大金条哪能钉在

图15-2 《最后的道钉1869》

枕木上，半夜还不让人偷走啊。再说了，这两根道钉还要拿回去做纪念呢。

把金钉子拔出来，一个工人拿铁钉插进那两个眼儿里，用力地钉进去，最后一根铁钉连接着电报线，每一锤的敲击，都会发出一个电脉冲信号，这等于把工人的敲击声进行了现场直播，也就是告诉全美国，太平洋铁路线已经通车了。东海岸的纽约和西海岸的旧金山同时鸣放礼炮，纪念这一历史性的时刻。

现在还能找到当年的摄影资料，但是华人出现的画面非常少，近照更是没有，都是离得老远拍下的照片，只能通过服饰打扮判断这些人是华人。最后的通车典礼更是一个华人的影子都没有，他们的身影消失了，不能不说是一种遗憾。不过总监工斯特罗布里奇在自己的车厢里宴请手下的工人，8位华工作为代表出席。他们一进车厢，当场所有的人起立鼓掌，向他们致敬。这样的待遇，华工们当之无愧，这是他们用智慧、力量、汗水、鲜血和生命换来的。美国画家托马斯·希尔在1881年画了一幅描绘通车典礼的巨幅油画《最后的道钉1869》，里面就出现了华工的形象，也算是一种补偿吧。这幅画现在挂在加州铁路博物馆里，画得比照片更加真实。

铁路线会合的地方岬角，就成了金色道钉国家历史遗址纪念地，现在当地还有个小纪念馆。这一截铁路也不再走列车了，新线路走别处通过。只剩下铁道线上那两个复古的火车头还经常跑来跑去，总是在一次又一次还原当年那个仪式。

到了11月，萨克拉门托和旧金山的铁路通车，本来两地都是走水路的，现在太平洋铁路真的延伸到了太平洋沿岸。1872年，密苏里河大桥贯通，奥马哈和对岸连接在了一起，太平洋铁路网和芝加哥西北铁路网直接连接在了一起，美国大陆的铁路线全线贯通。从大西洋沿岸坐火车能一直到太平洋沿岸，过去要花半年才能艰难跋涉的路途，现在7天就能轻松穿越。林肯的梦想终于实现了。铁路网把美国辽阔的领土牢牢连接在了一起。这是世界上第一条横跨整个大陆的铁路，美国做到了。

图15-3　两支队伍会师

　　铁路的贯通引发了一个法国人的灵感，他写出了著名的科幻小说《80天环游地球》，这个人就是儒勒·凡尔纳。假如没这条铁路，就别想80天转一圈了。奥马哈还成了美国一大铁路枢纽，带动了这座城市的繁荣。在这座城一个叫伯克希尔哈撒韦的纺织厂里，诞生了一个叫沃伦·巴菲特的人。现今，这个枢纽站依然非常豪华，但是每天只剩下一班列车，美国的铁路早已衰落。现在的美国人短途靠汽车，长途靠飞机，已经不再靠火车了。

　　太平洋铁路通车了，美国西部掀起了又一个铁路建设高潮，1866年到1873年，新修了9万千米的铁路，够绕着地球赤道走两圈还多。因为当时美国有土地补偿政策，你修铁路，国家就把两边的土地给你使用，所以大家才会疯狂造铁路。

　　德国在1871年打赢了普法战争，实现了德国的统一，还从法国捞了一大笔赔偿。德国人牛起来了，这笔钱促进了德国的投资高潮和投机狂热。

　　凡事物极必反，没多久，经济泡沫破灭，美国和德国都陷入了金融危机之中，后来还波及英法，演变成一场世界性的经济危机。大量公司倒闭，大量的劳工失去了工作。美国人就把矛头对准了外来者——华人，出台了一系列限制华人的措施。1882年推出的《排华法案》特别针对华人进行了限制，这是美国历史上第一次禁止一个族裔进入美国。后来，李鸿章访问美国的时候，还公开抨击过《排华法案》。他当时接受了《纽约时报》的采访，大家有空去搜采访的文字版，会发现一个意想不到的李中堂。《排华法案》一直延续了几十年，一直到1943年，中美成为抗日盟国，这个法案才被废除。

　　美国经济生病，总要别国吃药，这在美国历史上一贯如此。这都是经济危机闹的，危机危机，危难之中总是孕育着新的机会，也就意味着大洗牌的时候到了。自由竞争阶段就要结束，资本垄断时代即将到来。在这个时代，将诞生一系列富可敌国的工业巨头，一种新的能源也将走上历史的舞台，扮演着举足轻重的角色，时至今日仍然如此。命运将垂青那个大难不死的幸运儿。

16
铁路大亨：商人的精明与冷血

前面讲到美国太平洋铁路终于在1869年通车了，铁路公司如雨后春笋一样冒了出来。美国当时修建的铁路网总里程够绕地球两圈还多，铁路线主要集中在东部，西部铁路线虽然里程很长，但是密度小，毕竟西部地广人稀。由此可见投资者有多狂热。但是，接下来就开始经济危机了。

这儿说一下，早先美国人说的"西北"其实是五大湖地区，跟现在的区域划分不一样。今天你翻开地图看，肯定要问，明明是在东半边，美国西北大学在伊利诺伊州，这地方也算西北？

早年美国的人口都分布在东海岸，密西西比河以西的地方都叫西部。随着疆域的扩展，"西部"这个概念多次发生改变。

当时美国最厉害的铁路大亨就是范德比尔特，早年是在运河和大洋上搞水运的，后来控制了非常多的铁路线路。前面提到过这个人，他1794年出生，家就住在纽约的斯坦顿岛上。当年他从母亲那里搞到了第一桶金，有了100美元。100美元在当时不是个小数目。他先用这100美元买了一艘小船，干起了摆渡的行当，在斯坦顿岛和曼哈顿岛之间运送乘客。运输旺季结束，他给了母亲1000美元。

1812年，发生了第二次独立战争，英国控制着北边的加拿大，美国人打算向北扩张。麦迪逊总统觉得可以一鼓作气，彻底把英国人赶出北美洲。

结果美国人还是太嫩，英军绕开前线，坐船直取美国首都华盛顿，这形势和后来的仁川登陆极其类似。美国一下就不行了，首都华盛顿总统官邸被烧得只剩框架，三年后重建时不得不涂上白油漆掩盖，从此美国总统官邸被称为白宫，名字就是这么来的。有一位名叫弗朗西斯·斯科特·基的美国律师到英国军舰上交涉释放被扣留的平民，他抬眼看到对面巴尔的摩的麦克亨利堡要塞还飘扬着美国的国旗，当下感慨万千，写下一首诗，后来配上当时流行的曲调，取名为《星条旗》，传唱很广，就是如今的美国国歌。

范德比尔特在这场战争里赚了大钱，因为军队需要像他这样的人来帮着运送军需物资。到了1817年，范德比尔特赚了9000美元，他那时候才23岁。就在事业蒸蒸日上的时候，他卖掉了自己的全部家当，去一艘蒸汽船上当船长。因为蒸汽船才是当时的高科技，范德比尔特算是进入了蒸汽船的航运业。这艘蒸汽船的名字非常难听，叫"老鼠"号。

范德比尔特的老板吉斯本当时涉及了一桩案子，这桩案子打破了利文斯顿和富尔顿家族的垄断地位。纽约水域都是利文斯顿和富尔顿家族的地

图16-1　范德比尔特的蒸汽船在哈德逊河上运行

盘，所以范德比尔特当时经常要开着船东躲西藏，生怕被他们的人抓到。1824年，马歇尔法官裁定垄断违宪，是无效的，这次判决在美国历史上影响深远，航运业也开始蓬勃发展。

1828年，范德比尔特的蒸汽船航运公司开张，到1849年，他拥有了上百艘蒸汽船，他的船运公司在淘金热中每年盈利超过100万美元。因为从东部去西部的路线都在他的控制之下。范德比尔特的外号叫"海军准将"，当时海军的最高军衔就是"准将"，这个词还有很多含义，比如船队队长、资深船长之类的。放在范德比尔特身上那是相当合适的，我们也可以理解成"船王"。有趣的是，1833年，范德比尔特遇上了一次铁路事故，车翻了，当时车上一共24个乘客，一个当场死亡，一个受伤不治身亡；还有一位乘客虽然被吓得不轻，但是毫发未损，他叫约翰·昆西·亚当斯，美国第六任总统。范德比尔特大难不死，只是腿受了伤，他就发誓一辈子再也不坐火车。不过，最终他还是食言了，因为他成了铁路大亨。

后来范德比尔特在南北战争之中支持北方，把自己最大的一艘船捐给了美国政府。他的大儿子也参军入伍，但是没上战场就去世了。范德比尔特白发人送黑发人，不由得黯然神伤。本来大儿子是他的接班人，现在一切计划都打乱了。到战争结束的时候，范德比尔特已经是70岁的老人了。

范德比尔特可不服老，他看准了战后铁路大发展的契机，果断把主要注意力转移到铁路上，出手买下了好几条铁路线的股份。1863年，他控制了纽约到哈林的铁路，1864年控制了哈德逊河铁路，1867年年末控制了纽约中央铁路。建铁路需要钱，可是谁家也没有这么多的现金，都是在金融市场上融资，运河也好、铁路也罢，背后都是华尔街在当提款机。华尔街也由此崛起。

范德比尔特也不是乱买，他脑子里有个完整的铁路网。他把几家铁路公司加以整合，形成了一个垄断性的巨无霸，下一个被他盯上的就是伊利铁路。

这条伊利铁路可以说是金融史上的典型反面案例，本来预计花1000万美元，可是工程难度远远超出预料，不得不一次次地加码，最后造价高达2300万美元，公司被迫一次次向华尔街筹集资金。结果就造成了股权极其混乱的状况，其中有一批债券甚至可以随意变成股票，这下股权结构更混乱了。那时候的美国就是"丛林法则"，没规矩，怎么来都行。

　　当时控制伊利铁路的家伙叫德鲁，绰号叫"牛贩子"。当时华尔街有传言，德鲁可以随意操纵股价，于是早上大家都争着以高价从德鲁手里买进伊利铁路的股票，晚上再以低价卖给他。

　　中西部地区到纽约的铁路线控制在3家人手里。纽约中央铁路在范德比尔特手里，他管理的铁路是非常高效的。宾夕法尼亚铁路在斯科特手里，他也是一个严谨的商人，把投资者的利益放在首位。斯科特能在历史上留下浓墨重彩的一笔，是因为他在内战的时候是助理战争部长，后来成了宾夕法尼亚铁路公司的第四任总裁，还当过联合太平洋铁路公司的总裁。这些还不是最重要的，最重要的是他发现了宾夕法尼亚铁路上有个年轻的电报员，他技术娴熟，而且身上散发出一种非同寻常的气质，这个年轻人叫安德鲁·卡内基，老家在苏格兰，1848年移居美国。

　　这两家人都比较靠谱儿，而第三家伊利铁路的德鲁十分多变。因此这三家人想达成价格联盟就很难办，而且铁路互相之间不能衔接是非常头痛的事情。范德比尔特就想拿下伊利铁路的控制权，可是他在伊利铁路董事会的代表被边缘化，又被德鲁这种老骗子弄得晕头转向。所以，范德比尔特就想吃下伊利铁路的股份，自己当大股东，这样就能控制伊利铁路了。

　　范德比尔特的想法可以说是司马昭之心，路人皆知。不过，当时美国政府对金融界的监管根本就不到位，伊利铁路的章程里边写了，可以随时增发股票，不用通知每个股东。伊利铁路到底有多少股票，谁都不清楚。范德比尔特使劲买，德鲁就开足马力印。钞票是赚的，股票是印的，结果范德比尔特花了700万美元买到一堆废纸。

范德比尔特找纽约最高法院的法官，判决德鲁不许债转股，不许出售股票。别看名字包含"最高法院"字样，其实在纽约法院体系里边这只是个普通的法院。往上有中间上诉法院、州上诉法院，往下有有限管辖权法院。

德鲁找了另外3个法官接连出台对自己有利的法令。说实话，那时候是美国历史上最腐败的时期，真的是有钱能使鬼推磨。可是，这几个法官的判决完全矛盾，到底听谁的啊？

总之，范德比尔特和德鲁之间闹得不可开交，甚至公众的关注度超过了安德鲁·约翰逊总统的弹劾案。公众为什么不嫌热闹大？因为他们不是看热闹的，都是股民。范德比尔特买了700万美元的废纸，散户起码买了1400万美元的废纸。正是因为公众的参与，后来美国的监管制度才逐渐完善起来。

本来政府要抓德鲁这伙人，但是人家跑到纽约州管不着的新泽西州，能怎么办呢？最后，范德比尔特元气大伤，毕竟是赔了好大一笔钱。范德比尔特敏感地意识到，铁路已经过度投资了，拼命扩充线路是不行的，必须找新的市场。假如能在运输大宗货物上有新的突破，岂不是一桩美事？

当时还真的有个新兴的行业，那就是石油业。美国可以说是石油工业的发源地。最早人们在煤矿里面发现了"烛煤"，这种煤比较特殊，有不少石油的特性，而且可以提炼出一种油。1852年，加拿大地质专家格斯那博士研发出了类似的工艺，获得了美国的专利，这种东西就是所谓的"煤油"。

基尔原本是美国匹兹堡卖药的商人，拥有一座煤矿和一座铸铁工厂，还经营着宾夕法尼亚阿列汉尼河沿岸的盐井。打井获取卤水，用卤水煮盐是一门很古老的手艺了。我国自贡就是井盐之都。这个基尔发现，有时候卤水里边有黑乎乎的油渗出来。别的盐矿主都当垃圾扔掉了，但基尔把这种油装到玻璃瓶里当药卖，取名叫"石油"。那年头真是什么都可以当药卖。

基尔弄了些样品给当时美国化学学会的主席布斯教授，请他分析成分。布斯教授发现，这东西经过分馏可以变成很好的照明用油，而且布斯教授还给基尔画了一张草图，应该如何设计分馏装置。

基尔按照布斯教授的图样，自己造了一个分馏装置，直径1.1米，高1.42米，容量0.8立方米，他制取出来的油发黄，然后拿到匹兹堡大街上公开出售，起名叫"炭油"，每加仑1.5美元，点起来很亮，但是气味很难闻。

纽约的一位咖啡和香料商人费里斯看中了这种炭油，买了12加仑回去研究。他发现用氢氧化钾和硫酸处理以后，这种炭油再也没有难闻的气味了。这种灯油大受欢迎。要知道，那个时代，灯油是非常贵的，只有有钱人家用得起鲸鱼的脂肪做成的灯油。穷人家点蜡烛恐怕都显得奢侈，天一黑就上床睡觉了。

在加拿大，费里斯找到经营恩宁斯基林油田的威廉姆斯，向他收购原油。1858年，费里斯加工了161吨原油，成为美国当时最大的炼油商。据记载，1859年一年，美国已经有50多家炼油厂，分别用软煤、油页岩或天然沥青生产煤油。

不管叫什么名字，大家发现生产出来的油都差不多，干脆统称"煤油"算了。1859年8月27日，宾夕法尼亚德雷克井的出油，标志着近代石油工业的诞生。

大家可能有疑问，石油非要提炼吗？为什么不能直接烧呢？的确，有的石油是可以直接烧的。宋代的沈括在《梦溪笔谈》里面记载的"延川石液"就是石油。但是他发现，这种东西一烧起来浓烟滚滚，什么东西都被熏得乌漆墨黑，穿着白衣服进去，出来就变色了。他觉得这东西做燃料口味太重，但是做墨倒是不错。当时用的都是松烟墨，为了制墨到处砍树，已经弄出了大片荒山秃岭。有了石油造墨，就不用再砍树了。

世界上最早发现石油的也不是沈括，传说希腊火就是石油。早在18世纪末，俄国人就已经对石油感兴趣。第一座炼油厂是1823年建成投产的，其实这种炼油厂就是个小作坊。后来巴库地区石油工业慢慢开始冒头。1866年，巴库地区生产了1600吨煤油。里海地区也是个石油宝库，石油大发展那

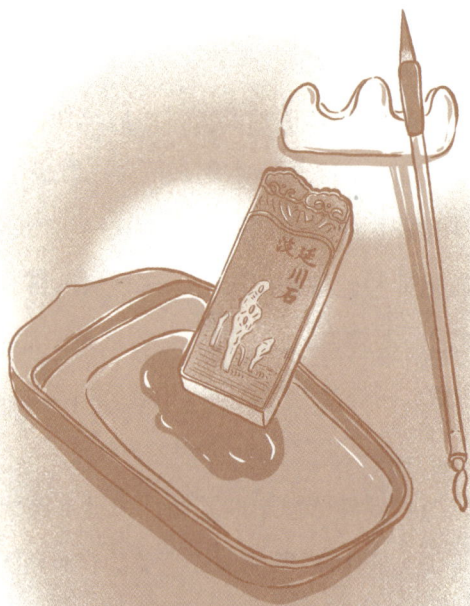

图16-2　古人用石油造出的墨，取名：延川石液

是要等到诺贝尔兄弟和大化学家门捷列夫出手了。

　　同样，照明行业也在不断地演化。一开始出现了编织灯芯，后来出现了用弹簧加压的油灯，用弹簧的压力把灯油挤出来，这样油灯里的油可以烧到一滴都不剩。这样的话，鲸鱼脂肪熬制的油，还有菜籽油、松香油都是合适的燃料。到1850年左右，市场上充斥着各种油灯，这些油灯也急需优质燃料来与新兴的煤气灯竞争，但烧起来明亮、安全、干净的油没有一样是便宜的，不管是动物油脂、植物提取的油脂还是矿物油。

　　石油在这个时候出现在了市场上，随之而来的是一大堆从石油里面提取的燃料。比如从石油之中提取的煤油和石蜡，可以说是恰逢其时。当然，还可以从石油之中提取出润滑油，虽然不是用来烧的，但是润滑油到处都有用。这也是一桩好生意。

当时打井的工艺也在不断进步，一开始普遍采用畜力来打井，跟驴拉磨差不多。最开始也不是为了寻找石油，而是为了获取井盐。当时钢制的钻头太贵，可是用锻铁制造的钻头很容易断掉，钻坚硬的底层就非常困难，打井的深度也难以快速增加。就在清末，法国传教士从中国带回了古老的钻井方法，在当时的西方引起了轰动。

1835年，在鸦片战争之前，我国的钻井技术是世界上最厉害的，世界上第一个深度超过千米的井就是我国四川地区钻出来的，因为当地盛产井盐，也盛产天然气，这口燊海井可以打出黑卤和天然气。黑卤是一种含有丰富盐类的黑色悬浊物。用开采的天然气来熬卤水，然后提取盐类，算是一举两得的事情。1846年，西方采用宾夕法尼亚钻法钻出了164米深的井，别看不深，但是他们把水灌进了钻管，这样水就可以把打孔钻下来的碎屑带出来。这种办法一直用到现在，当然技术先进多了。

后来钻井的动力系统变成了蒸汽机，从移动式蒸汽机变成了固定式蒸汽机，石油工业也开始突飞猛进。很快，石油产量猛增，价格开始下跌，1859年每桶油价高达20美元，到1861年就暴跌至每桶5美分。瓶颈出现在了炼油的环节，因为石油不经过炼制是没有办法走进千家万户的，所以当时涌现了几大炼油中心，克利夫兰、匹兹堡、纽约、费城都是。克利夫兰的地理位置不算好，要从这里把油运到东海岸上船出口，要花高昂的运费。克利夫兰本地也没有多少油田，但是克利夫兰是商业中心，过去做农产品的商人很多都转战石油行业。

有个经营农产品的商人和另外两个伙伴合伙进入了石油行业。这个年轻的商人就是洛克菲勒，是个虔诚的清教徒，这是受他母亲的影响，他母亲就是一个虔诚的清教徒。他和他的老爹不怎么像，因为他的老爹简直是品行恶劣，早先他老爹就是个走江湖的郎中，经常弄点儿树枝捣碎了冒充"抗癌灵药"，还参与各种诈骗活动。警察追捕他，他不得不东躲西藏。

但是骨子里，洛克菲勒和他老爹都有一种发财的雄心壮志。洛克菲勒起步的时候，启动资金不得不向父亲借，但他父亲可是要了10%的利息，而且对待亲生儿子就像黄世仁对待杨白劳一样。他冷酷无情的脾气秉性也潜移默化地影响了儿子洛克菲勒，生意和亲情是两码事。洛克菲勒后来也逼得他弟弟破产，弟弟临终前立下遗嘱，千万不要葬入祖坟，死了也不能和哥哥做邻居。

美国后来爆发南北战争，洛克菲勒家的商行提供军需物资，他们就发了财。当石油行情暴涨的时候，洛克菲勒也开始转向石油行业，他和克拉克以及石油专家安德鲁斯合伙开设的炼油厂就在一条名叫金斯伯里的小河边的红土坡上，这条小河流入凯霍加河，可直达伊利湖，离克利夫兰市中心大约2.4千米。这里一片田园风光，不像是个兴建炼油厂的好地方。但是不久以后，1863年11月3日，伊利铁路把克利夫兰和纽约连接到了一起，第一列火车开进了克利夫兰。洛克菲勒可以水陆并进，交通问题解决了。

他相中的风水宝地，别人当然也看到了，金斯伯里河岸边很快就建起了一堆炼油厂。当时建立一家炼油厂只要1000美元，比开一家店铺的钱还少。到了1863年年中，已经开了20家炼油厂，一半以上的油要出口到国外。当时装油的桶都是木头的，和装啤酒、葡萄酒的桶没多大区别。因为美国是石油工业的发源地，很多美国习惯也就流传到了全世界，比如现在国际上石油的标准单位就是"桶"，这就是延续了美国的习惯。

洛克菲勒喜欢在工厂一线打拼，他怎么也不肯坐在办公室里。他的工厂看上去跟牲口棚差不了多少，却有个非常高大上的名字，叫"精益炼油厂"。后来因为合伙人之间的分歧，克拉克走人，只剩下洛克菲勒和安德鲁斯。1865年，洛克菲勒开了第二家炼油厂，名字叫作"标准炼油厂"。"标准石油"这个名字可是在历史上记下了浓墨重彩的一笔。

开始，他的公司用的橡木桶是从别人那里订购的，每个2.5美元，他嫌贵，就决定自己生产煤油桶，他生产的每个不到1美元，比外购便宜多了。当时的石油行业存在的一个硬伤就是不安全，出现了大量的火灾事故。石油中那些轻质的、易挥发的成分非常容易被引燃。宾夕法尼亚的德雷克油井就是被一场大火烧毁的。很多油井的主人甚至立下了"吸烟者格杀勿论"的规矩。炼油厂也一样是不安全的，有的炼油厂主一觉醒来，工厂已经被烧光了。

当局禁止在市区范围内建立炼油厂。当时谁也不知道石油里面那些轻质的成分能干什么用，要么当某种药来卖；要么用来洗涤衣服，这东西去污能力倒是很强。当时谁也不会想到，1888年8月的一天，一位年轻的妈妈带着自己的孩子进了一家药店，要的就是这种无色透明的、气味很难闻的液体。因为没有这种轻质的燃料，他们就不能到达孩子他外婆家，世界历史也不会翻开新的一页。这是后话，按下暂且不表。

反正在19世纪60年代，这种轻质易挥发的成分被当作一种祸害，甚至被偷偷倒进河里。这么干的不是一家两家，大家都这么干，水面上漂浮着一层油花。碰上路过的船上水手扔烟头，后果可想而知，恐怕比火烧赤壁还壮观。洛克菲勒经常看见远处浓烟滚滚，他知道一定是某个炼油厂闹了火灾，他就开始拿出铅笔计算这家厂子的损失，倒不是为了帮助邻居，而是为了收购对方。商人的精明和冷血可见一斑。

洛克菲勒之所以把自己的工厂叫作标准炼油厂，就是因为他生产的石油质量稳定，安全可靠，轻质挥发成分不多，而且外包装也是标准化的，整齐划一的木桶上写着"标准石油"的字样，因此销路很好。洛克菲勒明白，他要为广大用户生产价格便宜品质又好的油。对他来讲，火灾倒是疥癣之疾，更大的危机还在后头。因为现在到处有人在挖石油，就像西部淘金热时一样疯狂，宾夕法尼亚的石油被挖光了该怎么办？这才是洛克菲勒的心头大患。打油井这个行业是个一竿子暴富，一竿子破产的行业。万一钻出来一个干窟窿，一切投资就都打了水漂，还欠下一屁股债。石油行业是个风险极高、大起大落的行业。洛克菲勒只能希望上帝保佑了。

他所信奉的上帝还真的保佑了他一次。一天，他原本是要搭乘早上6：25的火车去纽约处理一些生意上的事情，但是很遗憾，他迟到了，列车已经发车了。但是，这列火车在半路翻了车，死了不少人，再也没能到达纽约，洛克菲勒侥幸逃过了一劫。后来，他还是搭乘下一班车去了纽约。早先他把弟弟威廉派到了纽约，因为这里已经是石油出口的最大港口。他们在珍珠大街找了个办公室，洛克菲勒也经常去。他不知道他未来的竞争者也要在这条街上弄出点儿惊天动地的东西，而且还一度让他心惊肉跳。不过此时此刻，洛克菲勒的这位竞争者还在五大湖地区新建成的铁路线上当电报员呢，而且还在不断跳槽。

当时美国有几大炼油中心，宾州西部是产油区，把炼油厂设立在产油区，好处是显而易见的，能省掉不少运输成本啊。但最后他还是选择了克利夫兰，因为这个地方铁路网发达，还有伊利运河，地上不行还可以走水路，要的就是利用这样的竞争事态来迫使对方降价。当时中央铁路公司和伊利铁路公司、宾夕法尼亚铁路公司都在拉拢这个潜在的大客户，彼此都在明争暗斗。匹兹堡虽然炼油方面也很厉害，但是因为地理位置，被宾夕法尼亚铁公司吃定了。宾夕法尼亚铁路公司开了高价，虽然短时间赚了大量的钱，但是等于逼死了匹兹堡这只下金蛋的鸡，导致匹兹堡后来被克利夫兰赶超。

宾夕法尼亚铁路公司认为，把油运到纽约港来提炼，要比在克利夫兰更划算，他们打算击垮克利夫兰，一时间闹得克利夫兰人心惶惶。结果洛克菲勒就趁着别人低价抛售炼油厂，开启了大肆收购的模式。他先是诱惑伊利铁路公司给了非常低的运费折扣，然后又逼着中央铁路公司的分公司延湖铁路公司签了城下之盟，给了更低的折扣。

在跟沿湖铁路公司讨价还价的过程中，洛克菲勒明白，他的对手是那个藏在背后不露面的老家伙，那就是中央铁路公司的范德比尔特。范德比尔特也不是好惹的，当年他为了打击竞争对手，让人堵住了通往纽约的铁路桥梁，逼迫人家乖乖就范。范德比尔特带信给洛克菲勒想要谈谈，洛克菲勒让人送去一张名片，上面有洛克菲勒办公室的地址，用意很明显，他要让74岁的范德比尔特主动上门来找29岁的他。这个年轻人非常老辣。那时候，在收购了不少炼油厂以后，他的炼油厂已经是世界最大的炼油企业了。

3家铁路公司，洛克菲勒搞定了两家，还剩下一家宾夕法尼亚铁路公司，斯科特不得不抛出了橄榄枝。最后，洛克菲勒和3家铁路公司商定，一起组成"南方改造公司"，进行垄断经营——凡是不参加南方改造公司的石油商人，就享受不到折扣价。他们内部都是口头协议不留书面痕迹。几家铁路公司因为价格战已经杀得没什么利润可赚，迫切需要握手言和，而且需要一个仲裁者来协调关系，哪知道这个协调者居然是他们的大客户——石油大亨洛克菲勒。洛克菲勒也深深地介入了铁路行业，提供了大量的油罐车。用火车车厢装一大堆标准的油桶太不合算了，也不安全。因此洛克菲勒专门研发了油罐车，借给铁路公司使用。油罐车是洛克菲勒的，不是铁路公司的，这无形中就控制了铁路公司的石油运输。

但是，世上没有不透风的墙，他们垄断经营的事被媒体捅了出去，所有石油商人都联合抵制标准石油，还派出了代表和宾夕法尼亚铁路公司的斯科特谈判。之后，南方改造公司不得不宣布解散。

不管怎么样，洛克菲勒已经变得足够强大，30岁出头就建立了世界上第一个垄断企业——标准石油公司。当然，铁路大亨们也不甘心给洛克菲勒当垫脚石，他们要大幅度提高石油的运输价格，这等于是要了洛克菲勒的老命。后来他发现宾夕法尼亚铁路公司的下属子公司居然买下了两条短途石油管道，洛克菲勒坐不住了。本来嘛，石油是液体，有管子就能流动，为什么非要用火车来运油呢？洛克菲勒早前并没有重视管道的作用，因为他不想把铁路公司逼急了。

现在铁路公司想插手管道，这等于是提醒了洛克菲勒。于是，他让手下的人开始拼命扩张管道的建设。很快，铁路行业对他来讲就已经不重要

了。标准石油公司借助一个阀门就可以控制一个地区的石油产量。370千米长的管道把俄亥俄州和宾夕法尼亚州的原油送到标准石油的炼油厂。过去的25年里，铁路产业一直是美国的支柱产业，但是现在已经让位于石油行业了。资金加速从铁路行业撤离。

经济危机总是在人们想不到的时间突然来袭，美国360家铁路公司里有1/3都已经破产，铁路行业当然是重灾区，纽约证券交易所第一次关门10天暂停了交易。范德比尔特仗着财大气粗，开始寻找新的货物和客源。

宾夕法尼亚铁路公司的斯科特可没有范德比尔特那么有钱，他跟洛克菲勒之间还在明争暗斗。斯科特运的油里2/3是洛克菲勒的，但是匹兹堡到纽约之间只有斯科特的铁路线，没有其他人的铁路，也没有输油管。这两个人都拿住了对方的要害，就看谁能挺得住。洛克菲勒真是敢下狠手的人，1877年，他关闭了匹兹堡所有的炼油厂，这回算是把事情做绝了，他只要赢，哪怕自己承担巨额损失也不在乎。

这可就把斯科特逼上了绝路，为此他损失了一半的货运量，不得不裁员，而且开始降低工资。工人们开始抗议，后来罢工事态升级，斯科特的货运仓库被烧了，火势失控，39座建筑和1200节车厢被烧，斯科特损失惨重。最终斯科特没能熬过这场危机，1878年他中风了，失去了工作能力。1881年，他平静地去世了。此时的世界早已是地覆天翻。洛克菲勒也将迎来他自己最大的挑战，垄断者就怕被降维打击，不知道哪里冒出来一个小家伙，用他的奇思妙想让无数人过去苦心经营的一切都变得一钱不值，这就是商业竞争的魅力。

斯科特下葬的时候冷冷清清，送葬的人之中当然有他一手提携的后辈卡内基。想当年，斯科特把他调到自己身边来当助手，卡内基也不负众望，24岁就当上了宾夕法尼亚铁路西段的主管。斯科特向他传授了很重要的一课，那就是资本是怎样运作的。通过从斯科特手中借来的600美元和抵押自家房子得到的一些资金，卡内基购买了亚当斯快运公司的股票。虽然第一次分红卡内基只拿到了10美元，但他从中得到了启发。之后，卡内基把分得的红利和从工资中挤出的钱投资了各种各样的公司。

卡内基是幸运的，有斯科特这样的人生导师不断地帮助他、提携他，他当然成长非常快。卡内基后来在美国内战期间认识了林肯总统和格兰特将军。美国内战期间各方对钢铁的需求大增，导致其价格涨到了130美元1吨。因此，卡内基在1864年开了自己的钢铁公司，迈出了他通向人生巅峰的第一步。一开始钢铁的订单都来自铁路公司，因为那时正是铁路建设狂热的阶段。造铁轨是钢铁重要的用途之一。后来铁路行业泡沫破裂，卡内基也就不得不转向新的市场。好在美国当时处于大规模基础建设的时代，到处都要用钢铁。当时钢材价格很贵，1850年，英国年产铁250万吨，钢产量只有6万吨。

卡内基当时开风气之先，率先用钢铁修建大型桥梁，其中就有跨越密

西西比河的特大桥梁。在当时，钢的成本也不低，卡内基的钱花得像流水一样。卡内基不得不到处筹措款项，一来二去就认识了华尔街的大亨老摩根。老摩根和卡内基是在英国认识的。当时两个人商量一份合约，但是卡内基需要董事会的确认，一来一去要花很多时间。于是卡内基动用海底电缆发长电报回美国，节省了大量时间。当时海底电缆刚刚建成不久，发长电报费用高昂，也不是谁都舍得花这么多钱的。在这件事上，老摩根看出这个年轻人的果断，所以对卡内基非常青睐。

那么卡内基找老摩根有什么事呢？卡内基是想在密西西比河上建造一座铁路大桥，但囊中羞涩。密西西比河上并不缺大桥，但没有一座桥让人特别放心，人们在大桥上行走时常常担惊受怕。1868年，政府终于决定在伊利诺伊和圣路易斯之间建造一座坚固的铁路桥，卡内基旗下的拱顶石桥梁建筑公司赢得了建桥合同。然而，出来的设计方案不禁让投资者胆战心惊。因为这是一座前所未有的钢铁大桥。为了保持稳固，大桥桥墩将深入河底28米以下，由砖石砌成，在上面搭建三个钢铁拱架，工程非常浩大，以至于人们猜

图17-1　跨越密西西比河的Eads大桥

测将需要耗费700万美元、花费700年时间才能修完。

1870年春天，卡内基在国内融资受挫，经人引荐去拜访老摩根，提出用发行债券的方式建造大桥。老摩根问他，你将来靠什么还钱呢？卡内基说，在桥上建立收费站，密西西比河上的大桥可是沟通全美国东西部的重要通道。

也许在其他人眼中，这种做法相当荒唐，毕竟在此之前除了融资修建铁路，还没听说过发债建桥的，也没听说过拦路收费的。不过，老摩根对此兴趣盎然，认为卡内基所说的收过桥费未尝不可，衡量利弊之后最终同意介入这项工程，以85%的面值接受价值100万美元的大桥债券。

市场具有跟风效应。老摩根手中的大桥债券销售形势喜人。然而，修建过程中屡屡发生事故，竣工日期被一拖再拖，虽然没有人们传言中的700年那么夸张。大桥正式开通的时候，没人敢从桥上走，因为以前从来没有过这么大的钢铁桥梁，纤细的钢架看着就不如石头桥踏实。卡内基不得不赶着一头大象走过了钢铁大桥，这下大家才放心，看来这桥够结实。尽管如此，当年又遇上经济危机，铁路通车量大大低于预期，不得不向银行贷款来支付债券利息。

不过卡内基钢铁厂的名气倒是打出去了。卡内基的厂子比较新，一开始就用了最新的贝塞麦酸性转炉炼钢法。1873年，露西钢厂投产。1874年，露西钢厂一天产钢100吨，全厂的人都在欢呼，创造了世界纪录。一些英国人听说匹兹堡的钢铁厂有那么大的产量，以为他们在吹牛，结果这些人到匹兹堡的现场一看确实如此，都吓了一跳。

老摩根保持了职业银行家令人敬佩的信用，不仅没有责怪卡内基，反而为他的其他工程项目慷慨出资。在摩根财团的支持下，卡内基建造了许多桥梁、铁路，还有一家生意火爆的钢轨轧钢厂。可以说，卡内基钢铁事业的起步，正是借了摩根财团的东风，但是卡内基和小摩根关系不太融洽。

1873年之前，老摩根是主帅，他的儿子小摩根是先锋。小摩根在铁路领域大肆收购。后来父子互相给对方当参谋。金融就好像经济的血脉，哪里需要钱，金融界就把钱输送到哪个行业。摩根父子就是干这行的。小摩根还颇有济世情怀，当时的美国是没有中央银行的，是他独自履行了美国中央银行的职能。小摩根靠一己之力，帮美国撑过了1893年和1907年的两次金融危机。他也化解了华尔街和华盛顿的无数矛盾与摩擦，所以他是华尔街当之无愧的第一人。不过在19世纪70年代，他还年轻呢。

　　1877年，范德比尔特去世，享年82岁。这位老人一生辉煌，横跨航运业和铁路业，每个行业都做到了顶尖的水平，就连在街上打架都没输过。他留下的纽约的第一代大中央车站，经过不断的改建、翻新，到现在还是纽约的地标建筑。如果按月台的数量计算，大中央车站是世界上公共建筑空间最大的铁路车站，它拥有44个月台和56个轨道。范德比尔特还捐资建立了范德比尔特大学，一直是美国的名校，对教育事业也算作出了重要的贡献。

　　但是他悉心培养的大儿子在美国内战中去世了，不得不让二儿子威廉接班。（摩根家就滑头得多，小摩根是家里的独苗，老摩根宁可花钱找人顶替上战场，也没有让儿子冒险参战。）无奈威廉没有父亲的能力，架不住别人咄咄逼人的攻势。当时中央铁路公司被纽约州处罚，竞争对手古尔德又在兴风作浪，要争夺中央铁路的控制权。这个古尔德先前和德鲁是一伙儿的，超发伊利铁路的股票这件事，他就是幕后的黑手之一。所以他和范德比尔特家是结下过梁子的。

　　威廉也是五十多岁的人了。他掌握着中央铁路公司85%的股份，估算一下能有1亿美元。小摩根比他小16岁。威廉打算把中央铁路的股份卖掉，想来想去只有邻居小摩根比较可靠，两家的豪宅相距不远。威廉秘密卖给小摩根10万股，其他的由小摩根拿到市场上卖掉。小摩根心里乐开了花，表面却不动声色，这点城府他还是有的。

　　总之，小摩根办事确实漂亮，他把大部分中央铁路的股份卖到了国外，还给了古尔德2万股，他等于是用这样的方式让范德比尔特家族和古尔德讲和了。纽约州也放宽了制裁，小摩根又不动声色地把散户的股份买回来。再加上先前拥有的10万股，摩根家族控制了中央铁路公司。

小摩根羽翼丰满，越来越不买老摩根的账了。父子经常吵架。不过在外人听起来，这根本不像父子吵架，而更像是商务谈判。过去老父亲经常耳提面命，叫儿子多向罗斯柴尔德男爵请教、多向巴林财团学习，如今罗斯柴尔德男爵哪里能入小摩根的法眼啊？

有关一项投资，老摩根死活不同意，小摩根一定要投资。最后还是小摩根赢了。这是什么项目呢？那就要把时间线拉回来，从爱迪生讲起。

19世纪60年代末，爱迪生一直在各大铁路线沿线各个电报局当电报员。他脾气古怪，领导让他发送的东西，他就是不发，完全按照自己的兴趣来排序，因此经常被解雇。

后来爱迪生跟几个伙伴听说南美国家能挣大钱，于是就搭火车到了新奥尔良，但是没赶上去南美洲的轮船。正好有个阅历丰富的老船长告诉他们，南美国家都乱糟糟的，根本就不如美国，别身在福中不知福了，世界上最好的国家就是美国。爱迪生听劝，就回去了，其他两个伙伴执意要去南美洲，最后都得了猩红热去世了。

总之，爱迪生凭借优秀的电报收发技术，到处流浪。他去过辛辛那提、印第安纳波利斯、纳什维尔、田纳西、路易斯维尔、孟菲斯。不过在老家休伦港，他却没有衣锦还乡的待遇，因为他是一文不名跑回家的。他连车票钱都掏不起了，凭关系弄到一张乘车证，一路蹭车回了家。没多久，他又顶着漫天大雪出发，北上去了波士顿。

他在波士顿落脚后，就职于西联公司。在波士顿，他买到了一本书，就是那本《法拉第电学实验研究》。

爱迪生对这本书入了迷，睡觉都放在枕头边上。书上写的实验他照着全做了一遍。法拉第并不是科班出身，连三角函数都不太懂，爱迪生也是

一样，数学功底也不扎实。所以他看法拉第的书特别合适。不过这些都是后话了。

爱迪生长期担任新闻电报员，因此他从新闻里知道，国会投票的流程是极其麻烦的，叫到一个议员的名字，然后再记下议员是同意还是反对，一个个叫号统计结果，显然是非常慢的。于是爱迪生设计了一套电磁装置，用于国会投票，方便快捷，节省时间。这也是爱迪生申请的第一个专利，无奈8个月后就被驳回了。爱迪生不死心，到处找人演示这套投票系统。一位国会议员告诉爱迪生，他们并不需要加快流程，因为拖慢速度也是一种战术需要。爱迪生生平第一次知道，原来这个世界上还有一种东西叫作"伪需求"。

后来，爱迪生辞去了在西联公司波士顿分部报务员的工作，坐着船来到纽约港的码头，当时他又一文不名了。他来到华尔街，在金价指示公司遇到一个熟人，借人家一个地方打地铺，算是在纽约安顿下来了。当时这家公司有一个简易的金价显示器，用来显示黄金的价格。有一次这个机器突然卡住了。可把大家吓了一跳，因为不能正确显示黄金价格，金融市场是要出问题的，大家非常焦急。爱迪生冲过去修理一番，把这个指示系统给修好了，大家才松了一口气。

第二天，爱迪生看见主管找自己，以为要给他奖金呢。爱迪生只是在这个公司的后边找了一个角落，打地铺借住，也不是这个公司的正式职工。谁知道，主管一下给他开了300美元工资，职责是负责维护这些金价指示器。爱迪生之前也就拿个75美元，这比爱迪生过去的工资要高好几倍。到了纽约没几天，爱迪生就有了一份不错的工作。

爱迪生就在这家公司研究改进金价指示系统。但是没多久，这家公司被西联公司收购了。爱迪生一不留神又成了西联公司的雇员。这个西联公司的后台老板就是范德比尔特家族。他们这家公司在电信行业也想搞垄断，到处收购小的电信公司。业内各家公司都在尽量避开这个"重达900磅的大猩猩"的拥抱。西联公司是个庞然大物，非常喜欢收购那些超前的技术发明。

爱迪生很快就辞职了，他在人家手下总是待不住。不过他在电信行业的名气很大，而且大家都知道他擅长发明创造。爱迪生走进了西联公司的总部，在董事们面前演示了最新的股票电传自动报价机系统。它可以用电信号使好多地方的自动报价系统保持一致的数字。他打算把这套系统卖给西联公司。他的心理价格是5000美元。实在不行，压价到3000美元他也愿意卖。但是他实在心里没底，也就没开价，让对面的生意人自己看着开价。

对面的一帮生意人商量了半天，一口价3万美元。爱迪生差点儿乐疯了，远超心理预期啊！不过爱迪生后来在回忆这个价钱的时候记错了，他记成了4万美元。爱迪生第二天拿到了支票，他去银行问支票怎么用，他这辈子都没用过支票，其实手续也不复杂，但是爱迪生耳背，人家不得不加大音量跟他说话，这一下弄得人尽皆知。

爱迪生好不容易搞清楚怎么回事儿，把支票兑换成了现钞。银行职员欺负他，给了他一大把小面额的钞票，爱迪生把全身的口袋全都塞满了，一路上还生怕钞票给人偷了。他就这么小心翼翼地回到了在纽瓦克的工作室。纽瓦克属于新泽西州，离曼哈顿14千米。他回到家，兴奋地一夜没睡着，第二天他又把钞票存进附近的银行。

爱迪生有了第一桶金。按照合约，他需要交付1200台"快速股票电传自动报价机"和"私人电报机"以及其他一些电气设备。从1870年到1876年，爱迪生一直在拼命工作，每天干16个小时。他全身心投入技术研发方面，在财务方面却搞得一塌糊涂。最后他和合伙人闹了矛盾，爱迪生出钱买下了合伙人的股份，这也算是他第一次拥有了自己的工厂：一栋四层的小楼，里面有几十个工人在干活。他在顶楼建了一个实验室。爱迪生在三位好助手的帮助下，从一个发明家转变为工业领域的创新者。查尔斯·巴奇勒是英国的一位纺织机械师，他负责把爱迪生的草图变成精确的图纸。

约翰·克鲁齐是瑞士的一位制表匠，负责制作准备申请专利的模型。爱德华·约翰逊是一位铁路工程师和电报工程师，负责安排专利申请、签合同和制作工资表。

3个人都忠诚地和他相处多年。爱迪生经常灵感大爆发，1872年2月的日记上有100多幅草图。这一年，在巴奇勒和克鲁齐的帮助下，他获得了34项专利。为了试验四重电报机系统，他不得不借用西联公司的实验室。人家也不白借，专利权也要两家联合拥有。后来，两边价钱没谈拢，爱迪生带着半个专利去了古尔德那里，古尔德开价3万美元，外加7.5万美元的股份，爱迪生答应了。古尔德本来就和范德比尔特家族有矛盾。他和西联公司展开专利大战。一家只拥有一半专利，而且两家还不和，最后闹到打官司解决问题。爱迪生也因此被传唤了好多次。

这场纠纷持续了很长时间，1875年古尔德骗走了爱迪生25万美元的股份。后来爱迪生和西联公司和解，拿了2万美元。这之前一段时间，爱迪生的母亲去世了，他暂时需要帮手，就把67岁的父亲接到了新泽西州。爱迪生的父亲对房地产颇有心得，他寻找了一个建立新实验室和车间的好地方，靠近铁路线，交通便利，而且安静，不会干扰儿子的发明创造。房子是爱迪生自己设计的。他的父亲负责监工，位置就在新泽西州的门罗帕克。

1876年3月，爱迪生等人就带着大量设备搬到了门罗帕克。他的父亲在那里住了不久就回了老家。

几个主要的助手住在周围租来的农舍里，其他工人住集体宿舍。爱迪生在实验室有张床，至于他的妻子，一个礼拜也见不到他一面。家倒是在实验室对面不远处。1871年的圣诞节，他们结婚了，爱迪生新婚之夜就跑回实验室继续工作，一干就是一个通宵。

门罗帕克是一个值得纪念的地方，这个神奇的实验室毕竟在历史上留下了浓墨重彩的一笔。实验室所在的乡镇已经在1954年11月10日被改名为"爱迪生乡",用来纪念这位伟大的发明家。门罗帕克实验室也成了博物馆。

门罗帕克实验室是世界上第一个工业实验室，这里第一次有组织地集中了大批人才去合作完成一个个发明创造。爱迪生前期大部分的发明都和电报有关系，要么是对电报系统的改进，要么是对电报系统的扩展应用，金价指示系统其实就是电报的扩展运用。但是最让爱迪生痛苦的就是专利权必须交给别人去运营。他想掌控自己的公司，掌控自己的专利。打个比方，他过去一直在做第一小提琴手，现在他不但要当指挥，还要当作曲家，他要自己掌控一切。

1876年对爱迪生来讲是忙碌的一年，他还有一件大事要忙——参加费城的世界博览会。1871年，费城议会先找美国国会，美国国会决定支持，但联邦政府不给钱，需要成立一个"美利坚独立百年展览委员会"。前几届都是在欧洲办的，人家政府都是负担了一部分资金的。但是美国政府一毛不拔，委员会只能自己发行股票筹钱。

费城捐款150万美元，宾夕法尼亚州给了100万美元，后来国会拨款150万美元，委员会认为是拨款补贴，国会认为是暂时周济中转的钱，事后要还的。办完了博览会以后，联邦政府用起诉的办法要回了这笔钱。可见美国政府根本不想为这种事儿买单。

很多人担心欧洲人不来捧场。于是格兰特总统1873年就开始到处发邀请函。欧洲人心里也犯嘀咕，东西拿到你那里去展览，或者商品拿到你们美国去销售，关税怎么算啊？这不是在欧洲，远渡重洋也得花不少钱呢。董事会有很多细致的工作要做，要解决人家的后顾之忧，人家才会来嘛。

1873年，委员会正式确定展览分为7个板块，农业、艺术、教育和科学、园艺、机械、制造业、采矿和冶金。场馆建设也热火朝天地展开了。大大小小的建筑有200座，设计方案都来自比赛征集。建筑风格打破了过去对

称式的布局，周边的自然环境得到充分利用，有水景作为世博园区的点缀，还有一条铁路线环绕整个园区。可以说建筑理念非常现代化。

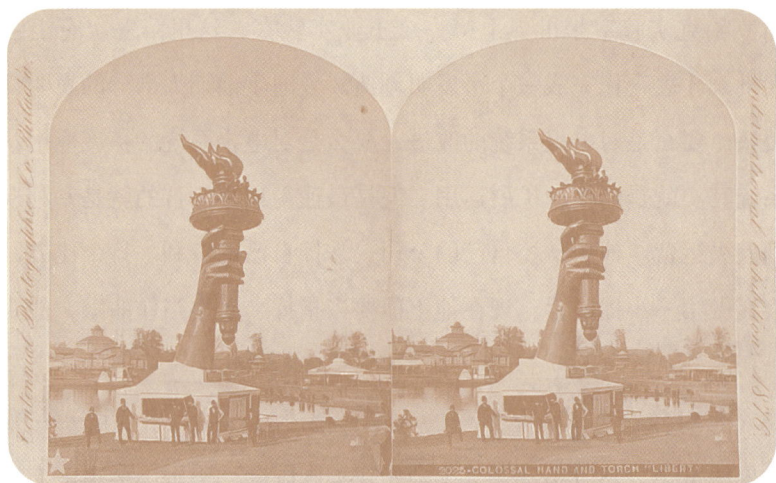

图17-2　自由女神的手，两张照片可以构成双眼立体视觉，需要用特殊的立体镜来观察

图17-3　特殊的立体镜

费城世博会上，有一只青铜大手非常引人注目，这只大手高举着火炬，矗立在广场上，一根食指就有2.4米长。别忘了，1876年是美国独立100周年大庆。法国人当年和美国人并肩战斗，打跑了英国人，美国才获得了独立。100年过去了，法国人总要表示一下吧。他们

打算送给美国人一件"生日礼物"，一座高达46米的巨大青铜雕像，造型来自法国巴黎卢森堡广场上的自由女神雕塑，由雕塑家巴托尔迪负责设计。因为雕像非常大，内部完全是锻铁结构骨架，外边包了一层铜皮。工程设计方面，埃菲尔还出了不少力。埃菲尔大家都知道，就是埃菲尔铁塔的总工程师。1876年，雕像只完成了一只手，其他的部分还早着呢，法国人千里迢迢送到费城，放到世博会上展览。雕像全身建成要等到1886年了。现在这座雕像成了纽约甚至美国的标志。

中央展馆是当时世界上面积最大的房子，有10个足球场大小。大楼耗时18个月建成，耗资158万美元。整个结构由672个立柱支撑，最矮的立柱有7米，最高的有38米。到处都是钢结构和大玻璃，显得非常新潮、前卫，也显得非常宽敞、明亮。

第二大展馆就是机械馆，机械馆展示的是当时最先进的生产技术。东道主美国占了展览空间的三分之二。其中最引人注目的就是中央高耸的"考里斯蒸汽机"，这台蒸汽机重达700吨。两个高耸的气缸有14米高，巨型飞轮直径9.1米。下面的平台也有5米多高。整个机械馆的所有机器都是由考里斯蒸汽机驱动的。为了驱动全部的机械，需要动用好几千米的传动皮带和连杆。这个庞然大物象征着美国的工业技术力量。这已经不是第一次了，维也纳世博会和巴黎世博会，蒸汽机也都是主宰。

1876年5月10日的下午，机械馆内万头攒动，格兰特总统和巴西国王两个人由美国工程师考里斯陪同，登上了考里斯蒸汽机的平台。两位国家元首一起启动了蒸汽机，宣告费城世博会开幕。整个大厅里面的所有机器都开始轰鸣起来。在此后的6个月里，考里斯蒸汽机的飞轮一直按照每分钟36转的速度运行，非常稳定，直到世博会落幕，蒸汽机才停机。这台巨大的蒸汽机非常安静，安静到在旁边的人可以悠闲地看报纸。各大媒体称赞考里斯蒸汽机是美国力量与技术的化身。凡是力气活，没有蒸汽机干不了的。甚至有粉丝给考里斯蒸汽机写了《考里斯进行曲》。就连诗人惠特曼都成了考里斯蒸

汽机的粉丝，他曾在蒸汽机前边足足看了半个小时。

当然，世界博览会嘛，吸引人的发明创造非常多，自行车也在费城博览会上露面了。老式的高轮自行车，前轮大、后轮小，当时还是一个新鲜发明。雷明顿生产的打字机也出现在世博会上，这种打字机第一次使用了"QWERTY"键盘。这种键盘的排列方式，一直延续到今天。

爱迪生发明的四重电报机也参加了这一次世博会。这种电报机不仅一根线上能发送4路电报，而且收发速度大大提高，能够在华盛顿和纽约之间每分钟收发1千字，而在费城和纽约之间的收发速度能够达到每分钟3千字。这已经是足以让当时的民众目瞪口呆的速度了。但是电气方面最令人惊奇的还不是爱迪生的四重电报机，而是亚历山大·贝尔发明的电话。

图17-4 贝尔1876年制造的电话

电话被评委们视为通信方面的"令人吃惊"的"最大奇迹"。当巴西皇帝佩德罗二世从电话听筒中听到贝尔从另一个房间传来的声音时大吃一惊：

17-5　聋哑儿童正在学习说话

　　"我的天啊！这个钢铁做的玩意儿竟然会说话！"一时间，贝尔的发明被传开了，人们纷纷要求过去听一听。人的声音是怎么从电线上传过来的呢？太神奇了。经过评审，电话获得了这次博览会的金奖。

　　爱迪生眼睛都红了，这东西怎么就被别人抢先发明了呢？但是随后他发现贝尔的电话非常不完善。音量微弱、声音失真严重，传输距离也非常短，实用性不强。那么该如何改进呢？

　　亚历山大·贝尔于1847年出生在苏格兰的爱丁堡，1870年移居加拿大，一年以后去了美国，入了美国国籍。贝尔本人是一个"声学生理学家"和"聋哑人语言教师"。贝尔的父亲、祖父、兄弟的工作都与演说术和发声法

有关系。为什么这个家族会选择这样的学科呢？因为他的母亲和妻子都有听力障碍。他在波士顿是一个专门教聋哑儿童说话的教师。

其实很多孩子并不哑，他们只是耳聋，听不到别人的声音，所以他们就无法学习别人的发音，自然无法学说话。贝尔就发明出一套符号来告诉这些孩子怎么卷舌头、怎么送气、喉咙和下颚应该怎样用力。经过训练，有不少孩子能说出单词了。所以，哈伯德把女儿送到贝尔这里来学习。哈伯德一来二去就与贝尔熟络了。日后，他成了贝尔的坚强后盾。

那个时代正是电信业大发展的时代。贝尔是研究人的嗓音、研究说话的，他冒出了一个念头，能不能利用导线传递声音信号呢？在那个时代，电学还很浅显。大家都认为这是不可能的，贝尔是个"想让导线说话的疯子"。贝尔偶然了解到，德国人曾经用电磁铁去驱动音叉。声音的频率只有和音叉一致，音叉才会振动，出现共振现象。他突然想到一个办法。任何一个波形都可以分解成无数的正弦波。假如放上许多频率不同的音叉，对着这些音叉说话，说不定某一个音叉就会振动。每个音叉后边拖一根电线，到另外一边用电磁铁驱动对应频率的音叉发声，是不是就可以传递人的嗓音呢？

贝尔不愧是研究说话和听力的专家，人的耳蜗就是这么工作的，外界不同的频率会刺激不同的听觉神经。所有的信息汇聚到我们的脑子里进行合成处理，我们就明白了外界的声音信息。

问题又来了，两地之间拉上几十根线是不现实的，能不能用一根线传递多路频率信号呢？假如贝尔能解决这个问题，岂不是抢了爱迪生的饭碗？问题一层层转化，没想到和爱迪生的四重电报机撞车了……

尽管有了一些模糊的思路，但是当时谁都不知道如何让导线传递音频信号。那时候的电报机只能发送通和断两种信号，要么有电，要么没电。这样的信号是无法表达丰富的音频振动的。

当时贝尔使用的语音描记器，能够把人说话的声音刻画成波形。那是法国人斯科特发明的，1858年申请了专利。这个仪器理论上是可以记录人的声音信息的，但是没有办法回放，只能当示波器使用。贝尔当时认为这样的波形可以引起某些音叉的共鸣，这样就可以把人的声音分解成无数单独的频率，然后用电来驱动音叉振动，还原声音。对于这些，贝尔只是动了动念头，有个模糊的想法，没有付诸行动。因为他没钱，而且还有繁重的工作。毕竟他的主要职业不是搞发明创造。贝尔不得不用所有的业余时间来学习电学知识和做各种实验。

后来，贝尔下决心要走发明家的道路，放弃了波士顿大学教授的职位。他只保留了两个学生，一个是6岁的乔治·桑德斯，另一个是15岁的梅布尔，梅布尔就是哈伯德的女儿。贝尔1847年出生，梅布尔1857年出生，比贝尔小10岁。她很聪明，从小学会了读唇术，但是发音困难。他父亲送她到贝尔这里，就是为了训练她说话发音。1877年，梅布尔和贝尔结了婚，成了贝尔的贤内助。哈伯德当然也就成了贝尔的岳父。不过他们早就是好朋友，

而且是合作者。贝尔放弃了原本的职业，都是这位未来的岳父在资助他。

贝尔另一个学生乔治的父亲汤姆斯·桑德斯也是个富商。他给贝尔提供了教学场地以及实验场地。贝尔就在他们家的地下室里做实验、搞研究。两人很熟，经常在一起聊天。当时西联公司是非常强大的垄断公司。他们掌握着一根电线上发送4路电报的技术，仅仅这一项技术，每年就能为公司节省50万美元的基础设施建设开支。在当时，自动电报机已经开始流行，用事先穿孔的纸带控制发送电报，要比人按键快得多。

贝尔觉得，用共振原理，理论上一根电线发送多少路电报都没问题。前提是电报线不仅要能发送按键信号，还要能传送音调。用电磁铁驱动音叉共振吗？恐怕音叉驱动太困难了，只能用簧片。簧片更容易驱动，这样电报机就变得像口琴了。用电磁铁来驱动簧片是个不错的办法。别看许多电磁铁都接在一个电报线路上，但当某个频率的电信号到来的时候，只有对应频率的簧片会产生比较强的振动。这样就能区分信号了。

桑德斯和哈伯德一拍即合，决定资助贝尔搞研究。万一成功了就可以打破西联公司的垄断地位。研究谐波电报技术的不止贝尔一个人，还有一个人叫伊利沙·格雷，他也拥有70多项专利。他和合伙人巴顿一起创建了格雷－巴顿公司。

1874年5月6日，格雷展示了在一根线上传递16路电报的技术，但是他认为传递6路还行，路数多了，信号会不稳定。到12月29日，格雷在一座教堂展示了如何用电线来传递音乐。他按下不同的按钮，对面就响起不同的音调。所以，格雷也被认为是现代合成器之父。到了1877年，他甚至在纽约斯坦威钢琴公司公开展示了远程弹奏钢琴。钢琴家弗雷德里克在费城按动对应的开关，纽约这边的斯坦威大厅里安装在钢琴上的电磁铁就开始有动作，钢琴也就随之出声。可想而知，在场的听众是什么样的表情。这些都是多路电报的扩展应用。多路电报才是当时最热门的前沿技术。

当时大部分人都把注意力集中在多路电报上。贝尔也在这个方面努力。他招聘了一个叫沃森的助手来做一些辅助工作。贝尔始终放不下一个念头，就是要让导线传递语音。1875年6月，贝尔正在测试他的电磁装置，恰好有个簧片卡住了。沃森为了拔出簧片，用了很大的力气。结果贝尔这边的簧片跟着也振动了。

那时候的谐波电报机原理和今天的汽车喇叭的原理差不多。当电源接通，电磁铁吸动簧片，簧片下弯，和触点脱离，电流就断了。电磁铁失去磁性，簧片弹回，接通电路，开始下一个循环，簧片就振动起来了。有的汽车喇叭至今还是应用的这个原理。整个电路上，电流并不连续接通，而是以一个频率不断地通断交替，接在这个电路里的所有电磁铁都会跟着动起来。只有簧片产生共鸣，才会有反应。

因此贝尔这边的簧片振动并不意外，但是振动的声音却不是共鸣产生的悦耳的单一音调，而是像人的声音。很可能是沃森那边簧片和触点的接触太紧了。因为接触有松紧，电阻忽大忽小。这边的簧片振动也就不是单纯的共振。难道连续电流才是关键吗？

贝尔后续做了很多实验，但是效果都不是太理想。他在笔记本上画过很多草图。他试图把音叉浸泡到液体里，当音叉振动的时候，会断断续续地接触水面，产生电路通断的效果。这样发射端不需要用电磁铁蜂鸣器。贝尔把自己的研究成果做了个汇总，打算去申报专利。

格雷也在研究电话，虽然他并没有贝尔那么积极。他的办法大同小异，用一个装液体的金属杯子，下面接上电线，上边放个振膜，接上一根针。小心调节针和水面的接触，最好是刚刚碰到。振膜一动，接触电阻就会有比较明显的变化。贝尔前后也有好多年一直在试着用液体来作为发送端，这种思维的"撞车"其实很常见。但是话筒用到液体非常不方便。贝尔后来没有用这个办法。他还是利用电磁感应原理，当钢质簧片被磁化，簧片振动的时候，电磁线圈会感应到电流。这点电流虽然非常微弱，但是已经能够传递音频信号了。只是音量过低，音频很失真，听清楚比较困难。

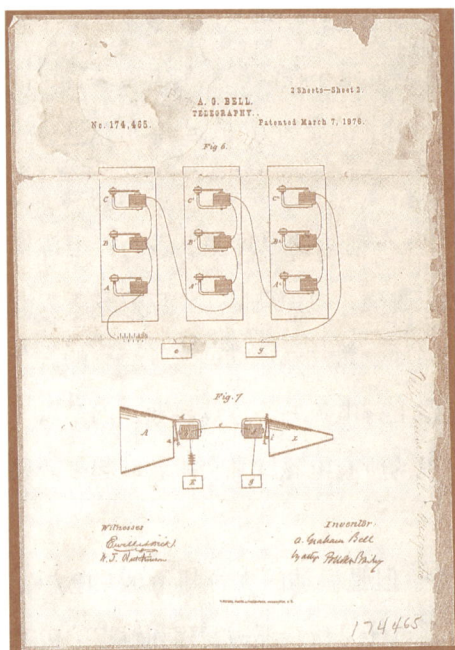

图18-1　贝尔在专利申请书上附带的电路图

虽然技术不完善，但是申请专利是一刻也不能等了。1876年2月14日，贝尔的律师向美国专利局申请了专利，主要是有关谐波电报的内容，其中也有电话的部分。几个小时后，格雷也向专利局提出了申请，根据现在的考证，有可能他当时的申请并不是专利申请，而是冻结申请，格雷向专利局申请在一年内停止审批关于电话机的专利，他希望争取时间把已经研制成功的电话机做进一步的改进，他提出在三个月内，一定会申请这项专利，这在当时是允许的。当然，到底是专利申请，还是冻结申请，后来还有很多说法，但不论如何，在时间上无疑都是落在贝尔之后的。

2月24日，贝尔赶往华盛顿，询问情况。3月7日，他回了波士顿。这一天，他的专利发布了。3月8日，贝尔画的实验记录图和格雷递交的申请材料很相似。这几天，他在加紧做测试。这回他用的方案也是液体话筒方案。沃森不得不楼上楼下跑个不停。贝尔喊一嗓子，沃森听到了，马上就要跑下来告诉贝尔音质怎么样、音量是大是小。据说，3月10日这一天。贝尔不小心把硫酸弄洒了。他大喊沃森。沃森从电话里听到了，马上跑来向贝尔祝贺。他终于成功了。

贝尔发明电话的故事很多人都听过，但是大家可能没想到，这事儿发生在电话专利申请之后。而且他用的是和格雷一样的技术。多年以后的1885年，有专利局的人签名授权发表了一份文件，说当时他违反规定向贝尔透露了格雷申请书的内容。当然，后来他又说自己是个酒鬼，在喝醉的情况下被

图18-2 电话研制成功

人欺骗签下了这份文件。后来事情闹大，媒体也众说纷纭。

我们今天看来，有些技术方面的解决方案很相似是正常现象，格雷和贝尔本来就没什么交集，互相也不认识。贝尔1873年就开始研究液体的作用。1874年，邻居看到过他用水银做实验。至于3月8日那张与格雷档案很相似的设计，很可能是巧合，因为贝尔自己在3年前已经画过类似的东西了。

格雷后来设计了一种远程签名的机器，你在这边操纵一支笔写字，远方的电磁装置就能一模一样地把笔迹写下来。这样签合同就不用寄过来了。格雷也是非常优秀的发明家。但是在远见这一点上他比贝尔要差得多。

贝尔的电话发明权一直受到挑战，官司打了许多次，甚至有5次闹到联邦最高法院。2002年美国议会通过269号议案，承认美籍意大利人的安东尼

217

奥·梅乌齐是电话的真正发明者，他在1856年就已经做出了可以用的电话。但是他没钱缴纳专利费，专利费要250美元。七凑八凑，才交了20美元，获得临时专利请求书。

贝尔后来没碰过液体发送装置。他的主要精力都放在了电磁发送装置上。1876年，贝尔刚好赶上了费城世博会，因此名声大噪。贝尔1877年创建贝尔电话公司，专营电话业务。西联公司不插手这一块业务。这一年晚些时候，他和梅布尔完婚，去老家英国度蜜月，还见到了维多利亚女王，并且认识了开尔文勋爵。电话也就逐渐传开了。

电话的传输速度比电报快得多，而且不需要训练，一个像爱迪生或卡内基那样的优秀发报员可遇而不可求。但是当时通信还是以电报为主。电报也在不断改进，有了使用穿孔纸带的电报机，电报员的技术含量大大降低。后来，穿孔纸带和打字机结合起来，直接敲打键盘上的字母就可以完成穿孔工作。再后来，打字机和谐波电报机结合起来，就是电传打字机。

但是在电话刚刚发明的时代，打电话绝不是一个优雅的行为。因为你必须声嘶力竭地高声喊叫，否则对面听不见。一句话不喊个三四遍，对方是不会完全听懂的。

在贝尔发明电话的那一阵子，很多人也在观望，到底电话是个不中用的"玩具"，还是个非常有前途的经济增长点呢？很多人吃不准。但是自然有愿意吃螃蟹的人，波士顿的《世界报》开始用贝尔的电话系统来传递新闻。

西联公司的董事长奥顿也在关注电话的进展。电话如果推广，将来必定是电报系统的劲敌。他表面上没有轻举妄动，暗地里可没少做功课。他是一个长期在电信圈子摸爬滚打的人，知道新技术的颠覆性力量，于是他就找来爱迪生做技术咨询。

爱迪生对电话并不怎么在意，认为前途有限。但是奥顿的眼光比他更远。别看现在电话系统有诸多毛病，只要持续不断地改进，电话将来必定很有前途。但是电话不是自己阵营的人发明的，而是跟自己有竞争关系的贝尔

图18-3　打电话要提高音量

发明的。奥顿觉得，既然如此，电话必定会一代一代改进。这个后续改进的过程自己必须要参与进去。这样才能把电话发展的主动权抓在自己手里。这样，最合适的人选就是爱迪生，奥顿请爱迪生一定要帮这个忙。

爱迪生答应了奥顿，但是他声明，改进电话是本来就应该做的事情，与贝尔的竞争无关。这有点掩耳盗铃的意思，怎么能和贝尔没关系呢？

爱迪生下手的突破口选在了发送装置上。当时的电话发送装置音量非常小，传递距离非常近。因为当时电话线路是没有放大器的，声音信号只能靠简单电信系统来传递。爱迪生知道，不能仅仅依靠人说话产生的微弱能量，而是要用人说话的微弱能量作为控制电流的闸门，这样才可以获得比较大的音量。贝尔和格雷用的液体发送器就是一种液体话筒。但是液体显然不是一

个好的选择。贝尔下功夫的电磁感应虽然也可以，但是信号还是太弱了。

爱迪生的眼睛盯住了碳颗粒。这东西压紧与放松可以产生电阻的变化。爱迪生不知道的是，还有两个人也在研究用碳来当话筒的主要材料。但是方法和爱迪生的有区别。这两个人一个是埃米尔·贝利纳，另一个是大卫·爱德华·休斯。他们都是用碳棒和振膜接触，压紧了电阻就小，压松了电阻就大。休斯没有申请专利，贝利纳和爱迪生打了多年的官司，毕竟贝利纳比爱迪生要早一些。这个官司其实是包含在贝尔和西联公司的一系列诉讼案之内，因为贝利纳的专利被贝尔公司收购了。

这个贝利纳也不是等闲人物，后来为改进唱片做了很大的贡献。而且他还跨界到航空领域。最早的直升机方案就是他的奇思妙想。直升机碰到的第一个大麻烦是旋翼旋转时机身会反方向旋转。为了不让机身跟着打转，必须在尾部装一个螺旋桨来抵消反向扭矩。这个办法是他第一个想到的。所以说美国那个时代，能人辈出。

爱迪生当时并不知道这二位也在研究碳棒话筒。他的办法更优，用振膜去压迫粉末状的碳颗粒，而且他的话筒电阻变化幅度非常大，因此音量也就大。1877年4月，爱迪生申报了基础专利，但是因为专利纠纷，这项专利1892年才批下来。

爱迪生的发明后来被叫作碳精话筒，这种话筒的好处是信号容易增强。如果不需要电子元件的辅助，那么可靠性就非常好。碳精话筒在西方主要电话网里面被一直用到了20世纪80年代。现在在比较落后的地区，碳精话筒还在被使用。所以有人评价，尽管电话是别人发明的，但是没有爱迪生的改进，电话就不能广泛地被应用到各种场合。

尽管专利迟迟没有批下来，但是西联公司仍然希望买下爱迪生的专利。爱迪生的心理价位是2.5万美元，但是西联公司出手就给了10万美元。爱迪生怕自己把持不住全挥霍了，要求西联公司分期支付，难得他对自己的脾气有自知之明。

奥顿后来开了一家美国电话公司，与贝尔竞争。有爱迪生的鼎力协

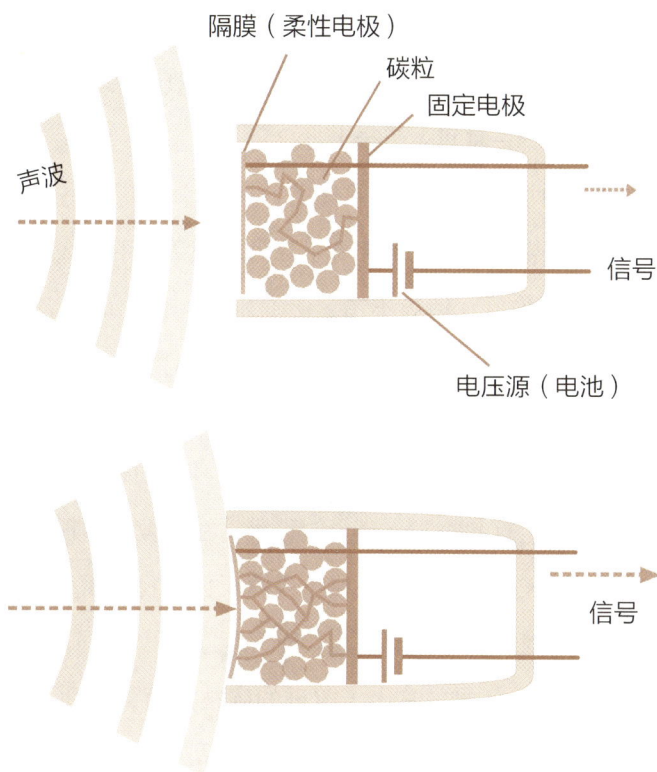

图18-4 碳精话筒原理图

助，他们的电话系统音质比贝尔的要好。贝尔的用户要求贝尔提供类似水准的服务，给了贝尔很大的压力。贝尔公司里面的技术骨干也不断跳槽，导致贝尔公司元气大伤。爱迪生的背后是西联公司，西联公司的背后是范德比尔特家族和小摩根。他们有雄厚的资金和盘根错节的经销商网络。他们不用自己出面，就能让贝尔感觉到压力。

于是贝尔和爱迪生展开了非常激烈的竞争。1878年秋天，爱迪生的碳精话筒被拿到伦敦给英国皇家学会演示，接收机用的是贝尔的系统。于是贝尔公司的人勃然大怒，声称这是侵权。没办法，爱迪生拼尽全力在3个月内拿出了比贝尔更好的听筒，绕开了贝尔的专利。1879年3月，这套电话系统又被拿到英国皇家学会进行演示，演示非常成功。明明花了3个月时间，爱

迪生非要吹牛说是5天内赶出来的，把贝尔气坏了。后来爱迪生和贝尔在萨拉托加市政厅又一次交锋，又是爱迪生大获全胜。双方在英国媒体上大做广告，少不了相互攻击。一时间火药味十足。

其实，爱迪生的接收端也是有问题的，故障率太高。一两次的演示看不出来，等到大规模装机，就显出弊端了。贝尔的话筒不怎么样，听筒倒是很不错。爱迪生正好相反，话筒不错，听筒不行。两家的设备都是故障不断，这等于就是比拼两家的维修工谁更厉害。爱迪生这边派的都是精兵强将，要想去伦敦当维修工，必须通过严格的考核。

这帮维修工都是聪明人。屋里英国老太太一听屋顶动静不对，伸脑袋一看，两拨人在房顶上打起来了，赶紧叫警察。在伦敦的房顶上，两拨人为拉电线没少动手。今天我把你的电线拔了，明天你把我的插头扔进泰晤士河里了，这种互相破坏对方设备的事儿也屡有发生。

1879年秋天，贝尔公司也拿出了改进的碳精话筒，拿到了专利权，扳回了一局。到这年9月，英国政府规定，私人电话公司必须申请电信牌照。在英国，电报这种战略性产业是国家特许经营的，那么新兴的电话算不算电报业务呢？最后还是法庭裁决，电话也属于电报业务。但是英国政府也无力运营电话业务，最后还是采用发放特许牌照的方式，把电话业务让给了私人电话公司去运营，但是私人电话公司要交一部分钱来补贴电报业务。这么一来，爱迪生和贝尔这两拨人都老实了。

为什么电话会引起如此激烈的竞争呢？因为这是针对普通人的电信工具。电报是专业人士的电信工具，市场规模差远了。谁的技术能进入千家万户，谁就赢了，这是多大的市场啊！这是蓝海。领到牌照的就能吃独食，可是谁也没这个把握，但是业务又不能停止。怎么办呢？于是，双方握手言和，在伦敦组成了联合电话公司。这样只要一张牌照就行了。没有永恒的朋友，也没有永恒的敌人，只有永恒的利益。在利益面前，没有那么多私人恩怨。

古尔德告诉爱迪生，他在伦敦联合电话公司的股份是3万。爱迪生以为是3

万美元,后来才发现是3万英镑,比他原来想的还要多。至此,两家电话公司的电话大战到此结束。这种竞争双方前一天还信誓旦旦要跟对方血战到底,第二天就突然握手言和,乃至突然合并的事儿,在我们这个时代也是屡见不鲜的。

总体来讲,贝尔没有爱迪生的名气大,也没有他那么多的主意。后来贝尔还是有打翻身仗的时候,这二位的竞争一直没有停歇。

至此,爱迪生获得了一个外号,叫"门罗帕克的魔术师"。他的脑子里总有层出不穷的好点子,而且他吹过的牛总能实现,只是不知道什么时候才能兑现罢了。大家也发现,爱迪生多数都是改进别人的发明,很少有原创。其实发明创造主要还是看在谁的手里发扬光大,得到广泛应用,而不是谁先在脑子里蹦出某个点子。

但是,对爱迪生来讲,有些东西完全是他自己脑子里蹦出来的想法,留声机就是一例。但是,并不是说他是第一个想到记录声音的人。有人就想到了如何回放声音,这个人是法国人克罗斯,他想到用光化学腐蚀的办法,可以把烟熏玻璃桶上的波形变成金属刻痕。但是克罗斯没钱做实验,于是1877年4月,他写了一篇论文,封存在了巴黎的科学院。几个月以后,他跟科普作家雷诺神父聊天,把这个办法给说出去了。雷诺神父写了篇文章介绍这个想法,发表在了1877年10月10日的《教区一周》杂志上,雷诺神父给这个东西起了名字,叫"留声机"。又过了两个月,听说美国的爱迪生也在鼓捣这玩意儿,克罗斯公开了自己的文章。

爱迪生想到的是用蜡纸记录自己的声音。膜片振动之后,会把波形刻在蜡纸的表面。这样就能把声音记录下来。1877年的整个夏天,爱迪生都在鼓捣他的留声机。到了秋天,他把精力转移到电灯泡方面。但是,就在11月,《科学美国人》杂志透露,罗莎培丽博士和马累教授成功地记录下了人的喉咙和嘴唇的运动方式,将来这些信号可以通过电信系统发送到远方。爱迪生一看,完了,要坏菜了,必须加紧工作。12月初,爱迪生交给助手克鲁西一张图纸,标明造价18美元。

19 发明大王：门罗帕克的魔术师

这个机器什么样呢？有个滚筒，中间的轴是一根丝杠。旁边有一个手柄可以摇动。前面有个大喇叭口，连接着一片振膜，振膜带动着一根长针。

爱迪生的助手克鲁西一脸茫然，他不知道这是个什么东西。爱迪生告诉他，这是一台会说话的机器。旁边的人也都围过来了，机器肯定是不会说话的，这怎么可能呢？克鲁西和爱迪生打赌，这东西是不会说话的。他拿一包雪茄作赌注，爱迪生一摸兜里没带钱，他就赌了一篮子苹果。到了傍晚，克鲁西把机器加工完成，送到了爱迪生的桌子上。爱迪生看看机器，加工水平很不错。打赌算不算数呢？当然算数。12月6日，爱迪生把大家集中起来，都来看这台机器能不能顺利工作。他小心地把一张锡箔包裹在圆筒上，把振膜和针调整到位。爱迪生小心地摇动手柄，对着喇叭口开始背诵小时候学会的儿歌："玛丽有只小羊羔，它的毛发白如雪……"

当他再次摇动手柄的时候，大家听得清清楚楚，虽然声音微弱，但这明显是爱迪生的声音。在场的人都被惊得目瞪口呆。克鲁西甚至用德语说了一句"我的上帝啊"。

爱迪生不断地用留声机做实验，看看滚筒用什么速度效果最好。接着他开始准备申请专利的材料。1877年的12月24日，爱迪生申请了留声机的专利。他还和助手去了《科学美国人》的编辑部。《科学美国人》这本杂志1845年创刊，一开始是一本周刊，后来改成了月刊，是美国境内最古老的持续出版的月刊。

最开始这本杂志专门记录美国各种专利发明，后来内容变得非常广泛，很多著名的科学家都为这本杂志写过文章。但是一开始的时候，它还是更关注发明创造。在爱迪生搞发明的那个年代，这本杂志已经有了30多年的历史，已经变得比较成熟。

图19-1　爱迪生和他的留声机

一看见爱迪生他们两个人走进编辑的办公室，拿出来一个小机器往桌上一放，大家都围过来了。爱迪生转动摇柄，留声机就开始向大家问好。什么"早上好""中午好""晚上好"之类的，还有"来到这里很高兴"之类的话。大家都惊呆了。不光是他们办公室里的人都凑过来，连别的单位的媒体记者都跑来了，办公室挤得满坑满谷。爱迪生一遍一遍给他们演示，一直演示了3个小时。这不是夸张，1877年12月22日出版的《科学美国人》杂志详细描述了当时的场景。

第二天，纽约各大媒体都开始铺天盖地地宣传爱迪生的新发明，"门罗帕克的魔术师"的名头更加响亮了。有人甚至给爱迪生画了一幅漫画，他头戴魔法帽，身穿黑色长袍，手里拿着一根魔法棒，周围全是瓶瓶罐罐，正在冒出各种烟雾。

从1879年开始，铁路公司专门增加了去门罗帕克实验室的火车班次，要去参观的人太多了。无数人给门罗帕克实验室写信，抱着各种目的的人都有。有请他答疑解惑的，有管他要钱的，也有写信来骂他的，各色人等都

有。媒体上有赞扬他的，当然也就有开足马力批评他的，说他是骗子。爱迪生不堪其扰，专门请人处理各种信件和来访。每天的来信都有满满一筐。1878年4月18日，爱迪生去了华盛顿。他去美国国家科学院展示他的留声机。刚下火车，他就被著名政治家詹姆斯·布莱恩的侄女拉到自己家里给国会议员和外国使团展示留声机，让各国的外交官开眼。晚上爱迪生要到科学院演示，留声机里放出各种声音，比如唱歌声、咳嗽声、口哨声、打招呼声，让大家瞠目结舌。夜里11点钟，有人捎信给爱迪生，说海斯总统要见他们。

要说这个海斯总统，在历史上名气不大，相对来讲比较平庸。但他赶上了好时候，在他的任期内，科技大发展，各种发明层出不穷。他对新发明也非常感兴趣。既然总统大人要见见留声机，爱迪生扛着留声机便去了白宫。他在总统面前表演了2个小时，直到凌晨3点钟，他才回去睡觉。

此后，各种旅行团来到门罗帕克实验室参观就成了家常便饭。各路记者也常来这个实验室采访。《华盛顿邮报》的记者问他，你有多少专利？他想了想说，大约157个，其中77个还在专利局里面走流程。爱迪生跟记者耐心地解释，其中有用的专利还不到10%，有一些只是起到保护作用。就拿留声机来讲，就需要12个专利来保障自己的利益。

有位叫文森特的牧师一向受人尊敬，他在报纸上看到有关爱迪生的报道，大骂爱迪生是没良心的骗子。这位文森特牧师可以算是当时的名人。他的态度对舆论影响非常大。爱迪生胸有成竹，他写封信请文森特牧师来一趟实验室，亲眼看看留声机是什么东西。

这位牧师还真来了，爱迪生把留声机拿出来，找了一首诗，念了几句，全都录到留声机里边。然后他提醒牧师，千万要听清楚。爱迪生摇动手柄，刚才念的几句诗清晰地播放了出来。牧师吓了一跳，这机器里边难道有鬼？牧师自己也录了一段，照样能回放。于是他不得不彻底服输。

爱迪生有个愿望，假如将来他的孩子能听到自己小时候的啼哭，那是多有趣的事儿啊，于是他就把设备搬到家里，哪知道他的孩子一个劲儿地笑，就是不哭。爱迪生怎么做鬼脸都没用，最后把旁边放奶瓶子的桌子碰倒了，孩子才被吓哭了。夫人进来把爱迪生大骂一顿，哪儿有这么折腾孩子的？几个礼拜以后，妈妈带着孩子去实验室找爸爸，结果娃娃被机器的轰鸣声吓哭了，爱迪生这才录到一段孩子的哭声。

留声机到此为止，仍然是个新奇的大玩具，到底有什么实际用途呢？能不能作为生产力工具呢？爱迪生设想了几种用途，比如开会做记录、录临终遗言，这些大家都能想得到。

留声机的原理是用振膜带动一根针，在锡纸上刻下声音的振动波形，然后回放的时候，一切都倒过来，锡纸上的刻痕带动这根针振动，经过大喇叭放大还原成声音。但是这样的装置缺点很多。比如锡纸不耐用，回放若干次音质就变差了。再比如，手摇速度不稳定，摇得慢声音就非常低沉，摇得快声音就尖利。这些都有改进的余地。不过爱迪生的关注重点在1878年已经转移到了别的地方，他再次关注留声机，要到10年以后了，那还是在贝尔公司咄咄逼人的激烈竞争之下。关于留声机以及录音技术的竞争，一直延续到了20世纪。

来参观的人总是看到爱迪生在那里辛勤工作，他是平民出身，一点架子也没有，高兴的时候还亲自给大家演示一下留声机。他有时候会两只手沾满煤油，做实验嘛，没办法。那时候照明全都使用煤油灯。烧的都是洛克菲勒的标准煤油，买煤油的话，人家就白送你一盏煤油灯。煤油再干净，也还是煤油，会发出刺鼻的气味，处理不当也会到处流淌，弄不好也会引起火灾。爱迪生下一个挑战的目标就是照明系统。此事缘于爱迪生的一次度假。1878年，爱迪生第一次放下手边的工作去西部度过了一个悠闲的假期，要不然身体就扛不住了，毕竟他的工作强度是非常大的。

爱迪生和各位大亨都有远近不一的联系，那时候的大亨们往往是在好多家公司同时任职。古尔德在西联公司当领导，同时又是联合太平洋铁路公司的领导。爱迪生去西部旅行，坐的就是古尔德的车。1878年刚好要发生日全食，宾夕法尼亚大学、普林斯顿大学、哥伦比亚大学组成联合考察队，去

怀俄明拍摄日全食。爱迪生就与他们搭伴同行，正好也检验一下自己发明的高灵敏温度计的效果。这种温度计装在望远镜里边，能测量出温度。但是怀俄明观测点当地风太大，闹得爱迪生很狼狈。日全食在7月28日下午2点钟开始的时候，爱迪生的仪器还被大风吹得乱晃，等到3点钟天完全黑下来的时候爱迪生已经调整好了仪器，拿到了一大串观测数据。天文学家们都很惊奇，这东西能测量太阳周围的温度。他们都对这个门罗帕克的魔术师佩服得五体投地。

美国国土辽阔，爱迪生在奥马哈上了联合太平洋铁路公司的火车。

爱迪生去约塞米蒂山谷。以前，深山峡谷路途艰难，约塞米蒂的美景，世人难得一见。后来淘金热引来了滚滚的人流，约塞米蒂才揭开了神秘的面纱。随着太平洋铁路的开通，来约塞米蒂领略大自然的风光不再是遥不可及的事情。当时，在约塞米蒂山谷还有不少的工人在挖矿。工人们十分辛苦，爱迪生看到以后对朋友说，附近不是有瀑布吗？为什么不用水力发电来获取能源呢？效率起码比人力要高几十倍。爱迪生坚信，未来全国的水力都会被利用起来，用来发电的话，将是一种非常强大的能源，如果能用电力来

图19-2　戴维的实验装置

照明，能量足够点亮半个美国。那么我们也就告别煤油灯和煤气灯了。

要知道，用电来照明在当时并不是没人干过。爱迪生心目中的偶像是法拉第，法拉第的老师是汉弗莱·戴维。戴维很喜欢摆弄电池。戴维很早就发现，电压高了，容易打火花。于是戴维用电解用的碳棒接上了2000个电池，搞出了一个明亮的电弧。其实就是让两个碳棒接触一下，电流产生的高温会导致周围的空气电离。把碳棒稍微分开一点，就可以拉出一道电弧。

戴维拉出了10厘米长的电弧，气流不稳定决定了电弧的弧形形状，所以才叫"电弧"。这是戴维起的名字。电弧本身使得周围空气继续保持电离状态。电离后的空气是导电的。只要掌握好分开的空隙大小，电弧就能够稳定维持下去。

现代的电气设备，在开关拉开的一瞬间也会产生电弧，这种电弧对电器是有伤害的，因此现代可以采用多种手段来消除电弧。毕竟在现代，我们是不需要用电弧来照明的。但是最早用来照明的电气设备就是电弧灯。

用电弧来照明，问题是光太刺眼了。因为电弧非常亮，而且含有大量紫外线成分。我们想想看，要是用眼睛去看电焊的弧光，眼睛会非常难受，电弧灯和电焊的弧光其实是一回事儿。

电弧灯的电极都是用碳棒做的，会冒出一些黑烟。要是仔细去分析一下烟雾，恐怕还会找到不少氮氧化物的成分。电弧会使空气中的氧气和氮气发生化学反应，生成一氧化氮，一氧化氮和氧气反应会生成二氧化氮，这是一种棕红色的刺激性气体。一氧化氮和二氧化氮都是对人体有害的气体。

所以电弧虽然可以照明，但是长时间内没有实用化。戴维最早给大家演示电弧的年份现在没办法确定，1802年、1805年、1807年和1809年都被文献提到过，但是都无法最终确定。俄国人彼得罗夫也在这段时间发现了电弧是可以用来照明的，但是沙皇并不重视，最后也就不了了之。从19世纪初一直拖到了19世纪70年代，电弧照明也没有什么人用。

随着发电机系统的改善，点亮弧光灯不再需要像戴维那样凑足2000个

电池了。有人开始把弧光灯用在了室外照明上。海上的航标灯、港口照明、体育场馆照明都可以用电弧灯。

同行的派克教授非常赞同爱迪生的观点，他也认为电力照明必定会取代现在的煤油灯和煤气灯。他告诉爱迪生，你需要去见一个人，这个人叫华莱士，他正好在研究电弧灯。派克教授提醒爱迪生，1876年世博会上，有人展出过电弧灯。爱迪生回忆起来，的确有个叫法默的人演示过3种电弧灯。他跟华莱士有什么关系吗？派克教授说，华莱士是法默的合伙人，华莱士也是康涅狄格州著名的铜器厂老板，专门生产黄铜和紫铜的。

8月，他回到了门罗帕克，给家人讲了不少路上的见闻，但是他心里惦记的仍然是去康涅狄格州拜访华莱士，华莱士能告诉自己什么呢？

9月8日，派克教授陪爱迪生去了华莱士的工厂，《纽约太阳报》的记者也跟在后面。爱迪生到了厂里，看到了一台8马力的蒸汽发电机。这台发电机可以带动8只弧光灯。

爱迪生估算下来觉得，弧光灯这条路是死路一条，是无法进入千家万户的。华莱士在弧光灯领域浸淫多年了，他也很有自信。不过华莱士老成持重，他欣然接受了爱迪生的挑战。法默这个人倒是很有意思，他觉得自己的聪明才智都是上帝白送的，因此不能拿来赚钱。所以他在商业上没多大兴趣。

弧光灯也在不断地改进之中。过去总是要细心调节两根碳棒之间的距离，这很麻烦。而且高温之下，碳棒也会氧化和消耗，消耗多了，碳棒之间的距离就会发生变化，电弧就很难维持。俄国人亚布洛奇科夫发明了一种电弧灯芯，是两根平行的碳棒，中间隔着熟石膏或者是高岭土之类的绝缘材料。这样两根电极哪怕消耗了、变短了，距离仍然是固定的。这种电弧灯有个外号叫"蜡烛"，烧两个小时就烧光了。因此这种灯是不经济的。用在体育场照明倒是不错，踢一场足球，一根"蜡烛"照明基本够用了。

除了电弧灯之外，用电来照明还有另外一条路，那就是走白炽灯路线。伍德沃德和马修斯曾经发明过一个白炽灯,中间加了一根碳棒。碳棒通电烧红了,就可以发光了。他们申请了专利。后来还跟爱迪生闹起了专利纠纷。1874年,他们在加拿大申请了专利。1876年在美国申请了专利。那时候专利只能一国一国地去申请,你在美国申请了专利,人家欧洲不认账,反之亦然。

后来伍德沃德和马修斯还是把专利卖给了爱迪生。他们无意之中发现,灯泡充进惰性气体,寿命就会有所延长。抽成真空也可以延长灯丝的寿命。其实在这二位之前很久,斯塔尔已经知道真空可以延长灯丝的寿命。但是斯塔尔搞不出真空泵。于是他就像中学做实验一样,弄了个一米长的玻璃管,装满了水银,然后倒过来放在水银槽里,顶部出现了20厘米长的真空,足够他放一根灯丝了。可是他的发明是没有实用性的。

爱迪生与他们不同,爱迪生每有一个发明都会问自己,这东西有人买吗?能不能在商业上获得效益?1878年秋天,爱迪生开始向电灯发起冲击。首先要解决的问题是钱。经过一番咨询,西联公司的法律顾问洛雷告诉他,你最好成立一家公司。这样可以接纳大家的投资,而且资金使用也清晰明了。西联公司以及另外几家公司合伙出资支持爱迪生,其中包括华尔街的大亨J.P.摩根(小摩根)。摩根当然是冲着抗衡洛克菲勒去的,现在乡下靠煤油灯,城里靠煤气灯。都是洛克菲勒的“地盘”。不要紧,这些领域将来都会被电灯代替的。

最后,大家参股组成了“爱迪生电灯公司”,投资30万美元,先拨付5万美元给爱迪生作为启动资金。爱迪生马上回到门罗帕克招兵买马,房子不够了,就新盖一栋二层楼当办公室兼图书馆。《纽约每日画报》的记者来到门罗帕克探访的时候,这里已经有200多名员工了。

在实验室里,媒体的记者们看到了一只电灯泡,接通电源以后,它发出了柔和的黄色灯光,一点也不刺眼。爱迪生对媒体宣称他像普罗米修斯一样盗取了天火。当然,他还对着记者畅想了未来,未来电灯将会照亮整个美国,他想重新定义美国的照明行业。记者们不知道的是,他们走了以后,那

盏灯的灯丝就化作青烟了，寿命勉强达到1个小时。

当然，爱迪生的话对市场的震动是很大的，伦敦的煤气灯相关股票应声而跌，下跌了12%，当然也有科学家跳出来说这是不可能的，电灯是没办法大规模推广的，因为发电站的电力没办法分送到千家万户，每家每户都要拉电线到发电站，这是不现实的。爱迪生不信，他买了大量煤气灯工程的专业杂志，开始闷头钻研煤气管线的走线方案，他在借鉴煤气管线拉进千家万户的方式方法。

最后，他提出了一整套走线方案，完全可以低成本地把电送进千家万户。他常年跟电打交道，他知道电是可以分流的，也就是拉一根总线进街区，然后用分线拉进各家各户。这样成本就大大降低了。很多科学家对此是有误判的，他们以为电不能分流。爱迪生知道，要想提高效率就必须提高电压，降低电流。这样，电线就可以用不太粗的线，成本又进一步降低了。爱迪生把电压定在了110V，那么灯泡的电阻也不能小，起码要到200欧姆。爱迪生还亲自指导设计了发电机组。新的发电机组效率更高。

现在剩下的问题就是灯丝寿命问题了。现在看来，爱迪生的白炽灯泡简直毫无秘密可言。谁都明白是什么道理，不就是通电以后灯丝发热，烧到白热化进而发光吗? 关键问题就在灯丝的寿命上，搞出寿命长的灯泡才是关键。

该用什么东西去当灯丝的材料呢? 这是一个材料学的问题，但是当时根本就没有材料学。因此，爱迪生不得不自己上阵来测试材料。当然他也不是乱测试，他的眼光主要集中在两类材料上。一类是贵金属材料，铂金是代表。铂金的化学性质稳定，不容易和一般的物质发生化学反应。另一类材料是碳。碳是非金属材料，但碳是非金属里面的异类，它的导电性不错。很多金属材料受不了的环境，碳这个非金属反倒没事。

当然，爱迪生明白，碳是很便宜的东西，而铂金非常贵。首先应该把眼光放在碳元素这边。但是他尝试了无数次，总是在通电以后不久，灯丝就化作一缕青烟。爱迪生不得不采取海选的方式，各种有机物都要碳化，然后来试试看能不能做灯丝使用。就连人的胡子和笤帚丝也不放过。但是还是没什么太大的进展。爱迪生不得不转向铂金灯丝，可是铂金灯丝也撑不住，很快就会烧断。爱迪生设计了一个双金属片，两个膨胀率不同的金属铆在一起，因为受热以后膨胀不均匀，双金属片会发生弯曲。爱迪生就利用这个特性，设计了一个断路保护器。当铂金丝的温度太高要融化了，双金属片刚好变弯，断开电路。这样等温度降低了，双金属片恢复原状，电路再次接通。这样就可以防止白金灯丝被烧断。爱迪生还为此申请了专利。但是白金灯丝还是会被烧断。爱迪生实在没办法了，不得不尝试更多的金属材料。

进入1879年，爱迪生的工作非常繁忙。5万美元很快花光了，但是长寿命的灯泡还是没能拿出来。投资人都沉不住气了。爱迪生不得不花时间去安抚投资人，把他们请到门罗帕克来看看。门罗帕克其实没有像样的火车站。这地方只有一个简单的站台，还是木头的。

各位投资人来看了看，他们重新燃起了对爱迪生的信心，愿意追加5万美元的投资。爱迪生的经济危机才安然渡过。一直到了3月，爱迪生还在研究各种金属材料。那些稀有金属被他折腾了个遍。他可能不知道，远在德国的小城乌尔姆，一个婴儿呱呱坠地，他的家族也将与灯泡结下不解之缘。这个男孩最终将放弃家庭为他设计好的工程师之路，并成为20世纪最伟大的物理学家。他就是阿尔伯特·爱因斯坦。

门罗帕克来了位新员工，他叫厄普顿，在德国上过大学。对于数学非常熟悉，爱迪生恰好对数学不怎么熟悉。这也是取长补短。厄普顿利用电学原理，计算出了灯丝应该具有200欧姆以上的电阻。这倒是和爱迪生估算出来的数值不差多少。有了理论的支持，实践之中可以少走不少的弯路。

但是，厄普顿也出过一次尴尬的事。有一次，几个人在讨论灯泡的体积有多大。因为灯泡形状不规则，几个搞数学的人算了一晚上也没算出来。后来爱迪生的秘书回忆，爱迪生抬手拿起一个灯泡，灌满了水，然后把水倒进量杯，灯泡的体积也就算出来了。

图19-3　爱迪生第一批灯泡的展示模型

但是，没有厄普顿还真的不行。爱迪生意识到灯丝烧毁是灯泡的真空度不够造成的，那么如何获得更加纯净的真空就成为首要问题了。厄普顿告诉爱迪生，附近的普林斯顿大学有一套真空泵，是德国的斯普林格设计的，第二天，厄普顿就把真空泵扛回了门罗帕克。

有了真空泵，爱迪生又回到了碳灯丝的老路上，但碳元素的形态实在是太多了，他不得不一次次测试。各种有机物碳化以后，性质也是有差异的，没办法，不得不一一测试。他甚至用过人的胡子，这胡子是谁的呢？是当年教他发电报的那位火车站站长麦肯齐的。他已经退休了，也做不了什么。爱迪生知恩图报，把他接到自己的公司，给了他一个闲职。老人也很好，会做点力所能及的事情。

爱迪生测试灯丝的时候，实在是没办法了，测了1600多种材料。

最后，爱迪生把灯泡里的气压降低到了百万分之一大气压，他成功了。当时爱迪生用的灯丝是棉线碳化而成的。点亮了两三个小时，比铂金灯丝的效果还好。那么，把六股棉线拧在一起行不行呢？或者把棉线泡在沥青里面行不行呢？爱迪生和助手准备了11种不同的方案。当测到第9种的时候，灯泡亮了一个通宵还没烧坏，一直到了第二天下午4点钟，灯丝才烧断，一共点亮了14个小时。经过不断改进，灯丝的寿命越来越长，到后来足足点亮了45个小时。这一天是1879年的10月21日，这一天一般被认为是实用白炽灯泡的诞生之日。

11月4日，爱迪生递交了申请灯泡的专利的文件，然后他又沉醉在对各种灯丝材料的测试之中，等着测试的纤维还有很多，40个小时还是太短暂了。他不会知道，此时此刻在大洋彼岸的英国，一个中年人已经病入膏肓，他身患胃癌，生命已经走到了最后的时刻。他就是一代电磁学宗师，统计物理的大科学家麦克斯韦。他于11月5日与世长辞，享年48岁。

麦克斯韦从小受到了严格的教育，他曾经就读于爱丁堡大学，后来又到了剑桥大学。因此他有着非常完善的高等教育的经历，他也有非常深厚的数学功底。1855年，他写了一篇论文《论法拉第的力线》，把法拉第有关场的思想应用到电磁学领域，他用数学方法描述了电与磁两种现象之间的关系。从此场这个概念就与物理学密不可分。后来，他又把当时的电与磁方面已有的研究成果整

图20-1　美国专利#223898：
电灯，1880年1月27日发布

理为二十个微分方程组成的方程组。这个成果记录在了1861年发表的论文《论物理力线》中。1862年，他发现光速与电磁波的速度完全一致，他认为这不是巧合。在1864年发表的论文《电磁场的动力学理论》中，他预言了电磁波的存在，他几乎可以断定，光就是电磁波。恐怕他也想不到，现代社会中无线电波已经无处不在。我们每个人现在都离不开无线网络和手机移动网络。

麦克斯韦方程组的完整形式是他1865年辞去了伦敦国王学院的工作以后在家里完成的，记录在了他的那本划时代的巨著《电磁通论》之中。麦克斯韦的电磁学理论的正确性现在已得到大家的公认。他把光与电磁学理论进行定量联系，这是一个创举，也被认为是19世纪数学物理最伟大的成就之一。如果没有他在电磁学方面的贡献，日后也就不会有高速发展的电气时代，可惜麦克斯韦没能看到人类在电气时代的辉煌成就。

麦克斯韦在热力学和统计物理方面也有很大的贡献。他是运用数学工具分析物理问题和精确地表述科学思想的大师。他非常重视实验，剑桥大学的卡文迪许实验室就是由他一手创建的，一砖一瓦都凝结了他的心血，在他和几位主任的领导下，卡文迪许实验室成为举世闻名的学术中心之一。

科学史上，一般认为，牛顿把天上和地上的运动规律统一起来，实现了自然科学的第一次理论大综合，麦克斯韦把电、光统一起来，实现了自然科学的第二次理论大综合，因此麦克斯韦和牛顿应该是可以比肩而立的。要知道，牛顿去世之后，物理学的中心转移到了法国。法国有达朗贝尔、拉格朗日、拉普拉斯，欧洲大陆还有一大批科学家。英国相对衰落。但是英国总是个出宗师的地方。牛顿的《自然哲学之数学原理》、麦克斯韦的《电磁通论》和达尔文的《物种起源》可以算是三座丰碑。

电气时代的来临很大程度上是因为人类对电磁相互作用有了透彻的了解，麦克斯韦就是其中的集大成者。我们都知道，物理学之中有4种基本的力，即强相互作用、弱相互作用、电磁力和引力。

强相互作用主要发生在原子核以及各种强子之间。强相互作用保证了原子核的稳定存在。但是我们平常用不着这种东西。而且强相互作用的传递距离极短，出了原子核的尺度就很难有效利用了。

弱相互作用会导致原子核衰变，我们在很多地方都会用到这种特性，特别是医疗领域，但不经常使用。

引力可以让我们老老实实站在地球上，而不是飘在太空里。引力也是塑造宇宙形态的主要力量，因此引力是非常重要的，但是只有引力显得有些单调和乏味。

最丰富多彩的就是电磁力。金刚石为什么那么硬？石墨为什么那么软？成分明明都是碳元素。是因为原子排列方式不一样。归根结底，都是原子级别的电磁相互作用。用这个眼光去看待各种物质，你会发现，软硬冷热，苦辣酸甜，全都是电磁相互作用千变万化的排列组合。无线电波也是电磁相互作用，光也不例外。电流可以传递信息，也可以变成动力。我们现在整个电气时代以及信息时代之所以能突飞猛进，就是源于人类对电磁力的掌握。这个突破就来自麦克斯韦，你能想象这有多重要吗？它为未来的技术爆炸奠定了理论基础。

时间上的巧合令人感慨。标志电气时代来临的灯泡实验成功和理论奠基人麦克斯韦去世居然如此接近。但是，既然理论基础已经奠定，在理论指导下实践必定要比自己像无头苍蝇一样地乱撞要高效。这也预示着像爱迪生这样，全凭自己聪明的脑子和个人的灵光乍现的时代即将过去。爱迪生是发明大王，他是空前绝后的。爱迪生走向了自己的辉煌顶点，开启了一个时代，也终结了一个时代。我们事后当然能够很容易想到这一点，但是在当时，爱迪生所处的那个环境下，他是一无所知的。他最多从报纸上看到麦克斯韦的讣告。可能他丝毫也不会在意遥远的英国有个科学家去世了，这关他什么事呢？

爱迪生满脑子都是纤维材料，筛选工作仍然在继续。中国产的丝绸行

不行？云杉木的纤维行不行？那黄杨木、羊皮纸行不行呢？最后发现，碳化的卡纸效果更好，比碳化的棉线还要好。筛选工作可以交给助手去做了，爱迪生还要忙别的事情。

有什么事情要他亲自动手呢？灯泡不是孤零零的存在，它需要基础设施，需要配套工程。假如电线要拉进千家万户，该采取何种收费模式呢？是按流量收费，还是包月？假如是按照流量收费，就需要计量收取电费的装置。爱迪生还需要发明一种电表。灯泡要能够更换，因此需要标准化的卡座。还有家用的开关、电闸、分线器等都要去研发，这是一个系统工程。

一直到1879年12月底，爱迪生才向媒体透露自己已经搞定了电灯泡。此前曾经有过谣言，说他搞不定。为此公司股票从100美元跌到了20美元。但是宾夕法尼亚铁路的乘客们在路过门罗帕克的时候都看到了爱迪生的实验室里透露出的灯光，爱迪生的实验室一直灯火通明，看颜色和煤油灯、煤气灯也不太一样。于是，谣言不攻自破。

过去，爱迪生对媒体总是来者不拒，这一次他只接受了《纽约先驱报》的独家采访。而且爱迪生要求新闻稿由他的助手校对一遍，爱迪生很注重自己在媒体上的形象。

1879年12月21日，《纽约先驱报》头版的一整版发表了一篇报道，通篇充斥着夸奖之词。文章写道：真令人不可思议，一张一口气可吹飞的小纸片，就可以造出电灯！这张小纸片还可导电，由此造就了带来光明的电灯，它们如此美丽温馨，就像意大利之秋的醉人黄昏……

但是那些资本家却没有爱迪生这么自信。在爱迪生公开展示之前，资本家的代表不断地提醒他要多做测试。12月26日，各大媒体已经纷纷报道，在19世纪70年代的最后一天，爱迪生要在门罗帕克实验室展示最新发明的电灯。那几天，新泽西州下了大雪。在1879年12月31日这一天晚上，宾夕法尼亚铁路公司的火车运了3000人顶风冒雪来到了门罗帕克实验室。《纽约先驱报》的记者记录下了当时的情景：实验室大厅有15只灯泡，办公室有8只，另外20只照亮了街道和仓库。这些灯泡的寿命已经普遍延长到了170小时。短短的几个礼拜就已经有了不小的改进。

实验室里当然挤不下这么多的人，不少人只能站在楼外边。很多上流人物都是按照出席晚宴的规格穿的一身晚礼服，和实验室的气氛不太协调。爱迪生的实验室名为实验室，其实就是个车间。男士穿的都是燕尾服，问题不大，女士穿的都是拖地长裙，相当于替爱迪生擦地板了。但是他们都顾不上这些了。大家都是爱迪生的粉丝，对爱迪生的发明非常感兴趣。实验室的员工也在向大家展示各种稀奇古怪的发明。来宾之中还有不少是商人，他们是来探探风向，看有没有投资的机会，他们一向嗅觉灵敏，满脑子都是生意经。当然，其中也一定会有竞争对手来"刺探军情"，但是这都不重要。反正这东西最终是要走进千家万户的，也没什么秘密能守得住。

爱迪生非常平易近人，他本来就是平民出身，没什么架子。而且他的讲解通俗易懂，也赢得了公众的好感。原来电流一点也不神秘，当梨形的灯泡被点亮的时候，在场的观众都会发出一阵惊呼。这是见证奇迹的时刻。因为大家从没见到过不用点火的发光的东西。的确，自打人类学会用火以来，光与火一直是相伴相生。在这一刻，光与火彻底分离了。爱迪生甚至宣布，假如电灯泡的寿命达不到600小时，那就不能算是真的成功。

爱迪生的展示不仅打动了公众，也打动了纽约来的投资家。要知道，建立一套实用化的电力传输系统，缺了钱是万万不能的。在1880年年初，爱迪生的角色也在发生转换。他不再完全是一个技术人员，他带领的也不再是一支纯技术团队。他越来越多考虑到商业方面的问题。1879年，爱迪生电灯公司的股票从每股100美元跌到了20美元。随着电灯泡的发布，爱迪生电灯公司的股票开始飙升，有人放话，愿意用3500美元的价格购买爱迪生的股票。散户们眼巴巴地盼望着爱迪生电灯公司的股票能飙到5000美元，可是煤气公司还在不断唱衰爱迪生，他想不参与商业活动也不可能了。

与此同时，爱迪生还要应对一大堆专利官司。当他在英国设立分公司

的时候，斯旺跳出来挑战爱迪生。斯旺1850年就已经开始研究电灯泡了，那时候爱迪生才3岁。1879年1月，斯旺就成功实验了白炽灯，照亮了自己的家。与此类似，声称自己发明了白炽灯的不下20人。官司旷日持久，最后两边和解，爱迪生和斯旺合伙，在英国开设了爱迪生斯旺电灯公司。

和爱迪生打电灯官司的远不止斯旺一家。索耶也跳出来指责爱迪生侵犯专利，说碳化灯丝的专利他以前就申请过。1883年，专利局裁定爱迪生侵权。爱迪生不得不想办法绕开索耶的指责，开发更优秀的灯丝，最后爱迪生选中了竹子纤维作为碳化材料。一直到了10年后的1889年，法院才裁定爱迪生的专利是合法的。那年头爱迪生可算是官司缠身，纠纷不断。

一方面别人控告爱迪生侵犯专利，另一方面爱迪生也要对别人严防死守。有个叫马克沁的人为纽约市百老汇大街120号（公平生活保障大楼）安装了第一盏电灯泡。爱迪生当然不能客气。弄得这位马克沁先生公司倒闭，不得不远走英国。

经过努力，灯泡的寿命现在已经不是问题了，现在电力系统才是问题的焦点。摩根家和范德比尔特家族都是爱迪生电灯公司的投资人。他们两家当然是近水楼台先得月。为了第一个安装电灯系统，两家人还争执不下。据说是范德比尔特家族的大宅先亮起电灯，摩根家稍微晚一点儿。老摩根对新技术不感冒，对儿子看不上眼。老头子觉得，小摩根就喜欢这些新鲜玩意儿。天知道这东西是不是可靠，是不是让人放心。

果然被老摩根说中了，爱迪生在小摩根家里安装了整套电力系统，包括电线和发电机。这套电力系统就安放在摩根家豪宅的地下室。但是这东西需要有人照看，毕竟蒸汽机是需要烧火的。万一闹出火灾可不是闹着玩儿的。爱迪生是千叮咛万嘱咐，结果摩根家里还是发生了电线短路，烧掉了墙纸和油画。可是摩根不在乎，他仍然对新生的电灯泡保持相当高的容忍度。

范德比尔特家族就比较保守，老太太嫌发电机太吵了，于是范德比尔特家的大宅里面就继续用煤气灯，不用发电机了，电灯成了漂亮的摆设。问题摆在爱迪生面前，这二位都是家资巨富，都是有钱人，他们可以在自己家安装蒸汽机来驱动发电机。普通人家怎么可能用得起这东西呢？即便是二位大富豪家里有钱，他们也都不得不承受发电系统巨大的噪声。夜深人静，蒸汽机的轰鸣声会吵得人难以休息。

在城里设立发电站，各家各户统一供电才是解决问题的办法。所以，1882年爱迪生就一直在忙有关珍珠大街电站的事儿。要拉电线进入千家万户，电压太低的话，铜线就必须加粗。但是电压太高的话，又不安全。爱迪生发现，在实验室里，100V电压的情况下，各种电器都工作得不错。但是，电线是有电阻的，假如电线要穿街过巷，走进千家万户，到了用电器那一端，电压已经不够100V了。现在电线也拉好了，灯泡也装上了，总不能一直供电不足吧。已经安装的电表和灯泡都没办法改动，只能改电源。那就只能把电压从100V提高到110V，从此以后，110V电压就成了美国的标准电压，一直延续到现在。

爱迪生设计的输电系统走的是地下管线，埋到地下需要注意防水，否则会产生严重漏电。爱迪生计划拉上12千米的电线，点亮附近的400盏电灯。可一旦下雨，泥土变得湿润，电线就会发生非常严重的漏电。为此，电线被埋下去又挖出来，反反复复地折腾了好几次。尽管他用的电线都不算粗。但是电线仍然是一大笔费用。要知道优质的紫铜是很贵的，假如成本不能降到煤气灯和煤油灯以下，那是不会有竞争力的。他不得不设计新的方案。从英国来访问的开尔文勋爵对爱迪生的方案赞不绝口，要知道开尔文勋爵可是参与过世界上第一条跨洋海底电缆铺设的，这个人可是个行家里手。

爱迪生电灯公司收费方式很简单，数数灯泡个数，再估算用电时间就行了。反正灯泡的功率也就是那几个规格，两者相乘就可以算出来。爱迪生不是发明了电表吗？为什么不严格按照电表读数来计算用电量，反而去数灯泡个数呢？因为爱迪生发明的电表实在不方便。他用电解硫酸铜的办法来计算电费。他设计的电表就是一个电解硫酸铜的瓶子。事先准备好一块铜电

图20-2　英国人设计的水银
电度表

极，称一称重量。假如这户人家用电比较多，电解出来的铜也比较多，那就会挂在这块铜电极上。多出来的重量就是用电量。铜是很贵的，后来出了硫酸锌的版本，原理都是一样的。虽然精确计量电费是完全可以做到的，但是收电费的人员都不愿意这么干，太麻烦了，不如简单估算一下容易。

英国人发明了另外一种电表，也是用电化学方法来驱动水银柱。水银柱变高多少，那就是用了多少电。水银是容易挥发的，全挥发了，这个电表就没法用了。因此这种电表也不实用。

德国人阿伦倒是发明了计量直流电的机械电度表，可惜这种电表需要定期上发条，谁有那闲工夫经常走街串巷地给电表上发条？况且这个电表需要两个钟摆，读取用电量也非常不方便，所以也没推广开。1889年，匈牙利的甘茨工厂发明了计量交流电的电表，甘茨工厂也是电气工程的重镇，现代意义上的变压器也是匈牙利人发明的。后来，西屋电气公司搞出了与现代电度表非常相似的装置，可以用来记录交流电的用电量。当然，那时候交流电已经是市场的主流了。

19世纪80年代，交流电开始突飞猛进。但是这不是爱迪生喜欢的东西。他还是更喜欢直流电。与此类似，法拉第见到三角函数也怕。所以说，爱迪生是一个分水岭，再像他那样，全凭自己鼓捣，没有扎实的知识功底，那是不行的。发明创造也开始需要足够的数学和物理基础。

1882年，爱迪生正忙着设立第一个城市之中的发电站——纽约珍珠大

图20-3　甘茨工厂发明的交流电度表

街电站。一个来自塞尔维亚的年轻人走进了爱迪生在巴黎的分公司。这个人一生的起伏将与爱迪生紧密联系在一起。他出生在巴尔干半岛，比爱迪生多上了几年学。起码他在大学读过几年书，虽然真正好好上课的时间恐怕也不多。我想他读书的那段经历应该对他非常重要，否则他可能是爱迪生的一个翻版，幸好他不是。

他叫特斯拉。1856年出生在奥匈帝国统治下的克罗地亚的斯米连，克罗地亚国家不大，特斯拉的出生地的不远处就是亚得里亚海，对面就是意大利。虽然他出生在克罗地亚，但是他的父母都是塞尔维亚人。特斯拉出生在克罗地亚，受当地环境影响，他会好几种语言，而且学习各种外语的能力很强。

特斯拉在中学是个"学霸"，特别擅长物理和数学，尤其对当时新兴的电磁学非常感兴趣。在3岁的时候，他去抱宠物猫麦卡，手刚要接触到麦卡的后背，突然感觉手指像被针扎了一下似的，浑身一哆嗦，还伴随着噼啪的声音和金黄色的闪光，不用说，他被静电打了一下。特斯拉永远也忘不了这一瞬间，一直到晚年他还能回忆起儿童时代的经历。他注定这辈子要跟电结缘了。

据说特斯拉能心算微积分，老师还以为他作弊了呢，可见这个人有多聪明。特斯拉提前完成了中学的功课，1873年就毕业了。但是特斯拉这一年得了霍乱，在病床上起不来。他的父亲是个神父，本来打算让孩子接班的，特斯拉极其不愿意，一心想当个工程师。他的父亲本来不愿意，但是看孩子病成这样了，便同意了特斯拉学习电学的要求。

那时候得了霍乱能保住命就不错了，特斯拉算是一个幸运儿。1875年他去了奥地利格拉茨科技大学学习电机工程。起码有两份文件证明他拿到了学位。但是格拉茨科技大学现在不承认特斯拉拿到了毕业证。据说他一直不去上课，自己一直在搞发明创造，也有人说他交不起学费退学了，各种说法不一。

在格拉茨，特斯拉看到了一个巨大的电动机模型。通上直流电，电机就会旋转起来。而且它还能当作发电机使用。这种直流电动机需要往转子上通电。所谓的转子就是特殊的电磁线圈。中间有根轴，旁边是永久磁铁。当线圈通电以后，会和旁边的永久磁铁产生排斥力，于是电机就会转起来。但是转子是旋转的，该如何把电通上去呢？而且几个线圈在旋转过程中，要不断改变通电的方向。这就必须在转子的轴上安放几块铜皮做成的换向片，和旁边的弹性电刷接触，把电通到转子的线圈上。可以利用旋转来不断改变通电的方向。这样转子就持续地转起来了。直到现在，我们用的电动剃须刀里面的电动机还是这种原理。

因为换向铜片和电刷是时通时断的，因此总是会有电火花爆出来。特斯拉觉得他能发明出不需要换向铜片的电动机，也不需要往转子上通电，这样的话转子的结构就变得很简单，

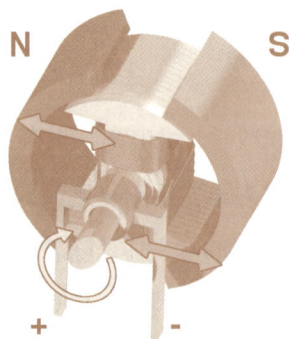

图20-4　当时直流电机是离不开电刷这个部件的

而且不会冒电火花。为此他还跟老师吵了一架。老师认为他痴人说梦，绝对不会成功。可是特斯拉不信，他一直在思考该如何解决这个问题。假如用换向铜片和电刷，会有很大的磨损，有摩擦总避免不了摩擦力，这不是白白浪费能量吗？而且换向片磨坏了总要换，电刷磨秃了也会影响接触。磨下来的铜屑还会造成电路短路，这等于增加了出故障的概率。更要命的是，会冒出电火花的电动机是不安全的，假如是在有瓦斯煤气的矿井里，一个火花说不定就炸了。这就等于限制了电动机的使用范围。

在大学的第一年，特斯拉表现不错。但是后来就不行了，他沉迷赌博，连自己的学费都搭进去了。1878年，特斯拉离开了格拉茨，和家里断了联系。为什么断了联系呢？因为他退学了，也不好意思跟家里说。同学们也不知道他去了哪里。

特斯拉去哪儿了呢？他去了斯洛文尼亚的马里博尔，在那里找了一份工作，业余时间玩玩纸牌。他的父亲好不容易找到他，要拉他回家。他死活不回去。他的父亲也没办法。在此期间，他得了神经衰弱，眼前还会不断地冒出各种幻觉，整夜睡不着觉。稍有点声音就能搅得他头昏脑涨，他还经常会被火炉里发出的轻微的噼啪声吵醒。他能隔着3个房间，听到一只表在走动的声音。一只苍蝇落在桌子上在特斯拉听起来就像是一阵轰鸣。他的心跳有时候能平白无故地跳到每分钟260下。本地医生拿他毫无办法，只能笼统地说他得了神经衰弱，或者说是精神崩溃。在布达佩斯，医生也束手无策。后来同伴劝他锻炼身体，特斯拉试了试，果然有效果。

1879年，特斯拉被警察遣返回家，这一年他父亲去世。1880年，特斯拉得到两个叔叔的资助，去布拉格读书，本来想报名布拉格大学的查尔斯–费迪南德大学分校，但是错过了报名的时间，而且报名需要掌握希腊语和捷克语，他从来没学过这两门语言，也没有这两门课的成绩。没办法，他只能在那里蹭课听，没有参加考试，也没有成绩。来回折腾了一个学期，他离开了布拉格，去了匈牙利的布达佩斯。

尽管这个阶段特斯拉能够好好地睡觉休息了，但是他的听觉仍然敏感，别人在远处小声说话，他也能听见。他这个顺风耳的本事也不知道是福还是祸。他在布达佩斯遇到了普斯卡斯，普斯卡斯对电话交换机的发展有很大贡献，爱迪生公司当时在欧洲大陆开展业务，要在匈牙利开设电报局，普斯卡斯兄弟就是爱迪生公司在匈牙利的代表。特斯拉正是在布达佩斯的甘孜工厂第一次看到了变压器。

　　特斯拉在普斯卡斯的手下如鱼得水。而且那个常年萦绕在心头的梦想也有了实现的希望，如何制造不用电刷的电动机呢？用电刷来传递电流就是为了利用转子的旋转来改变电流方向。假如电流的方向本来就一直在改变，那么岂不是就不需要电刷了？也就是说，从发电开始，电流就是不断改变方向的。不断变化电流方向的这种电叫作"交流电"。想到兴奋之处，特斯拉拉着办公室的同事，在布达佩斯的公园里兴奋地直蹦。他要跟同伴分享他的伟大设想，让电动机摆脱电刷。

　　就在特斯拉满脑子都是交流电机的时候，普斯卡斯卖掉了布达佩斯的公司，来到了巴黎。特斯拉也就跟着去了巴黎。这可是个花花世界，经过普斯卡斯的推荐，特斯拉在巴黎见到了一个人，此人将改变他一生的命运……

当时的巴黎富丽堂皇，可以说是引领了全欧洲的生活风尚。拿破仑三世是那位法国英雄拿破仑的侄子，他赢得了选举，成了法兰西第二共和国的总统，后来，他通过政变和公投等一系列手段摇身一变，成了法兰西第二帝国的皇帝。这位拿破仑三世皇帝轰轰烈烈地扩建巴黎，前后搞了18年的建设，城市中心变得非常壮丽辉煌。特别是香榭丽舍大街，路边有一大排煤气灯照明。到了夜晚，华灯初上之时，无数商店鳞次栉比，剧院门前的电弧灯非常耀眼，照亮了太太、小姐的珠宝首饰和先生、老爷的晚礼服，也照出了他们的财富和地位。原有的煤气灯正慢慢地被新型的电弧灯取代。这种古老与现代的融合更使巴黎具有现代城市气息。"我永远忘不了这座美丽城市给我的震撼"，几十年后特斯拉回忆这段时光的时候，还是这么说的。

普斯卡斯介绍了一个人给特斯拉认识。此人叫巴彻勒，他多年在爱迪生手下工作，算是爱迪生的左膀右臂。在筹建门罗帕克实验室之前，他就跟着爱迪生了。巴彻勒很关照这位从巴尔干半岛来的年轻人。特斯拉工作也非常勤奋，他熬夜不睡觉的本事，公司里谁也比不过。而且特斯拉总是显得精神饱满。他每天早上去工厂的时候都要计算走路步数，一定要求是3的倍数。这可不是为了减肥，而是他的习惯，3是他的幸运数字。他每天游泳27圈，也是3的倍数。吃饭之前先要计算饭菜的体积。他不喜欢和人握手，甚

图21-1 讽刺煤气灯不安全的漫画
（1814年）

至到了深恶痛绝的地步。他不喜欢女士戴耳环，也不喜欢碰到别人的头发，那样做估计会让他起一身鸡皮疙瘩。总之，特斯拉的怪癖保持了一辈子。

巴彻勒到巴黎主要是为了推广白炽灯照明系统。当时的欧洲开始建设城市电力照明工程。电力照明比煤气照明要优越，起码一拉电闸，所有的街灯马上就能亮起来。可是煤气灯要一盏一盏点亮，而且煤气灯引起的火灾已经是城市的一大隐患，报纸上常有煤气引发火灾和爆炸的相关新闻报道。

法国政府要求，凡是在法国取得专利的技术，必须是在法国制造的，因此爱迪生公司不得不在巴黎建立分公司，招聘欧洲本地的人才。特斯拉有幸成为爱迪生公司在巴黎最早的雇员之一。他有了大量从实践之中学习的机会。

特斯拉在巴黎接触了大量直流电机的维修工作。在当时，还没有成熟的理论去指导电动机的设计。定子与转子之间到底应该如何配合，电磁线圈应该如何绕制，绕多少圈，完全都是凭经验的。高手和普通修理工的水平天差地别。特斯拉迅速变成了一个顶尖高手，因为当时能够上大学的人非常少，特斯拉好歹是进过大学的，也有一定的计算能力，很多难题对他来讲不是什么问题，所以特斯拉能拿到300法郎的月薪。

在巴黎的时候，他一有空就给同事们讲有关交流电机的设想。这种电动机需要6根电线，3组线圈。每个线圈上都通上正弦波交流电，彼此相位相差120度。可是同事们总是一脸茫然地看着特斯拉，没有一点兴奋的表情。

特斯拉当然也觉得很扫兴。在特斯拉的同事们看来，拉6根电线才能驱动一个电动机，太不合算了，电线是很贵的。假如整个供电系统都用这种办法，肯定是要亏本的。现在电力系统主要的工作是照明，而不是提供动力。一直到1886年，大家才明白，电力不但可以照明，还可以提供动力。

一天，特斯拉接到了一个非常重要的任务，需要去斯特拉斯堡出差。斯特拉斯堡是阿尔萨斯地区的首府，莱茵河就从此地流过，阿尔萨斯和洛林铁矿资源非常丰富，在

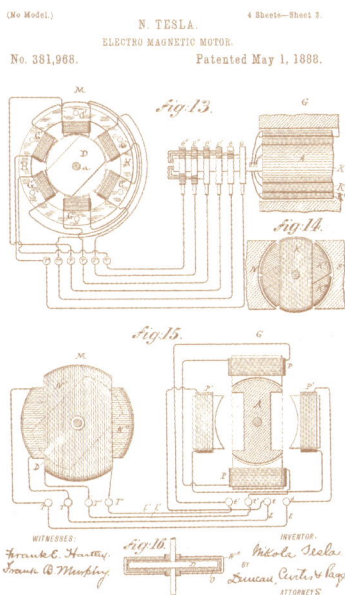

图21-2　交流电动机原理图，来自于1887年特斯拉在美国申请的专利

普法战争之后被割让给了德国。这个地区在德法两国之间数次易手，第一次世界大战结束，这地方被法国人抢回去了，第二次世界大战中又被德国人抢过来，战争结束后又划给了法国。所以，这个地区也算是欧洲争霸战争的见证者。德国的威廉一世皇帝对新收入囊中的这块地方很是看重，要进行大规模的基础设施建设。所以斯特拉斯堡修建了一大堆公共建筑，其中就包括新火车站。照明系统也要用最先进的电力系统，当然也就交给了爱迪生公司。

1883年年初，斯特拉斯堡的市政府举办了一个落成典礼来展示新火车站的照明系统。威廉一世此时已经86岁高龄了，老皇上不顾年迈，亲临现场捧场，给这个仪式增添了很多光辉。车站总共安装了1200多个爱迪生公司的灯泡和60盏弧光灯。就等着皇帝陛下一到，工程师把电闸一拉，灯不就全亮了吗！谁知道，一拉电闸，灯一盏没有亮，砰的一声就爆炸了。威廉一世皇帝吓得一哆嗦，周围的皇家侍卫迅速围过来，保护好皇帝。万一有人搞破坏

图21-3 电线短路造成灯泡爆炸

扔炸弹呢？这可不是闹着玩儿的。等了半天，没动静了，烟雾散去，仔细一看，一面墙完全烧黑了，负责技术的工程师马上意识到这是电线短路造成的，不是有人扔炸弹。德国皇帝这叫一个扫兴啊，爱迪生欧洲公司丢脸丢大发了。在摩根、范德比尔特家里电线短路着火不要紧啊，在威廉一世面前玩儿砸了，还想不想混了？

　　果然，人家德国人不给钱，全套电力系统人家就是不签字接收。爱迪生公司的人简直心急如焚。他们必须找一个懂德语和法语的人去斯特拉斯堡。没别人了，只有特斯拉，因为他会好几门语言。他的老家克罗地亚当时处于奥地利帝国统治之下，所以他的德语很流利。因此，特斯拉临危受命，带着助手就去了斯特拉斯堡。

特斯拉在斯特拉斯堡努力工作，迅速排查火车站电厂的技术故障。4台发电机带动1200个灯泡，所有电线都在一根大管子里面走线。大管子里面不光是爱迪生一家的电线，德国电气制造商西门子－哈尔斯克还装了5台直流发电机和60盏弧光灯，它们所用的电线也在这根大管子里面走，电线已经是一团乱麻了。特斯拉一边修理电线，一边在周围乱转。他发现，在一间房间里面有一台西门子的交流发电机。他立刻来了精神。他就利用这一台交流发电机做实验，研究交流电动机。经过不断地调试，特斯拉成功了，电机的圆盘转了起来，完全没有电刷，不需要把电通到旋转的转子上。结构比直流电机还简单。一开始圆盘根本就转不起来，特斯拉往圆盘上塞了一把钢锉，然后不断调整钢锉的位置，圆盘终于开始旋转了。于是特斯拉得到一个经验，交流电机的转子不能是铜的，只能是铁的或者钢的。

特斯拉在斯特拉斯堡有机会和上层人士接触，而且和前任市长索辛还很熟悉，但是他也没能说服别人给他投资，专门生产交流电机。特斯拉最后还是乖乖回到巴黎，老老实实在人家手底下工作。特斯拉离开巴黎足足有一年，等他回到巴黎，巴黎已经变了样子，巴黎的工业宫要举办艺术展，用弧光照明。虽然很多艺术家不喜欢高科技，但是公众喜欢。晚上溜达出来看展览的人一下多了4倍，达到了7万人。电气时代在逐渐改变人们的生活方式，普通人也有机会享受夜生活了。

特斯拉认为自己出了这么一个长达一年的差，应该能够拿到公司的奖金，没有功劳也有苦劳。谁知道，三个领导这个推那个，那个推这个，一来二去，特斯拉的钱彻底拿不到了。倒不是这几个老板不近人情，而是1883年爱迪生公司欧洲分部全年亏损，哪里好意思发奖金呢？德国人付钱很不爽快，一直到1884年才付清爱迪生公司的钱。

怎么办呢？好在巴彻勒要回美国，那边的事情非常多。他建议特斯拉去美国发展。新大陆的机会更多。他说他认识的人里边有两个伟大的人物，一个是爱迪生，另一个就是这个年轻人。巴彻勒非常自豪地说是自己介绍这

两位伟人认识的。普斯卡斯也给爱迪生写了一封推荐信，信里把特斯拉夸得跟朵花似的。于是，特斯拉揣着这封推荐信踏上了去美国的旅程。

特斯拉后来回忆，他把巴黎寒酸的家当全都卖了，拎着简单的行李，怀里揣着车票、推荐信和仅有的一点儿钱来到了火车站。当他挤过人群，来到进站口，一摸口袋，钱包不见了！车票和钞票全都在钱包里！特斯拉吓出一身冷汗。他赶紧翻自己的包，翻来翻去凑出一点零钱，先买一张火车票再说。他下了火车以后直奔码头，硬是说服了检票员，让他上了船。本来嘛，特斯拉并不是没买过票，只是票丢了而已，而且这家伙居然能背出船票上的11位数字，就连轮船泊位和大副的名字他都能背出来，人家只能相信他，放他过去。

1884年6月6日，特斯拉乘坐的"里士满城市号"客轮停靠在了纽约码头。特斯拉踏上了新大陆的土地。乘客们一下船，首先要去"克林顿城堡"的移民站，也叫"城堡花园"移民站。这个地方在曼哈顿岛的最南端，现在已经是美国国家纪念区。

特斯拉跟着人流下了船，往移民站走去，在前边排队的人非常多，特斯拉可以听到天南海北的各种口音。随着排队的人流向前挪动，特斯拉马上要办理手续了。特斯拉后来回忆，他看到移民站的官员对他高喊"亲吻《圣经》，20美分"，于是特斯拉就过关了。

我很想搞清楚这20美分到底是什么钱，进美国还需要买门票吗？查了一下资料，可能是这么回事儿，根据1882年的移民相关法律，每个进入美国的移民都要交50美分的人头税。但是这钱并不向个人征收，而是包含在来美国的船票之中，移民站只要找航运公司老板去收就行了。那么这段记录就有问题了，不知道是传记写错了，还是特斯拉记错了，或者这是另外一笔什么钱。反正特斯拉从移民站出来，兜里只剩下4美分了。虽然他囊中羞涩，但是特斯拉的穿着非常讲究，倒不是衣服值多少钱，而是特斯拉对自己的仪表很看重，这是一个有教养的欧洲人应该有的风范。这一点与爱迪生恰好相反，爱迪生一辈子也不怎么在乎自己的外表。

出了大门，旁边是移民站的雇工大楼，也可以说是职业介绍所。新移民都要到这里登记，然后被分配到各种各样的劳工队，有的去矿山，有的去修铁路，或者去工厂和农场，移民们都将开启一段新的人生。从1885年到1890年，有700多万人从城堡花园移民站进入了美利坚合众国的领土。这些人从纽约上岸，沿着四通八达的铁路线去往美国的各个地方。虽然在欧洲人看起来，美国仍然未经开化，但也是一个到处都充满了发财机会的幸运大陆。自美国内战结束到19世纪末，美国的GDP（国内生产总值）从91亿美元猛增到了371亿美元，人均收入也翻了一番，增长之快可以说史无前例。

特斯拉有巴彻勒的推荐信，他不需要和那些找工作的移民混在一起。他向一个警察问路。警察对他很不友好，最起码特斯拉在巴黎没见过这么没教养的家伙。

这里没有宽阔的林荫道，没有衣着光鲜的太太小姐，到处都是蒸汽机的煤烟。街边都是大大小小的仓库，装满了南来北往的各种货物。现在正是夏天，马路上到处都是马粪，气味可想而知。街头的报童们在到处乱窜，兜售着《先驱报》《太阳报》，还有新崛起的《世界报》。《世界报》两年前刚被人收购，现在风头正劲。新老板普利策果然是报界奇才。

特斯拉走了没几步，就听见路边的店铺里有人在高声咒骂，似乎是某台机器罢工了，完全拒绝工作。特斯拉的耳朵很灵，他马上走进这家店铺。店主人一看，进来一个戴圆顶礼帽的年轻人，身材消瘦，脸很尖，留着八字胡，身穿燕尾服。一手挎着雨伞，一手提着一个包。看样子是刚下船。

特斯拉的这一身打扮在欧洲显得稀松平常，但是在美国就显得鹤立鸡群了，特别是在码头附近。码头上的人要么是一副劳苦大众的装束，要么就是土财主的装束。

店主人的一台机器出了故障，特斯拉刚下船就接到了他在新大陆的第一单生意，他三下五除二地帮店主修好了机器，店主非常感激，给了他20美元作为酬劳。看来美国真的遍地都是机会，就看你是不是努力。不过，也不

能高兴得太早了。在此后的一年里，作为一个优秀的工程师，特斯拉的薪水不过是18美元一星期，普通人每天只能挣到1美元，特斯拉来美国的第一天算是运气极好了。

特斯拉在朋友家休息了一晚上，第二天收拾停当，他来到了第五大道。爱迪生的公司就在这条路上。这条街与码头形成了鲜明的对比，这里是富人和贵族的会聚地，富人的住宅都宽大得像宫殿，有着很大的俱乐部、奢华的图书馆、高雅的艺术馆，还有装饰华丽的代表商业骄子阶层的会客厅。第五大道65号是一栋4层楼的房子，这就是爱迪生纽约公司。

爱迪生的重心早就转移到了纽约市区，门罗公园已经成了夏天避暑的去处。眼前正有一件令他焦头烂额的事情等着处理。范德比尔特家里的一根电线出了问题，差点把整个房子点着了，为此，范德比尔特夫人大发雷霆。地下室的蒸汽机和锅炉也让这位贵妇很生气，她责令爱迪生赶快将它们搬走。上面文提过，范德比尔特家族对新技术并不感冒，纯粹是为了攀比和炫耀。摩根家有的，他家绝对要有，而且要抢在摩根家之前。

爱迪生得罪不起金主，他好说歹说让范德比尔特夫人息怒，然后马上派修理组上门维护。所以爱迪生公司的全部人马都去了范德比尔特家。还是摩根家有先见之明，人家自己家拥有一个电工组，专职为他家服务。人家可以随时修理，从来也不劳烦爱迪生。

就在这个时候，电话响了，原来是轮船公司的经理打来的，"俄勒冈号"轮船配备了爱迪生的全套电灯照明系统，当年这艘船曾经以最快速度横渡了大西洋，还为此拿过奖。可是前些天电气照明设备出故障了，船已经搁浅在东河上，几天不能动。再不修理就会造成很大的经济损失，这可怎么办？

爱迪生接到电话心头一沉，因为他手底下已经一兵一卒都没有了。那也不能让人家干等着。他答应下午派一位工程师前去修理。这时候又有一个男孩气喘吁吁地跑来报告，说街上的一个电线接头出了故障，听说还发生了漏电事故。这真是祸不单行。爱迪生刚转过身来，发现面前站着一个消瘦的年轻人，留着八字胡，衣着得体。

来者正是特斯拉，爱迪生问："先生有何贵干？"特斯拉递上普斯卡斯的推荐信，差点儿把爱迪生吓一跳，他还以为巴黎分公司也出麻烦了呢。后来仔细一看，原来是推荐信，这才长出了一口气。特斯拉倒是见缝插针，滔滔不绝地讲起了有关交流电的设想。爱迪生听得十分不耐烦，后来，他实在是受不了了。一拍桌子大吼一声："够了！大家都喜欢直流电，直流电够用了！"

特斯拉吓了一跳，他不敢再说话，两个眼睛盯着爱迪生。爱迪生觉得自己有点失礼，不该大喊大叫。他放缓了语气，问特斯拉："你会修理船舶照明设备吗？"特斯拉点点头。于是，特斯拉下午就拎着工具去修理"俄勒冈号"了。特斯拉修理了一个通宵。在船员的帮助下，修好了几处漏电和短路。还把发电机拆开大修了一遍。第二天早上，特斯拉非常疲惫，当他慢慢走回第五大道爱迪生公司的时候，正好碰上爱迪生和几个人从楼里出来。爱迪生跟他打招呼："巴黎的小伙子，情况怎么样？"特斯拉如实汇报了情况，爱迪生没说什么，和几个人继续向前走了。但是特斯拉耳朵厉害，他听见爱迪生在走远了以后回过头发出了一声感叹："这家伙真有两下子！是个有用的人。"爱迪生这句话，已经是很高的评价了。

1884年，爱迪生的业务在急速扩张之中。但是，城市里的中心电站供电范围很有限。电线拉出去800米左右就已经到极限了，再拉长将处于供电不足的窘境。这在人口密集的城市是有发展前途的，毕竟800米的半径可以覆盖很多人口。但是在人口稀疏的郊区则行不通。当时美国只建成了18个中心城市电站。很多工厂都有自己的发电车间，等于自己就是个小发电站。这样的工厂一共有378个。也就是说还有大片的市场空白没有占领，可是爱迪生的直流电技术却已经开始力不从心。

就在这年的8月，爱迪生的妻子在门罗帕克得伤寒去世了，爱迪生更不愿意再回到门罗帕克。三个孩子都由外祖母照看。他自己则把全部精力都投入工作之中。爱迪生没日没夜地工作，别人都没办法像他那么不要命——除

了特斯拉。两个人在熬夜方面那是不分伯仲，区别是爱迪生偶尔会打盹，特斯拉从头到尾眼都不眨。毕竟爱迪生已经37岁了，特斯拉才28岁。

当时爱迪生公司既生产电灯泡，也生产电弧灯。因为电弧灯太亮了，不能用在室内。所以在室内照明，灯泡更加合适。但是在室外，灯泡就显得功率不足，这是电弧灯发挥作用的地方。电弧灯需要用到高压电。对于高压电来讲，一层很薄的纸根本就无法保证绝缘，必须用特殊的措施和材料才能保障安全。假如操作不慎，容易发生事故。德高望重的物理学家开尔文勋爵认为，交流电是不适合民用的，爱迪生本人也不止一次流露出了对交流高压电的厌恶之情。特斯拉偶尔很想跟爱迪生聊聊交流电，但是每次话到嘴边又咽了回去。

特斯拉最开始的工作是改进爱迪生公司的直流发电机系统。爱迪生公司有一个发电机，外号叫"长腿玛丽安"。特斯拉对这个发电机做了改进，大大提高了发电机的效率。爱迪生对特斯拉的技术水平非常信任，从来不对他指手画脚，只要告诉他有什么事情要做就行了，用不着去管他怎么做。特斯拉总会圆满完成任务。这个家伙能力超群，工资却与普通工程师没什么区别，一周也就挣18美元。对爱迪生来讲，当然是捡到宝了。

总之，两个人的关系很微妙，一方面爱迪生和特斯拉都喜欢对方，因为两个人都是"技术控"；但是另一方面，两个人又相互看不起。爱迪生特别看不起有学问、懂理论的书呆子，也看不惯特斯拉的欧洲做派和一身的怪癖。他很好奇，特斯拉到底出生在哪里？他在地图上找来找去找不到。后来他还问特斯拉是不是吃过人肉，他拿特斯拉当怪物了。特斯拉也对爱迪生的费尽力气蛮干特别看不上眼。他觉得爱迪生的办法就是"草垛里寻针"。

这二位的生活习惯也大不相同。爱迪生一直是大大咧咧的，直到后来续弦，有了一位能细心照料他的夫人，他的生活才过得井井有条。有人说如果没人照顾他，爱迪生会少活好多年，这话也不算夸张。

特斯拉则属于对自己的仪表相当在乎的人，头发都是自己打理，一辈子没改过发型。你也不能说他有洁癖，他毕竟要跟各种机器设备打交道，难免沾染油污之类的东西，但是特斯拉特别怕病菌，是非常害怕，所以免不了要用各种药水来消毒。因此他生活中也特别挑剔。

爱迪生评价特斯拉是一个"科学诗人"，特斯拉身上的确是有文艺气息。他的思想很辉煌却不切实际。特斯拉是一定会栽跟头的。

完成了"长腿玛丽安"发电机的升级改造，特斯拉又接到了下一个任务，那就是改进电弧灯系统。因为爱迪生公司的电弧灯受到了竞争对手强有力的挑战。别人造灯泡不如爱迪生，但是在电弧灯领域，爱迪生不如别人。特斯拉花了很多时间完善电弧灯系统。但是爱迪生公司从来没有把他的系统付诸实践。

爱迪生为什么这么做呢？这是商业上的考虑。他和别人签订了合作协议，接到的电弧灯订单直接交给合作公司去做。双方谈合作，爱迪生手里总要有筹码，特斯拉的电弧灯改进计划就是一个筹码。用来压迫对方就可以，你不合作，那我就自己研发，你怕不怕？

爱迪生还准备了另外一手，他的助手已经开发出了可以用于街道照明的大号白炽灯泡。电弧灯将来是必然退出照明领域的。那么特斯拉的努力也就用不上了，干脆也就"雪藏"了。特斯拉当然非常不满，他在笔记本上潦草地写下了几个大字："再见! 爱迪生工厂!"他前后在爱迪生那里工作了不到一年。

传说爱迪生许诺他5万美元的奖金，事后拒绝兑现，说特斯拉不懂美国人的幽默感。我觉得这个说法是不太可信的，特斯拉要求加工资是完全可能的，但是爱迪生怎么也不会随便答应他这么大一笔奖金。要知道当初建立门罗帕克实验室，也就花了5万美元。其中还包括盖房子、招聘工人，还有采购仪器的费用。这是很大一笔钱，足够特斯拉另立门户出门单干了。爱迪生即便开玩笑也不可能这么大方吧？我们只看到文字记录，也不知道爱迪生的语气语调，姑且认为有这么个说法吧。

22

竞争对手：
交流还是直流？

特斯拉从爱迪生的公司辞职了，但是找新工作很困难，因为1884年正在闹金融恐慌呢。

那个年代正是摩根大显身手的时代，每次闹金融危机，他都可以玩儿一把抄底。1884年是美国的大选年，来自南方的克利夫兰当选。克利夫兰总统刚上台没多久就闹起了金融恐慌，流言四起，说美元和黄金脱钩，以后可以随便乱印。这下大家都慌了，财政部部长一个劲儿辟谣也没用。大家疯狂挤兑黄金，纽约的银行都快空了。美国政府不得不求助于摩根，摩根销售国债很成功，帮政府渡过了难关。他这个中间商赚差价也赚了1200万美元。

在这之前几年，摩根父子还帮助法国还了普法战争的债务。这笔债务是靠金融手段去处理的，不是从国库搬黄金兑付的。后来摩根家赚了一大笔，混得风生水起。

小摩根在很多公司都有股份。在当时，各家铁路公司的竞争已经到了白热化的程度。宾夕法尼亚铁路公司和纽约中央铁路公司闹得不可开交。摩根帮他们理顺各种关系，两家公司各退一步，实现了和解。摩根经常拉着谈判对手到自己的"海盗号"游艇上谈判。船上容易保密，不会走漏消息。游艇沿着哈德逊河转圈，从这头开到那头，你不签字就休想下船。就这样，摩根掌握的铁路总里程达到12万千米的长度，高居美国第一。

爱迪生的公司也有摩根的股份。摩根最擅长的就是整合资源，控制许多公司。那时候很多公司的竞争都很激烈。这必然导致利润下降，最后双方两败俱伤。假如实现垄断，大家不再内斗，岂不是好事一桩？最后，爱迪生的公司也被摩根完成了整合，爱迪生本人出局，不过这也导致一家伟大公司的诞生，这就是通用公司。不过，这是后话了。

特斯拉从爱迪生那里出来以后，遇到了两个投资人，建立了一个公司，公司是用他自己的名字命名的。他继续改进弧光灯系统，消除弧光灯的闪烁和不稳定现象，改进供电系统，反正这对他来讲是轻车熟路。在别人的指导下，他在美国获得了一份弧光灯的专利。在投资人的老家建立了弧光照明系统。街边的路灯用弧光还是挺合适的。

生意慢慢做大了，看上去一切顺利。但是那些投资人想尽办法把他从公司里踢了出来，特斯拉的专利也被他们骗走了。特斯拉第一次感受到了新大陆游戏规则的残酷之处，他非常愤怒，可是没有什么办法。他在曼哈顿居然没有了立足之地，他不知道自己该怎么办。

就在特斯拉在美国创业的这个时期，美国的劳资矛盾已经积累到了一触即发的地步，焦点就是"8小时工作制"。尽管美国通过了有关8小时工作制的法律，但是在那些大亨看来，这不过是一纸空文。1884年，美国和加拿大的一些工人团体在芝加哥开了一个会，大家决定联合行动，在1886年展开总罢工。

这一次声势浩大的总罢工，特斯拉赶上了，他即便不是参与者，起码也是一个旁观者。1886年5月1日，全美国各地都有大批工人放下手头的工作走上街头，举行游行示威，争取8小时工作制。仅仅是芝加哥就有4万人参与罢工，8万人走上街头，更不要说还有纽约、底特律、密尔沃基等城市。人数加在一起，超过了35万人。一开始大家都很有秩序，后来不知道是谁向警察扔炸弹，导致场面失控，警察开了枪。先后共有4位工人、7位警察死亡。

为了纪念这次事件，在恩格斯领导的1889年第二国际成立大会上，雷

蒙德·拉维尼提议把每年的5月1日定为"国际劳动节"。我们现在过劳动节已经是很平常的事情了，不过有很多人不知道这个节日的来源。

爱迪生的工厂里，人也越来越多了，他已经无法认得每一个员工。这已经不是门罗帕克的时代。工人们也开始组织自己的工会跟公司讨价还价。爱迪生的对策很简单——用机器取代他们，这事儿本来就没得谈。城里闹得欢，那就把工厂搬到乡下去。

特斯拉也是失业大军中的一员，他也同样忍受着饥寒交迫。他在大街上漫无目的地流浪，兜里也没剩下几个钱。看到别人正在挖电缆沟，他也想参加，起码可以混一顿饭吃。包工头上下打量了他一番，看这个年轻人头发一丝不乱，人也长得白白净净，不禁满腹狐疑，你行吗？特斯拉保证没问题，于是包工头接纳了他。特斯拉比别人更加卖力，挖了一天，挣了2美元。这跟以前当工程师时候的工资比起来，差了不是一点半点。

图22-1　1893年世博会上展出的"哥伦布蛋"

260

就这样，特斯拉游荡了一年。直到一个包工头发现这个人是个电学专家，把他介绍给了西联公司的一个工程师布朗。特斯拉给布朗讲了自己全套的交流电计划，布朗非常高兴。这样的人才怎么能被埋没呢？他立刻把特斯拉推荐给了当时著名的发明家兼律师查尔斯·佩克。

佩克是行家里手，但是他对交流电没信心。这年头大家都用直流电，为什么要弄交流电呢？于是他对特斯拉就很冷淡。特斯拉能怎么办呢？毕竟机会难得，他不能放过这个改变自己命运的机会。于是他给佩克讲了一个竖立鸡蛋的故事。其实大家也都知道，哥伦布说自己能把鸡蛋竖起来，于是他拿鸡蛋往桌上一磕，蛋壳破了，鸡蛋也就竖起来了。这只是个传说，佩克当然也是知道的。

特斯拉语出惊人，他说不用把鸡蛋磕破也能把鸡蛋竖起来。他把鸡蛋镀上一层铜。放到旋转的磁场之中。果然鸡蛋在旋转，稳稳当当地竖在那里。在场的几个人惊得目瞪口呆。从此这个实验就叫作"哥伦布蛋"。佩克立刻两眼放光，来了兴趣。他问特斯拉，你需要钱吗？

在经历了合伙人的背叛、终日的贫穷、劳碌奔波之后，特斯拉终于迎来了人生的转机。佩克、布朗、特斯拉组建了特斯拉电力公司。公司所在地距离爱迪生的工厂不远，就隔了几条街而已。特斯拉终于可以自由自在地研究交流电动机了。繁杂的专利申请工作消耗了特斯拉许多的精力，他不得不把整个电动机系统拆分成7个专利，尽管他很不愿意。他觉得电动机就是个整体设计。但是不拆开，就没法通过专利审核，这也是没办法的事情。

对爱迪生来讲，随时都有人在挑战他的地位。特斯拉只是其中的一个。很多聪明的发明家也在鼓捣电灯泡，爱迪生一点也没在意，因为那些人的水平比他差得多。只有那个行事低调、不显山不露水的家伙才是他的劲敌，这个人叫威斯汀豪斯（Westinghouse，又叫西屋先生）。他的西屋电气公司走的是交流电的路子，对爱迪生造成了很大的威胁。

那么这个威斯汀豪斯又是何方神圣呢？他也是凭借自己的聪明才智走

上致富之路的。他发明了火车用的空气动力刹车装置。他把这东西拿给当时的铁路大亨范德比尔特去看，范德比尔特不屑一顾，觉得这东西没什么用，没想到后来这种空气刹车装置到处都在用。

威斯汀豪斯为人很和善，丝毫没有老板的架子，如果碰上工人需要，他自己也乐得上阵搭一把手。而且他照顾工人福利，星期六下午可以多休息半天，工资也要比其他地方高一些。所以他人缘很好，底下员工也都很愿意为他干。

大约1885年，威斯汀豪斯从一本英国杂志上读到了有关变压器的介绍，说变压器可以改变交流电的电压。他明白这个东西才是输电系统的关键。因为发电厂尽管可以发出高压电，但是进了城依然要用变压器把电压降下来，毕竟家用灯泡都是110V的嘛，这已经成了默认的标准。他觉得交流电大有可为，毕竟爱迪生的发电站必须建在城市中心，供电范围实在有限。于是他买了西门子的交流发电机和一大堆高乐－吉布斯变压器变压器，开始

图22-2　西门子1873年制造的发电机

在匹兹堡铺设交流电系统。

威斯汀豪斯的很多专利都是买来的，他只是改进一下，然后把这些技术组合成一个个实用的系统，变压器专利就是他买的。他的公司开始慢慢夺走爱迪生公司的份额。到1887年底，他建设了68座交流电中心电站，步步紧逼的意思很明显。爱迪生当然不会坐视这种威胁，但是他要谋定而后动。

爱迪生知不知道交流电系统的优点呢？他当然清楚。他在市场上碰到了好多次尴尬的情况。比如，在美国有很多小城镇，这些城镇的郊区人口稀疏。如果要将电力覆盖到郊区，就必须在郊区建单独的电站。因为各家各户住得比较远，供电半径内没有多少人家，这个电站靠收取每家的电费来维持，恐怕是要亏本的。亏本的买卖怎么能做呢？所以，城郊的住户盼星星盼月亮也盼不到电线拉到家门口。而这一类城市正是高压交流电系统发挥威力的地方。

爱迪生手下的人去了欧洲一趟，在匈牙利的甘孜工厂，他们看到了不敢想象的情景，一台发电机带动了1300个灯泡。这个系统缩写为ZBD，是三个发明家的首字母拼在一起。ZBD系统的第一个用户不是别人，正是爱迪生公司的米兰分公司。他们给一家剧院建立电灯照明系统，无奈距离太远，不得不使用交流电。分公司向上报告，爱迪生就是不批。人家甘孜工厂的人也一趟一趟往美国跑。最后爱迪生还是花了钱，买下了这套系统的使用权。但是买回来以后，一直将其束之高阁，他还是对交流电系统心存芥蒂。

市场是个极其复杂的网络，麻烦会从意想不到的地方冒出来。爱迪生以为他的竞争对手就是那些电器行业的同行，哪知道事情并不是这么简单。那几年铜的价格开始上涨了。一开始倒没什么，后来价格涨得叫爱迪生肉痛。你垄断，人家也垄断。你要是追根溯源，会一直追到一个秃顶的小个子，他此时正在巴黎筹划他的伟大事业呢！

此人叫塞克雷坦，他筹建的金属协会是欧洲最大的铜材供应者，据说自由女神像用的铜就是他提供的。人家眼看着电气时代来临，自己手里控制

的铜就是战略资源。所以这位塞克雷坦先生出高价买下各大铜矿的全部产品。爱迪生当时投标明尼阿波利斯中心电站，计划要给21700盏灯送电。他们预算支线用25400磅（11.5吨）铜材，干线要用51680磅（23.4吨）铜材。如果铜价是17美分1磅的话，铜材总共将花费51965美元。铜材每涨价1美分就将增加3056美元的费用，如果涨价3美分就要多花9000多美元的预算。铜价可是一直在涨，天知道最后能涨到多高。

爱迪生怎么办？他只好努力改进设计，尽量把铜的用量降下来。但是即便如此，他的低压直流系统肯定是比不过高压交流系统的。大家想想看，功率等于电压和电流的乘积。输送相同的能量，电压越高，电流就越小。电线承受的电流越大，也就不得不加粗。人家西屋公司建立一座电站只要消耗爱迪生建造一座电站三分之一的铜就行了，爱迪生根本没辙。谁叫他不肯用高压交流电呢？

1887年年底，他突然收到了一封信，是布法罗的索斯维克医生寄来的，他是布法罗的一个牙医，而且是纽约州死刑委员会三人成员之一。西方反对死刑的思想可以说是由来已久。他们认为，人民把自己的一部分权力让渡给了国家，由国家统一行使，可是每个公民是不可能把自己这条命让渡给国家的，也就是说国家无权判某人死刑。当然，很多人不认可这样的说法，他们觉得杀人偿命、欠债还钱是天经地义的事情，这一派也很强大。两派人互不妥协，那么只好退而求其次，能否让犯人死得不那么痛苦呢？最好找到一种手段，让死刑一瞬间就完成了，那不就完美了吗？索斯维克医生发现人触电以后似乎马上就死了，好像并不承受多少痛苦，他觉得这是一个非常人道的死刑方式。他曾经还在报纸杂志上发表文章，探讨是不是可以电死流浪猫、流浪狗来对它们进行人道毁灭。

这个纽约州死刑委员会经过一番走访调查，询问了200多人，其中有86个是赞成电刑的。看来这事儿有可能。美国最有名的电气专家就是爱迪生，于是他们问爱迪生有什么意见。爱迪生立刻派人去买了西屋公司的交流发电机，电压是越高越好。在此基础上设计了一套电椅，用来处死死刑犯。1888年纽约州通过法律，以后处死犯人一律上电椅。不过，一直没有死刑犯，也就根本没办法验证电椅灵不灵。

从1888年开始，爱迪生就一直在找各种各样的机会批评西屋公司。所以他还出了一本小册子叫《警告》，前半本书控诉威斯汀豪斯侵犯灯泡专利，后半本书细数交流电的罪行，一共84页，字里行间充斥着爱迪生的愤怒情绪。因为西屋公司从追随者变成了创新者，成了爱迪生的心腹大患。

这本书告诉大家，交流电不能驱动电动机，根本就不能带动机器运转。而直流电机是爱迪生手里的王牌。高压电很危险，现在西屋公司的产品都是500V到2000V的电压。进入家庭之前，要用变压器把电压降下来。万一变压器漏电，家用的灯泡瞬间就烧了，你要是正在电线旁边，弄不好还会出危险。

总之，爱迪生认为，直流电是有"良心"的电，你只要不把灯泡含在嘴里就不会有危险。交流电是"冷血杀手"。威斯汀豪斯为了追求低成本高利润，居然用这么无耻的手段。有良心的人都应该联合起来抵制他。

爱迪生把一个技术问题转化成道德问题，转化成立场问题，人们自然就会选边站队。

1888年3月12日，一场大雪袭击了美国东北部。这是纽约60年来最大的一场雪。人们发现，本该每天出现在家门口的东西并没有出现，比如牛奶、报纸、面包。因为下大雪，这些配送服务不得不停止了。

街上的电线杆东倒西歪地倒了一大片，电线上挂满了冰，因为承受不住冰的重量，不少楼宇间的架空线路已经断了。当时街头有两种供电系统，一种是爱迪生的低压直流电，另一种是供电弧灯使用的高压交流电。一个来自罗马尼亚的15岁少年在街头玩耍，他高兴地抓了电线杆上的电线，手接触电线的一刹那就倒了下去。事后人们把这个少年送进医院，但仍然不治身亡。后来大家发现，这个少年是被高压交流电电死的。

随即，纽约的媒体炸了窝，报纸版面上充斥着对高压交流电的口诛笔伐。对于和媒体打交道，爱迪生是很熟悉的。煤气灯和电灯孰优孰劣的文章，自然有媒体界的朋友帮他压着。对交流电的口诛笔伐少不了爱迪生的参与。

这年5月11日，又发生了一起事故。一个电工因为没带胶皮手套，被高压电电死了。人都被烧焦了，冒出一股刺鼻的焦煳味，还在噼啪地打电火花，现场非常恐怖。媒体自然也没有放过这样的机会，大肆渲染这次事件，再一次对交流电系统展开猛烈攻击。

从1888年春天开始，每一起触电事故，媒体都会大肆报道，坊间各种流言蜚语也越来越多。

随着交流电变成热门话题，有关特斯拉的小道消息也在小范围流传。据说他在自由街有个实验室，正在那里鼓捣了不起的黑科技。其实那一阵子特斯拉不过是两耳不闻窗外事，在实验室里专心搞专利罢了。他那一时期前前后后拆分出40个专利，都提交了申请，但是离专利批下来还有一段时间，这些专利之中就包括交流电动机的专利。

特斯拉的合伙人佩克和布朗定下的销售策略是专利—推介—销售。特斯拉先获得专利，然后通过采访、演讲和展示来扩大影响力，获得新的投资，改进技术，然后卖掉。那个时代，无数发明者蹲在家里埋头苦干，都期望自己也能像爱迪生一样一举成名。但是大部分人申请的专利都是没什么用处的。让一个技术脱颖而出，需要动一番脑筋才行。

首先，特斯拉得出名。特斯拉在美国的这几年，交际圈子非常窄，在爱迪生公司里边认识了几个同事。后来就到处流浪，认识的多半是体力劳动者，他根本就没有打进任何圈子。比如美国电气工程师学会、全国电灯学会或纽约电气俱乐部这些圈子，他连门都不知道在哪儿。从哪里开始呢？必须找业内的名人来推荐特斯拉。但是推荐的那个人，自己也必须很行。特斯拉他们瞄上了一个人，这个人就是电气专家威廉·安东尼。这个安东尼是个局外人，有公正性。而且他在布朗大学和耶鲁大学教过书，后来又在康奈尔大学设立了美国第一个电气工程学科。1887年他离开康纳尔，来到马瑟电气公司担任总工程师。因此这个人对学术界和商界都熟悉。

于是，特斯拉公司的几个合伙人一商量，决定让特斯拉去康涅狄格州找安东尼。特斯拉的这一次旅程可以说顺利，也可以说不顺利。他正好碰上1888年大暴雪，东北部大雪纷飞。特斯拉被困住好几天。但是他见到了安东尼，在他面前展示了交流电动机。安东尼喜出望外，没想到这个年轻人能搞出这么有前景的产品。当然，特斯拉没有把最新的技术拿出来，他也怕别人抄袭。这几个电动机都是多相电机，也就是必须拉两根以上的电线。其实这时候特斯拉已经搞出了单相电动机。两根电线就可以驱动了。要知道现在铜材这么贵，多根电线就多花一笔钱呢。

但是安东尼对于三相电机要用4根线一点也不在乎。他认为这种电动机是安装在工厂里的，工厂多半会有自己的发电车间，电线也不会拉太长。后来，安东尼去特斯拉在曼哈顿的实验室参观了一次，当然，安东尼必须发誓保密，因为他看到了更多的新东西。后来安东尼在给友人的信里面描述了他看到的电动机：一个12磅（约5千克）重的转子，转速每分钟3000转。让安东尼惊奇的是，这个转子没直接通电，完全是靠感应产生的电流来旋转，也就是说，产生磨损的只有两个轴承。直流电动机可就不一样了，除了轴承，还必须有电刷和换向器，这样才能把电通到转子上。所以直流电机就不得不面临一个矛盾，电刷压紧的话，电流损失比较小，但是摩擦力会加大，电刷压得松一点，轴在转动的时候摩擦力小，但是会有接触不良，供电损耗大。对于特斯拉的交流电机则完全没这个纠结，因为它根本就不需要电刷，凑成一个旋转的磁场就可以驱动转子了。

安东尼对特斯拉大加称赞，开始在自己的朋友圈里面到处推荐特斯拉，特斯拉的合伙人终于达到了目的，特斯拉的名号已经在圈子里打响。

安东尼还在1888年5月麻省理工学院艺术学会的一次演讲中讲到了特斯拉的成就。

特斯拉的合伙人也没闲着，拉来了更多的专业媒体的朋友参观。《电气世界》的编辑马丁拜访了特斯拉的实验室。当他看到交流电动机的时候，他立刻意识到，这个默默无闻的塞尔维亚人将成为下一个电力巨人。

从一个媒体人的角度来看，特斯拉有实力，拥有高超的技术和天才的头脑。他有理想，一直想用交流电为公众造福，改变世界，特斯拉身上有一股科学诗人的气质。而且特斯拉很有故事，现在交流电的技术版图上就缺一个电动机，恰好就是这个默默无闻的新移民填补了这个空白，能在新大陆出人头地，这妥妥是美国梦的典范啊。况且他曾经在爱迪生的手下供职，前任员工挑战过去的老板，这出戏显然有看头。

这出好戏必须要有一个好的开头才行。马丁推荐特斯拉到美国电气工程师学会去做演讲，让他能够获得整个行业的认可。那时候，美国电气工程师学会刚成立几年，马丁本人刚好是电气工程师学会的主席，这一次大会就要卸任了，安东尼是现任副主席。他们拿出了最好的资源来推荐特斯拉。可是特斯拉推三阻四，就是不想去，一来他沉浸在发明创造的快乐之中，二来他的身体也不太好，还病了一场。而且他对泄露技术细节顾虑重重。马丁和安东尼调动了很多人来劝说特斯拉，特斯拉勉强同意了，在演讲前一天晚上，他才写好演讲稿。

1888年5月16日，在麦迪逊47街的哥伦比亚学院召开了美国电气工程师学会的大会。大会前半段是感谢马丁先生在前一个主席任期内做出的贡献。在此之后，会场上搬进来两台电动机。大会的主持人是爱迪生公司的财务主管厄普顿，他也是电气工程师学会的副主席。厄普顿把特斯拉介绍给大家，大家看到一个身穿燕尾服、体型非常消瘦、留着中分发型、略带贵族气息的年轻人站到了大家面前。特斯拉才是这次大会的主角。

特斯拉还挺谦虚，一上来先感谢马丁、感谢安东尼，感谢这个感谢那个，就跟颁奖礼的说辞差不多。他说他身体不好，得到消息也太晚了，稿子写得也很仓促，请大家见谅。实际上他是不愿意来，怕在专利申请批下来之前就让大家得知技术细节。你想啊，在场的都是行家，都是属于看一眼就能回家仿制个八九不离十的主儿，防着同行跟防贼差不多，特斯拉也必须加以小心。

特斯拉演讲的题目是《一个交流电动机与变压器的新系统》，用词还是很温和的，但是演讲内容却充满火药味儿，特斯拉力挺交流电，他预言将来交流电必定会有大发展，你们以为这台电动机就像过去的那些老式设计，需要把交流电转化成直流电才能使用吗？你们以为电动机一定要换向器和电刷吗？你们太没眼光了。然后特斯拉就开始讲述多相交流电动机的工作原理，如何利用交流电的相位差来产生旋转的磁场。讲完之后特斯拉还做了演示，无数人目不转睛地盯着特斯拉的电动机。的确，这个转子根本不需要通电就能转。在场的同行们发出了惊叹，真想不到啊！

成功了！马丁要的就是这个效果，特斯拉只有成为人气明星，成为交流电的标杆人物，才能真正和爱迪生对抗，这场直流电与交流电的电流大战才能异彩纷呈。

接下来马丁发言，力挺特斯拉，安东尼也对特斯拉的电动机做了点评，评价也非常高。这时候突然有个人站了出来。他告诉大家，特斯拉绝不是交流电动机的唯一发明人，他是发明人之一。

23 电流大战：商战白热化

接下来发言的这个人就是汤姆逊－休斯顿电气公司的创始人之一汤姆逊。他声称自己一直在研究交流发电机。1887年6月，他还给美国电气工程师学会提交过相关的论文。不过汤姆逊的设计是有电刷的，和特斯拉的设计有很大的区别。不过汤姆逊还是提醒大家，不要忘了他在交流电动机方面的贡献。他实际上是在礼貌地告诉特斯拉，特斯拉并不是第一个研究交流电动机的人。戏法人人会变，诀窍各有不同。但是在专利市场上一定会有利益冲突。

汤姆逊－休斯顿电气公司和西屋公司的合作非常紧密，他们也在开展中心电站业务，不过汤姆逊－休斯顿公司不造中心电站，而是和西屋公司合作，接到订单两家公司分成，汤姆逊－休斯顿也需要付给西屋公司一定的专利费用。他们也在帮助西屋公司处理一些诉讼官司。总之，这家公司与自己搞独立发明的公司有所区别，他们更希望帮助业内有希望的新星发财。

特斯拉当然明白汤姆逊的想法，这个家伙不就是想来"蹭流量"吗？特斯拉没有退缩，他也很有礼貌，首先他承认汤姆逊也是一个很有能力的发明家。但是特斯拉强调一点，那就是汤姆逊的想法和他早期的设计有相似之处，但是后来特斯拉放弃了这个想法，走了其他的道路。因为特斯拉觉得，一个没有换向器的电动机才是好的电动机。特斯拉话里有话，他也在警告汤姆逊，你想到的，我都想到过，你没想到的，我也想到过。

所以这一次大会，特斯拉成了闪耀的明星，但是大家难免心里酸溜溜的，在特斯拉面前，他们觉得自己矮了半截。他们亲眼见证了这个电气新星是如何冉冉升起的。后来特斯拉的文章也在专业杂志上大量刊登，大家都知道有个塞尔维亚青年发明了纯粹的感应电动机。这件事成了电气工程历史上的一个里程碑。

西屋公司在此之前就已经知道了特斯拉这个人。公司的雇员也到特斯拉那里去参观过。但是威斯汀豪斯并没有采取任何行动。他比较谨慎。但西屋公司的人在比较了多项专利以后，还是决定购买特斯拉的专利。当时在研究交流电动机的人不少，意大利的教授费拉里斯也搞出了一个交流电动机。不过费拉里斯纯粹是为了研究科学，他只是做了一个小模型，然后到处去演示，虽然时间上比特斯拉要早，但是他的所作所为和特斯拉这种卖专利赚钱的行为不是一码事。

西屋公司也有人在搞交流电动机的研究，当时西屋公司发现自己缺一款交流电度表，没有电度表怎么收费呢？难道像爱迪生公司那样靠估算吗？爱迪生固然可以靠估算灯泡数量来计算电费。可是工厂用的电动机是不能这么算账的。

交流电度表的基本原理其实与感应电动机有异曲同工之妙，所以西屋公司内部也搞出过感应电机，但是并没有得到威斯汀豪斯的注意。后来当事人还抱怨了好久，直到威斯汀豪斯去世，他还在抱怨。西屋公司和特斯拉的合伙人谈判，特斯拉的合伙人开了一个比较高的价码，而且放出风去，说很多人都在排队等着签约。西屋公司这边的谈判代表听完吓了一跳。特斯拉的合伙人继续说，安东尼要到旧金山一个大老板那边去任职，有他的大力推荐，肯定不会有资金上的问题，我们开什么价，人家都是会答应的。西屋公司的人马上给上级打报告，说星期五之前答复。威斯汀豪斯的紧迫感立刻上

来了，支持意大利人还是支持塞尔维亚人呢？最后西屋先生决定购买特斯拉的专利，因为他知道特斯拉是实干家，比意大利科学家靠谱，手脚更麻利。

其实，根本没有大批的金主排着队上门来特斯拉这里买专利，特斯拉最后却还是将一部分专利以比较高但是不算离谱的价钱卖给了西屋公司，因为威斯汀豪斯的人缘好，人品很不错，他公正、不气馁，是个说话算数的商人。当然，特斯拉还获得了一部分西屋的股份，而且特斯拉还收取专利的使用费，每马力2.5美元。如果特斯拉愿意从纽约搬家去匹兹堡，每月还能拿一笔补助。这也是西屋公司与特斯拉合作的开始。

特斯拉自己也希望能够发财，但是他并不是对财富本身有什么企图。有钱没钱对他来讲不重要。但是假如能够发财，他就可以衣食无忧，心无旁骛地投入发明创造，不用看别人的脸色，也不用在老板手底下受委屈。对于特斯拉这样的人来讲，他要做的是改变世界。

1888年7月，特斯拉坐火车去了匹兹堡，来到西屋公司的总部。随着特斯拉的到来，西屋公司如有神助，开始拥有与爱迪生公司叫板的能力。电流大战也刚好进入了白热化的阶段。《纽约晚邮报》刊登了长篇读者来信，控诉交流电的危险。信是这样开头的："一个叫斯特雷福的可怜孩子，他4月15日在东百老汇街碰了一根电报电线，立刻触电身亡，与此相类似的事情接着又发生了，在鲍厄里街200号前和5月11日的百老汇616号，类似的悲剧发生在威特先生和威廉姆·默里身上。每天都可能有新的遇难者。"

写信的人叫哈罗德·布朗，他抨击那些悬挂在街头的电线，别的城市都规定电线必须埋入地下。唯独纽约没有这样的限制，很快纽约的电线就像蜘蛛网一样肆意扩展，布朗先生如此抨击也不算没道理。但是布朗话锋一转，马上开始批评交流电是不安全的。抨击的角度还是从一般人的思维习惯出发，那就是把一切问题都转变成道德问题。布朗先生认为，为了节省少量的铜线而置公众的安全于不顾是非常恶劣的行为。公众应该起诉这些运营交流电的公司。

这封来信似乎写得义正词严。但是你要读懂了其中的深层含义，就会知道这是想让西屋公司倒闭。当时美国有集体诉讼制度，某个人因为触电死了，家人肯定要拉着电气公司打官司，让公司赔钱，但是如果受害者太多，法官哪有可能一件件来处理呢？干脆打包在一起，集体处理，审理过程不需要一大群受害者全体到场，只要几个受害人的代表参与诉讼过程就行了，判决的结果可以推广到其他人。那么多人，每个人都要赔一笔钱，哪个公司能承受得住呢？

这种集体诉讼在环保领域非常管用，因为受害者往往是许多人。商品质量出问题也是适用的，这种办法的效率高，如果企业败诉，弄不好能赔得倾家荡产。

尽管当时美国的集体诉讼并不完善，但要是一群人真的去法院状告西屋电气，西屋电气肯定是难以承受的。更要命的还不是钱的问题，假如能够利用公众的情绪推动立法，禁止使用高压交流电，那么就会彻底封杀这一项伟大发明以及依附这个技术存在的新生事物。这就不仅仅是西屋一家公司的事情了。

布朗在信的最后，呼吁禁止300V以上的交流电。他果然就是冲着整个行业下手的。这个布朗先生是何许人呢？他只是个在纽约的工程师和电力顾问，是个没什么名气的小人物。他对交流电很熟悉，因为他自己设计过弧光灯发电机的安全装置，弧光灯用的就是高压交流电。历史学者也没想通布朗先生为什么要对交流电如此抨击。看上去他和爱迪生阵营没有联系。虽然他经常出入爱迪生的实验室，但他并不是正式的雇员，他本人似乎和交流电也没有什么利害关系。至于他私下里是否与爱迪生有什么关系，现在已经难以知道了。

《纽约晚邮报》的控制人亨利·维拉德是爱迪生长期的金主，他非常喜欢这篇读者来信。头版大标题刊登出来，当然是为了打击交流电。这个维拉德不久以后将会成为爱迪生公司的总裁。虽然爱迪生对交流电是仇视的，

273

但是很多事情并不是他干的。那时候爱迪生已经渐渐失去了对公司的控制权，金主们喜欢安排职业经理人来处理公司的正常业务。

布朗是内行，他提出的建议得到了纽约市电力控制委员会的重视，本来这个委员会一贯拖拖拉拉，这一回倒是反应迅速。布朗火药味十足，他要委员会把他那封信全部记录在案，他还自己拟定了一套电流安全标准，他要求委员会把这一份标准当作问卷交给各位科学家和工程师去评判。电流大战已经到了白热化的阶段，双方都不满足于打舆论战了，而是进入了法律战的阶段。

威斯汀豪斯也收到了这份问卷，但是他没有回答。后来委员会正式要他去答辩，爱迪生一般是不会参与这些法律事务的，但威斯汀豪斯不是这样的人，他决定自己去迎战。他给纽约市电力控制委员会写了一封信，这封信也是一份公关文件。威斯汀豪斯明确指出，自己的交流电站已经有127家列入计划，其中建成的有98家，这些电站从没发生过火灾，可是爱迪生的125家电站却发生过好多次火灾，有3家电站被彻底烧毁。爱迪生的直流电在用户那里也发生过火灾，最出名的就是费城大剧院的火灾。看来，直流电也不是想象得那么安全。

当然，既然是吵架，那就少不了当面锣对面鼓地扣帽子。电力控制委员会还收到了一些工人的证词，写的都是在潮湿的环境里他们跟交流电接触后的感受，比如被1000V的高压电电得晕过去，都是诸如此类的内容。布朗先生不在家，也就没参与这一次吵架。他正在爱迪生的实验室里寻找交流电不安全的证据呢。他给爱迪生写了一封信，要求提供帮助。爱迪生大方地允许他到自己最新的实验室里来做实验。爱迪生的实验室比门罗帕克的扩大了10倍。一切设备都显得非常高端。现在，爱迪生更加注重正规化，实验室保存了8000种化学药品，以及各种尺寸的螺丝等配件。实验室也不再像当年一样到处都是乱堆乱放的东西，现在各种材料分门别类地摆放得井井有条。

经过几个月的折腾，布朗先生终于拿出了他的研究成果。又是在哥伦比亚学院，一大堆媒体记者和电力工程界的人来到了这个地方。布朗首先宣称自己很公正，不代表任何公司和商业团体的利益。他弄来了一只大狗，看上去很凶猛的样子。他给这个大狗通上300V的直流电，大狗开始惊慌不安，加到400V，那只狗已经开始嗷嗷乱叫了。场面太过刺激，在场的人甚至觉得自己也开始头皮发麻。当电压加高到了700V时，狗挣断了皮带，大家把狗抓回来继续升高电压。加到1000V，很多人开始逃离房间，他们实在是受不了这样残忍的场面。最后大家都看不下去了，喝令布朗停止实验。

事情并没有完。1000V的直流电也没能把狗彻底弄死。结果布朗给狗通了330V的交流电，这狗马上就死了。布朗要证明的是什么呢？那就是1000V的直流电远比330V的交流电更加安全。更不用说低压直流电了。但是，似乎媒体和公众的注意力完全不在交流电的安全性上，大家此起彼伏地抨击布朗虐待动物。

布朗不甘心，他又在公众面前做了很多次电死狗的实验。后来还不断升级，比如电死一头牛之类的事情他也做过。推进用交流电执行死刑的工作也在推进。现在讨论的是一些细节问题，比如犯人要躺着通电还是坐着通电？比较之后，他们还是选择了坐着通电。

威斯汀豪斯一贯是以静制动，不跟人吵架。他坚信交流电的好处会占据大量市场。尽管局面似乎对他不利，纽约有希望通过法案，规定电压不得高于300V。1888年，爱迪生方面一直在主动进攻，西屋公司的回应并不算非常积极。因为西屋公司知道爱迪生直流电系统的致命弱点，就是传不远，这也就意味着高压交流电是无法替代的。他们心里有底。况且还有特斯拉这样厉害的人在他们公司当顾问。

也就在这个时候，市场显示出了不可思议的一面。在经历了18个月的高价之后，铜价开始暴跌，垄断者显然没能预料到这一点。塞克雷坦本来以为自己控制了全世界的铜的供应。但是他想不到17美分的高价吸引了另一伙人加入了竞争。他们就是收废品的人，千万别小瞧这些收废铜烂铁的人。短

期内，这些人向市场投入了7万吨铜，几乎达到全世界用量的25%，很快，价钱就跌到了12美分。电气工程行业算是松了一口气。这也算是电流大战的一个小插曲。

特斯拉来到匹兹堡，见到了威斯汀豪斯，他对威斯汀豪斯的感觉非常好。威斯汀豪斯身材魁梧、体型匀称，浑身散发着工作的朝气，而且人品很不错，拥有良好的口碑。两个人可以算是很投缘的。特斯拉赶回纽约收拾了一下，再次来到匹兹堡，给西屋公司当顾问。但是特斯拉在西屋公司的工作不算顺利。因为他名气比较大，脾气比较怪，因此跟西屋的很多员工合不来。特斯拉设计的交流电动机的工作频率是60Hz，但是西屋电气的标准是133Hz，西屋公司不可能放弃自己的标准去迁就特斯拉，所以这方面的磕磕碰碰是少不了的。特斯拉在西屋电气只工作了1年就走了，但是他和西屋电气建立了非常紧密的联系，西屋公司有什么技术难题还是会想到这个电学奇才，把特斯拉找来当临时顾问。

离开西屋电气以后，特斯拉随着一个美国的电气工程方面的代表团去欧洲访问。在欧洲，特斯拉可能接触到了赫兹有关无线电波的某些信息，而且在和欧洲同行的交流之中了解到了高频交流电的很多特性。高频交流电有很多奇怪的特点。比如说，对于直流电和低频交流电来讲，电流总是在整个导线的截面上平均分布的。但是，频率达到每分钟200万次振荡的话，电流的传播方式就会发生明显的变化，电流总是贴着导线的表皮走，不走中间，这就等于白白浪费了铜材，还使得电阻增大，这种现象被称为集肤效应。当然，可以把电线做成空心的，反正中间的那部分电流根本就不走，或者核心部分用钢丝代替，增加电线强度。还有一种办法是把一根粗电线变成多股细电线，截面积不变，但是表皮面积增加，也可以解决这个问题。

同时，集肤效应还带来了一个意想不到的好处，那就是高频交流电通过人体，只会把表皮烧焦，这样一般就不会造成致命伤。如果被电的人皮糙肉厚，说不定不会有大碍。钢铁厂也可以利用这个效应进行热处理，用高频交流电靠近金属零件，金属零件感应出来的高频电流也只是在表皮上流过。表皮被烧红了，里面可能还没热呢。可以用这样的办法给零件表面淬火，来增加零件的表面硬度。高频高压交流电还可以激发气体发光，有些型号的节能荧光灯就是把50Hz的交流电转化成50kHz的高频交流电，然后再点亮荧光灯管。特斯拉是最早研究这个领域的工程师之一。

整个电流大战大约分为三个阶段。第一阶段就是媒体战与舆论战，关注的焦点就是交流电的安全性。爱迪生的阵营会使出各种手段来抹黑交流电，但是威斯汀豪斯从来不为所动。因为他坚信自己的技术要比爱迪生的技术更好。远距离输电是直流低压系统根本无法胜任的。这个致命的缺陷无论怎样都无法弥补。所以威斯汀豪斯的公关策略就是强调他对社会做出的贡献，描绘交流电优越的前景。

爱迪生阵营总觉得杀伤力不够大，他们开始倾向于拿出更厉害的杀器来对付西屋电气公司。毕竟西屋的增长势头非常迅猛。所以爱迪生阵营一直在等待一个机会，一个真实展现交流电的危险与可怕的机会。他们一定要让交流电与死亡恐惧联系在一起。

1889年3月29日，布法罗的一个菜商醉醺醺地回了家。等待他的是妻子和4岁的女儿。当他迈进家门的时候，他看见妻子端着一口平底锅站在厨房里。然后，这个菜贩子借着酒劲朝着妻子大喊大叫，院子里的几个帮工都听见了。他们知道，要是老板喝醉了酒，千万别往他面前凑，那是要出人命的。这个菜商去后院的马棚里拎了一把板斧回了屋子，然后屋子里就响起了争吵声。

凌晨时分，屋子里传出一声惨叫，房东发觉不对，闯进来一看，菜商的妻子已经倒在了血泊之中。等到急救马车冲进院子救走菜商老婆的时候，一切都已经太晚了。最后这个可怜的女人不幸身亡。《布法罗晚报》当然不会放过这样的新闻，刊登了头版新闻，大字标题是"南戴文森街的杀手"。大家都知道这个菜商名叫霍特。等到警察讯问之后，大家才知道，他根本不

叫霍特，他叫凯姆勒。他妻子也不是他妻子。两个人都抛弃了自己的家庭，走到了一起，没想到最后竟然是这么一个结局。凯姆勒一点儿都不怕，大不了被判死刑，他估计自己会被判处绞刑。只是他没想到，他没有被判处绞刑而是电刑。

《布法罗晚报》推测，凯姆勒恐怕会被判处电刑，他将是纽约州第一个上电椅的人。果然，5月10日，陪审团判定他有杀人罪。5月13日，法官判处他电刑。电流大战也因此进入了一个让人毛骨悚然的阶段。电死猫狗是一码事，电死一个大活人那又是另外一码事了。菜商的家当全都变卖了，凑足了5000美元。他需要找个可靠的人来抚养4岁的女儿。所以他也不愿意掏出一分钱来找律师。他不找律师，可是居然有大律师来找他了。

前任的纽约州参议员伯克站出来为凯姆勒辩护，他是个非常优秀的律师，曾经给报业大王普利策当法律顾问。他对法律圈和政治圈都很熟悉，是个深谙游戏规则的老手了。伯克在拼命上诉，布朗在加紧步伐准备电刑的所有设备，毕竟这是破天荒头一次，天知道这些设备可靠性如何。爱迪生方面对此是很担忧的。因为伯克找到的突破口不是凯姆勒有罪无罪，而是电刑是不是酷刑。

纽约州通过法律的初衷是为了减低死刑犯的痛苦，罪犯被挂在绞刑架上要好久才死去，这个过程显然是痛苦而受折磨的。那么，爱迪生方面就必须拿出证据来，证明电刑要比绞刑快得多。假如支持电刑的人拿不出相应的证据，那就不能实行电刑。

爱迪生阵营连篇累牍地污名化交流电，其实已经弄得公众够心烦了，自然在舆论上会引起一些反弹。随后，凯姆勒被转移到了州立监狱，伯克一直在上诉。法官任命伯克律师担任仲裁人。伯克律师自然是要召集相关人等来问东问西，问布朗先生前狗被电死的时候到底是痛苦还是不痛苦呢？布朗说狗不痛苦，但是在场的人都认为，狗还是蛮痛苦的。的确，这事儿怎么说都行，子非狗，安知狗之痛啊？贝克律师又找了其他的证人，有个搞气象的人说他之前在下雨天站在华盛顿纪念碑上被雷劈过。他也没什么事儿，到现在还是活蹦乱跳的。再找其他的专家来问，有人说每个人的电阻不一样，身体也不是均匀的组织，所以通电效果各不相同。

没办法，现在各方面的证据都有，就是决定不下来。7月23日，爱迪生出席听证会。这场会议的音量极大，因为爱迪生耳背，不得不大声一些。爱迪生的权威震慑了在场的人，他说可以用稀释的碳酸钾溶液来增加导电性，以防电线和皮肤接触不良。他的名气太大，假如这个电气时代的开创者都倾向使用电椅，那么谁还能反驳呢？

事情拖到8月，仍然无法决定。纽约的天气非常闷热，爱迪生很多电气工程界的同行去尼亚加拉瀑布纳凉散心。他们都对爱迪生非常不满，因为他们进行电气工程研究为的是造福人类，不是为了把人电死。他们联名上书，请求取消电刑。经过几个回合的较量，这事儿被捅到了法院。最后还是运气帮了爱迪生阵营一把。就在法院附近，有个电工因为操作不当，从电线杆上掉了下来，被无数条电线缠住了。接着，这个电工浑身冒出蓝色的火花，一阵阵的焦煳味飘满了整个街道。45分钟以后，电流才被切断。救护车把他救下来的时候，他已经烧煳了。市长此时卧病在床，他听到这个消息，立刻下令切断所有高压电弧灯的电源，纽约的街头陷入一片黑暗。

西屋公司也在展开舆论上的反击。他强调爱迪生自己的阵脚也在松动。爱迪生手下的分公司也有人呼吁使用交流电技术。因为直流电的服务半径太小了，在很多地区，要是不使用交流电，那就等于是把市场白白让给西屋公司。西屋公司也说，市场是开放的，公众会用钞票来投票嘛。你看这几年到底谁卖出去的货更多呢？西屋的产量连年提高，还供不应求。可见老百姓根本就没有多少受到舆论的影响。

就这样，双方一直吵到了1890年。纽约最高法院的法官判决，只有火刑、车裂、炮轰、烧死、吊在铁索上饿死、剖腹和在十字架上钉死算作酷刑。其他的都不算，电刑当然也不算。凯姆勒情绪低落，问他有什么最后的

要求没有，他说他只想要一口松木的棺材。

行刑是在地下室进行的。在场的医生、法官和技术人员反而比死刑犯更加紧张。凯姆勒还安慰他们，叫他们放松点儿。布朗先生没有出现，自从他被人揭发拿了爱迪生的好处以后，就躲起来了，他的利用价值已经没有了。他现在巴不得撇清关系。

凯姆勒的脚上穿了一双毛拖鞋，事先被放在碳酸钾溶液里泡过。手脚事先也都浸泡了碳酸钾溶液，现在都被绑在电椅上，头发全剃掉，脑袋上套了个皮套，里面有海绵，也在碳酸钾溶液里浸泡过。屁股位置的裤子被剪开一个大洞。这都是为了增加接触面积。

周围有二十几个人在场，不少是媒体的记者。通电的一瞬间，犯人的身体突然绷直，面罩里冒出了白沫，然后就是鲜血乱喷。过了17秒，大家以为他死了，哪知道他还活着。现场有好几个记者已经吓瘫了，其他人赶快把他们抬走。这边操作人员手忙脚乱地给犯人继续通电。电火花冒着蓝光，犯人的衣服已经着了火。过了几分钟才把电流断开。医生检查，犯人的确是死了。这些人走出房间才发现门外的警察居然在哭。纽约的各家报纸大篇幅报道了这次死刑的执行细节。爱迪生还抱怨工作人员把事情搞砸了，电极应该是连接手心的，他们搞错了地方。

西屋先生不以为然，他认为这是搬起石头砸自己的脚。这样的死刑过程，还不如拿斧子砍头。特斯拉40年后还在谴责电刑，除了残忍，还因为用的是他心爱的交流电。此举会败坏交流电的名声，让他实在不爽。后来，爱迪生又玩过电死大象的把戏，不过那时候已经没多少人在意了。爱迪生本人也快要在这一场电流大战之中出局了。

英国老牌的巴林银行出了大问题，由此引发了1890年的金融恐慌。从1891年起，大家手头都有些拮据。无论是西屋电气还是爱迪生通用电气公司都不好过，他们都在努力稳定自己的资金来源。摩根把汤姆逊-休斯顿公司的总经理科芬和爱迪生通用电气公司的总经理维拉德叫到了自己的办公室。

他厌烦了公司之间无止境的法律大战，互相指责对方侵权，互相指责对方抄袭自己的创意。在摩根看来，你们的创意恐怕古罗马人就已经全都鼓捣过一遍了，阳光底下是没有新鲜事儿的。

爱迪生通用电气公司和西屋的法律大战战火正酣。到头来大家发现，除了律师们大赚一笔，大家都是输家。摩根希望把汤姆逊－休斯顿公司和爱迪生通用电气公司合并。因为他觉得汤姆逊－休斯顿的领导科芬比维拉德能干多了。金主摩根发话了，谁也违拗不得。最后合并的公司，爱迪生本人股份很少，就连名字都被摘掉了。公司改名为"通用电气"，日后，通用公司成了一个业界传奇。这家公司培养的科研人员曾两获诺贝尔奖，也曾经帮助国家赢下世界大战，曾经是"美国商界的象征"，培养了近200位五百强CEO。

至此，爱迪生本人完全脱离了电气工程的行业，他要去寻找他的新天地了。通用公司已经脱胎换骨，就看西屋电气如何接招了。

24 再次交手：尼亚加拉争夺战

西屋公司同样也会面对金融危机，他们的资金同样也会出问题。为此威斯汀豪斯跑东跑西，到处去见投资人和金融家，在曼哈顿转了一大圈。大家对他的一致意见就是买专利太大方，花钱太多了。要知道专利并不是花一笔钱以后就一劳永逸，而是按照电器的功率来计算的。你只要不断地建立新的电站，发电机功率有多少瓦，那就要给相应的钱。威斯汀豪斯买了大量的专利，而且价钱都不低。这也就成了公司开支的很大一部分。对此，投资人是颇有微词的。而且威斯汀豪斯到处打专利官司，为此也花了不少钱。这钱最终都进了律师们的口袋。最大的专利纠纷，就是与通用电气有关灯泡的专利纠纷。

既然西屋先生来到曼哈顿，当然可以就近去特斯拉的实验室转转。特斯拉先前去欧洲游历，正好碰上巴黎世博会。当时人们的热议话题就是高耸的埃菲尔铁塔。埃菲尔铁塔是巴黎的象征，也是工业时代的象征。

特斯拉在世博会上和来自世界各地的同行积极交流，探讨最新的电气工程技术。后来，他去了奥地利，去了匈牙利，当然见到了不少老家来的亲人，还回家看了看病危的母亲。相比好几年前孤身一人离开家乡的时候，如今的特斯拉已经是媒体热议的电气巨人了。

回到曼哈顿以后，特斯拉仍然保持着一贯风格，生活上一点都不马虎，从头到脚都是巴黎最高档、最时尚的服饰。他住在曼哈顿最老牌的高级酒店，每天都去美国最高档的法国餐馆用晚餐。餐厅的人都知道他的习惯，早就准备了18张餐巾纸，整齐地码放在盘子边上，特斯拉总是自己动手把所有餐具擦一遍，他怕细菌，而且怕得要命。如今他有钱了，不再是过去的穷小子。西屋公司会按时付给他专利费，陆陆续续给了约有一百万美元。虽然他总是在实验室熬夜工作，到酒店也就是睡上几个小时，豪华套房的利用率很低，但是特斯拉是不能容忍降低标准的。

威斯汀豪斯见到特斯拉时，他正在实验室里摆弄电气设备。威斯汀豪斯非常坦诚，他告诉特斯拉，他遇到麻烦了。因为投资人觉得他购买专利花了太多的钱，特别是付给特斯拉的专利费。他还告诉特斯拉，他的未来就掌握在特斯拉的手里。特斯拉对商业上的事情并不是太懂。他问威斯汀豪斯，假如他不放弃收取专利费，不放弃和西屋之间的合同，那又会如何呢？西屋先生告诉他，自己肯定得不到投资人的支持，只能走人。公司也肯定会破产，换别人肯定不行，就算换成特斯拉，特斯拉能经营好一个这么大的公司吗？公司破产的话，特斯拉的专利费找谁要？

特斯拉稍微犹豫了一下，他问威斯汀豪斯，假如他放弃了专利费，威斯汀豪斯能不能保住公司的控制权呢？假如能行的话，威斯汀豪斯会不会继续把多相交流电推向全世界呢？威斯汀豪斯当即表示，多相交流电是一个伟大的发明，他一定会努力把这个技术推向全世界。对此特斯拉很感动，因为这才是他真正的梦想。两个人见面虽然不多，但是彼此都将对方看作自己真挚的朋友。特斯拉说，别人都看不懂交流电的优越性，只有威斯汀豪斯愿意买他的专利。特斯拉最终决定，放弃专利，交流电将属于全世界。

要知道专利都是有期限的，不能无止境地一直属于发明者。特斯拉损失了一大笔钱，但是也没有想象的那么多，起码西屋公司已经给了不少钱了。况且特斯拉对自己有信心，他当时正在钻研高频交流电的技术。这是一个新的领域，西屋先生在特斯拉的实验室里看到了很多充了稀薄气体的灯

泡，不需要灯丝，它用高频交流电就能亮。

1891年，在马丁等人的推荐下，特斯拉再次在同行们面前做了一次讲座，时间长达3个小时，主要内容就是新型光源。爱迪生发明的电灯泡虽然非常实用，但是太费电了。只有2%的能量变成了光，剩下的98%都变成热白白浪费了。特斯拉认为用交流电来激发气体发光是更高效的发光方式。一场讲座下来，大家对此叹为观止，因为到处都在发光，而且特斯拉还能弄出一尺长的电弧，这在后来被称为特斯拉线圈。他似乎不怕高压电，手里捏着的灯泡居然也能亮起来。大家都觉得不可思议。

其实用人体作为导线并不神奇。老式的试电笔中间有个氖泡，前面有个非常大的电阻，人体要接触试电笔尾部的电极，电极连接到氖泡的另一端。前段是金属螺丝刀。当螺丝刀捅到220V的火线，氖泡就会发光。特斯拉手握特制的灯泡在高频交流电的激发下发光其实跟试电笔的氖泡发亮是一个道理。是不是安全取决于通过人体的电流有多大，而不是电压有多高。利用高频交流电，他甚至能做出不需要电线的灯泡。全靠灯泡内部的线圈来感应电流，当然不需要外接电线。

西屋先生经过一系列努力，稳定住了投资人的阵脚，也牢牢控制住了自己的公司。这一次他是幸运的，但是他并不总是幸运的，他晚年还是被踢出了自己的公司，这是后话了。灯泡的官司尽管被西屋公司采取各种措施一再拖延，但最后还是尘埃落定，法院裁定爱迪生的灯泡具有原创性，专利不可否认。离1879年的那个奇妙的夜晚已经过去了11年，这场官司真是打得旷日持久。到1894年，爱迪生的专利就要到期了，现在确认了通用公司的灯泡专利，也就等于确认了通用的独家垄断地位。市面上出售的灯泡只有一半来自通用公司，法官锤子一敲，其他的灯泡也就成了盗版，这对业界的震动当然很大。

1892年，威斯汀豪斯来到芝加哥，这是一座新兴的城市，比匹兹堡更大，工业更加发达。有几十条铁路线从芝加哥通过。据说这座城市有200多位百万富翁。这还是一座野心勃勃的城市，芝加哥人将要举办1893年世博会，主题是纪念哥伦布地理大发现400周年。整个场馆的招标工作马上就要进行了，照明工程由哪家公司来负责呢？首选当然就是通用电气公司。他们握有白炽灯的专利权。

一开始西屋电气没参加招标，于是通用电气的总裁科芬开始漫天要价。6000盏灯，每一只居然报价38.5美元。这个价钱非常高。芝加哥爱迪生公司曾经与组委会合作过，建筑工地的照明就是他们负责的，一只灯泡只要11美元。现在简直是坐地起价，涨了两倍还不止，组委会只能接受20美元的报价。

芝加哥世博会最大的一笔电气合同是室外照明，因为要用9.2万个灯泡。参与招标的只有两家公司，一家是通用电气，一家是南方机械金属公司。南方机械金属公司名不见经传，是芝加哥本地的小公司。通用报价18.5美元一盏灯，南方机械报价6.8美元。组委会当然希望用南方机械的灯了，太便宜了。但是这家工厂能生产灯泡吗？从没听说过这家公司啊！人家说了，没关系，他和西屋电气公司合作，西屋电气能生产灯泡。原来这个小公司和西屋电气有关系。组委会知道西屋电气要参加，开心坏了。因为通用公司有了一个强大的竞争对手。电流大战进入了第二阶段，现在就看谁能拿下芝加哥世博会的照明大单。所以威斯汀豪斯才坐上豪华的专列，来到遥远的芝加哥。他要拜会组委会的人，迅速敲定这笔订单。

通用电气的科芬先生迅速降低报价，每一只灯泡只要6美元。最后一轮招标，西屋电气的价钱比通用电气便宜了8万美元。经过连续几轮的较量，组委会内部也出现了分歧。原来，组委会的成员也和各大公司有着千丝万缕的联系，所以这个决定是不容易做出的。为此，组委会没少通宵达旦地开会讨论，最后还是咬咬牙，把订单给了西屋电气。

科芬知道以后，当然气急败坏。他扬言，只有通用电气有权生产电灯

泡，其他人必须来通用电气购买，通用电气显然不会卖给西屋。即便是法院做了判决，通用电气必须对所有人一视同仁，不得歧视，通用电气仍然可以卖个非常高的价钱。关键问题就是如何绕开通用的灯泡专利。威斯汀豪斯回了匹兹堡，赶紧把工程师们全招来布置任务。

灯泡方面，威斯汀豪斯倒是不担心，工厂里现在有10万只灯泡，他完全供应得起。这些灯泡和爱迪生的不一样，爱迪生的灯泡是真空密封的，寿命很长。西屋电气的灯泡外号叫作"塞子"，灯头和灯丝是一体的，外边的玻璃泡是可以拆下来的。灯头部分就像一个塞子一样塞进一个瓶子，所以外号叫"塞子"。内部充进氮气，寿命不如通用的灯泡，但是价钱便宜，而且可以绕过爱迪生的专利。灯泡坏了，大不了勤快一点，换一个。况且这种灯泡只需要换"塞子"，玻璃泡不用换。

其实威斯汀豪斯知道，塞子灯的性能比不上通用的灯泡，只要能应付世博会就够了。毕竟世博会结束以后，爱迪生的专利也就快到期了。双方的法律纠缠一直在延续。通用一直希望法院判塞子灯侵犯专利，但是法院不支持。威斯汀豪斯长出了一口气。西屋公司下一个挑战是要建立美国最大的中心电站。要点亮世博会里里外外，一共需要16万只灯泡。过去最大的电站也只能点亮1万盏。交流电系统使用的就是特斯拉的技术，是两相交流电，不是三相。西屋公司还配备了多个备用发电机，一个坏了马上启用替补。世博会使用的发电机重达75吨，转子部分重达21吨。这12台大型发电机负责整个世博场馆的电力，同时他们也是世博会最大的展品。

芝加哥世博会的地点并不在市中心，而是在一块偏僻的沼泽地上。组委会在那里建造了150座宏伟的建筑，占地278公顷。这是第一届完全采用电气照明的世博会，在机械开关的控制下，灯泡交替亮灭，形成了一种动态效果。这是前所未有的景象。用蜡烛并不能形成这样的效果。克利夫兰总统亲自按动一个象牙和金子做成的手柄，在机械馆南端的发电机系统开始启动。随着电力源源不断地输出，喷水池喷出了巨大的水柱。芝加哥世博会正式开幕。

图24-1　芝加哥世博会上的摩天轮

在这次世博会上，人们第一次看到了巨大的摩天轮，随着摩天轮的旋转，人们可以看遍整个世博园区，看到那些熠熠生辉的电灯泡。摩天轮有36个车厢，每个车厢可以搭载40人，一次就可以搭乘1440人。在芝加哥的世博会上，人们第一次吃到了爆米花，就是电影院常见的那种，现在已经是流行文化的一个标志。同样，也正是在芝加哥世博会上，麦片走进了千家万户，成为美国人常吃的早餐。来美国参观的众多外国人第一次发现，美国人都在吃一种从没见过的零食，那个条状的东西叫作"口香糖"。人们第一次见到了自动走道，可以节省人的体力，如今在机场很常见，当时还是个新鲜玩意儿。

引起轰动的还有爱迪生的电影放映机，这个装置还很原始，要把眼睛凑到镜头前去看。但是人们第一次看到了活动的影像。最受欢迎的是一个大叔打喷嚏的图像。爱迪生当时主要的精力都放在采矿机的研发上。美国钢铁业大发展，但是铁矿石短缺。爱迪生希望把贫矿变成富矿，他的大部分钱都

花到了这方面。可这并不妨碍他偶尔回到自己的实验室摆弄些娱乐行业的大玩具，电影就是这个时期的发明成果。

图24-2　特斯拉线圈

在电力馆，人们第一次看到了特斯拉线圈，特斯拉充分发挥他的表演天分。他的周围电光四射，连电火花都有好几尺长。特斯拉线圈其实就是一个高频高压振荡器。电压高的话，可以达到上百万伏特，甚至可以说是一个闪电制造机。特斯拉当然也表演了用身体点亮灯泡的绝技，一些人对交流电的戒心逐渐消除。看来交流电可以做得很安全。特斯拉在这次世博会出尽了风头。

通用和西屋的展馆都布置得非常豪华，场面旗鼓相当。这是双方交手的第二个回合。西屋电气点亮了芝加哥世博会，可以说是赢了一局。电流大战还在继续，下一个争夺的焦点就不是世博会园区这4000亩地了，而是一座城市。一个电站能点亮一座城吗？

美国和加拿大的边境上，有一个举世闻名的巨大的瀑布，这就是尼亚加拉大瀑布。1857年，著名的风景画画家丘奇为大瀑布画了一幅油画，这幅画在纽约曾经吸引10万人排队观看。丘奇所画的大瀑布还是一派自然风光。但是那个时代，大瀑布周围早就不是自然状态了。铁路的大发展使得大量人群开始涌向大瀑布，于是在大瀑布的两边出现了繁华的城镇。大批旅游者到来，于是出现了大量的旅馆。从火车站去大瀑布需要坐马车，还要有大量的牲口棚，相应地，饭店、冷饮店、洗衣房等设施都建立起来了。为了迎合旅游者的需要，这里还出现了大量卖旅游纪念品的店铺。

这里吸引游客的不仅有自然景观，还有人类的挑战。有不少走钢丝、玩杂耍的人以挑战大瀑布为荣。有的还背着经纪人，从架设在大瀑布的钢丝上走过去，他还带着一个炉子，走到钢丝中间时还煞有介事地架好炉子做煎饼。你以为这就是最厉害的？还有更绝的人，人家倒挂在钢丝上，拿个脸盆去大瀑布里打水洗手绢……

所以说，在19世纪后期，大瀑布基本上是商人发财的地方，而不仅仅是自然景观。但是商人们最惋惜的是大瀑布的水力资源白白地浪费了，没有得到有效的利用，周围虽然也有不少的工厂，但是普遍规模不大。假如大瀑

图24-3　舍尔科普夫电站是尼亚加拉河边最早的电站，
20世纪60年代发生了塌方，现在只剩下一点遗迹

布的水力资源源源不断地转化为电力，那将是非常赚钱的生意。大瀑布的水流蕴含的能量可远高于黑乎乎的煤炭。纽约州政府当然不愿意大瀑布被破坏，因此制订了保护计划。但这还是挡不住商人们攫取水力资源的念头。于是有大胆的工程师提出一个计划，在大瀑布上游1.6千米的地方建立引水渠，这并不影响大瀑布的景观。引水流入一个蓄水池，然后这些水通过隧道冲进几十米深的地下隧道，带动涡轮旋转。在垂直隧道的顶端是水平隧道，水平隧道一直通向大瀑布的下游，水流从这里流回尼亚加拉河。

这个计划很宏伟，工程比过去小打小闹的取水发电要宏伟得多。但是这个工程需要很多钱，上哪儿去弄钱呢？当然还是要到华尔街去弄。尼亚加拉当地的工程师找到了纽约州的律师兰金。兰金社交范围很广，到处都有他认识的人。他迅速去找各方面的金主，说动他们投资这个计划。最后，兰金亲自去见在华尔街呼风唤雨的摩根。兰金磨破了嘴皮子才说动了这个老奸巨猾的酒糟鼻子。摩根认可了兰金的计划，但是还缺一个执行人。到底谁能牵头把这个计划不折不扣地执行下去呢？兰金没这个能力。但是他推荐了一个人选，这个人叫亚当斯。

摩根早就知道亚当斯，亚当斯也是个低调的金融投资家。这个人可不是简单的人物，他最擅长的事情就是拯救元气大伤的铁路企业。他曾经拯救棉花托拉斯，人家为此还送了他一个纯金的花瓶。亚当斯自己从1884年起就是爱迪生公司的股东，因此他也不是圈外人。亚当斯本人也非常看好尼亚加拉电站项目，因此他走马上任，第一件事就是去拜访美国最好的机械工程师塞勒斯，然后把他拉进了团队。

尼亚加拉电站工程拥有一个宏伟的目标，那就是用水力驱动200台涡轮机带动发电机，然后把这巨大的电力输送到42千米以外的水牛城布法罗。但是作为总工程师的塞勒斯知道还有许多工程难题摆在面前。他亲自到尼亚加拉瀑布溜达了一圈，做到心中有数。然后就跑去纽约将这些情况告诉亚当斯，继而说服了由103个金融大亨组成的财团，投资263万美元建设尼亚加拉电站。瀑布建设公司的总裁就由亚当斯担任，塞勒斯担任总工程师。

1890年，亚当斯和塞勒斯在欧洲跑了一圈，考察欧洲的各种水电站。在欧洲，水电站已经不是新鲜事物，但是规模都不大，他们也没忘了向欧洲的各位高人请教各种技术和规划问题。他们邀请全世界的科学家和工程师来为尼亚加拉电站献计献策。当然干了也不白干，是要拿顾问费的。其中最著名的一位就是威廉·汤姆孙。他前些年帮助建设了跨越大西洋的海底电缆，使英美之间可以直通海底电报。所以他不仅在理论方面水平很高，在工程方面也是行家里手，1866年他获得了爵士头衔。1892年他因为热力学方面的成就，以及反对爱尔兰独立，被册封为"格拉斯哥的开尔文男爵"。他很愿意大家称呼他的头衔开尔文爵士，名字倒是提起不多。这是后来的事情，亚当斯找到他的时候，他还没这个头衔呢。

1890年7月，国际尼亚加拉委员会成立了。委员会考察了当时北美和欧洲的电力传输项目，向欧美各国征集建造计划。一共收到来自6个国家的13份计划。其中有8份计划涉及电力输送，这8份里，有4份是用输电的办法实现，其中两份是直流，另外两份，1份是单相交流，1份是多相交流。西屋公司对此不屑一顾，因为给的钱太少了。威斯汀豪斯直截了当地指出，这是想用廉价的3000美元获得10万美元的计划，想得倒美。走着瞧吧，这些征集来的计划能顶用才怪。他们要想搞定，还是老老实实来问我。对于如何建立电力系统，西屋公司的经验是最丰富的。

事实被威斯汀豪斯言中了，这些计划都有致命缺陷，根本就不实用。正在亚当斯和塞勒斯在征集这些方案的时候，电站的土建工程马上就要开工了，兰金作为秘书长主持了开工典礼。共有1300个工人在隧道工地上夜以继日地工作着，他们实施爆炸、挖掘等工作，骡子拼命地拉着成车的岩石和砾石。但是当时电气工程系统还是没能定下方案。亚当斯和塞勒斯修改了过去的设想，使问题得以简化。1891年年底，他们向6家公司发出了招标邀请。有3家美国的公司、3家欧洲的公司。西屋公司和爱迪生通用电气公司都在

列，还有汤姆逊－休斯顿公司。1892年，爱迪生通用电气和汤姆逊－休斯顿公司合并了，美国的公司就剩下两家冤家对头。欧洲的公司其实就是来凑数的，美国人怎么会把生意给他们呢？

尼亚加拉电站计划在两个中心电站机房安装20台发电机组，它们将为水牛城提供工业用电。当然尼亚加拉瀑布附近也建立了工业园区，大家可以把工厂搬到大瀑布附近来。就近用电总比远距离传输更划算。资本家精打细算的功夫的确很厉害，他们甚至规划了工人新村。大批工人来到尼亚加拉瀑布城，一定会带动当地的消费，这又是一笔生意。

西屋公司和通用电气的电流大战仍然在继续。一方坚持交流电，一方坚持直流电。国际尼亚加拉委员会的开尔文爵士也是直流电的铁杆支持者，因此双方僵持不下。其实看看市场上中心电站的对比就知道直流电已经不是主流了，交流系统起码是直流系统的5倍之多。尼亚加拉电站方面自己聘请了一位电气工程师，他叫福布斯，是个苏格兰人。他是交流电的支持者，直接就把直流电方案给否决了。

但是直流电的支持者仍然有他们的理由，那就是现在没有好用的交流电动机，但是直流电动机却是非常成熟的东西。特斯拉的交流电动机虽然做了展示，而且表现良好，但是到现在为止并没有一个商业案例使用了特斯拉的交流电动机技术。特斯拉的技术方案还没有经历过实践的检验。但是令大家意外的是，一个检验特斯拉技术的机会很快来到了面前。在科罗拉多胡安山，几个矿山的矿主发了愁，煤炭要送到3600米的高山上必定成本惊人，附近的树木也都被砍光了，除了水力之外他们没别的能源了。最近经济形势不好，他们要么找到廉价能源，要么倒闭，没有其他的路可走，于是他们绞尽脑汁开动脑筋。离他们5千米远的地方有个瀑布，落差达到97米。他们写了一封信给西屋电气，询问能不能利用水力发电，然后把电力传输到他们的车间去粉碎矿石。要是能行的话，他们这个矿就能活下来。

西屋公司能卖给矿上一个交流电动机系统当然很开心。他们把发电机安装在了瀑布旁边的木板房里，从这个发电机连接一根电线穿过悬崖峭壁直达矿山的粉碎车间，在矿山，电压从3000V降下来，带动交流电动机粉碎矿石。整个1892年，这套系统工作稳定，不管是电闪雷鸣还是雨雪冰霜都没有给它造成什么妨碍，停机检修的时间不超过48小时。这套系统的可靠性得到了验证。现在特斯拉系统大规模应用的最后一个障碍也被扫除了。

尼亚加拉电站的工程建设仍然在继续，要建立这个当时最大的隧道难度很大。电站的顾问团参观了西屋公司的工厂，他们也对西屋的产品做了各种各样的检测。然后他们又去了通用公司的工厂，他们发现通用的设计和西屋的设计很相似，西屋公司用的是双相交流电，通用公司用的是三相交流电。通用公司不是一个认死理儿的公司，在排除了爱迪生这个创始人以后，他们再也不纠结是不是直流电系统，能赚钱的就是好系统。

那么通用公司有没有侵犯西屋公司的专利呢？毕竟特斯拉授权西屋公司全权掌握他的一系列交流电专利。亚当斯不愧是律师出身，法律上的事情他当然懂，他还是麻省理工的毕业生，技术方面他也不是外行。反正就在纽约市，不妨把特斯拉找来咨询一下吧。于是他找来了特斯拉，询问了一系列的技术问题。特斯拉把所有的技术方案的优劣都告诉了亚当斯，特斯拉知道西屋公司在参与尼亚加拉电站的竞标。他告诉亚当斯，自己当年搞出来的那一整套技术覆盖范围很广，要采用多相交流电来作为能源，那就无法避开他的专利，也就横竖绕不开西屋公司。

1893年芝加哥世博会，西屋公司取得巨大成功，大家都知道交流电是未来的发展方向。尼亚加拉电站这边也开始有了一些进展。塞勒斯给出了一份报告，对大家的技术方案进行了汇总。西屋先生越看越觉得有问题，为什么通用给出的方案和自己的那么相似呢？自己提出的是两相交流电，通用的是三相交流电，差别也就在这里，其他的都差不多。

5月初，西屋先生手底下的一个工程师听说通用公司在林恩的工厂有西屋的设计资料。西屋公司立刻向法院申请搜查令，通用公司被抓了个正着，

果然在工厂里搜出了西屋的设计图纸。原来是西屋公司的某个绘图员以几千美元的价格把世博会的电气蓝图以及尼亚加拉电站的资料卖给了通用公司，这下事儿闹大了。通用公司坚决否认抄袭了对方的产品，他们坚持说只是买来看看西屋公司是不是侵犯了自己的专利。西屋和通用起码在几百个专利上是有冲突的。为了打专利官司，双方花掉的律师费没有100万美元也差不了多少。这些专利大战导致双方无数的真金白银扔给了律师，这些钱并没有用在生产和技术研发上。摩根还尝试过合并西屋和通用电气两家公司，但是他没成功。

如果说这件事只是令威斯汀豪斯恼火，那么下一件事简直让威斯汀豪斯气炸了肺。亚当斯给四家正竞标的公司写了一份一页纸的公函——通用电气、西屋公司、欧洲的布朗－博韦里公司和约里肯机械设备厂，平静地告诉他们不再需要他们的服务了。尼亚加拉发电合同，将不会授予他们中的任何一方。尼亚加拉电力公司自己能搞定，福布斯教授已经设计了一个独特的发电机组，不会侵犯西屋和通用的任何一个专利。几家公司恨不得把压箱底的本事都拿出来了，现在换来这么一个结局，大家白高兴一场。

亚当斯的信写得也还算客气，欢迎大家给他们提出新的技术建议，将来还是少不了他们的参与。发电机就算了吧，我们自己搞定。电气行业的同行都非常愤怒，他们说这是"无耻地窃取别人的脑力劳动"，认为这是"卑鄙的强盗计划"，还说"这段令人羞耻的插曲将永远损害着企业的声誉"。亚当斯不知道，这事哪有那么简单？

25

大亨的新威胁：如何变废为宝？

前面提到，亚当斯给各个企业发了一封信，意思就是说，电站的整体方案，他们自己搞定就可以了。大家只要打打下手，当零部件供应商就行了。新的整体系统是福布斯教授设计的，发电机系统还是蛮有特点的。这个发电机系统长得像个筒，整个筒都可以旋转。瑞士公司的总裁一眼就看出来了，这个方案与瑞士公司的设计非常相似，瑞士公司设计的发电机的系统像一把大伞，这不明显是剽窃吗？包括通用电气和西屋电气在内的各家公司当然也就气炸了肺，但是大家也没什么办法。你要去打官司，估计又要花掉好几年的时间和几十万美元。

当然，尼亚加拉电站这个项目的吸引力太大也是原因之一，这是一座电力工程圣殿，谁参与了这个项目，谁就能奠定未来的江湖地位。因此谁也舍不得离开这个项目。亚当斯在电站方面折腾了一大圈，发现自己还是搞不定很多关键的技术和设备，不得已又来求各家公司帮忙。亚当斯这个老板有个别人没有的本事，那就是息事宁人、平息矛盾。人是他得罪的，还要靠他各处安抚。西屋电气勉强同意派两个工程师去帮忙。福布斯教授很多设计都太另类，毕竟这个人的实践经验是不足的。

这两个工程师到了大瀑布城，围着福布斯的设计图纸上看下看左看右看，两人合计了半天。这个方案看上去还不错，但显然是脱离实际的，零件

要是按照这个图纸去做，根本就运行不起来。关键的一个错误是发出来的交流电频率太低了，无论是用来驱动电动机还是点亮灯泡都是不可行的。那么频率低的弊端到底在哪儿呢？道理很简单，灯泡会闪！

大家都知道，现代照明灯频闪会让眼睛不舒服，反倒是老式白炽灯没有这个问题。因为白炽灯发光是依靠把灯丝烧热。即便通上去的是交流电，按理说发光也是会呈现50Hz的频闪，但是灯丝的冷热变化没那么快，也就过滤掉了电源的波动。

可是福布斯教授当初设计的频率实在是太低了，就连白炽灯泡都能看得出闪烁。西屋派过去的工程师苦口婆心地劝福布斯教授，可福布斯就是不听。另外一个问题是电压太高了，福布斯设计的输电系统需要用到22000V的高压电。电压高，固然传输损耗会变小，但是会使得绝缘困难，当时使用的绝缘材料还很简陋，承受不住这么高的电压。总之，福布斯教授就是不松口，他从来不认为自己的设计有问题。

西屋公司宣布，永远不和福布斯教授合作，这家伙是个假行家。作为项目总工程师的塞勒斯也觉得他水平不行，但是塞勒斯是个老好人，脾气很随和，跟西屋和通用的工程师们关系都不错。他显然没本事把福布斯教授赶走，惹不起还躲不起吗？塞勒斯绕过福布斯教授，自己和大家一起商量，然后指导工程建设。

福布斯不管事儿了，电气方面总要有个给出关键意见的人才行啊。老板亚当斯常年住在纽约，他经常找特斯拉来问技术方面的事情。反正请特斯拉吃顿饭也就行了。有关交流输电方面，特斯拉建议他们用两相交流，这也是西屋公司最擅长的。此前特斯拉曾经推崇三相交流，因为三相交流电制造的旋转磁场更加平稳。但是，特斯拉指出，假如利用西屋公司的双相交流电，每一相单独拿出来都刚好能给白炽灯供电，当时的三相交流是没这个能力的。因此反而是两相交流更合算。

最后亚当斯决定远距离传输用三相交流电，但是供给工厂、企业使用的还是两相交流电。这么一来，免不了要做转换。那么该如何转换双相交流和三相交流呢？很简单，用三相电动机带动两相发电机，就可以了。这种装置可以做在一个壳子里，形成一个整体。当然，如果需要直流电，也可以用这个办法转化成直流电。因为受到开尔文爵士的影响，亚当斯一直在犹豫不定。特斯拉劝他打消这个念头，因为问题还是出在转换电路上。用10000V的电压去驱动直流电动机，然后带动发电机来把高压直流转化成其他形式的电流，别忘了，直流电机是离不开电刷和换向器的。10000V的电压通上去，换向器和电刷会打火花，根本无法保证绝缘，不烧掉才怪呢。因此这个方案在当时是不现实的。交流电动机最大的好处就是消灭了电刷和换向器，就少了这个麻烦。

至于交流电的频率，至少也要20Hz，起码得以人眼睛看不出灯泡的闪烁为准。亚当斯有了特斯拉这个顾问，心里算有了底。亚当斯发挥他和稀泥的长处，邀请大家到纽约最豪华的饭店里开会，把那一群财主和工程师请来，好吃好喝地招待。亚当斯把整个工程项目拆成几部分，这样大家都有份。最后他们在饭局上敲定以25Hz作为标准频率，这是双方的一个妥协。工程终于可以开始干了。

特斯拉最近一直在忙着测试无线传输电能，他算是走在了高频交流电的前沿。在他的实验室里，弄出几尺长的电弧都是家常便饭。他经常带着仪器设备出席各种沙龙活动，给先生和夫人表演上千伏的交流电通过身体。他

图25-1　特斯拉坐在无线电力传输线圈前

的目的是告诉大家，交流电是安全的。当然他也少不了摆弄一下手拿着就能点亮的灯泡。观众们惊得目瞪口呆，特斯拉当然会大讲特讲高频交流电未来的前景。可惜没几个人能真的听懂他讲了些什么。可是人就是这么奇怪，上流社会的富人对这种知识也有莫大的兴趣，越听不懂越喜欢听。

特斯拉已经在公众之中建立起了自己的形象，媒体也都愿意包装出一个超过爱迪生的发明家。特斯拉的人气越来越高。大家惊奇地发现这个塞尔维亚人会多国语言，而且还能背诵欧洲诗人的作品，美国人顿觉自己矮了半头。没文化，真可怕。美国人虽然富起来了，在欧洲人看来仍然上不了台面。1893年，特斯拉和朋友一起去听了美国国家音乐学院院长德沃夏克的大作《自新大陆》，这部交响曲透出了德沃夏克这个捷克人浓浓的乡愁，也不知道是不是同样引起了特斯拉的共鸣。

如果高频交流电把能量辐射出去，那就是无线电波。特斯拉当时已经开始测试利用无线电来远距离传输能量。但是效果并不好。用作能量传输是根本没有多少实用性的，但是用作通信却是有可能的。他经常在自己的实验室和饭店的楼顶之间做通信实验。收发装置在实验室工作得不错，在实验室和饭店之间效果却很差。特斯拉也不知道怎么办，不过他还是把主要精力放在了传输电能上。他在实验室天花板铺设了大量的线圈。他用一个在地面可以移动的大线圈发射能量，再用房顶的线圈接收能量，效果还不错，能点亮好几盏灯泡。

但是1895年3月13日凌晨2点，特斯拉的实验室突发大火，一把火烧毁了所有的笔记资料。实验器材也损失殆尽。特斯拉陷入了严重的抑郁状态，倒在床上起不来了。后来，他勉强支撑起来收拾残局。在朋友的帮助下，他在东休斯顿街找了一个新的房子，在那里建立新的实验室。但是半生心血积累的资料和数据，哪有那么容易恢复呢？况且前一阵子特斯拉很有钱，他完全没考虑给实验室上保险，打击当然很大。

特斯拉必须从头开始，建立自己的实验室。他向各个厂家下了订单，订购实验仪器和加工设备。令人意想不到的是，爱迪生伸出了援手。在特斯拉的实验室完全恢复之前，爱迪生提供给特斯拉一个自己的实验室来作为临时工作场所。大家可能想不到，爱迪生和特斯拉之间的关系远不是竞争对手那么简单，他们还有惺惺相惜的一面。

在特斯拉恢复他的实验室的同时，大瀑布电站也在热火朝天地推进。西屋公司要搞出比世博会发电机组还要大好几倍的发电机组，电压2200V，功率368kW，难度可想而知。福布斯教授又走了，留下的发电机设计方案还要大改才能进入实用阶段。最终搞出来的发电机足有85吨重，是个庞然大物。随着电站建设的推进，招商引资工作也取得了积极进展。实业家切斯特·马丁·霍尔把他的工厂搬到了大瀑布边上的工业园区，因为他的工厂是耗电大户。他的工厂提炼的是一种新兴的金属材料，叫作"铝"，这种银白色的金属非常轻盈，而且不会生锈，导电性和导热性都不错。因此用途广泛。早年间铝的价格很贵，每千克约33美元。霍尔发明了电解法来提取铝，把价格降到了每千克2美元，但是他需要大量的电力。因此电价就成了决定性因素，而尼亚加拉河可以提供廉价的电力资源，双方一拍即合。

生产人造磨料的工厂也来到大瀑布附近建厂，他们生产碳化硅磨料，这是一种能切割玻璃的材料。总之，一系列需要大规模电力的工业都开始往大瀑布附近聚集。1895年，河水终于从隧道灌进了水轮机组，水轮机组带动西屋公司巨大的发电机组，开始向周边的工厂供电。本来计划是要向水牛城布法罗供电的，但是布法罗的市政当局总是不断拖延，反倒是匹兹堡的冶炼厂先于布法罗用上了尼亚加拉的电。布法罗有好几家火电厂，用的是蒸汽机驱动发电机，因此他们有不少的既得利益。但是火电厂的运行成本毫无疑问要比尼亚加拉电站高。

所以，一开始布法罗处于水电、火电并用的状态。水电主要用来供给市内的有轨电车。水牛城的有轨电车刚刚完成升级换代，从马拉改成了电

力。通用和西屋两家公司都参与了输电系统的建设，西屋公司两相制2200V交流电通过特殊的变压器变成三相制1100V交流电，然后传到布法罗电车公司，经过转换和布法罗电车公司自己的550V电网相衔接。布法罗电车公司有自己的发电厂，电压就是适合电车运行的550V电压。

图25-2　尼亚加拉电站巨大的变压器

　　尽管如此，布法罗自己的火电厂很久之后才退出市场。虽然尼亚加拉的电力更便宜、更加充足，但是很多事情并不是完全由技术决定的。不过，各大金主纷纷来到新建成的亚当斯电站参观，一时间布法罗也算是车水马龙。他们坐火车来到大瀑布，游览大自然的美景，然后来到亚当斯电站，看着引水渠把河水引进涵洞，水流冲进深深的隧道，冲击着巨大的水轮机。水轮机带动上边不停滚动的筒一样的发电机，源源不断地发出强大的电流，送向远方。钢铁大亨安德鲁·卡内基也来捧场，给予亚当斯电站高度的评价。摩根一家老小也来到大瀑布旅游，当然摩根什么话也没说，这是他的一贯风格。

可是，还有一个人没来，他不出现，这件事就不完整。这个人就是特斯拉，好说歹说，他终于在1896年夏天来到大瀑布，亲眼见一见他所钟爱的交流电源源不断地向四面八方输送的景象。威斯汀豪斯陪着他一起来到亚当斯电站。特斯拉从上到下把亚当斯电站的里里外外看了个遍。这里也凝聚着特斯拉的心血，多相交流电正是他的伟大发明。而且他为了这项技术能被迅速推广，甚至放弃了西屋的专利费，西屋公司欠了他好大一个人情。

一直到1896年11月，全部发电机组才调试完毕，11月15日是个星期天，大家在发电机的监控机房里做最后的准备。时间过了0点，兰金扳动电闸，布法罗的工程师也同时拉下了那边的电闸。一瞬间，尼亚加拉河澎湃的能量开始源源不断地通过电线向布法罗输送。这天早上，布法罗的报纸大字标题是"终于和大瀑布对接了"。

亚当斯采纳了特斯拉的意见，就不搞什么特殊的庆典了。尼亚加拉电站的电流就这么悄无声息地送进了水牛城。但是布法罗的市民可不愿意这么静悄悄的，他们商定了时间举行庆典，时间就定在1897年1月12日。到了这天，特斯拉第二次来到亚当斯电站。下午，他去了大瀑布，大瀑布冻成冰悬崖的景象给人另外一种震撼。晚上，他们坐火车返回布法罗，一场300位达官显贵参加的盛宴在等着他们。官员们发表了一通陈词滥调的祝酒词，听得人昏昏欲睡。大家请特斯拉发言的时候，气氛完全不同。毕竟特斯拉是人气明星，欢呼声一浪高过一浪。

列车已经生火待发，特斯拉只有3分钟时间了，因此他向大家发表了简短的祝贺，最后他说道："让我祝愿你们的城市在不远的将来，成为伟大的、有着迷人自然奇迹的大瀑布的尊贵邻居。"然后他深深地鞠了一躬，离开了会场，上火车回了纽约。其他人继续狂欢到深夜。电流大战至此结束，西屋电气和通用电气实际上是平分秋色。因为两家都参与了尼亚加拉电站工程。不过真正的赢家是交流电，是美国，是全世界。

尼亚加拉电站的电流源源不断地流向四面八方，流向附近工业园的工厂，流向远方的布法罗，带动布法罗的有轨电车穿梭在城市的大街小巷。这场技术竞争推动的技术升级已经深深地影响了整个世界。当家家户户开始用电灯来照明的时候，有一个人发了愁，他就是石油大王洛克菲勒。虽然看上去这事儿与他没什么关系，但是洛克菲勒内心有一股深深的危机感。洛克菲勒建立的托拉斯控制着美国90%的石油市场。在当时，石油制品主要是照明用的煤油，大家都用电灯来照明，那用油灯的不就少了吗？

前几年发生的金融恐慌之中，很多工人失业下岗，劳资关系非常紧张，到处爆发罢工和冲突。洛克菲勒的老对头钢铁大王卡内基也被弄得焦头烂额。卡内基尽管是公司的实际控制人，但是他乐得当甩手掌柜。董事长是他的合伙人弗里克，这个弗里克对工会历来是持有强烈的反对态度。大气候本来就不好，地主家也没有余粮，工人们必须忍受一天工作12小时，一个礼拜工作6天。钢工人的劳动强度非常大，连喘口气的机会都很少，工资也仅能糊口。而且炼钢厂还经常发生工伤事故，工人们怨气很大，劳资矛盾当然就很大，结果劳资两边闹崩了。在卡内基旗下最大的霍姆斯特德炼钢厂，工人们摆开了架势要跟资本家们打一架。董事长弗里克满不在乎，你们敢罢工，那就全都开除，弗里克招募了大批新工人上岗。老工人们就在厂里建起堡垒，大门紧闭，坚决不让外边的人进来，两边进入了对抗状态。

弗里克有办法，他请了大批平克顿侦探事务所的侦探前来助阵。平克顿的私家侦探其实就是雇佣军，他们的人和枪支比国家的正规军还多。他们以对付火车劫匪而闻名，还曾经是林肯总统的私人保镖。平克顿的人开了火，打死了9名工人，好几百人受了重伤。但是工人们坚守工厂不退，最后宾夕法尼亚州派了8000位国民警卫队员才把工人们赶走，社会舆论一下子就炸了窝，舆论对卡内基非常不利。卡内基知道工厂就像个定时炸弹一样肯定要出事儿。他不愿意摊上这样的坏名声。于是他很早就跑到苏格兰老家度假去了。黑锅还是由弗里克来背吧。后来，弗里克险些遭到无政府主义者暗杀，好在他命大逃过一劫。

卡内基还特别爱惜自己的名声，所以他加大了对公益的投入，他资助建立了差不多3000家图书馆。他还建立了美国最豪华的卡内基音乐厅，在1891年至1896年，卡内基音乐厅一直在不断扩建，他请来了俄罗斯大音乐家柴可夫斯基当指挥。老柴的《第一钢琴协奏曲》就是在卡内基音乐厅一炮而红的。尽管卡内基不断地提高自己的声望，但是工人们一点也不领情。音乐厅和工人有什么关系呢？工人们依然拿着每天2美元50美分的工资，一天工作12小时，每周工作6天。炼钢工人的工资算是高的了，普通工人平均才1美元。不过炼钢工人出事故的致死率居高不下，达到了1/11。虽然这几个大亨热心慈善事业，热心公益。但是他们从没给工人们任何一点儿好处。洛克菲勒、卡内基、摩根三位大亨的总资产占比相当于现在世界前40位富豪的总资产占比，可见当时这三位有多厉害，这就是19世纪末的社会状况。

洛克菲勒在金融大恐慌之中过得还算平稳，但是他也受到劳资纠纷的困扰，他睡觉的时候，身边都要放一把手枪才能入眠。过去，在提炼石油的过程里，那些易挥发的轻质成分一般都被浪费掉或者作为有机溶剂来使用，清洗去污的效果还不错。但是因为太容易挥发，用起来不太安全，而且保存不了多久就会挥发掉不少，用作家用照明，显然是不合适的。看着这种富含能量的

图25-3 世界上第一辆奔驰车

东西白白浪费，洛克菲勒又心有不甘。

洛克菲勒居安思危，他开始把关注点转移到一种新鲜的发明之上。这种东西未来必定是大有市场的。这种东西在法国和德国已经掀起了一股旋风，在美国则刚刚开始冒出苗头。这种东西就叫作"没有马的马车"。能源动力来自一种新式内燃机，燃料正是过去被炼油厂白白浪费的轻质成分，这种轻质的成分就是汽油。洛克菲勒知道，未来必须努力研发新产品，汽油的前景远超煤油，因为汽油是新兴内燃机的最佳能源。固守照明行业是没有前景的，煤油拼不过电灯泡。

要讲清楚这件事，我们必须把时间拨回到1888年8月，视野暂时从美国拉到德国。一位中年的妈妈带着两个儿子从小城曼海姆出发，去姥姥家普福尔茨海姆。孩子他爸并不知道她的举动。大家都没想到，这个39岁的女人将创造一段历史。她和孩子从家里推出一辆怪模怪样的三轮车。三个人鼓捣了一番，就坐上车子向前行驶了。很多人看见他们这辆车，都觉得奇怪，这辆马车不需要马吗？马哪儿去了？这辆车怎么自己会跑呢？怎么还能不断发出机器的轰鸣声？大家哪里知道，这就是卡尔·本茨先生1886年拿到专利的新发明——汽车。汽车完全用内燃机作为动力。但是，两年多以来都没什么人对这新鲜玩意儿有兴趣。本茨先生的夫人贝尔塔做了一个决定，开车带着孩子们去104千米以外的姥姥家探亲。这一路之上可以给孩子他爸的新发明做个活生生的广告。

司机是新手上路，车也是个测试版，所以也就注定了这一路不会顺利。他们最常碰到的事情是水箱烧干了，必须下车去打水。好在沿路城镇很多，找个小河沟或者一口水井是不成问题的。车子走到了海德堡以南的维斯洛奇小镇，车子没油了，这下可坏了。上哪里去找汽油呢？当时只有药店可能有汽油出售。贝尔塔去一家药房问了问，他们刚好有几瓶石油醚，这东西可以作为有机溶剂，也可以作为洗涤剂，性质和汽油类似，先拿这东西凑合吧。那个年头，汽油也没有现在这么严格的标准。于是，这家药店就成了有史以来的第一家加油站了。

往南走了没多久，车子再次出现故障。原来是掉链子了。老妈和两个孩子都搞不定，只好把车推到村里的铁匠铺去修理。于是这家位于布鲁赫萨尔的铁匠铺就成了有史以来的第一家汽车修理店。尽管铁匠师傅没修过汽车，但是修理传动链条，还是没什么问题的。一路上高低不平，有些上坡路段，这辆车根本就爬不上去，因为这东西根本没有换挡装置，三个人只好下来推着车往上爬，等到了一段连续的下坡路，又要使劲拉着刹车。等行驶到了普福尔茨海姆，贝尔塔发现刹车系统被磨坏了，看来这个木头的刹车系统天生就有问题。她找到了村里的皮匠，给刹车系统钉上了几块皮。于是，世界上最早的汽车刹车片诞生了。

一路上，输油管路堵塞了好几次，贝尔塔不得不用帽针来疏通。黎明时分就出发，一路磕磕绊绊的，一直到黄昏时分才到了孩子他姥姥家。马上打电报给老公，老公也吓了一跳。在姥姥家住了3天，他们母子3人沿着另外一条路开回了曼海姆。这就是世界上第一个女司机的驾驶经历。如今贝尔塔女士当年行驶过的这条路线，已经成了德国官方认定的旅游纪念线路，成为一个活的纪念碑。不过现代有人考证，控制这辆车方向的是她的两个儿子，这就说不清楚了。

本茨夫人贝尔塔为汽车做出的贡献可不只是开着车回了一趟娘家，她对卡尔·本茨的帮助是全方位的。本茨和别人合伙开机械加工厂，但是合伙人不靠谱。当时贝尔塔还没嫁给本茨呢，人家预支了自己未来的嫁妆，倒贴钱给本茨买下了合伙人的股份。一般人哪里干得出这种事儿呢？后来本茨先生因为股份被稀释，失去了公司的控制权，他索性就退出来了，另立门户，再次开始创业。这个公司就是后来名满天下的奔驰公司。

本茨先生对当时流行的自行车很感兴趣。当时已经研发出了小型的汽油发动机，他就尝试把汽油发动机安装到自行车上。于是在本茨的手里诞生了最早一批摩托车。安装发动机这种事情，本茨能想到，其他人也能想到。

于是DIY摩托车就成了圈子里的流行时尚。后来，本茨把后轮从一个变成两个。这样两轮摩托就变成了三轮摩托。这只是一个早期版本。本茨先生自己在大街上做测试，那叫一个惨啊，转向装置不合格，他屡次撞到墙上，周围的人都躲得远远的。这辆车改进以后，在1886年年初拿到了专利。但是大家都不敢买，人家可不想没事儿撞墙玩儿。

图25-4　1894年生产的维洛汽车是世界上第一种量产的四轮汽车

但这次老婆的广告打得巧妙，效果非常棒。很快奔驰公司的销售就打开了局面。奔驰公司的雇员也越来越多，很快增加到几百人，奔驰已经是一家大公司了。1894年，奔驰生产的新型汽车卖掉了1200辆，汽车成了一种时髦的大玩具。奔驰公司的车还参加了世界上第一次汽车大奖赛，赛程是从巴黎到鲁昂。奇葩的是，这个比赛并不要求速度快。他们的要求是不能有危险、容易驾驶以及使用成本足够低。因此赛程非常宽松，130千米的距离，中间还可以休息吃午饭。在全部102个报名参赛的车辆方案中，除了来自标致、奔驰等厂商的汽油车，还有很多蒸汽动力汽车，此外还有一些很不常见的车辆动力方案，如9辆重力驱动汽车、5辆压缩空气动力汽车、2辆水力汽车等。这些稀奇古怪的设计方案有很多最后只停留在了图纸上，没有依照它们造出实际的参赛车辆。

第一个进入鲁昂的是一辆蒸汽车，但是这辆车的成绩不能算。因为这辆车除了驾驶员之外，还需要一个司炉工铲煤，违反了"容易驾驶"的原则。赢家是标致公司的汽车。奔驰的名次不算理想。不过这种比赛的评判标准很难说是合理的。这种报纸举办的汽车大赛还是极大地推进了汽车实业的发展。起码在汽车的婴儿期保证了汽车能够不断地成长，这也多亏了法国人对汽车的热爱。

就在欧洲的汽车大赛举办得热火朝天的时候，美国这边也出现了汽车的萌芽。一个年轻人走进了设立在底特律的爱迪生公司，应聘一个工程师的职位。当时底特律的爱迪生公司要为1000座房子和5000个路灯供电。这个28岁的年轻人所做的事情就是照看好几台蒸汽机和发电机。当时正是金融恐慌年代，到处都是失业的人。能够顺利地谋求一个职位是很不容易的事情。爱迪生公司本来也没有职务空缺，但这个年轻人的前任很倒霉，因为事故而死亡，这才空出来一个名额。这个年轻人工作勤勉，很快月薪也从40美元涨到了75美元。没过多久，他又成为这座电站的首席机械师，年薪1000美元。但是高工资不是白拿的，他需要每天24小时值守。其实值班并没有太多的事情可做。于是这个年轻人就利用公司的仪器做自己的研究。

这个年轻人后来一路攀升，月薪涨到了100美元，成为整个底特律市区电站的首席机械师。因为上班的地点远了，他不得不搬家到近处。过去他住的是月租10美元的房子，现在可以租个好点儿的房子了，起码要带个院子，院子里还有个小屋子，在这个小屋里，他开始实验汽油发动机。当时他的发动机是照着一本杂志上的图纸自己造的。那本杂志告诉读者，这个发动机用

普通的车床就能造出来，不需要特殊加工。在底特律很多工匠都在研究汽油发动机，也就是内燃机。

靠他一个人当然是不够的，他的夫人也来帮忙了，结果刚刚滴进去一点汽油，这个发动机就开始冒黑烟，弄得屋子里呛得不得了。看来这次实验不成功。

因为这个小伙子在公司里威望很高，因此他联合几个工人在公司对面租了一个地下室来测试汽油发动机。这样他上班的空余时间，他就可以跑到街对面的地下室研究发动机。没多久，他们就研究出了合格的气缸，发动机能够平稳地运行了。

对了，这个年轻人叫亨利·福特，大名鼎鼎的福特汽车公司的创始人。我们也能体会到爱迪生公司的地位，从他的公司里面出来过不少厉害角色。但是，福特前方的道路并不平坦，麻烦还多着呢……

26

为什么底特律后来能成为大名鼎鼎的汽车城呢？这和这座城市的成长史有关系。在福特刚出生的时候，底特律是全美国第19大城市，等到他成年以后，底特律急剧膨胀，成为美国的第13大城市，人口达到了30万。30万人口在当时的美国算是很多了，底特律的人口巅峰大约是在20世纪50年代，达到140万。现在底特律的排名又掉下来了，退到了第18位，不过这是后话了。19世纪末对底特律来说是个发展的好时机，底特律的位置靠近伊利湖的西端，而伊利湖东端就是尼亚加拉大瀑布。

底特律离爱迪生的老家休伦港也不远，所以爱迪生小时候在火车上到处乱窜的时候，没少来底特律。这个地方当然也就成了航运的中心，在当时不少的船开始装内燃机来代替笨重的蒸汽机。因此底特律有一流的工程师，城里有不少制造汽油发动机的作坊。密歇根和俄亥俄还是当时美国自行车制造业的中心地带，自行车作坊遍地都是。大家千万别小看自行车，摩托车、汽车乃至飞机都是从自行车发展出来的。俄亥俄州的代顿将会成为人类第一架飞机诞生的地方。密歇根州物产丰富，产铜产铁，还产木头，过去是马车制造业的中心。而且底特律也不缺钱，城里百万富翁就有44位，这么多条件凑到一起，这个城市兴起制造"没有马的马车"也是顺理成章的事情。

福特不是底特律最早制造汽车的人，有许多比他早的人。因此福特总是有一种紧迫感，他迫不及待地要把自己的第一辆车造出来。现在发动机是没问题了，但是没办法在地下室建造汽车，想想也是，造好的汽车怎么从地下室里弄出去呢？所以，福特只能在家里的后院搭个棚子来当车间。忙碌了几个月之后，福特的第一辆汽车造出来了，其实也就是个简陋的框架加上一台发动机。

1896年6月4日的凌晨，天还没亮。福特已经干了两个通宵了。现在整辆汽车安装完毕，可以开出门了。趁着大家都没起床，福特享受着成功的喜悦。但是，有个非常严重的问题。大门不够宽，汽车根本就出不去，这该怎么办呢？干脆一不做二不休，福特拿斧子把砖墙砸塌了好几米。无独有偶，1908年马丁在一座废弃的教堂建造了一架飞机，他也发现飞机出不了教堂的大门，情急之下，他去借了一辆推土机，撞塌了教堂的一扇墙，才把飞机拉出教堂。这个马丁先生后来创办了马丁公司，波音、麦克唐纳、道格拉斯、贝尔都曾经是他的雇员。马丁公司后来和洛克希德公司合并，成为现在的隐形战斗机巨头洛克希德·马丁公司。

总之，福特家作坊的大门算是"敞开"了。助手骑着自行车提着灯笼在前面开道，福特开着这辆四轮汽车上了街。虽然是凌晨时分，街上也能时不时碰到几个行人，助手骑自行车打着灯笼就是为了防止汽车撞人。半路上一个弹簧出了故障，因此两个人推着汽车去了附近爱迪生公司的变电站，在那

图26-1　福特开着他的四轮汽车

里换了一个弹簧，继续开回了家。到家以后，福特倒头便睡，早上起来还要上班呢，睡眠时间是很宝贵的。房东先生后来也没怪罪福特毁了他家后院的大门，他还自掏腰包帮助福特扩大了门的宽度，以后福特开车出门就不用这么麻烦了。

1896年夏天，公司开年会，作为底特律分公司的骨干成员，福特有幸被邀请出席年会，他在曼哈顿第一次见到了心中的偶像爱迪生。在1895年，爱迪生曾经对"没有马的马车"大加赞赏，认为这个东西未来会引领潮流。所以年会的晚宴自然而然聊到相关话题。于是有人就给爱迪生引荐了福特，这个小伙子已经造出了一辆汽油动力的汽车，爱迪生马上把福特叫来，福特在一张餐巾纸的背后画出了整个汽车的构造图。本来这东西也不算复杂。爱迪生询问了大量细节，最后爱迪生大声鼓励福特，汽车这个东西会很有前途，电池车是跑不远的，蒸汽车又太过笨重。用内燃机的汽车未来必定会胜出。

在当时，汽油动力相比于电动车和蒸汽车未必有多大的优势。蒸汽机技术经历了100年的发展，已经非常成熟了。电动车虽然续航差，但是操纵方便，一开电门就能走，相反，汽油发动机却刚刚兴起，还有太多不成熟的地方，最起码汽油发动机的启动就需要费劲地用手摇，女士们很难靠自己的体力来发动汽车。所以当时的女士更青睐电动车。但是爱迪生自己改进过蓄电池，他知道电池车虽然启动方便，但是续航总是有限的。技术上爱迪生是知根知底的，所以他具有惊人的预见能力。

福特在1930年写了一本书，叫作《我所知道的爱迪生》，里面记述了他听到爱迪生的点评以后内心的感受。福特感到非常震惊，因为爱迪生和电打了一辈子的交道，却没有产生路径依赖。爱迪生告诉福特，不要在电动车方面花精力，集中所有精力攻克汽油车，这是未来的希望所在。在福特的心目中，偶像的光辉更加耀眼了。福特在自己的作坊里挂了一盏爱迪生的电灯泡，让偶像的光辉时刻照耀自己未来的路。

福特前后创建过三家福特公司。非常巧的是，美国也在这些年里发生了一场重大的转折。旧时代就要落幕，新时代即将来临。就像上一次转折点伴随着一声枪响一样，这次又是如此。又是一声枪响，改变了美国的命运。1896年，就在福特在自家的棚子里鼓捣汽车的时候。世界上最富有的几个巨头凑到了一起，他们暂时放下彼此的恩怨，联合起来应对一场危机的到来。最近洛克菲勒、卡内基、摩根这三个人的日子有点不好过，因为国内矛盾的激化，贫富差距越来越大。自然有人站出来利用公众的不满来获取政治资源，威廉·布莱恩最近大出风头。布莱恩倡导人人平等，发誓为穷人的利益发声，与美国的精英阶层抗争到底。他的目标显然是对准了白宫的总统宝座的。

1896年是大选年，三个商业大亨凑到一起就是为了阻止这个家伙入主白宫。他们自然而然地支持布莱恩的竞争对手麦金莱，麦金莱的幕后推手马克·汉纳是洛克菲勒的中学同学，他也是一位实业家，自然而然是大亨们的圈内人。最后三个大亨每人出资20万美元，帮助麦金莱竞选。这笔钱远比布莱恩的竞选经费高，而且麦金莱的竞选策略也更加稳健扎实，最后，果然是麦金莱入主白宫，成为美国的第25任总统。

这个麦金莱总统自然不会对巨头们有什么不利的举动，他上台以后大力推行贸易保护主义，对进口商品提高了关税。1898年，古巴发生了革命，当地人反对西班牙的殖民统治。美国当然要趁机插手。他们派军舰保护在古巴的美国侨民，哪知道派去的缅因号军舰发生了大爆炸。随着新闻界的渲染，美国国内舆论哗然，群情激愤，坚决要求跟西班牙开战。同时美国也声明，他们绝不占领古巴的土地，否则他们与西班牙殖民者也就没什么区别了。美西战争由此爆发，在这次战争之中发生了一个小故事，那就是美国希望联络到古巴反抗军首领加西亚，但是没人知道这个加西亚藏在哪个山沟里边。于是，美国就派遣了一个名叫罗文的军人去给加西亚送信，他在信息极度缺乏的情况下出色地完成了任务，回来以后被授予杰出军人勋章。

其实，在这次战争里最耀眼的明星不是罗文，也不是加西亚，而是西奥多·罗斯福。他辞去了美国海军部副部长的职务，带领美国军队打得西班牙人节节败退。总之，美国大胜西班牙，把西班牙势力从加勒比海赶了出去，同时拿下了西班牙的殖民地波多黎各和菲律宾。当然了，美国也是花了钱的，菲律宾是美国花了2000万美元买下来的。麦金莱也成了当之无愧的硬汉总统。麦金莱还顺手把夏威夷也纳入了美国的版图。

麦金莱1900年参加竞选，争取连任，他为了借助西奥多·罗斯福的人气，让罗斯福当了副总统候选人。西奥多·罗斯福和国内的那些大亨根本就不是一路人。但把他放在副总统宝座上，对大家都有利。麦金莱可以借助罗斯福的人气，副总统却是个根本没有任何权力的"备胎"，对大亨们也不会有任何威胁。副总统同时兼任参议院的议长，但是副总统根本就没有投票权，只有参议院出现平局的时候，他才能投下关键的一票。平时就是个会议的主持人，而且就连主持人这个位置也经常有人顶替，因为参议院经常是由临时议长主持会议，不一定非要副总统来主持。

大亨们的战术奏效了，1900年的大选，布莱恩再次败给了麦金莱。麦金莱开始了第二个总统任期。他去水牛城布法罗参观了泛美博览会，还去大瀑布参观游览，晚上在博览会的音乐厅招待各国的贵宾。很多人排着队跟总统握手。一个28岁的年轻人来到了麦金莱的面前，他拨开麦金莱伸出的手，对着麦金利总统开了一枪，众人震惊之余，一边按住刺客，一边抢救总统。现场根本没有抢救的条件，一帮人把麦金莱拉到博览会的医务室开始抢救。医生们手忙脚乱找不到打进腹腔的子弹头。只好把总统的肚子先缝上。开始几天麦金莱情况稳定，但是没多久就急剧恶化，那颗留在体内的弹头造成组织溃烂，9月14日，麦金莱不治身亡。

从林肯遇刺的那一枪到麦金利遇刺的这一枪，这两声枪响之间的这段时间被称为"镀金时代"。这个词来源于马克·吐温的小说《镀金时代》。在

这段时间里，因为美国国土辽阔，人口众多、资源丰富的优势被充分发挥出来，所以美国迅速崛起，从一个不起眼的小男孩长成了一个满身肌肉的小伙子。美国不但出现了富可敌国的工业金融巨头，而且经济发展水平达到世界第一。这在过去是难以想象的事情。因此有人认为这是美国历史上的黄金时代。但是马克·吐温认为这个时代表面光鲜亮丽，其实内部腐败不堪，社会矛盾非常激烈，是徒有其表罢了，这哪是什么黄金时代，充其量也就是个"镀金时代"。

麦金莱去世了，国不能一日无主，西奥多·罗斯福宣誓继任总统，罗斯福可以说是大亨们的死对头。大亨们机关算尽太聪明，哪想到人算不如天算，大亨们的好日子到头了。平心而论，大亨们对美国的崛起可以说是功勋卓著，范德比尔特准备好了四通八达的铁路网，洛克菲勒准备好了优质的煤油、汽油，卡内基准备好了大批的钢铁。电报、电话已经充分缩短了人与人之间的沟通距离。有了充足的原材料的供应，有了充足的基础设施，新一代企业家将在老一辈搭建的舞台之上大显身手。对于三位大亨来讲，他们已经垂垂老矣，洛克菲勒62岁、卡内基66岁、摩根64岁，交接的时间快到了。

1901年，福特创办的第一个汽车公司因为经营不善倒闭了。福特憋足了劲儿想东山再起，就在麦金莱总统去世以后不到一个月，参加了10月10日举行的赛程为40千米的汽车锦标赛。前边几次预赛之中，蒸汽汽车普遍没能跑到终点，都在半路出了故障。电动汽车速度实在是太慢了，跑1.6千米需要4分钟以上的时间。汽油车大显身手的机会来了。威廉·范德比尔特从欧洲弄来的赛车出了故障，另一个选手莫里的发动机汽缸漏油了。克利夫兰老牌的汽车制造商温顿简直是势在必得，他在芝加哥的一系列比赛之中都是冠军。这次比赛的主办方觉得让温顿一个人开车在赛道上转25圈实在是太无聊了，观众会发困的，因此他们把赛程减到了10圈，他们完全忘了还有一个名不见经传的福特的存在。

福特没参加过汽车比赛，对这条泥土赛道一点也不熟悉，好在他的助

图26-2　福特和助手驾驶自己研发的汽车参加比赛

手胆子非常大，他站在汽车旁边的踏板上，转弯的时候，助手把自己的身体伸出车外，用自己的重量来帮助福特的汽车转弯。初出茅庐的新手福特在适应了赛道的转弯以后，驾驶的新赛车后来居上，在第7圈的时候，他超过了温顿，温顿的汽车都开始冒烟了。最后，在7000名观众的呐喊声中福特第一个冲过了终点线，他拿到了1000美元的奖金和一个水晶大奖杯。

　　福特出名了，很多投资人再次找到福特，愿意投资福特的新公司。这是福特成立的第二家公司。但是没多久，他就被其他人从公司给踢出来了，福特当然不能让别人的公司继续用自己的名字，所以这家公司改了名字，他们选用了第一个踏进底特律地区的法国探险家的名字来命名。这个探险家名叫凯迪拉克，这就是著名的汽车品牌凯迪拉克的由来。

　　1903年，福特开了第三家福特汽车公司。这次他的公司经营得还算不错。经历了几次挫折，福特明白，要想实现自己的理想，就要牢牢控制公司，所以在日后的很长时间内，福特公司一直都是家族企业，这个时期的福特把主要精力放在了新汽车的研发上。但是他不得不分出一部分精力来应对官司，因为他遇上麻烦了。

很久以前，塞尔登就注册了汽车的专利。他这个专利注册得非常宽泛，毕竟当时美国的专利制度也不是非常完善。凡是用汽油发动机、能在地上跑的汽车，都在专利的覆盖范围之内。塞尔登自己不生产汽车，但是他到处收专利费。其他的厂家想要生产汽车，都绕不开他的专利。如今这类公司有个专有的称呼，叫作"专利流氓"。塞尔登本人是律师出身，对法律他是相当精通的。他成功地利用漏洞，使得自己的专利期限可以一直延续到1912年。

其他汽车公司也组成联盟，跟他进行博弈。最后大家握手言和，他们组成了特许汽车制造者协会。他们采取了一种策略，要是加入协会的话，就可以使用塞尔登的汽车专利。但是每辆汽车的售价不能低于1000美元，每年的生产量不得超过1万辆，而且需要交纳1.25%的专利费。在当时，福特生产的汽车比这便宜得多，因此福特是被排除在外的。

特许汽车制造者协会还雇用了大批的私家侦探来追查"盗版"汽车，他们经常起诉那些制造"盗版"汽车的厂商。而且他们很有钱，别人跟他们打官司，恐怕是赚不到任何便宜的。因为律师费用就比汽车公司的收入还要高。谁抬杠谁就破产，况且打官司旷日持久，一般人根本就耗不起。可惜他们碰到的是福特。福特不信这个邪，偏要打官司迎战，这场官司一打就是六年。

其实在这几年里，美国引人注目的官司有很多。罗斯福上台以后，第一件事就是对付摩根。美国政府根据1890年颁布的《谢尔曼反托拉斯法》对摩根控制的北方证券公司提起诉讼。摩根火冒三丈，带着大队人马来到华盛顿，求见总统。摩根对罗斯福说："如果我们有什么做得不妥，请您派您的人接洽我的下属，他们会妥善解决问题。"

"我不会那样做，"罗斯福总统面无表情地说，"我们不需要它做什么改进，我们只是想让它关门。"

摩根心惊胆战地问："您是否还打算对我手下的其他公司进行攻击，比如'钢铁托拉斯'和其他公司？"他得到了一个否定答复："当然不会。"但前提是"除非发现……他们做了我们觉得错误的事"，罗斯福对事不对人，事后证明罗斯福是对的。不管是穷人还是富人，都应该遵守法律。他也不能太得罪摩根。

1904年，美国司法部宣布，将按照《谢尔曼反托拉斯法》进行起诉，要求拆分北方证券公司。4月13日，美国最高法院以5票对4票，认定北方证券公司"非法联合"罪名成立，要求其必须解散。结果，北方证券公司真的被解散了。不过罗斯福和摩根还有合作的机会。1907年经济危机，摩根在他家豪华的大图书馆里，把纽约金融界的大亨们全都叫来，关在屋子里商讨救市，不签字画押不准出去。摩根凭他一个人的力量，起到了美国央行的作用，稳定了国家的局势。但是美国再也不能指望一个私人企业来承担中央银行的责任，于是美国在1913年成立了美联储。摩根同一年去世，他私人拥有的财产只有6000万美元。洛克菲勒在报纸上看到消息，深深叹了一口气。

罗斯福的第二个目标就是世界首富洛克菲勒。1902年，女记者贝尔塔的一份新闻调查在媒体上刊登出来。贝尔塔采访了很多人，包括标准石油公司的很多高管，她基本上把标准石油公司的里里外外给来了个彻底曝光。通过贝尔塔的新闻调查，美国人知道了洛克菲勒是如何垄断石油行业、排挤对手，又是如何和政界勾结、收买议员和法官的。那些石油公司之间看上去毫无关系，其实这些公司背后都是洛克菲勒在操控。洛克菲勒构建了一个庞大的垄断帝国，而且还把手伸向各种不同的领域。年迈的洛克菲勒不得不坐上被告席，他要亲自出庭为自己辩护。

福特的那一场官司，时间上基本和洛克菲勒这一场官司重合。但是两场官司最后的结局完全不同。福特最后安全过关，成功打破了垄断。塞尔登的专利是无效的。你不能用一个笼统的汽车专利来给别人制造障碍，进而达到垄断的目的。相比后起之秀福特，洛克菲勒就没那么幸运了。他的标准石油被拆分成了好多家公司，最大的三家仍然实力雄厚：新泽西标准石油公司改成了埃克森石油公司，纽约标准石油公司改成了美孚石油公司，加利福尼亚标准石油公司变成了雪佛龙石油公司。

后来，埃克森和美孚合并成为埃克森美孚石油公司。虽然在当时，洛克菲勒的公司被拆得七零八落，但是洛克菲勒的财产反而增加了。这引起了社会广泛的思考，反垄断拆分真的能奏效吗？

老罗斯福总统和后来的伍德罗·威尔逊总统执政时期，可以被称为"进步时代"。这个词显然是对应着"镀金时代"的。美国人在反思，赚钱到底是为了什么？难道就是为了赚钱而赚钱吗？那些创业的商业天才为什么会从英雄变成被千夫所指的人呢？商业竞争到底有没有底线？

从内战开始，美国的腐败问题就很严重。后来到格兰特总统当政时期，裙带风盛行。经常是一人得道，鸡犬升天。权力与金钱往往是搭档，大富豪收买政客是家常便饭。比如爱迪生就给过新泽西州每个参议员1000美元。在当时，美国的社会风气也很糟糕，傍大款的人非常多。整个社会崇尚奢靡。家族经常怂恿年轻的女孩嫁给有钱的大富翁。大亨们建立一座豪宅花掉的钱就比美国农业部的资金还多，怎么奢侈怎么来，反正钱多得花不完。范德比尔特家族的别墅到现在还是著名的旅游景点。

罗斯福当政时期，他敏锐地感觉到时机来了，老一代的大亨岁数都大了，再也没有年轻时的那种锐气了。所以，他要着手解决"镀金时代"遗留下来的种种社会问题。美国开始调整国家的政策，缓和种种社会矛盾。劳资纠纷不再仅仅是双方的事情，政府要作为中间人来进行仲裁。政府有责任恢复公正。美国开始准备迎接新的时代。

图26-3　福特T型车（1910拍摄）

1908年，福特推出

了他的经典作品——T型车。这种车可以坐下5个人，而且非常宽敞，性能优异。汽车要很轻才能满足行驶里程的需要，而且只有很轻的车身才能减少轮胎的磨损。当时，美国只有20%的路面是硬化的，其他的路都是土路。车辆不结实的话，保不齐会颠散了架子。

因此，T型车使用的钢材很特别，又轻又结实。这种钢材叫钒钢。传说福特捡到了一块从一辆法国人的汽车上掉下来的金属，发现这种材料比过去的钢铁结实得多。于是他就向匹兹堡的钢铁公司发出求助。卡内基之前把钢铁公司卖给了摩根。摩根给了卡内基一张空白的支票，叫他自己填个数字。卡内基犹豫了一阵子，填写了4亿美元的数字。于是摩根出价4亿美元，买下了卡内基的钢铁公司。洛克菲勒兜里有10亿美元，排在第二的卡内基有4亿。摩根能调动的资金都不是他自己的。

在匹兹堡的帮助下，福特搞定了钒钢，生产的T型车非常结实。你可以随意使用这种汽车，而且这辆车用途非常多，发动机还能用来锯圆木、抽水和把牛奶搅拌成奶油。这说明福特的T型车还能起到拖拉机的作用。福特在T型车上还有一个创新，那就是把方向盘从右边移动到了左边。这又是为什么呢？

当时在美国的交通规则是行车靠右，这与英国是相反的。汽车的方向盘要么在中间，要么在右边。放在右边是为了防止汽车开到路边的沟里去。司机靠右容易看到路边的排水沟。但是福特有一个预感，路边的水沟根本就不是开车的障碍。未来会造成麻烦的是对面开过来的汽车，把方向盘放在左边更加有利。

1908年，T型车开始生产，在以后的两年里，这种车一共卖出去19000辆，每辆售价850美元，算是物美价廉。为什么福特的汽车能这么便宜呢？因为福特引进了生产线。福特手下的工程师曾去肉联厂参观。西部牛仔放牧饲养的大批牲口都要送到芝加哥来加工出售，因此，芝加哥有美国最大的肉联厂。肉联厂的屠宰和肉类加工已经是流水线生产了。福特的工程师大受启发。

福特公司的管理人员在车间里仔细观察了好久，他们发现，工人在装配零件的时候，大部分时间是在箱子里找零件。这显然是在浪费时间。于是，他们就把工序分解细化，每个工人只做其中的一道工序。要安装的零件也就是那一种，箱子里只有一种零件，随手拿就是了，完全不需要翻找，这就是流水线速度快的诀窍。随之而来的是工人们的劳动强度大大增加，任何一点时间空隙都被榨干了。大家可以去看卓别林的电影《摩登时代》，讲的就是流水线上工人们的高强度工作。

正因为流水线的劳动强度太大，福特公司的劳资矛盾也变得尖锐。福特的办法与其他大亨不一样。他提高了工人的工资，达到了创纪录的每天5美元，每天工作8小时。所以福特的工厂前面等待招工的人足有1万人。工资高谁不来呢？福特看着黑压压的人群，他内心有个最大的愿望，就是要让在生产线上制造T型车的工人也能买得起T型车。很快，T型车的价格降低到了440美元。

在当时，资本家和工人的关系非常紧张，很多资本家都嘲笑福特，觉得这个家伙犯傻。提高工资，减少劳动时间，每年差不多要多花1000万美元。福特公司的收入差不多也就1000万美元上下。这样的话，公司还有利润吗？福特不这么想，只有花大价钱，人家才肯到流水线上工作，这是没办法的事情。让人预料不到的是，这一年，福特的利润有3000万美元。高投入赚取了更高的回报，福特是对的。在福特的眼里，赚钱不能依靠拼命地压榨。他依靠的是另外一种逻辑。工人有钱了，才能来买你的汽车，你的汽车才能卖得出去。就在福特生产汽车的这段时间，另外一群人也没闲着，他们正在研究如何凭借自身的力量飞上天空。说实话，在那个年代，没人知道该如何飞上蓝天。大家都是从高高的山坡上跳下来玩儿滑翔。驾驶滑翔机最出名的，是德国人奥托·李林塔尔。他制作了各种各样模仿鸟类的滑翔机，一次次从高处跳下来，少不了摔得鼻青脸肿的。但是李林塔尔百折不挠，坚持研究飞行的奥秘。他的滑翔距离越来越远，从50米的高坡上跳下来，可以滑翔

1000米远。这在当时已经是了不起的成就了。

图26-4 李林塔尔准备滑翔

1896年，李林塔尔从一个山坡上起飞了，正好有一股风吹过来，一下子把李林塔尔带上了高空，他的滑翔机长得像一只大蝙蝠。随着翅膀的仰角增大，李林塔尔的滑翔机进入了失速状态，这对于李林塔尔来说非常危险。飞行器是依靠机翼产生升力的，机翼的仰角增大的时候，阻力会变大。升力也会变大。当仰角抬高到一定程度，升力反而开始减小，阻力却依然在增大，会导致飞行器突然掉下来，这种情况叫作失速。李林塔尔从20米高的空中栽了下来，摔断了脊椎骨。他临死前对弟弟说了一句："总要有人牺牲的。"然后就永远闭上了双眼。他从14岁开始痴迷飞行，前后努力了34年，留下了无数的资料和照片。这也为后人继续研究飞行打下了坚实的基础。

李林塔尔的滑翔飞行活动一直被美国俄亥俄州代顿的两个年轻人关注着。李林塔尔对他们来说就是前辈和偶像。两个年轻人是兄弟，都受过比较好的教育。他们自己开了一家自行车店，依靠自行车店的收入研发飞行器。他们经常躺在山坡上，注视天上的雄鹰展翅滑翔。鸟类是天生的飞行家，人类要好好向他们学习。但是光从鸟类身上学习还远远不够。他们的很多经验来自自行车，自行车与飞行有什么关系呢？这就说来话长了。

工业革命400年

下篇

海空变革：
27
新技术时代

早期人类的滑翔机都在模仿鸟类，这种滑翔机的操控并不灵活。要知道一架飞机飞在空中，飞机的姿态控制非常重要。飞机可以上下俯仰、左摇右摆，还可以改变飞行方向。飞机在3个轴线上都是可以旋转的。每个轴线的旋转都起到什么样的作用呢？在李林塔尔的时代这个问题是根本没人知道答案的。

人们通过观察鸟类，发现鸟类有个尾巴，似乎可以控制飞行姿态。于是人类也装上水平尾翼用来控制俯仰。可是如何控制方向呢？一般来说，是用移动重心的办法来控制，现代的悬挂式滑翔还是采用这种方式。李林塔尔知道这可以学一学船舶，安装一个垂直的尾翼用来稳定方向。但是对于飞行器来讲，稳定性与操控的灵活性是冲突的。在李林塔尔的时代，所有的滑翔机都是追求飞行的稳定性的，因此操控性就变得非常差。

李林塔尔的影响非常大，当时的新闻媒体对李林塔尔做了非常详尽的报道。李林塔尔也经常在报纸杂志上发表自己的飞行经验。当时世界上很多的航空先驱者都跟他有联系，比如说美国的兰利和俄罗斯的茹科夫斯基。茹科夫斯基倡导建立了莫斯科航空技术学校，1920年，这所学校被改名为红色空军工程学院。1922年改成茹科夫斯基空军工程学院。从这所学校里走出了图波列夫、米高扬、雅克夫列夫等一大批人才。他们都是日后苏联著名的飞机设计师。

兰利比起茹科夫斯基就不那么幸运了。美国有一个著名的史密森学会，这个学会是一系列博物馆和研究机构的集合组织，这个组织包括19座博物馆、9座研究中心，还有美术馆，以及国家动物园。兰利是美国的天文学家、物理学家、数学家，也是航空先驱。他曾经担任过史密森博物馆的馆长，也是史密森学会的第3任秘书长。1890年他创办了史密森天体物理台。1896年5月6日，兰利在华盛顿附近的波托马克河上进行了无人飞机模型的实验。这个小飞机是从一艘船上弹射起飞的，飞行了大概1千米，这次飞行是航空史上第一次出现了比空气重的飞行器靠自己的动力飞行，而不是滑翔。

既然不载人的模型获得了成功，兰利当然就希望能够更进一步，也就是研究载人飞机。他从史密森学会要了2万美元，又从美国政府那里要来了5万美元。有了钱以后，他就开始制造载人飞机。就在这时候，他听说美国有另外一组人也在制造比空气重的飞行器。他跟那些人联系，人家婉言谢绝，不想把自己的秘密透露给他。后来兰利在波托马克河上的飞行实验经历了好几次失败，飞机掉到了水里，飞行员命大，被人救了上来，好在没出人命。

当时新闻媒体和舆论都对兰利非常不友好。说白了就是把兰利骂了个狗血淋头。估计兰利难以承受这么大的打击，所以他1906年就去世了。后来，还是柯蒂斯从水里面把他的飞机残骸捞了出来，然后修修补补，装了

Langley's Aërodrome No. 5 in Flight, May 6, 1896
From instantaneous photograph by Alexander Graham Bell

图27-1　兰利的蒸汽飞机在试飞，
照片拍摄者为亚历山大·贝尔

个大功率的发动机。这一次却试飞成功了。所以，兰利实在是太可怜了，他离成功就只差一步。他不是那个幸运儿。运气落到了另外一组人的头上。这另外一组人就是莱特兄弟，世界公认的飞机发明者。

但是从兰利与他们联系被拒绝这件事儿也看得出来，他们私心蛮重的，技术秘诀一点儿都不想透露给别人。那么莱特兄弟到底掌握了什么样的技术秘密呢？这跟他们的职业有非常大的关系。他们两个是开自行车店的。要知道，自行车也是一个非常有意思的东西。为什么自行车靠两个轮子就能够维持稳定呢？自行车的原理一点儿都不简单，它涉及牛顿力学里面非常有意思的一部分知识——刚体动力学。

一开始，人们以为自行车的稳定性来自车轮的陀螺效应。轮子高速转动，就变成了一个陀螺。陀螺有一个特性，就是永远保持它的轴的指向不变，受到外界干扰的话也能自动恢复。但是后来发现自行车车速非常低的时候，这个陀螺效应也是非常微弱的，根本不足以支撑自行车的稳定运行，一定会倒下去。可是自行车在低速的情况下，仍然能够维持稳定的运行，它是怎么实现这种稳定的呢？人们发现，自行车的稳定实际上来自他的前车轮。

我们会骑自行车的人往往都有类似的经验，车身往左倒的时候，前车轮会自动往左边拐；往右倾斜的时候，前车轮会自动往右拐。这个现象看似稀松平常，其实是经过精心设计的。因为车的前叉子是斜的。控制前轮方向的转动轴实际上是向后倾斜的。当车子往前移动时，如果车向左边倾斜，前车轮就会往左拐。车子实际上就会走一个圆弧，这个圆弧也是向左拐的，那么圆弧运动造成的离心力就是往右的，这就把原来左倾的姿势拉正了。往右倾斜的话也是类似的情况，道理都是一样的。所以只要自行车在运行，那么它就有自动纠偏的能力。所以一辆自行车在没有人骑的时候，它甚至都能够稳定地往前行进一段。

那么莱特兄弟从自行车这里学到了什么奥秘呢？莱特兄弟发现，飞机的姿态控制跟自行车是类似的。飞机的转弯和自行车的左摇右摆在原理上是有关联的。骑过自行车的人都有类似的经验，在往左拐弯的时候，身体一定是往左倾斜的，往右拐弯的时候身体是向右倾斜的，飞机也是如此。过去的飞行器经常把飞机当作船来驾驶，认为只要尾巴后面有一个垂直的方向舵，就可以控制飞机的转向，实际上这远远不够。所以过去的滑翔机非常难操控。

李林塔尔就是靠移动身体的重心来操控飞机的姿态的。可是在空中能移动多少呢？其实很难靠重心的改变去操控一架机翼特别大的飞机，那一点移动幅度对于一架机翼特别大的飞机来讲是微不足道的。可是要让非常重的飞机能够依靠自己的动力飞上蓝天，机翼面积就不能小。所以莱特兄弟就必须找到其他的操控方式。他们一连几个小时躺在草地上，观察着天空中飞翔的鸟。鸟类是不可能依靠移动重心来改变自身姿态的，它们是怎么操控飞行的呢？奥秘就应该在他们的翅膀上。最后莱特兄弟发现，鸟类是通过改变两只翅膀的角度来完成盘旋的。盘旋时它们两侧翅膀的角度是不一样的，一边角度高一点，产生的升力大一点，另一边产生的升力小一点，那么身体自然而然就歪过来了，也就可以配合着转弯了。莱特兄弟设计了一个巧妙的装置，能够使得他们制造的机翼发生扭曲。这也就起到了跟鸟类翅膀类似的作用。

莱特兄弟制造的飞机模型做了很多次测试，而且还修正了李林塔尔的一些计算上的错误。虽然李林塔尔是他们心目中的偶像，但他们并不迷信前人的结果。尽管如此，飞行总是要担风险的，他们做滑翔实验，总是免不了磕磕碰碰甚至摔下来。为了改善操控性，莱特兄弟在飞行器的前边设置了一对水平舵，用来控制飞机的俯仰姿态。如今水平舵在我们常见的飞机上都是放在尾部的，称为常规布局，而水平舵放在前面的布局通常被称为鸭式布局。这个名字到底怎么来的，众说纷纭，但是世界上第一架飞机就是采用的鸭式布局。

操控飞机姿态的这个问题似乎是解决了，他们要着手解决下一个问

题，那就是机翼的面积不够的问题。他们想到了用两层翅膀，也就是做成双翼机。双翼机有非常大的机翼面积，但是尺寸并不大。这也就使飞机便于操控。

在俄亥俄州的代顿做了很多次测试之后，他们决定找一个更大、更合适的地方，而且风要稳定。毕竟飞行实验不能随意冒险。他们特别去询问了美国的气象局。气象局给他们的资料表明，北卡罗来纳州的基蒂霍克是个不错的地方。基蒂霍克的沙滩有1千米宽，90千米长，也没有树木和山丘等障碍物。即便摔下来，沙地也能确保安全，不至于摔得很惨。那里没有旅馆和房子可住，好在当地渔民都很热情，邮局局长也欢迎他们去。他们坐火车来到弗吉尼亚州海边，然后坐船去了基蒂霍克。在海上他们遇到了风暴，被吹得歪歪斜斜地到达了目的地。经历了多次的滑翔调试，他们决定尝试载人滑翔。他们基本上获得了成功，滑翔距离虽然只有李林塔尔的一半，但飞机的操控性得到了验证。

最后，他们离开的时候，滑翔机就留在了当地，骨架都是木头的，给人家当了柴火，机翼的蒙皮是比较好的丝绸，估计就给当地渔民的孩子做了上衣。兄弟二人飞行的时间只有3分钟，而不是他们期盼的几个小时。于是他们打道回府了。他们回家要造更大的飞机，这个实验品的尺寸还不够大。

后来，他们的新飞机在海边又测试了很多次。其间，他们发现机翼截面的形状并不合适，但是他们也没有一手的资料。回到代顿以后，他们把各种各样的机翼安装在自行车

图27-2 莱特兄弟的双翼滑翔机

前面，然后骑着车在街上飞快地行驶。莱特兄弟就是依靠这样的方法对各种各样的机翼形状进行测试的。他们的实验数据越来越多。而且他们飞行滑翔的次数也很多，飞行高度甚至超过了李林塔尔。不过他们也遇上好几次飞机几乎就要失速栽下来的情况，好在鸭式飞机不太容易发生失速，所以每次他们都能化险为夷。

要说莱特兄弟还真是幸运，他们误打误撞地使用了鸭式布局。一般来讲，飞机的机翼仰角变大，升力会变大，阻力也会变大。但是超过一定角度升力会突然减小，于是飞机就栽下来了。鸭式布局的好处是升降舵在前面，升降舵的角度一般比主机翼要大一些，飞机的姿势整体上仰的话，升降舵先发生失速，于是升降舵的升力会变小，飞机头往下一低，恰好没超过主机翼的失速角度，飞机也就可以恢复正常的姿态。后来，莱特兄弟给飞机后边装上了方向舵。但是操纵面的增多也使得飞行员手忙脚乱，完全顾不过来。莱特兄弟讨论了好久，最后决定把机翼的扭曲和方向舵联合起来控制，解决了手忙脚乱的问题。

还有一个问题，就是他们需要一台大功率的发动机，而且这台发动机必须重量非常轻，结构非常紧凑。市面上根本就买不到。最后他们决定自己造一台这样的发动机，他们的自行车店是有这个能力的。当时，汽油发动机并不难弄到。杂志上都刊登过汽油机的图纸，用一般的车床就能制造。

莱特兄弟真正的麻烦是没有螺旋桨。当时所有的螺旋桨都是针对船舶优化设计的，主要的作用是划水。19世纪中期，大部分的蒸汽船改用螺旋桨。此前最流行的推进方式是用明轮船，两个大轮子在船的两边划水。1845年，英国皇家海军做了一个测试，找了两条大小完全一样的船，蒸汽机的功率也一样大。一艘叫"阿莱克托号"，用的是明轮推进。另外一艘名叫"嘎吱号"，用的是螺旋桨推进。两条船背对背用绳子拴好，展开了一场拔河比赛。结果用螺旋桨的嘎吱号，倒拽着阿莱克托号以每小时4.6千米的速度行

驶。后来两条船比速度，又是螺旋桨船赢了。从此螺旋桨就奠定了自己在船舶中的地位。

但是莱特兄弟需要的是能在空气中工作的螺旋桨。这种螺旋桨的构造与船用的在水里工作的螺旋桨完全不是一码事。那么他们该怎么办呢？这也难不倒兄弟俩，他们把螺旋桨当作旋转的机翼来对待。最后他们研制出一个两米多长的螺旋桨叶片，是用云杉木做成的，效率非常高。

等到准备得差不多了，恰好碰上兰利来询问他们的进展。莱特兄弟顿时感到压力很大，因为兰利比他们有钱。兰利可以动用美国政府给的5万美元和史密松学会给的2万美元。莱特兄弟制造的飞机只花了差不多1000美元。莱特兄弟第一次知道原来还有竞争对手存在。好在兰利的实验并不算成功。莱特兄弟算是松了一口气。他们把飞机所有的零部件打包，托运到了北卡罗来纳州的海滩上，在那里搭起帐篷，作为飞机库和维修车间。因为做这种测试不是一天两天就能搞定的事情。整个秋天，他们都在进行着适应性训练。冬天来临，持续的坏天气使他们没法飞行，而且零部件还出现了损坏。竞争对手兰利也在一次一次做着飞行实验，无奈这个人实在是太倒霉了，每次实验都不太成功。最后弄得舆论哗然，公众觉得国家不该资助这种没有希望的事。

与此同时，莱特兄弟正缩在帐篷里，躲避着严寒的天气，他们把所有的衣服都穿在身上，还是觉得冷。他们盼望年底能有个好天气。他们测试了发动机，运转正常，每分钟旋转315转。他们把飞机装起来，测试滑行导轨。他们的这架"飞行者1号"飞机没有轮子，于是他们造了一个长长的滑行轨道，里面装有轮子。飞机从滑行轨道上起飞，直接在沙滩上降落。现在要做的就是等一个温暖的好天气到来。

1903年12月14日，这天是星期一，风非常小，也非常柔和。莱特兄弟终于等到了他们急需的好天气，他们决定下午就来试一试。那么到底谁来担任驾驶员呢？这倒是好办，体育比赛也常用这种办法。威尔伯·莱特从兜里掏出一个硬币，哥俩猜硬币，结果哥哥赢了。由威尔伯·莱特来驾驶飞机。

威尔伯趴在飞机上，旁边就是轰鸣的引擎。引擎带动两个大螺旋桨。几个人拉住飞机的机翼。奥维尔·莱特还专门掏出怀表来计算时间。飞机启动了，飞机在冲到轨道尽头的时候，飞上了天空，奥维尔开始计时。大家还在欢呼呢，飞机就掉下来了。威尔伯·莱特飞离地面仅仅4秒钟，他掉在了30米之外的地方。起落滑橇摔坏了，连水平安定面也一起摔坏了。没办法，他们不得不把飞机拉回帐篷里修理。

到了17号上午，修好的"飞行者1号"被拉出帐篷，今天的风速比较大，有利于飞机起飞，上一次风太小了。这一次轮到奥维尔驾驶飞机了。飞机在轨道的尽头飞上天空，忽高忽低，飞了12秒钟，落在了36米之外。不要小看这短短的12秒，这是人类第一次驾驶飞机自己起飞，在空中受控飞行。

这一天哥儿俩轮流驾驶飞机飞行，最长留空时间59秒，连1分钟都不到，但是他们已经改写了历史。

莱特兄弟的思想是矛盾的，一方面他们生怕竞争对手超过他们，甚至因此不想去注册专利，因为申请专利意味着公开；另一方面，想自己保守秘密是不可能的。你在天上飞，难道人家还看不见吗？所以莱特兄弟最后还是申请了专利。

莱特兄弟最关键的一个技术秘密就是如何控制飞机的姿态。莱特兄弟是通过扭曲机翼来实现左右摇摆的。莱特兄弟在美国申请的专利是非常宽泛的，几乎涵盖了一

图27-3 "飞行者1号"第一次升空

切操控飞机姿态的技术。这个专利就像一座大山，挡住了后来者的途径。任何一架飞机都是要操控姿态的，只要你操控飞机的姿态，就绕不开莱特兄弟的专利。

一方面莱特兄弟对专利非常在乎，另一方面这兄弟俩又懒得操心生意上的事情。所以，莱特兄弟的如意算盘就是把专利卖给美国政府。这样的话，他们就能拿一大笔钱，而且还不用操那么多的心，毕竟买主只有一家。申请专利是需要花时间的，莱特兄弟在代顿老家找了个实验场地。他们又改进了飞机，"飞行者2号"的性能比"飞行者1号"更好。1904年，他们总共飞了105次，累计时间1小时。不过媒体兴趣不大，因为兄弟俩在公众面前表演的时候经常栽下来，后来大家都散了。

莱特兄弟给美国政府写信，打算请美国总统塔夫脱来参观。但是政府部门之间来回扯皮，将信送来送去。最后莱特兄弟收到回信一看，心里凉透了，这事儿算是黄了。于是，莱特兄弟就和英国人、法国人接触。欧洲的很多杂志上都有文章介绍莱特兄弟在1902年制作的滑翔机，描述这架滑翔机如何实现操控。这已经是过时的技术了。莱特兄弟倒是不介意对外透露。他们在1905年已经实现飞行11英里远，大约18千米，飞行时间20分钟。不过兄弟俩也经常会遇到险情，比如撞上大树这样的事故，好在没有造成什么严重后果。

图27-4 柯蒂斯发明的配备V8引擎的摩托车

莱特兄弟打算卖给政府，不管是英国还是法国。但是政府部门总是很谨慎，最后都不了了之了。1906年他们才拿到了美国的专利，欧洲的专利他们没有申请，于是欧洲人开始疯狂地"山寨"莱特的飞机。技术方面的事情几乎一点就透，大家都清楚诀窍在什么地方，说白了就是要用飞机的左右摇摆来辅助转弯，只靠方向舵是不行的。扭曲机翼是控制飞机姿态的一个有效的办法。但是大家可能想不到，英国人在1868年就已经发明了一种装置，可以非常方便地控制飞行的姿态，只是那个时候飞机连影子都没有呢。这种装置就是副翼。

直到1909年，美国的柯蒂斯才在飞机上使用副翼，副翼比扭曲机翼要方便得多。柯蒂斯的技术路径与莱特兄弟非常相似。一开始他在柯达公司工作，后来自己开自行车店。他制造的摩托车非常厉害，连续创造最高速度纪录。那种简陋的摩托车就已经可以开到时速200千米了。后来在贝尔家族的支持下，他开始搞航空。贝尔和他的夫人对航空业也做出了特殊的贡献。

但是，柯蒂斯显然侵犯了莱特兄弟的专利，柯蒂斯与莱特兄弟打了好多年官司，一直僵持不下。1911年，哥哥威尔伯·莱特去世了，那时候他才44岁。弟弟不善经营，把公司给卖了，他在代顿的家里一直活到77岁，1948年去世。

1909年，英国的《每日邮报》主办了一场飞行大赛。看谁能从伦敦飞到巴黎，中间要跨越英吉利海峡。法国人布雷里奥拿了冠军。有关这一场比赛，大家可以去看一部老电影，叫《飞行器里的好小伙》，内容不完全真实，但是电影里五花八门的航空器的确是那个时代的写照。航空比赛在飞机的历史上发挥了承前启后的作用。正是因为航空竞赛活动，飞机才迅速从婴儿期进入了少年期。

莱特公司和柯蒂斯公司之间的专利官司一直折腾到1917年，美国要参加第一次世界大战，急需战斗机。这两家的

图27-5　开飞机的柯蒂斯

专利官司把美国的航空业都给耽误了，这怎么行呢？要知道欧洲航空业已经非常发达了，已经远远把美国甩在了后面。

最后双方在美国海军部助理部长的干预之下才达成和解。美国还组建了航空协会，入会的会员共享专利。这个问题被彻底解决了。这位海军部助理部长名字叫作富兰克林·德拉诺·罗斯福，也就是日后大名鼎鼎的总统罗斯福。担任过这个职务的人有5个叫罗斯福，其中一位就是西奥多·罗斯福。

西奥多·罗斯福是富兰克林·罗斯福的远房堂叔，但是他俩关系很复杂，西奥多·罗斯福的侄女埃莉诺·罗斯福后来嫁给了富兰克林·罗斯福。西奥多·罗斯福是共和党人，富兰克林·罗斯福加入了民主党，在威尔逊总统手下任职。西奥多·罗斯福火冒三丈，觉得这孩子是个"叛徒"。这也没办法，这孩子得不到堂叔的帮助，只能靠自己努力了。

为什么后来丘吉尔写信给富兰克林·罗斯福，总是喜欢用"前海军人员"的落款呢？因为丘吉尔当过英国海军大臣。他和富兰克林·罗斯福都管过海军。丘吉尔本人对新技术、新发明也非常关注，19世纪末到20世纪初的那几年，基本上是一个军事技术革命的年代。1906年，一艘全新的战舰"无畏号"下水了，这艘战舰使得之前的军舰全部过时。这艘战舰全部装备305mm的大口径火炮，以蒸汽轮机为动力，动力远

图27-6 英国皇家海军"无畏号"战列舰

超过去的往复式蒸汽机。大炮巨舰成了英国海军的标配。

推动英国海军变革的人是第一海务大臣费希尔，他也被称为"无畏舰之父"。蒸汽铁甲舰之间的第一次大海战就是甲午海战。北洋水师全军覆没，最大的两艘船定远舰、镇远舰也被击沉。这两艘船是德国的伏尔铿船厂的产品，德国人也想搞大舰队，搞海上霸权，先给北洋海军造船练练手，排水量7000吨，这个吨位一直是中国海军战舰的最大吨位。一直到20世纪90年代，中国引进俄罗斯的"现代"级驱逐舰，这个纪录才被打破。

日本人当年看着定远舰和镇远舰也觉得怕，这东西皮太厚，怎么打都打不沉啊。但是那个时代恰好赶上海军技术大发展，军舰更新换代非常快。十年之后的对马海战，主力战舰都在万吨以上了。冷眼旁观的英国人总结经验，看来大炮巨舰才是王道。装甲要厚，炮管子要粗才行。在费希尔的推动下，他们建造了新一代主力舰"无畏号"。其他国家也不甘示弱，世界各国掀起了造舰竞赛。军舰越来越大，炮管子越来越粗，世界进入了大炮巨舰时代。

费希尔还希望推动皇家海军的燃料变革，用石油代替煤炭。石油的效率比煤炭高得多，特别是能够用输油管加油，可以用机械装置喷洒，不像煤炭，必须靠人工拿铲子往里铲。而且石油烧油烟少，不容易被对方发现。过去，还没看见军舰，先看到地平线下往上冒出滚滚浓烟。费希尔努力推动变革却好长时间都推不动。海军当时有顾虑，第一，煤炭行业和海军是有千丝万缕的关系的，这个利益格局难以动摇。第二，英国不产石油，煤炭倒是很多。欧洲当时发现的石油都在里海沿岸巴库附近，总受制于人不好吧。

费希尔是英国第一海务大臣，也就是海军的参谋长，这是军人能当的最高官职，上边还有个文官，海军大臣丘吉尔。年轻的丘吉尔当机立断，坚决推进石油化的进程。英国和波斯组建了英波石油公司，这就是后来大名鼎鼎的BP（英国石油集团公司）。英国皇家海军也入了股，后顾之忧算是没有

了，战舰可以大胆地使用石油这种新燃料了。丘吉尔的远见卓识让人不得不佩服。他后来敏感地预见到陆地巡洋舰的广阔前景，推动海军投资实验了最早的坦克，这等于是抢了陆军的生意嘛。没错，丘吉尔还是坦克的主要推动者之一。

英国和德国之间的军备竞赛越来越厉害，老牌的英国受到了后起之秀德国的挑战。德皇威廉二世野心勃勃，他和英国国王是表兄弟关系。就在1903年，德皇威廉二世在幕后操控，推动西门子公司、通用电气德国公司联合组建了德律风根公司。这个公司是干什么的呢？为什么德皇威廉二世对这个公司这么关心呢？因为这个公司要发展的业务非常关键，是具有战略意义的技术，这项技术叫作无线电。

说白了，威廉二世还不是被英国人挤对的？英国人当时掌握着世界上最好的无线电技术，德国人只能奋起直追。发明这个技术的人其实还是个德国人，他就是赫兹。1888年，他用实验证明了麦克斯韦的预言，电磁波果然是存在的。可惜赫兹在1894年英年早逝，当时他只有37岁。真正让无线电技术实用化的人是意大利的马可尼。偏偏这个马可尼投奔了英国，这让德国人很不爽嘛。所以他们才要奋起直追。

马可尼是意大利人，父亲是意大利的贵族，母亲是爱尔兰人。他从小没怎么去学校上过学，他家都是请老师上门来教他的，可见人家家里很有钱。在赫兹去世的1894年，马可尼也是一个大小伙子了，他偶然读到了赫兹的论文，立刻被深深地吸引住了。他敏锐地感觉到，电磁波是可以用来传递信息的，也就是发电报，尽管赫兹的实验装置发射距离很短。不管怎么说，他要先把赫兹的实验重复出来再说。在失败了很多次以后，他终于成功了。

赫兹的实验装置说到底就是一个放电装置，会打电火花。接收器也非常简陋，就是一个铜环，环上有个缺口。靠得近的话，发射机打火花，铜环也会在缺口上冒出火花，装置很简单。

马可尼不断对装置加以改进，距离不断增加，先是扩展到了隔壁房间，然后又扩展到了楼下。他二哥当他的实验助手。后来又扩展到非常远的地方，要靠打旗子来表示能否接收到信号。当时马可尼遇到的最大的麻烦是接收机灵敏度很差。因为要打出电火花需要很大的能量，假如距离远了，信号弱了，就根本没办法检测。有没有更加灵敏的办法呢？有的。

早在无线电波被发现之前，人们就已经注意到，金属粉末对电火花是敏感的，对打雷也敏感。一旦天上打雷，金属粉末就会粘在一起，因此电阻就会变化。于是有人就想用这种特性来制造避雷装置，效果不太好。1890年，一个法国人在杂志上刊登了一篇论文，讲的就是有关金属粉末对微小电荷敏感的事。马可尼看到了相关的内容，知道有一种东西叫凝聚检波器，也叫金属粉末检波器，就是在玻璃管里面放进两个电极，彼此靠很近，电极中间是金属粉末，为了保持金属粉末的蓬松，并没有灌满。玻璃管横着，金属粉末就在中间堆着。这个装置比较灵敏，有一点微弱的电荷，金属粉末就会贴紧，电阻就会有变化。轻轻碰一下玻璃管，粉末又变得蓬松了。

马可尼用这种装置制造了一个响雷报警器。这种发明其实没有实用性。天上打个雷，电铃就会响。雷还不够响吗？还要再加个电铃凑热闹？虽然这个装置很无聊，但在技术上是一个进步。接收机灵敏度大增，通信距离也就大大增加了。但是无线电通信的距离要想更远，还有一系列问题要解决。

28 冰海沉船：都是报务员的错？

马可尼的一大贡献就是把金属粉末检波器用在了接收机上，灵敏度大大增加。收发距离也就跟着变长了。金属粉末在遇到电磁波的时候会贴紧，这样导电性就变强了，可以触发电铃。他还专门做了一个雷电报警器。雷雨天气里，外边一道闪电，就听屋里电铃"当"地响了一声，跟着就是一个炸雷，没什么实质性作用。这个装置有个缺点，金属粉末在贴紧以后往往无法恢复蓬松。这就变成一锤子买卖了。

马可尼的第二项发明是天线。当时的发射机有个电火花装置。他在电火花装置的两极拉出两根电线，一根拉得高高的，架在大树上，收发距离成倍提高；另一根接地，找个铁棒插进地下，如果土壤不够潮湿就浇两桶水。无线电是天线一个非常重要的部件。别以为天线很简单，它涉及如何有效地把电磁波辐射出去。一开始赫兹在做实验的时候用的是水平天线，其实就是火花放电装置伸出去两根金属棍，尺寸非常小，聊胜于无。这种天线到现在还在使用，是水平极化天线的前身。

我们可能会看到房顶上架着的电视天线，这种天线长得像鱼骨头，叫鱼骨天线，正式的称呼是"八木天线"，因为日本人宇田新太郎最早设计出这种天线，而他的导师八木秀次成功地解释了这种天线的基本原理。这种天线是一种定向天线，一排排的金属棒和无线电波发生共振，产生的二次辐射相互叠加，导致正前方信号最强，背后最弱。不断变化的磁场引发不断变化的电场，变化的电场再引发变化的磁场。这就是无线电波。对于鱼骨天线来讲，电场是在水平方向的，磁场是垂直的。

那么，像电影里面出现的那种老式无线发报机呢？这种机器有一根竖着的天线，顶上装着几个叶片，像一棵草似的。那是什么天线呢？那叫垂直极化天线，这种天线发出去的电磁波电场方向是垂直的，磁场方向是水平的。这种天线是没有方向性的，哪

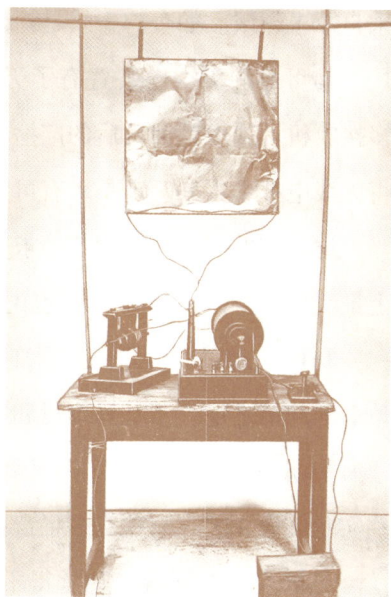

图28-1　马可尼的第一台无线电发射器

个方向的信号都是一样的强度，特别适合用来做无线电广播。同理，发报机和报话机也不能用定向天线，因为你也不知道跟你通话的人究竟在什么方向。

那么问题来了。现代的手机天线是定向天线吗？手机天线当然不是定向的，你也不知道铁塔在哪一边。iPhone4的不锈钢边框就是天线，创意本来不错。但是弄出了一个"天线门"事件。手握的地方不对，居然影响信号质量。这不要命吗？由此可见，现代天线设计是非常复杂的事情，不像一开始，往树上挂一根电线就行了。

那么，基站铁塔的天线是不是定向天线呢？答案可能出乎你的意料，铁塔是定向天线。不过这个定向天线可是高科技。最新的5G技术，基站天线是靠一组小天线组合成一个定向天线，你的手机在哪边，它就动态把信号最强的方向指向你的手机。而且这个电脑控制的天线阵列可以瞬间切换方向。毕竟一个基站要为很多手机服务。这种技术有个听起来很高端的名字，叫作"相控阵"。没错，最先进的军用雷达天线就是相控阵技术，这个技术

来自军事领域。如今，天线是一门非常重要，也非常高科技的学问。

马可尼的无线电装置有了天线这种装置以后，一台发射机可以搭配好多接收机。这也就为日后的广播奠定技术基础，当时马可尼才20多岁。他觉得无线电技术将来一定是大有可为的，他希望意大利政府能支持他的发明，马可尼给邮电部长写一封信请求支持，但最后被驳回了。据说部长大人在信上批复了一个"神经病"，这也说明了人家的态度。

马可尼碰了一鼻子灰。他的母亲建议他去英国试试看，毕竟那是工业革命的起源之地。于是马可尼和自己的母亲，拎着大包小包就去了英国。到了海关就被人家拦截下来了。因为人家实在是看不懂他们行李里面携带的那些实验装置。怎么有这么多稀奇古怪的玩意儿啊！

英国人上看下看，总觉得不放心，看马可尼就像在看危险分子。两年前的1894年，法国总统遇刺身亡。维多利亚女王一辈子遇到过8次暗杀，好在都躲了过去。爱尔兰人在闹腾，无政府主义者也在闹事儿。人家英国人必须提高警惕。但是英国人毕竟没证据，你总不能说看不懂的就是危险分子吧。能拆的拆，能砸的砸。马可尼到英国先受了一个下马威，安顿下来以后的第一件事就是修理仪器设备和实验器材。

马可尼小伙儿长得帅，而且口才不错。一口流利的英语让他和上流社会的人迅速建立了联系。到哪儿都离不开朋友圈啊！1896年7月，马可尼给英国人演示了无线电收发技术。英国人很关注，他得到了邮政部门的支持，特别是邮电局的工程师普利斯和他很投缘。后来，马可尼在英国注册了无线电专利。在英国，他把距离扩展到了6千米，信号穿过了索尔兹伯里平原。下一步马可尼要实验跨海通信，他在布里斯托尔海湾做测试，距离不远，信号成功跨过了6千米的水域。

信号能不能跨越30千米宽的英吉利海峡呢？马可尼在多佛尔附近的一座灯塔里面安装了一套收发装置，和法国的维勒姆进行通信，效果很不错，信号成功地跨越了英吉利海峡。1897年，马可尼成立了自己的公司，开始在很多地方架设大天线，一个个都有几十米高。

1899年，马可尼去了美国，新泽西州的桑迪胡克要举行美洲杯帆船赛，马可尼的无线电就派上了用场。他在船上架设无线电装置，进行实况转播。他们从美国回英国的途中，从船上往陆地上发送了一条消息：快到家了，还有66海里（约为122千米）。陆地上的人还挺开心的，这也是破天荒第一次。因为过去船只穿越大西洋，大家都提心吊胆的，很长时间没有这艘船的任何一点消息，船到哪里了，谁都不知道。现在好了，终于有办法和陆地上的人联系了。

1900年，马可尼终于获得了最大的一个突破。无线电之间是会相互干扰的，无法井水不犯河水。这是最大的一个缺陷。英国物理学家洛奇拥有一个很有用的专利，那就是LC谐振回路。一个电容器和一个线圈并联起来，就能筛选出特定频率的无线电波，这可是个好东西啊。马可尼在他的无线电系统里面引入了LC谐振回路。这是一个非常大的突破。当然洛奇跟马可尼产生了专利纠纷。马可尼最后请他当科学顾问，收购了他的专利。洛奇对无线电贡献很大，金属粉末检波器其实也有他的功劳，他发现这个东西可以提高无线电信号的接收灵敏度。所以他和马可尼知识产权的纠纷也不是一个两个，而是有许多，幸亏马可尼人比较机灵，安抚住了洛奇。

马可尼改进以后的无线电系统可以井水不犯河水，互相不产生干扰。因此在技术上他已经独占鳌头，压住了其他的竞争者。他拿到的专利号码也吉利，是7777，实在是太巧了。

到了1901年，马可尼开始向下一个目标发起挑战，那就是把信号发过大西洋。这段距离非常远。发到美国起码要5000千米，发到加拿大的纽芬兰岛也要3600千米。当时的物理学家们都知道，无线电波就是光，光就是无线电波，这是一码事。光只能走直线，过于遥远的目标会下降到地平线以下，我们看海边远处的船只，往往是先看见桅杆。假如马可尼架设100米高的天

线，发射机和接收机天线都一样高，那么至多也就传播80千米。架到150米高，也就增加到100千米距离。发过大西洋是不可能的，还是海底电缆更靠谱儿。马可尼一心要打破海底电缆对跨洋通信的垄断。他坚持认为无线电波是可以跨越大西洋的。

一开始，马可尼是在美国马萨诸塞州的鳕鱼角和英国康沃尔郡架设天线，天线是整个装置里最费钱的部分。65米高的天线造价很高。美国一场大风把铁塔给吹塌了。马可尼心疼得不行。这回他学乖了，不建铁塔了，他认为用风筝和气球把电线拉上去比较合算。加拿大的纽芬兰近一点，他就在加拿大纽芬兰安装无线设备。前后被大风吹跑的气球和风筝据说有30多个，可见做实验不容易啊。1901年12月12日，马可尼从杂音之中听到了微弱的信号，他成功地接收到了对方发来的字符，这是一个了不起的成就。但是马可尼的这个成就是受到争议的，因为他们事先规定好了发射的内容。他们发射了摩尔斯电码的字母S，为什么发这个字母呢？因为摩尔斯电码之中S就是三短，就这么简单。

正因为他们事先讲好了发射内容，才引起了一连串的麻烦。假如发送的内容马可尼事先不知道，那么只要其他人问一问纽芬兰那边发送的内容和马可尼接收的内容是否一致就可以判断了。但是马可尼事先知道了，这就无从判断了。因此很多人对此是有怀疑的。1902年，马可尼乘坐费城号一路向西，沿途不断发送无线电信号。最远通信距离达到3500千米，这下大家信服了。当然，马可尼改进了检波器，不再使用金属粉末检波器了，而是采用卢瑟福发明的电磁检波器。这个检波器灵敏度更高，可以直接接到耳机上收听，人的耳朵还是很灵敏的。

马可尼发现，无线电波的传输跟天气以及昼夜都有关系，夜里的传输效果明显好于白天。1901年，他的实验是白天进行的，条件很不利，所以后来还是有很多人质疑他是不是真的接收到了信号。那么无线电信号怎么跟昼夜还有关系呢? 为什么无线电波能够沿着弯曲的地球表面传播呢? 无线电波不是光吗? 对于马可尼来讲,他也不知道怎么回事儿。反正能发过去就行了。

其实在地球上,无线电的传播不像光那么简单明了。对于频率非常低的无线电波,比如只有几赫兹的超长波,几乎是没什么障碍的。哪怕你在大洋深处都可以收到信号。地面与潜艇的通信就是靠长波完成的。这种频率极低的信号无法传递大量信息,最多也就是发电报的水平。中波波段大约是300kHz到3MHz,波长大约是1000米到100米,常用来作为广播,可以沿着地面爬行一段。大地也是导体,也会参与电磁感应,所以会形成一种表面波,但是衰减也很大。传几百千米也就差不多了,不过运气好的话也可以通过电离层反射到很远的地方。有的收音机爱好者曾经用几百米长的天线,从欧洲接收到北京中波电台的节目。

短波可以传播非常远。这个波段容易被电离层反射,常用作跨国通信或者广播,过去说的偷听敌台,基本都是短波电台。正是无线电行业的蓬勃发展,让科学家们发现,原来地球大气层远比想象的复杂。高层大气非常稀薄,在紫外线和X射线的轰击下,很多气体已经处于电离状态。所谓电离状态就是说,电子已经脱离原子核的管束,跑出来到处游荡了。这种气体对于电磁波是有影响的,有可能产生全反射效果。因此短波传播必定受到电离程度等复杂的因素影响。夜里没有阳光照射,电离程度下降,刚好反射变强。等到太阳出来,各项数据又变了,反射变弱。

电离层也分成性质不同的几层,

图28-2 马可尼在展示他的无线电装置

每一层反射的无线电波频率都不一样。有的频段夜里效果好，有的频段白天效果好，不能一概而论。手机无线电辐射已经到了微波波段，传播特性类似于光，基本上和电离层没关系。

马可尼的事业可以说风生水起，他几乎垄断了无线电通信领域。其他的企业都无法和他竞争。尽管对他的无线电专利，大家还有异议，很多人都认为是自己发明了无线电。比如特斯拉，美国后来认定特斯拉才是无线电的发明人。俄国的波波夫也号称比马可尼要早。但是波波夫的专利落在了马可尼的后面。不过，第一个预言电磁波的是麦克斯韦，这毫无争议。第一个用实验证实了电磁波存在的人是赫兹，这也是没有争议的。后来者都是在他们的基础之上拿出的实用方案，所以很难说到底谁才是真正的"无线电之父"。但是人们往往记住了那个最后的终结者。这个人一出手，这门技术就可以得到大规模的应用。马可尼就是这样的人，他抓住了机遇。

1909年，马可尼获得了诺贝尔奖。这时诺贝尔奖创立不久。诺贝尔的本意是奖励那些本年度诞生的科学发现，因此才规定诺贝尔奖每年颁发一次，这是一个年度奖。诺贝尔是搞技术和实业出身的。那个时代，科学发现总是很快就能转化成技术，无线电就是一个典型。但是诺贝尔没料到，越到后来，颁发就越延迟。现在，诺贝尔奖基本上已经成了终身成就奖了。一般来讲，获奖者都七八十岁了。不过正是这种延迟颁发，使那些投机取巧的人没了方向。你想用对付考试的办法去押题？门儿都没有。你根本猜不中几十年以后，评委们是什么口味。正因为诺贝尔奖的严谨与慎重，这个奖项的声誉越来越高。

不过树大招风，因为无线电有战略意义，马可尼的公司被英国政府盯上了。他们总想把马可尼的公司国有化，马可尼当然是一百二十个不愿意。好在英国政府也没有勉强。马可尼为了防止技术秘密外泄，采用了只租不卖的策略，形成事实上的垄断。所以当时很多商船上的电报员都是马可尼公司的人，船上的电报机也是专人负责维修，使用专门的发电机组。

对于马可尼来讲，他要做的就是完善他的无线电系统，来和海底电缆竞争。但是海底电缆可靠、稳定，而且养活了庞大的产业链，这也不是马可尼一家能撼动的。与此同时，竞争对手也开始崛起了。威廉二世支持的德律风根公司开始在无线电领域中争取分一些利益。因为英国垄断着海底电缆，德国和世界各地之间的通信不是那么顺畅。而且德国也需要和海外殖民地建立通信联系，他们也怕被人卡脖子。德国人不是吃素的。德律风根公司以研发为主，遍请天下高人，连特斯拉也请了，他们的水平在迅速提高。

德国人是后来者，他们不得不依赖于新技术。他们总想弯道超车，这也好理解。英国人则是不紧不慢地推进，海底电缆在他们手里，马可尼也在他们手里，有什么好急的呢？况且无线电还是非常贵的，也不是想推广就能推广开的。所以装备无线电设备的船舶也不算太多，只有大船才能装得起无线电。

过去，船舶开进茫茫大海，大家就不知道这船到哪里了。好多天以后，船舶安全地靠岸了，人们才能再一次知道这艘船的行踪。现在有了无线电，当然对船舶的通信产生了很大的影响。

当时船上普遍使用的发报机是马可尼的火花间隙发报机。按下电报按钮以后，电源先给电容器充电，当电压高到能击穿火花的间隙，就会产生电火花。电容里的电一下都放光了，就开始下一次充电。等充足了，再打一个火花。这个过程非常快。发报机电键往下一按，就会打出一连串的火花。接收机那边的耳机里面就能听到"嘀"的声音。接收机也有了改进，金属粉末检波器已经跟不上形势，被淘汰了，流行的是矿石检波器。一般是用方铅矿或者黄铁矿来作为核心部件。找一小块矿石，然后用针扎到矿石上。矿石本身就能完成检波的作用。但是调试矿石检波器很难。因为工程师要不断地寻找探针接触的位置。针扎在哪里效果最好，这全靠人一点一点去测试，这比针灸扎穴位还难。因此矿石检波器的品控非常难。

有没有更好的办法呢？办法还是有的，1904年弗莱明发明了电子二极

图28-3　矿石检波器是接收机的核心部件，中间是一小块矿石，用探针扎到效果最好的接触点上

管。电子管可以说是一种划时代的发明。电子管的源头往上追溯，可以一直追到爱迪生那儿。他在改进灯泡的过程里，往灯泡里面添加了一根金属丝。当金属丝相对灯丝处于负电位的时候，什么也没发生，但是当金属丝处于正电位的时候，居然测到了电流。这被称为"爱迪生效应"。这个电是怎么通过去的呢？当时爱迪生并不理解，也就搁在一边了。

等到英国的汤姆逊发现电子，这才真相大白。原来加热的灯丝会发射电子，电子带负电，会流向正极。马可尼手下的一个工程师弗莱明对此很有兴趣。他曾经是麦克斯韦的学生，听过麦克斯韦的课，理论基础还是很扎实的。马可尼1901年做无线电跨越大西洋的实验，用的发射机和发电机组还是弗莱明设计的。但是功劳都是老板的，弗莱明心里当然不舒服。而且老板既没有给奖金，也没有给股份，据说马可尼答应过他，但是后来给忘了。这帮当老板的，就是这种事儿容易忘，别的他都忘不了。

1904年，弗莱明利用爱迪生效应，搞出了一个真空二极管。真空二极管的诞生标志着电子学的开端。真空二极管，顾名思义就是一个抽成真空的玻璃管。内部封装两个电极。一个用灯丝加热，一个是冷的。热的电极能发射出电子。电子从热端跑到冷端没问题，但是反过来就不行了，冷电极没有发射电子的本事。所以二极管起到的作用就是单向阀门，也叫作"弗莱明阀门"。

那么二极管为什么能实现检波呢？无线电波就是电磁振荡。天线接收到无线电信号，产生感应电流。但是无线电频率很高，一秒钟振荡几十万次以上。感应电流总是正负两极高速来回，一正一负平均下来就是0。耳机里什么也听不到。利用二极管的单向导电性，可以裁掉其中的一半。要么全要正的，要么全要负的，电流方向都一样，有劲儿往一个方向使，就能推动耳机了，这就是二极管检波器的原理。

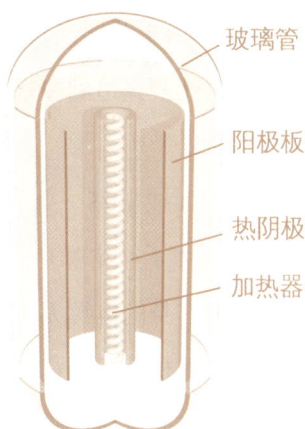

玻璃管

阳极板

热阴极

加热器

图28-4　真空二极管的原理图

实际上，矿石检波器也能起到二极管的作用，但是内部原理和真空管完全不同。矿石实际上是个天然半导体，这在当时没人知道怎么回事儿。半导体的发现要等到半个世纪以后了。矿石的好处是不需要加热，经久耐用。真空管总是要用灯丝加热阴极，假如灯丝烧坏了，管子也就坏了。容易坏，而且又贵，推广起来当然就难了。不过真空管使用起来倒是简单。矿石检波器，需要用针扎到合适的地方。这一针扎什么地方，要靠一点一点去试，太花时间了。万一探针松动了、移位了，就麻烦了。反正两者各有利弊。

1912年，马可尼公司派驻的两位电报员登上了白星航运公司最新的一艘豪华邮轮泰坦尼克号。船上的电报机是马可尼公司租给白星航运公司的，连人带机器一起出租。年长的这位叫杰克·菲利普斯，年轻的这位叫哈罗德·布莱德。他们都在不同的船上当过报务员。他们这是第一次随着泰坦尼克号出航。

泰坦尼克号，大家已经熟悉得不能再熟悉了。这艘船拥有2台往复式三胀蒸汽机，还有一台蒸汽轮机。蒸汽轮机和蒸汽机都是外燃机，需要另外的锅炉来烧开水。船上一共有29台锅炉。白星航运公司主打豪华牌，因此泰坦

347

尼克号也弄得富丽堂皇，如同一座海上宫殿，总吨位4.6万吨，巡航速度约40千米/时。白星公司经过资产重组，已经是摩根旗下的一员。泰坦尼克号追根溯源，能一直追到摩根那儿去。

船上的无线电室一共有三间。一间是宿舍，一间是发电机房，一间是电报机房。为了减少噪声，发电机房是有隔音措施的。发电机用内燃机带动，与船上本身的电源无关。这艘船非常先进，用的无线电设备叫作旋转式火花间隙发射机，功率高达5kW，在当时算是最先进的无线电发报机了。别的发报机发出的信号都是模糊不清的，这种旋转式火花间隙发报机的信号极为清晰。这是为什么呢？

我们前面提到过火花间隙发报机的基本原理，就是电容充电充足了就打一个火花，形成一个脉冲，然后等电容再次充电，充足了再来一下。脉冲信号按理说也应该是清晰稳定的。实则不然，电极因为老是打电火花，所以会变得滚烫甚至发红。温度一高，很多事物状态就变了。空气被加热后，变得更加容易电离。电极也是热的，变得容易发射电子。电容器的电压还没充到额定数值呢，这边火花提前打出来了。电火花变得不稳定，发射功率也打折扣。于是旋转火花间隙发射机也就应运而生。两个电极之间拉开距离，中间放进一个转盘，上边排列一系列的电极。这一根棍子横到两个电极之间的时候，立刻打一个火花。转开了，火花熄灭。等下一根棍子横过来，再打下一个火花。发报机发出的脉冲完全取决于电动机转动的速度，而且功率可以更大。

船上的无线电电报员有两项基本职责。一项是收发天气、海况信息，另一项是为客人提供收发报通信服务。既然是豪华邮轮，当然服务也要高端、大气、上档次。所以船上提供最先进和现代化的通信服务。泰坦尼克号无线电发射机的频率大概是500kHz，可以和周围500千米半径内的人进行无线电通信联系。船上配备的接收机是最新的真空二极管检波器。为了防止损坏，这台接收机配备了两个真空管，算是做了充足的准备了。

1912年4月10日，泰坦尼克号离开了英国南安普顿港，开往美国纽约。这一路上，电报机在不断地收发信息，都是客人们的付费电报。人家花了钱，当然不敢怠慢。两个电报员拼命干，一晚上估计收了250封电报。发出去的恐怕不比这个数字少。结果电报机烧坏了，必须马上修理，一下耽误了很多时间。

　　菲利普斯只好加班加点地干，前一天因为设备坏了，积压了大量的付费电报。他必须尽快把付费电报处理完，才能处理其他的事情。他是老手，哈罗德是个新手，速度没他快。任务全都压到了他一个人的头上。哈罗德在隔壁的舱室里睡觉。21点40分，菲利普斯收到梅萨比号发来的海况报告，通知他们前方有大量浮冰，而且一个比一个大，要他们小心。菲利普斯忙得焦头烂额，正帮人家派发付费电报呢，结果对这条海况报告没注意，根本就没有通知驾驶室。

　　晚上22点55分，"加州人号"发来电报，告诉菲利普斯前面都是冰山。菲利普斯正在仔细分辨远方发来的微弱信号，耳机音量开到了最大。加州人号用的发报机和泰坦尼克号是一样的，功率也很大。这等于是突然在菲利普斯耳朵边上喊了一嗓子。菲利普斯顿时火冒三丈，让他马上闭嘴。等菲利普斯处理完手头的事儿，再去问加州人号，刚才要说什么来着？加州人号那边的电报机早关了，根本没有回应。

　　事后，很多人的回忆有矛盾之处。菲利普斯到底有没有及时把海况报告交给驾驶室，现在说法不一。但是毫无疑问，海况报告没引起大家足够的重视。23点40分，大船和冰山相撞了，这时候菲利普斯刚好交班准备睡觉。船长来到发报机房，告诉他们做好发送求救信号的准备。过了几分钟，船长再次来到发报机房，要他们赶快发信号求救。

　　泰坦尼克是首航，船长和船员们都是第一次登上这艘船。这位爱德华·约翰·史密斯船长是一位资深船长，口碑很不错。很多百万富翁专门坐他开的船。船员们也都是这位老船长的老部下了。他们对船长无比信任，但

是他们都没有经历过这样的事情。

菲利普斯开始拼命发送求救信号。英国的标准求救信号是CQD "− · − · −− · − · · "。后来德国人组织国际会议，商讨统一无线电呼救代码，最后选来选去，选中了SOS "· · · −−− · · · "。但是英国人什么时候买过别人的账啊？他们还是习惯发送CQD信号。

哈罗德提醒菲利普斯，最好两种信号都发，毕竟新的代码SOS更有优势。在摩尔斯电码之中，CQD三个字母，每个都是有点有线、有长有短的。为了区别这三个字母，必须在字母之间加上间隙，发送就比较麻烦。SOS三个字母，恰好是三短三长三短，不需要添加间隔，而且非常容易辨认、容易记忆，这是最优的电报呼救信号了。

一直到电报机房进水之前，两个电报员还在拼命往外发求救信号。沉船前两分钟，他俩跑了出来。两个人就此分别，跑向了不同的方向。据说两人都上了救生艇，但是只有哈罗德活了下来。菲利普斯连轴转了好几天没好好休息，体力不支。有人说他是从救生艇上失足落水的，别人把他拉上来时，他已经死了。但是也有人说再没见到这个人，甚至尸体也没见到。很多人在那种情况下，记忆会不准确。以为是确定无疑的消息，其实只是道听途说。落水的那个人是谁，恐怕大家未必是亲眼看见的。

不管怎么说，两个电报员之中的一个告诉大家，有附近的船只收到了求救信号。这给了大家生存的希望。是菲利普斯还是哈罗德，这已经不重要了。最终有700人获救，1500人死亡。这一场悲剧被文艺作品反复表现了很多次，想必大家都已经很熟悉了。

到现在还有很多人在分析，当时到底能不能避免这样的悲剧发生？冰海沉船到底是偶然的还是必然的？我想说，重大事故就像冰山一角，是各种疏忽、各种问题汇集到一起造成了这起悲剧。有的时候真的很难说这起悲剧到底是天灾还是人祸。这个世界就这么复杂，有些事，你也不知道自己在做什么，你也不知道这件事到底会带来什么样的后果……

泰坦尼克号的沉没是一件大事，国际上马上召开会议商讨如何进行制度上的补救，看来整个航运业的安全规范要重新制定。于1914年通过的《国际海上生命安全公约》里面做了一系列的规定。

首先是救生艇应该安排的数量问题。白星航运公司只带了20条救生艇，只能装下38%的乘客。这是远远不够的。但是白星公司的做法符合英国的国家规范。英国的贸易部规定，超过一万吨的船，必须配备16条救生艇，再大的船呢？人家没有规定。这个条款1894年之后就没有更新过，当时最大的船只有1.3万吨，显然跟不上形势的发展。现在看来，救生艇数量必须和乘客人数匹配，而且平时要展开使用救生艇的训练，不能临时抱佛脚。

美国在1912年通过规定，船上的无线电必须24小时开机，不能休息，而且要配备备用电源，人员也要三班轮换，不许出现空档。而且船只与岸上，船只与船只之间要保持相互联系，不能中断。《国际海上生命安全公约》中也做了相同的规定。

泰坦尼克号求救的时候，不仅发送了无线电报警，还发射了红色信号弹。但是附近的加州人号犹豫不决。他们发现前方一条船在发射红色信号弹，这到底是什么意思呢？他们一时不能确定，所以耽误了救援时间。现在《国际海上生命安全公约》也做了规定，信号弹就是代表求救。大家应该全

力赶去救援。

美国在泰坦尼克号沉没以后，就开始组织人手来对海上的浮冰进行巡视，但这只是美国的单方面行动。1913年11月12日，在伦敦召开了第一届国际海上生命安全大会。1914年1月30日，签署了《国际海上生命安全公约》，规定各国共同出资组织国际冰情巡逻队，对海冰进行监视，这个部门由美国海岸警卫队来管辖。后来随着技术的进步，巡逻改用飞机完成，不再用船了。但是这个监视任务一直持续下来了。

对于船舶的设计与建造，大家也吸取了过去的教训，改变了过去的设计，重新设计水密隔舱和船底。泰坦尼克是单层壳，而且水密隔舱只有4个，一旦被冰山划破，水密隔舱形同虚设，这个教训是很惨痛的。船舶不仅要保障船主的利益，也要保障船员和乘客的生命安全。因此这样的工业产品是要遵守一套标准的。应该满足什么样的技术规范、满足什么级别的技术要求，这就是船级社要干的事儿。第一届国际海上生命安全大会就有船级社的人参与。

总之，泰坦尼克的这一场悲剧带来的教训是深刻的。分析泰坦尼克号事故原因的人也非常多，众说纷纭，是不是铆钉不合格、杂质太多呢？是不是钢板含硫太高，导致钢板太脆呢？甚至还有阴谋论的说法，说白星航运公司骗保险。我们知道有一个非常出名的海恩法则，一起严重事故的背后必然

图29-1　事故是积累的结果

有29起轻微事故和300起未遂先兆以及1000起事故隐患，事故是积累的结果而不是单一原因。我们中国人也都懂，千里之堤，溃于蚁穴。

现代工业社会是个协作性非常强的社会，每个人都只完成一个项目工程之中的一小部分，每个人使用的产品也都不是自己生产的。因此，规章制度、行业标准就变得非常重要。一个细小的问题经过层层放大，就会造成非常大的麻烦。同样，信任感也变得非常重要。你吃的粮食也不是本地产的，很可能是漂洋过海从别的国家运来的，你必须信任对方不会骗你，当然对方也必须信任你，相信你给的不是假钞。如果没有这样的信任，大规模的商品流通是没有办法顺畅的。这种信任感要靠国家的监管来建立。国家用自己的力量来保证市场交易的公平。你要是奸商，我有地方去告状，让你吃不了兜着走。

但是，国际之间是没有一个政府来压着的，国际秩序的维持全靠大家自觉。英国作为最强大的国家，他要做的就是"打地鼠"，谁冒头他就打谁。但是随着德国的崛起，英德之间的矛盾越来越尖锐。威廉二世作为后起之秀也开始寻求自己的地盘。他在海外的殖民地不多，而且缺乏联系手段，因此威廉二世才支持德律风根公司大力研发无线电技术。

1911年，德律风根又成功地将通信距离提到了3350千米，从位于德国本土的大型无线电发射站发送了一个字母到3350千米外的非洲殖民地多哥。1912年，德律风根将大型无线电发射站进一步升级，配了一台功率超过200kW的发电机。下一步就是打破英国人的垄断，建立起从德国到美国的无线电通信渠道。他们在纽约长岛设立了无线电通信站。1914年，美国和德国之前的无线电通信渠道已经开通了。德国人付出的代价比英国人大，因为德国离美国距离更远。

威廉二世想着两件事。第一，美国信息自由，新闻业发达，是个收集情报的好地方。第二，美国现在国力强大，假如威廉二世和英国人翻脸，美国站在哪一边呢？这很重要。美国人是关键的秤砣，它倒向哪边，哪边就赢。威廉二世希望能影响美国的舆论，这是他内心的盘算。

要说威廉二世，他最崇拜的是一个美国人，这个人就是阿尔弗雷德·马汉。他是海军学院的教授，后来当了海军学院的院长。他也曾经以海军上校的军衔担任军舰芝加哥号的舰长。1893年，他乘芝加哥号到英国访问。你别看这个马汉的军衔不高，芝加哥号这条船也不大，但是英国朝野上下一片沸腾，大家都以跟马汉结交为荣。维多利亚女王陛下带着一帮晚辈，接见了马汉。威尔士亲王那是王储，未来的爱德华七世国王。威廉二世当时正在英国访问，死皮赖脸地非要跟着一起见见马汉，他是马汉的粉丝啊。威廉二世的母亲是维多利亚女王的女儿，他还要管维多利亚女王叫一声姥姥，爱德华七世是他舅舅。俄国沙皇尼古拉二世是维多利亚女王的外孙女婿。欧洲王室的许多贵族拐着弯儿都是亲戚。

这几位都是国家元首啊，马汉当然是受宠若惊，自己何德何能啊，能让人家王室如此厚爱？旁边作陪的也是贵族，索尔斯伯里侯爵、罗斯柴尔德男爵，这都是响当当的人物。牛津大学、剑桥大学还给了马汉荣誉学位。当然皇家海军也是热情招待，他们把马汉叫作"新哥白尼"。这是为什么呢？马汉一个小小的上校，为什么接待规格如此之高呢？就因为马汉那一本划时代的著作《海权论》，大英帝国为什么能够从欧洲一隅的小小海岛崛起为日不落帝国，全部秘密都在这本《海权论》里，人家马汉里里外外全给点透了。德皇威廉二世看了这本书当然开心得不得了啊，海权嘛，就是控制海洋。威廉二世就开始大力发展海军，要跟姥姥家比一比。人家英国奉行"两强标准"，这就是索尔斯伯里侯爵提出来的，英国是老大，军舰实力必须超过老二和老三的总和。英国人的海上霸权是不允许动摇的。

欧洲那个时代的局面非常复杂，各个国家之间分分合合，大英帝国依然很强大，但是已经开始衰落，如日中天的维多利亚时代过去了。美国才是八九点钟的太阳，德国人也赶上来了。其实大家都打算从英国身上咬下一块肉，英国看着法国觉得别扭，对俄国更是警惕，威廉二世说咱们两家结盟吧，反正英国王室也有德国血统。英国躲还来不及呢，要是英德结盟，德国必定成为欧洲大陆的霸主，也就没人能制约德国了，所以英国人肯定不能跟德国结盟。最后德国只有和奥匈帝国结伴。奥匈帝国和俄国在巴尔干半岛抢小弟，闹出一大堆矛盾，结果德国又和俄国闹翻了。法国和德国作为欧洲大陆的两大强国，一直是死对头。德国已经很孤立了。德国人要打仗，需要造大量的军火，军火是离不开硝酸的。诺贝尔的炸药叫"硝酸甘油"，也是离不开硝酸的。德国的化学工业比较发达，特别是染料工业。1742年，当时的一个德国化学家搞出了一种黄色的染料，这种东西叫作苦味酸，成分是三硝基苯酚，在此后的100年里，它也一直是被人当作染料去使用的。但人们渐渐发现这种染料不安全，很容易燃烧和爆炸。于是就有化学家开始尝试用苦味酸当炸药使用。经过很多化学家的努力，这种染料变成了一种威力强大的炸药。英国人和法国人掌握了生产技术，开始批量生产。日本人想学，人家不教。日本人只好自己研发苦味酸炸药，这就是后来出名的下濑火药。甲午海战的时候用没用，到现在还有争议，日俄战争的时候，日本人明确使用了下濑火药。苦味酸和金属反应产生的盐类很容易爆炸，因此苦味酸装到炮弹里面是不安全的，炮弹是金属的嘛。日本人有办法，他们在炮弹内部涂了一层蜡。这样就隔绝了苦味酸和金属。没有什么事是一层蜡解决不了的，假如有，就再涂一层。下濑火药把俄国军舰打得千疮百孔，有的地方甚至烧化了，可见温度有多高。

　　但是苦味酸的安全性依然不理想，解决问题的还是德国人。德国人维尔勃兰德1863年发明了一种新的黄色染料——三硝基甲苯。在此后的30年里，没人发现这东西有什么其他用途。一直到1891年，赫尔曼·斯普伦格尔发现这东西是可以被引爆的，但是平时很不敏感，非常安全，所以大家都没发现这个家伙爆裂的一面。这种炸药被称为黄色炸药TNT。据说第二次世界大战的时候，还有女生拿它染头发，这真是让人难以想象。一头金发是TNT染出来的，多危险啊。好在黄色炸药很老实，比较安全。我们实在是想不到，炸药和染料有这么大的缘分，而且跟黄色也很有缘分。

枪炮用的发射火药是硝化棉，也离不开硝酸。爆炸物似乎都跟氮元素有关系。在当时，氮元素只能从硝石里面获得，硝石的主要成分就是硝酸钠。钠盐容易吸水潮解，因此一般都通过化学反应变成硝酸钾。智利有最大的硝石矿，要运到德国必须走海路，可是英国控制着海洋，很快就能切断德国的硝石供应。德国人该怎么办呢？这当然也难不倒人家德国人。一个集天使与魔鬼于一身的人登场了，这个人叫弗里茨·哈伯，德国著名的化学家。

1868年，哈伯出生于西里西亚的布雷斯劳（现属波兰）的一个犹太染料商人家。德国当时是世界化工业最先进的几个国家之一，因为生于染料商家庭，哈伯耳濡目染，从小就对五颜六色的瓶瓶罐罐表现出了极大的兴趣。他在好几所出名的大学学习过，中间还去服了兵役，当时的德国人都是要服兵役的，他被分配到野战炮兵第六团。爱因斯坦就非常讨厌服兵役，而且为此宁可退学。这两个人脾气刚好是反的，但是后来两个人关系不错。哈伯曾经在苏黎世联邦理工学院读过一个学期，也算是爱因斯坦的校友。他和父亲的关系并不好，也就没有去父亲的厂子里工作，父亲帮他介绍了一些不错的化工厂去实习，也算开阔了哈伯的眼界。

德国著名的化学家李比希曾经提出过矿物质营养学说，要想庄稼长得快，必须要有肥料，庄稼想吃什么，我们照着菜单做就是了，无外乎就是氮、磷、钾。钾肥很常见，像传统的草木灰，主要成分就是碳酸钾，磷肥则可以用硫酸处理磷矿石得到磷酸钙，也不是问题，最麻烦的是氮肥。自然界之中倒是有两位"氮肥大师"，一个是豆科植物的根瘤菌，一个就是天空中的闪电。一个雷能产生很多的氮氧化物，随着雨水落向地面。但是这点儿氮肥对于农业来讲是杯水车薪，根本就不够用。

动物的排泄物里倒是氮、磷、钾都有，19世纪人们想尽了各种办法，从鸟粪里提取肥料，从骨头里提取肥料。但是这还远远不够。那么，只能依靠硝石了。1900年德国硝石进口总量为35万吨。1912年，德国进口了90万吨硝石，增长太快，供不应求。

大气成分中，氮气占了约78%，氧气占了约21%，剩下的主要是惰性气体。其实人们的周围就有大量的氮气，但是氮气分子太过顽固，不容易和其他元素组成的物质形成化合物。氨气是由氢元素和氮元素组成的，极易溶于水，能不能直接用氢气和氮气来生成氨气呢？1901年，法国化学家查特里尔试图用氮气和氢气混合进行高压合成氨的实验，但是由于氮氢混合气中混进了氧气，实验造成了爆炸，助手也被炸死了，最后查特里尔放弃了这个实验。

美国人开发了一种用电弧来产生氮化合物的方法，其实就是模拟雷电。在电火花作用下，氮气可以和氧气发生化学反应，生成氮氧化物，最后加水生成硝酸。这家工厂1902年开张，1904年倒闭，原因是太费电了，得不偿失。

总之，很多人都在合成氮化合物的方面下功夫，但是没有人真的成功。要么就是炸了，要么就是太贵不合算。不过话说回来，要想把氮气变成化合物，变成化肥或者是炸药，只能从氨气入手。

化学工业最基础的原料是三酸两碱。所谓的三酸两碱就是硫酸、硝酸、盐酸、烧碱和纯碱。黄铁矿的成分是硫化铁，磨碎了以后放在炉子里加热，和氧气产生化学反应，产生出三氧化二铁和二氧化硫。二氧化硫在催化剂的作用下和氧气再次反应，生成三氧化硫。三氧化硫溶于水就是硫酸。

盐酸就是氯化氢的水溶液，直接用氯气和氢气反应，然后用水吸收就行了。

硝酸以氨气为原料，氨气和氧气在高温和催化剂的作用下产生一氧化氮，然后再次氧化，产生二氧化氮，最后加水变成硝酸。所以制取硝酸是离不开氨气的。

两碱就是氢氧化钠（烧碱）和碳酸钠（纯碱），纯碱和我们的生活关系更密切。做馒头就离不开纯碱，商店里就有卖的。

烧碱可以用纯碱和石灰作为原料来生产。碳酸钠和氢氧化钙发生反

应，得到氢氧化钠。当然烧碱也可以通过电解食盐水得到，但是要有一系列的保障措施，一般用隔膜电解法。

氨气最有意思的一点就是它的溶液本身是碱性的，但是制取硝酸离不开氨气。这是个非常重要的原料。和三酸两碱比起来，氨的发现是比较晚的。但是人跟氨气打交道的历史很悠久。氨这个字在拉丁文里面就是排泄物的意思，这种气味是非常难闻的。

1774年，英国的化学家普利斯特列通过加热氯化氨和熟石灰制备了氨气。在普利斯特列的时代，空气被当作一种元素，所以把氨气叫作碱性空气。十年之后，法国科学家证明了氨气是由氢和氮组成的。从此人们开始努力想办法让氢气和氮气直接结合生成氨，但是一直没有成功。

上文提到过，可以用电火花使空气中的氮气和氧气结合，生成二氧化氮变成硝酸，这也是一条路，但是效率实在太低了。其实煤炭里面也含有1%～2%的氮，在炼焦过程之中，这些氮气会转化成氨气，所以在煤气之中也掺杂了少量的氨气，用硫酸吸收这些煤气，就可以得到硫酸氨，这是人类最早制备氨肥的方法。不过这种方法的产量还是太低了，根本就不够用。

用氢气和氮气直接合成氨气也一直没有大的进展。1894年到1911年，哈伯在卡尔斯鲁厄大学任教，在此期间，哈伯向合成氨发起了冲击，哈伯此前在电化学领域已经声名鹊起。当时热力学大发展，和化学的结合也在深入展开，因为化学反应总是跟温度有关系，而且化学反应经常伴随着吸热和放热。要了解这样的化学反应，是离不开热力学的帮助的。

那时候人们已经知道化学上的可逆反应。也就是说在一定条件下，氢气与氮气会不断地合成氨，同时也会发生分解。首先，氢气和氮气合成氨气，体积上会减小，要想让平衡往合成氨方向偏移，那么就应该创造高压的环境。但是，偏偏氮气和氢气结合成氨是个放热反应，高温不利于平衡向合成氨方向移动，而低温时反应速率又很低，这是一对矛盾。哈伯根据当时已经有的自由能理论进行了计算，计算结果表明合成氨在理论上是有可能进行下去的，这是破天荒的事情，原来化学反应也是能在笔尖底下预测的。

哈伯一次次地做实验来检验自己的计算。虽然高压更有利于合成氨的反应，但是设备必须加固，否则承受不了。哈伯为了省事，选择在常压下进行实验。第一次就取得了反应的平衡。当氢气和氮气开始合成为氨气以后，氨气的含量就会上升，也就会减慢合成氨的速度，相反氨分子分解的速度开始增加，到最后，两边达到平衡，合成速度与分解速度相当，也就实现了反应的平衡。但是这个平衡的水平非常低，在0.005%～0.012%之间，氨气太少了，少到哈伯无法测量，因此这个数字是估算出来的。后来能斯特对此做了计算，哈伯的实验结果恐怕要取下限，也就是0.005%，这个数值太低了。

不管怎么说，哈伯证明直接合成氨是可行的，现在要提高氨的产量，只能不断改变温度、压力这些外部条件，一次次尝试。生成的氨气要马上从反应容器里面弄出来，这也是让平衡向合成氨方向持续进行的一个手段。哈伯逐渐加压，压力提高到了接近200个大气压，化工生产过去没达到过这么高的压力，这是前所未有的，好在哈伯的助手罗塞格尔比较有能力，他设计出了能在200个大气压下坚持工作的机器，解决了问题。反应温度是550摄氏度，比最开始的1020摄氏度要低，但是也足以把铅融化，温度还是蛮高的。他选择的催化剂是锇与碳化铀。实验室每小时可以生产几百毫升的液氨，转化率达到8%。基本达到一个小作坊的程度了。后来哈伯实验了2500种催化剂的配方，终于搞出了价钱便宜、量又足的铁催化剂，成本再次下降。

如果哈伯只靠自己，那就永远是小作坊的程度。德国最大的化工企业巴斯夫的专家卡尔·博施来到哈伯的实验室，亲眼看到液氨从管子里流过。他立刻意识到这项发明的巨大商业价值，所以他就和哈伯一起完善工业化的合成氨方法，巴斯夫也开始大力投资建设合成氨工厂。

工业化生产和实验室里的制备可不一样，从炙热的焦炭上方吹进水蒸

气，水蒸气和碳元素发生反应，生成一氧化碳和氢气。一氧化碳和水蒸气在催化剂的作用下生成二氧化碳和氢气。二氧化碳能溶于水。空气和一定量的水蒸气通过炙热的焦炭，氧气和炭起反应，生成的二氧化碳被水吸收，氮气不变，和制备的氢气一起被送进合成氨的装置里，开始合成氨的反应。这就是一个非常适合工业生产的过程。焦炭氧化产生大量的热，还可以为合成氨提供必要的温度。

3年以后，氨的大规模工业化生产开始了。大约80%的合成氨被用在了化肥制造上。1900年全世界人口达到16亿人，100多年后的今天，人口已经达到了70亿人，化肥的贡献怎么估量都是不过分的，哈伯也被称为"用空气制造面包的人"。

但是，我们要知道，事情总是两面的，就拿著名的氮肥硝酸铵来讲吧。硝酸铵本身既是化肥也是炸药。

所以德国人不论是制造炸药还是制造化肥，都已经不再担心被英国人掐脖子了，空气之中的氮气有的是。到了1914年，再也没什么能阻止威廉二世发动一场世界大战了，新崛起的大国要争取阳光下的地盘。

德国地理位置不好，一直两面树敌。东面是俄国人，西面是宿敌法国。德国人制定了一个施里芬计划，就是利用自己的工业化的优势玩时间差。俄国工业化程度低、地域广阔，战争动员、集结大队人马是非常慢的，德国利用自己的优势，先集中力量左一拳打垮法国，趁俄国人还没反应过来，右一拳打垮俄国。德国人全盘计划都是按照这个思路去谋划的。德国人的严谨是出了名的，他们计划周详、算无遗策，而且执行起来也不折不扣。

如此精妙的一个计划，最大的缺点就是灵活性不够。他们的计划有个前提，那就是俄国人不能抢跑。结果，俄国人就抢跑了。俄国人提前进行了战争动员，打了威廉二世一个措手不及。但是德国关于战争的所有计划以及执行人员都像精密的机器，一环扣一环，改动不了。只能按照原计划执行，先打法国，德国人陷入了两面作战的境地。

当时的西欧国家普遍进入了工业化时代。工业化改变的不仅仅是生产工具，还改变了生产方式。工业生产经常是在国家范围内展开大规模的协作，甚至是跨国协作。如果说，19世纪的战争类似于中国春秋时期的战争，大家打仗都点到为止，20世纪的战争就类似于战国时期的战争，打的都是灭国之战，全国上下拧成一股绳死磕。整个国家变成了战争的机器。天上有飞机，海里有军舰、潜艇，地面上马克沁的机关枪到处扫射，士兵就像被填进了绞肉机一样，无论怎么填都填不满。

1914年9月，德国人在马恩河大败，因此德国决定先打俄国人，先捏软柿子。1915年春天，俄国人大败，他们只能保持防守，无力进攻。德国在东线的压力减轻，开始把重点转向西线。威廉二世决定一雪前耻，准备在伊普雷大战一场。总参谋长法尔肯海因走到德皇威廉二世面前说了一个方法。德皇威廉二世满腹狐疑，这东西管用吗？法尔肯海因打包票说这种武器非常厉害。

是骡子是马，拉出来遛遛。不过这一次拉出来的是羊。一列火车拉着德皇和一群高级军官来到一处小山丘附近。这里是武器实验场，周围有很多人守卫。几个士兵赶了一大群羊来到小山上，然后这几个兵撒丫子就跑了。士兵们拉出几门大炮，发射了几枚炮弹，听声音威力不大。炮弹也没炸到羊群，但是掀起了一阵黄绿色的烟雾，贴着地面到处流动，不多久，黄烟散去，留下遍地的死羊，这些羊都是被毒气熏死的。

一个魔鬼被放出了牢笼，这个魔鬼就是化学武器。这就是哈伯这位化学家在战争中的所作所为。他把自己的研究所变成了为战争服务的军事机构，不仅为农业生产提供所需的肥料，也为战争提供军用物资。

为了寻求一种更有效率的方法杀死敌方，哈伯提出了一个大胆的设想，就是在战场上使用化学毒气来歼灭敌军。哈伯顺理成章地成了毒气战的

科学负责人。当时最合适作为毒气的气体就是密度比空气大的氯气,氯气总是贴着地面随风散布。一定要顺风才能用,否则就是自杀。

1915年4月21日,德军将装满液氯的钢瓶调往西线。22日,哈伯亲自来到伊普雷前线,对这第一场毒气战进行指导。空气中有0.003%的氯气便能让人咳嗽不止,0.1%的氯气即可使人丧命。

这一天,协约国士兵看到一阵黄绿色的烟雾飘了过来。没有人知道是怎么回事。在这片云飘到他们面前时,他们开始窒息,痛苦地喘不过气来,许多人倒下来,闷死了,他们的眼睛、鼻子和喉咙好像被酸性物质烧灼似的,感到烫得难受。霎时间,法军营地便被毒气浸没,法国人对此毫无办法。

有160多吨氯气,从德国堑壕中特利的钢瓶里放了出来。东北风一吹,毒气飘向了西面的英国人,沿地面滚滚而来,毒气贴着地面滚过去,就连地下的堑壕也不能幸免。协约国这边共有5000多人死亡,15000多人中毒受伤。士兵的银亮亮的金属纽扣变成了黑绿色,可见氯气的氧化性之强。

哈伯还兴致勃勃地乘着飞机在伊普雷上空观察毒气的杀伤效果,看到下面敌军士兵痛苦地捂着喉咙翻滚挣扎,哈伯竟还大声叫好。哈伯后来还研发出了光气,这种气体比氯气毒18倍,而且没颜色、没气味,可以杀人于无形。下一个上场的是芥子气,说是气体,芥子气其实是挥发性的液体,可以到处流动。芥子气被称为“毒气之王”,它是一种糜烂性毒剂,能直接损伤组织细胞,引起局部炎症,可以使皮肤红肿、起疱、溃烂,吸收后能导致全身中毒。正常气候条件下,仅0.2毫克/升的浓度就可使人受到毒害。

哈伯正在全身心投入毒气的研发,他的妻子却强烈反对他这么做。哈伯的妻子克拉拉是第一个获得布雷斯劳大学化学博士学位的女性。她支持丈夫的科学研究,因为这些研究是造福人类的,但现在进行的毒气战已经背离了这一点。克拉拉是一位和平主义者,她不能接受丈夫的所作所为。克拉拉用哈伯的军用左轮手枪自杀了,但是妻子的死也没能唤醒哈伯。

德国的对手也是工业化强国，也开始研发毒气，双方大打毒气战。据统计，在第一次世界大战期间，有130多万人因化学武器而受伤，其中9万多人死亡。在毒气战后的幸存者中，有60%的人员伤残。40%的幸运者之中，就有那个日后臭名昭著的小胡子希特勒。他本人也是毒气战的受害者，几十年后他把哈伯的几百万同胞送进了毒气室。

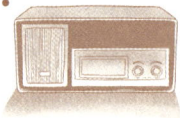

毒气战是违背《海牙公约》的。1899年和1907年各国在海牙开了两次会议，主要目标是限制军备。会上通过了一系列的公约。比如1899年的那一次会议就通过公约限制从气球上往下扔炸弹，也禁止发射有毒气体和窒息物，说的就是毒气弹。还禁止发射促进人体膨胀和变形的投射物。这是什么东西呢？这东西俗称"炸子儿""达姆弹"。这种子弹打进人体后，会在人的身体里乱翻跟头，把人体内部搅乱，杀伤力当然就非常大。战争打急了眼，还有什么手段是不能用的？不让从气球上扔炸弹，但可没禁止从飞机上往下扔炸弹，规则总是会被绕过去的。

打起仗来，一旦没了限制，规模也就控制不住了，死的人越来越多，第一次世界大战成了一个"绞肉机"。参战多个国家最优秀、最年轻的生力军，全部送上战场。所以战争对欧洲各个国家自身的伤害非常严重。交战各国动用的总兵力达到了7340多万人，直接参战的部队2900多万人，死于战场的有1000多万人，受伤的2000多万人，战争波及的人口大约在13亿以上，占当时世界人口总数的75%，这是名副其实的世界大战。

屋漏偏逢连夜雨，1918年还爆发了一场西班牙大流感。第一次世界大战进入了末期，各国仍然处于战争状态，对新闻的管制也非常严，只有没有参战的西班牙新闻比较自由、开放。当时人们最关注的事情是有大量的人得了感冒，而且这种感冒会死人。西班牙关于流感的新闻报道特别多。这场流感后来被称为"西班牙大流感"。全世界大约有5亿人被感染，有5000万到1亿人死亡，传播范围甚至扩大到了太平洋群岛以及北极地区，有些爱斯基摩人都感染了这种流感。

由此可见，当时整个世界已经成了什么样子，那些国家全撑不住了，一个个倒下。这一次世界大战，4个大帝国发生了崩溃。哈伯本人过得倒不算糟，他获得了诺贝尔化学奖，但是这个奖争议非常大，因为哈伯就是那个打开恶魔的瓶子、放出化学武器这个魔鬼的人，这样的人怎么能得诺贝尔化学奖呢？在哈伯身上，矛盾性体现得非常明显，他为合成氨工业做出了杰出的贡献，使得氮肥能够大批量生产，可以说救人无数，但是战场上大量使用毒气弹，又杀人无数，这样一个一半是天使，一半是魔鬼的人，真的很难评价。类似的矛盾贯穿了他的一生。

战争结束以后，德国人也非常惨。在巴黎和会上，胜利国要求所有的战争损失都要德国偿还，赔款的总数算算账，折合成黄金的话大约要5万吨，德国的经济已经完全崩溃了，钞票变成了废纸，上哪儿去找5万吨金子？哈伯是非常热爱德国的，他不忍心看到德国就这么被人压得翻不过身。他想到了瑞典化学家阿累尼乌斯对海水的研究。阿累尼乌斯认为，每吨海水里面有60毫克的黄金，门捷列夫也认为，海洋里面所蕴藏的黄金总量起码有100亿吨，这是多么诱人的一笔财富啊！

于是哈伯就开始打起了海水的主意，他查找了很多数据资料，这些资料相差非常大，但是他认为每吨海水里面起码含有5毫克的黄金。按照这个含量去计算的话，提炼海水里面的黄金是有利可图的。1920年，他就向德国政府打了报告，提出建议，而且制订了非常详细的实验方案，德国政府也没辙呀，只能病急乱投医，你说行就行吧。魏玛政府同意了他的计划，拨给他一艘海洋调查船"流星号"，去大西洋里面找找看，看看哪里的海水黄金含量会高一些。

他们在大西洋转了一圈，一大群化学家分析来分析去，最终发现海水之中的黄金含量与原来预计的相比减少到了千分之一。所有美好的设想全都破灭了。不过哈伯他们也并没有白费力，"流星号"完成了对大西洋海底的详细勘探，人们这才发现，原来大洋深处的海底也不是平的，有许多高山和峡谷。哈伯一不留神，还为地球科学做出了很多贡献。

哈伯在战后还是从事了一部分化学武器的研制工作，当然不是帮德国，而是帮西班牙和俄国。不过对于化学武器这种东西，大家都不想再用了，一来使用化学武器的条件非常苛刻，不是任何时候都能用，一旦刮逆风就等于自杀；二来人家也有对等的化学武器研制能力，你会用化学武器，人家也会用，这种东西对于工业化国家是没有门槛的。所以哈伯更多的工作还是在民用产品方面。他领导成立了德国病虫害防治协会，研究了一种杀虫剂，主要成分就是氢氰酸。氢氰酸可是剧毒，这个东西26摄氏度就会发生沸腾，大量蒸发成气体。所以病虫害防治协会就用硅藻土作为吸附稳定剂，将其做成颗粒状，把氢氰酸封在铁罐子里，为了安全起见，还在里面添加了含有臭味的物质。罐子周围有臭味，就说明罐子泄漏了。这完全是出于安全的考虑。

这种杀虫剂的品牌叫齐克隆B，那个时代在很多地方都能看到。一个灰绿色的罐子，上边印着德国病虫害防治公司的标志以及商标品牌齐克隆。中间写着醒目的大字：有毒气体。还画着一个大骷髅头，写了一行字："毒气！齐克隆仅由训练有素的人员打开和使用"。

哈伯万万想不到的是，就是这种东西，要了他几百万同胞的性命。1933年纳粹上台，哈伯犹太人的身份当然成了一个麻烦。纳粹承认他对德国的巨大贡献，承认他忠于德国，而且他皈依了基督教，因此对哈伯网开一面，但是对他手下的那些研究人员就没那么客气了。哈伯手下75%的研究人员都有犹太血统。1933年，纳粹政府通过了一项法案，叫《恢复专业公务员法》，简而言之，就是非雅利安人不得担任公职，包括教师、教授和法官。

不久之后，这个范围再次扩大，律师、医生、税务顾问、音乐家和公证人也必须由雅利安人担任。

虽然哈伯能够保住自己，但保不住他的手下。哈伯越来越感到这个德国已经不再是他所爱的那个德国，于是哈伯辞去了所有的职务，在欧洲各地漂泊。在英国同行的帮助下，他去了英国，暂时在英国的剑桥大学安顿下来。同为诺贝尔化学奖得主，卢瑟福拒绝与他握手，因为在卢瑟福看来，这个人是个刽子手。英国人不待见他，法国人更不待见他，他在欧洲各国都变得不受欢迎。好在他的犹太同胞伸出了援助之手。化学家魏茨曼介绍他到巴勒斯坦地区的塞尔夫研究所工作，于是哈伯踏上了旅途。但是在半路上，他的心脏病发作。在瑞士巴塞尔的一家旅馆里，哈伯走完了他65年的人生。

哈伯去世以后不久，第二次世界大战开打，许多犹太人遭了殃。大批犹太人被关进集中营。到1942年，纳粹开始执行最终解决方案，大批屠杀

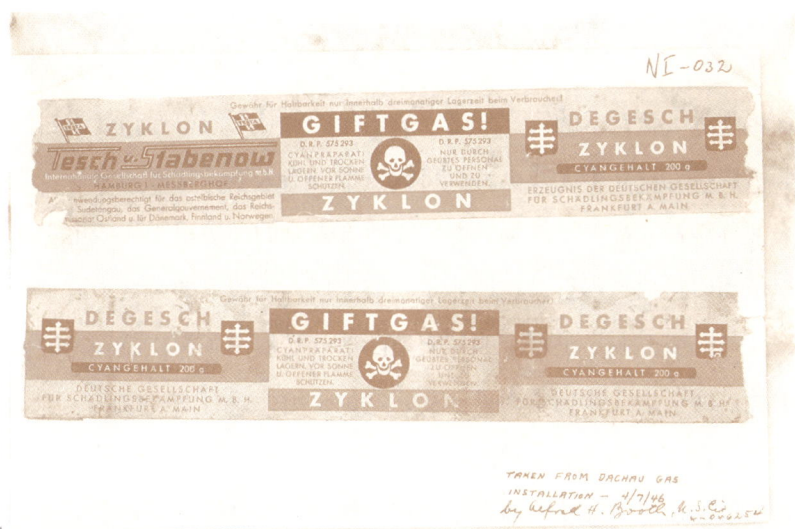

图30-1　在达豪集中营发现的齐克隆B的包装标签，被呈送给纽伦堡国际军事法庭作为纳粹屠杀犹太人的罪证。标签包含制造商的信息和品牌名称，中间的标签上写着"毒气！齐克隆仅由训练有素的人员打开和使用"。

图30-2　在奥斯维辛集中营发现的齐克隆B的包装罐

犹太人。为了尽快杀掉犹太人，德国人做了各种实验，比如用煤气或汽车的尾气，但效果都不满意。最后选来选去，选中了齐克隆B。他们去掉了齐克隆B中让人警惕的臭味，这样更能杀人于无形了。

哈伯的外甥女和侄孙都死于大屠杀，死于大屠杀的还有他的许多亲朋好友，还有他的千千万万的犹太同胞。难怪哈伯被其他科学家鄙视，谁让你放出这只魔鬼呢？

战争能带来杀戮，带来死亡，也刺激了新技术的突飞猛进，最明显的就是无线电通信技术。法国人在埃菲尔铁塔上设立了无线电台。将铁塔本身当天线，效果非常好。当时法国的大部分年轻人都上了战场，能留在后方安全的环境里干无线电工作，没有些地位和门路怕是不行，在埃菲尔铁塔上摆弄无线电的人之中有一个贵族后裔，他与无线电波足足打了四年交道。他就是提出了物质波理论的德布罗意，他凭借博士论文拿到了诺贝尔奖，这也是绝无仅有的一次。

当时，除了收发电报，很多人还在尝试用无线电波进行语音通信。假如要发送语音信息，火花间隙发报机就不够用了，必须从原理上彻底革新。当时很多人开始用高频发电机来直接产生高频交流，不借助于火花。人们那时意识到，火花发报是一个非常浪费的事情。火花发出的无线电波有大量的杂波，各种频率都有，真正有用的却很少。高频交流发电机可以发出连续

368

的、纯正的正弦波，可以当作无线电音频广播的载波。

但是要想让无线电波携带音频传出去，该怎么做呢？用碳精话筒控制交流电的强度，信号随着音频忽强忽弱。接收机用矿石检波器或者是真空管检波器就能把声音从无线电波里面提取出来。最开始的几个广播电台就是这么干的。但是效果很差。因为流过话筒的电流过大，话筒是会发烫的，就不得不用水来冷却话筒。那年头话筒比如今的CPU都娇气。收音机效果也不行，估计只能听见流水的声音，说话是听不清楚的。就这样，美国的第一家广播电台播放了两段冷笑话和一首小提琴曲，这也是世界最早的广播电台之一。

真正引起革命性进展的是真空三极管的发明，1912年，大家发现可以利用真空管来产生纯正的无线电波，而且话筒信号可以用真空管来放大，效果出奇的好，当时各家公司都在改进真空管。战争期间，军方的任务压下来，大家不计成本地投入研发。等到战争结束，真空管已经有了长足的发展。一开始真空管不能用交流电供电，否则会出现电流声，现在音响线路没接好，也会有50Hz的电流声。电池供电用不了多长时间，那一个个小真空管基本上都是电灯泡，一个个都是"电老虎"。后来这个问题被解决了，真空管的寿命也大大延长，变得有实用性了。

到了1920年左右，无线电技术开始走进千家万户。1922年，英国广播公司BBC成立，广播作为一种新媒体登上历史舞台。全世界的广播电台开始像雨后春笋一样快速发展，收音机走进了千家万户。1933年，罗斯福刚刚就任美国总统8天，他就接受美国广播公司、哥伦比亚广播公司和共同广播公司的录音采访，他免去一切繁文缛节，就像邻居家大叔一样和收音机那边的千万听众拉起了家常。他耐心细致地解释自己为什么要实行新政、会有哪些措施、该怎么落实。

前任总统胡佛4年任期内正碰上全球性经济危机，美国经济在短短几个

手写文字：我为什么要改革，我们现在面临的问题是……我深表感激……

图30-3 罗斯福的"炉边谈话"离不开收音机的普及

月内几乎崩溃，至1932年冬天，全美国至少有1300万人失业、3400万人没有任何收入。人们依靠私人施舍和少得可怜的公共救济，加上自己微不足道的积蓄苦熬。经济萧条、信用危机，终于导致1933年情人节晚上整个美国银行系统的崩溃，各州的信托公司已到山穷水尽的地步，银行成批倒闭，全国银行库存黄金不到60亿美元，却要应付410亿美元的存款，银行门前人山人海，挤兑风潮遍及全国。就在罗斯福宣布就职美国总统的那一天，全国金融的心脏停止跳动，证券交易所正式关闭。罗斯福面临的就是这么个烂摊子。

但是，罗斯福有办法，起码要装作有办法。他言语朴实，态度诚恳，劝大家把钱存进银行，6000万美国听众第一次听见国家最高领导人这样充满温情的讲话，他们立刻被打动了。第二天，部分银行开业了，人们携带着装有黄金和货币的大箱小包，在银行门前排起长龙。不久前，他们也是这样排着长队从银行里把钱都取出来的，还造成了银行的挤兑，现在一切都反过来了。只过了3天，美国有574家银行开业，几天里，银行回收了3亿元的黄金和黄金兑换券，不出一周，就有13500家银行复业（占全国银行总数的3/4），交易所又重新响起了锣声。你看，新媒体的力量是前所未有的。一个活生生的人、活生生的形象通过声音被传递出来，直接送到了普通人的耳边。

现在，无线电波不仅可以把声音带到千万听众的耳边，而且可以把画面送到观众的眼前。1923年，苏格兰的工程师贝尔德，变卖了家当，自己筹钱开发电视机。他觉得马可尼可以用无线电来发送电报，那么传递图像也是可能的。1925年，贝尔德搞出了一个机械扫描的电视机，他也被称为"电视之父"。他的技术被英国广播公司给买了，没多久，英国广播公司就开通了第一套电视节目。后来贝尔德埋头去搞彩色电视技术，效果也不错。他还组建了自己的公司专门研发电视机。1928年，贝尔德把电视信号发过了大西洋。

机械式电视系统的扫描是靠在一个大圆盘上面开一大堆圆孔来解决问题的。大圆盘转动起来，圆孔依次扫过每一行，这样可以排着队把光信号变成电信号。传输到另一边，然后再用圆盘还原回来。这里有一对矛盾，假如圆孔很小，分辨率会很高，但是光线会变弱，假如圆孔很大，光线会变强，但是图像很模糊。这是一个两难问题，这也注定了机械扫描是有瓶颈的。

后来，俄裔工程师佐利金开发出电视摄像管，他和西屋公司合作，联合研发摄像管系统，加上阴极射线管显示系统。无论是摄像还是显像，都不再需要机械转动部分，完全靠电子解决问题。柏林奥运会使用了三台佐利金发明的全电子摄像机，但这种机器体积庞大，一个1.6米焦距的镜头就有45千克重，长2.2米，这简直是大炮啊。这3台摄像机的信号通过电缆传送到帝国邮政中心，处理过后，通过广播铁塔发射出去。柏林奥运会期间，每天转播8小时比赛实况，观众达到16万人。

到了1937年，英国广播公司改用了电子电视系统。1939年，英国拥

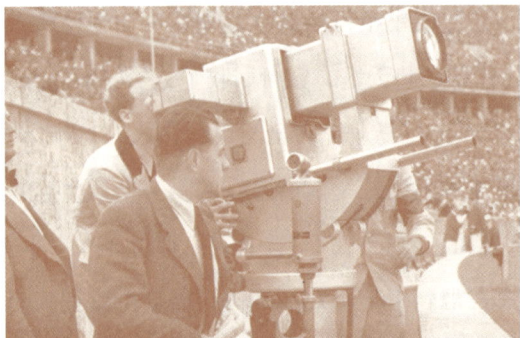

图30-4　柏林奥运会使用的摄像机

有电视的家庭大约有2万户。就按一家4口人算，也有8万观众。电视机的发展势头非常迅猛。但是这一切都被突如其来的战争打断了。

1939年的9月1日，德军突袭波兰，第二次世界大战开打。德国人的闪电战是非常厉害的，这也是这么多年来，科学技术成就的一次集中展现，这些技术全部组合在一起，经过整体上的优化以后，产生出来的威力简直令人难以想象。说实话，全面工业化以来，人类发一次疯，连自己都后怕。

英国承受的压力可想而知。三百年来，英国人什么时候混到这个份儿上过？要求美国给自己帮忙，真可以说是英国的"至暗时刻"。美国那时候正在当"灯塔"呢！灯塔没有伸手的功能，只能提供一个标志嘛。美国人隔岸观火，不参与。德国人搞潜艇战，打算憋死英国这个岛国，英国的军舰不是太大就是太小，对于给商船护航来讲，最好是驱逐舰。可英国就是凑不出那么多驱逐舰，只好低声下气地管美国讨要50艘旧驱逐舰，然后拿大西洋的基地去换。这是没办法的事。

当然美国人也不想弄得名声太差，驱逐舰算是借给英国人的，基地也算是租借的。美国人也不知道英国人是不是撑得住，美国人声明，万一英国投降，皇家海军咽不下这口气，肯定玩自沉，那这批驱逐舰千万不能自沉，那是我们家东西，我们还要呢。大英帝国啊！跟人家谈这种条款，别提多憋屈了。

1940年8月，一个代表团来到了美国，说丘吉尔首相说了，不需要跟美国太计较，为了讨好美国，加强军事合作，英国人把压箱底儿的好东西都给带来了。美国人一看，两眼发直，又不由得倒吸一口凉气。这些东西极大地改变了战争的进程，而且还在战后极大地改变了我们的生活。

这些技术都是些什么呀？无线电近炸引信，炮弹靠近金属东西就爆炸，用在高射炮上特别好使，打中飞机的概率大大提升。陀螺仪控制的投弹瞄准具，这东西用在轰炸机上效果不错。有人说这些东西跟生活没有半毛钱关系，别急啊。

英国人告诉美国人，用核裂变来制造炸弹是有希望的，先告诉你们一个信儿。英国把弗里施-佩尔森的备忘录交给了美国人。弗里施的姨妈就是莉泽·迈特纳，她和奥托·哈恩一起研究核裂变，并正确地解释了这种现象。佩尔森在海森堡手下工作过，也是这方面的专家。他们两个从德国跑了出来，去了英国人那里。他们粗略计算出了铀235的临界质量，这个质量并不大，制造的炸弹飞机能扛得动。也就是说原子弹是有实用化的可能性的。这个计算结果太关键了，海森堡这辈子栽跟头就栽在这件事儿上。

总之，英国人把家底都露给美国人了，好东西还不止原子弹这一项，还有一项叫喷气发动机，航空涡轮引擎。这东西厉害啊，但在第二次世界大战中没有发挥太大作用，因为喷气发动机一直不成熟。应用的机会也不多。到了战后才走向成熟，航空业也就进入了喷气时代。

还有一样宝贝叫作多腔磁控管技术。这个东西简直太神奇了。这个可以说是跟我们的日常生活联系最紧密的一个技术了，大家几乎每天都会用到这个东西。它就安安静静地隐藏在每家每户的微波炉里面。多腔磁控管可以发出功率巨大的微波辐射，是高性能雷达的关键器件。

磁控管是什么原理呢？磁控管是一个金属制造的电子管，中间是阴极，周围的外壳是阳极，可以用高压电驱使阴极发射出电子，飞向阳极。大家可以想象，电子流是从中心到周边，就像是太阳发光一样。假如布置一个垂直的磁场，使电子流垂直于磁力线，那电子流可就不老老实实走直线了，

而是走弧线。电子流高速地旋转，在金属腔内部就形成了一个电子流组成的龙卷风。

金属腔体也不是普普通通的圆管子，而是有点像左轮手枪的轮子。只是内侧切有缺口，电子龙卷风吹过这些缺口的时候，会像吹哨子一样发生高频振荡。这个电子龙卷风其实不是圆的，而是一个复杂的花瓣形状，在腔体之中高速旋转，可以爆发出极强的无线电波，发射出的无线电波长在10厘米左右。

原子弹技术、无线电雷达技术、喷气发动机技术可以说是第二次世界大战之中诞生的革命性技术。原子弹起到的作用就是一锤定音，无线电技术则是无处不在的，第二次世界大战时期的电子攻防战也打得异彩纷呈。英国、德国、美国都是研究喷气发动机技术比较早的国家。不过说回来，英国人似乎还有什么事儿瞒着美国人……

为了获取美国的支持，也为将来美国的参战做准备，丘吉尔几乎把英国当时所有压箱底的宝贝都拿出来了，跟美国人分享。实际上，英国人也不缺心眼，他们不是毫无保留，有些事情他们没说，比如他们正在想方设法破译德国人的通信密码。

英国人为什么没说呢？这是因为当时英国自己也还没完全破译。况且美国人没有参战，参与进来也不合适。美国新闻自由，媒体发达，万一走漏消息，那麻烦可就大了。假如美国参战了，进入战时状态，这个问题倒不是太大。

图31-1 跳舞的小人密码

破译密码是个非常古老的工作了。对于使用字母文字的国家来讲，只要打乱字母的顺序就可以进行加密。比如用K代替D，用A代替S，你只要自己编制一个对应关系就行。但是，这套方法是很不牢靠的，很容易被破解。《福尔摩斯探案集》里面就有生动的描写。有一集叫《跳舞的小人》，这些

奇怪的跳舞小人其实就是密码符号。它们和英文字母是一一对应的。哪个符号对应哪个字母呢？福尔摩斯是不知道的。但是他利用了词频法。英文里面，每个字母的出现概率是不一样的，e这个字母出现最频繁。福尔摩斯收集了足够多的密码以后，统计了符号出现的频率。那个出现次数最多的，很可能就是字母e。那么含有字母e的单词有哪些呢？可以一个个填进去猜嘛。慢慢地，福尔摩斯认出的字母越来越多，密码也就全都被解开了。

欧洲压力最大的是波兰，早年间波兰被德国和沙皇俄国瓜分，到了巴黎和会以后才复国，波兰有大块的领土是从德国身上割下来的。波兰夹在两大强国之间，日子不好过，因此他们特别注重对德国内部信息的掌握，很早就开始破译德国人的密码了。开始他们还能比较顺利地破译德国人的密码，德国人也没什么特别好的办法，只有频繁更换密码本。假如别人收集不到足够多的信息，就不能用词频法来破译。

我们大致可以得出一个规律：谁的恐惧感最强，谁就会在密码上多下功夫。波兰当然是最没有安全感的国家之一。所以他们非常重视对无线电通信的破译工作，在苏波战争之中，他们破译了苏联方面400多条信息，破译工作卓有成效。但是，到了1926年，波兰人却没能破解德国人的信息。当时欧洲各国都发现，德国人启用了新的加密系统，在这个加密系统面前，词频法失效了，根本没有用。

德国人的努力，其实也源于恐惧。英国人在第一次世界大战以后，有一些资料透露出来了，比如1923年，皇家海军的官方报告里就提到他们破译了德国人的密码，起到了意想不到的作用。丘吉尔也写了一本书提到了破译密码的事情。看到这样的消息，德国人可以说是悔恨交加，他们万万没想到自己的作战方案对人家来讲几乎是透明的。恐惧感就是动力，这个规律在德国人身上也起作用了。

好在他们有谢尔比乌斯和里特的新发明——恩尼格玛密码机。其实他们在1918年就已经搞出来了，当时没人重视罢了。在瑞典，达姆也搞出了类似的技术。与此类似，美国人爱德华·赫本发明了他的"无线电斯芬克斯"系统，而且对它充满希望。他花了38万美元开了一个工厂，到头来只卖出十几台机器，卖了1200美元，可以说是血本无归。1926年他在加州被股东起诉，被判有罪。

所以说，这几个人都搞出了原理类似的加密系统，大家想到一块去了。恩尼格玛密码机的原理其实不复杂。有一个转子，两边各有26个触点，触点之间是有连接线的，每个触点代表一个字母，电线大可以乱接，比如把A连接到对面的E，把C连接到对面的K，都可以，反正是打乱顺序重新映射。把这个转子接到线路里面，按下A的按钮，代表E的灯泡就会亮起来。反过来也一样，电线倒过来接，按下E的按钮，代表A的灯泡就会亮，也就是说加密解密用一个机器就能完成，多个切换开关罢了。

如果只有一个转子，等于换汤不换药，人家恩尼格玛密码机用了4个转子，也就是经过了若干次重新映射。这四个轮子的映射方式都不同，一般人根本搞不清楚对应关系。更加关键的技术不是转子的多少，而是最后一个映射转子是会转的。每打一个字，轮子转动一格，映射关系马上就变了。这就等于是每个字母都要换一套密码本，词频法完全失效了。在恩尼格玛密码机上，你按下A这个字母，第一次出现了E，第二次不一定会出现什么字母，第三次更加不确定。

德国军方对于恩尼格玛密码机做了评估，他们发现，这个机器是极难破译的。因为加密的关键不是机器本身，而是那四个转子是怎么设定的。四个转子的设定值就是密钥。只要不知道密钥，拿到机器都不见得有用。从1925年开始，恩尼格玛密码机开始被德国国防军使用，后来逐渐推广到了政府的其他部门，日后的十年里，大约制造了3万台密码机。所以从1926年开始，大家都没办法破译德国人的密码，德国人似乎可以高枕无忧了。英、

法、美三国不着急，破译不出来就算了。波兰不能就这么算了，事关生死存亡，他们硬着头皮也要上。

波兰人先是买到了商用版的恩尼格玛密码机，原理是搞懂了，但是军用版和商用版的转子的内部接线方式不一样。德国内部有人缺钱，他把有关恩尼格玛密码机的绝密资料偷出来卖给了法国人，这下法国人可以复制出军用版本的密码机了，但是这也没有用。法国人没有恐惧感，他们甚至懒得去复制一台密码机，干脆把所有资料给了波兰人。这两个国家未来会变成难兄难弟，不管是不是害怕德国，结果都一样，一个月之内就完蛋了。

波兰人拿到的不仅仅是密码机的制造方法，还有德国人的操作规程。软件其实远比硬件重要。每天如何更换密钥，如何设定转子的初始位置，都是有严格规定的。在数学家雷杰夫斯基和他的同事们的努力之下，波兰人花了一年的时间，积累了大量的素材，才基本掌握破解方法。可是，如果德国人更换了转子内部的接线方式，资料就全部失效了。为此，雷杰夫斯基他们设计出了带有一大堆转子的验证机，用来拼命验证所有的排列组合，这个机器叫"炸弹"，破解加密也进入了机器时代。德国人的密码机在改进升级，波兰人也在加班加点地工作。最后波兰人把自己的成果告诉了英国和法国。当雷杰夫斯基带着英、法两国的破译人员来到房间里，揭开黑布的时候，英国人和法国人都傻了，炸弹机的外形也太吓人了，浑身上下都是转子，波兰人在技术上领先了他们10年。

英、法两国把波兰人的成果全都打包带走了，后来波兰亡国，法国投降，只剩下英国人孤军奋战。现在轮到英国人恐惧了。他们在布莱奇利庄园建立了专门破解密码的机构。此地介于牛津和剑桥之间，两所大学的数学高手来来去去都很方便。一开始只有200人在这里工作，到最后，起码有7000人在这里工作，周围的房子也都被征用了。这里是英国最大的破译机构，但是知道的人很少，只有几个高层人员知道。

在这里工作是非常辛苦的，每天德军的密钥都会变，每天都要及时破解。各个部门的密钥还不一样，工作量非常大。要想减少数学家们的工作量，只有等着对方出错，人是不可能不犯错的。每天设定的密钥都应该是随机的，但是人不是一个好的随机数发生器。很多人喜欢用键盘上相邻的键当作密钥，比如DFG、VBN等，这就会降低破译的难度。某一艘潜水艇，发送电报错用了昨天的密钥，发现错了，马上改过来重新发一遍。前后两份电报内容完全一样，但是加密不同，这就留下了隐患。德国人还规定，今天出现的字母，明天就不能出现了，这个规定反而帮助英国人减少了大量计算。

在布莱奇利庄园里，有很多世外高人，比如猜字谜的冠军，或者是填字游戏的高手。他们的入职考试就是填字游戏，必须在12分钟内，把报纸上那些单词游戏的空格填满。英国的各大报纸也经常举办填字比赛，其实就是在暗中为布莱奇利庄园选拔苗子。

要说布莱奇利庄园的顶尖高手，那可太多了。最有代表性的就是艾伦·图灵。1931年图灵如愿以偿地进入剑桥大学国王学院。当时的数理逻辑学界正热烈地讨论着20世纪最伟大的数学发现之一——哥德尔不完备定理。哥德尔定理指出，在一个稍微复杂一点的数学公理系统中，总存在那样的命题，我们既不能证明它是真的，也不能证明它是假的。数学家们都在苦思冥想，想吃透哥德尔理论的精神内核。在这种环境下，图灵作出了他一生中最重要的科学贡献，在他的论文《论可计算数及其在判定问题上的应用》中，他提出了大名鼎鼎的图灵机。这是一种通用的计算机。

图灵大大加速了密钥的破解。德国人做事一板一眼，非常规范，每天早上都会雷打不动地发送天气预报，就连措辞都懒得改。德文的"天气"这个词是wetter，6个字母，因为每天的措辞都一样，以前的电文他们也破译过。第几个字母开始是天气这个单词，图灵是知道的。今天被加密成了GSKYNC，那么图灵可以反推出今天的密钥是什么，工作量大大降低了。所以到了后来，利用炸弹机和图灵的办法，可以在一个小时之内找到今天的密

钥是什么，图灵成了英国最顶尖的破译专家。

下一个问题就是如何使用千辛万苦获得的情报。有5艘船给德国非洲军团的隆美尔送补给，走的路线各不相同。而且海上大雾，要找到它们都很困难。英国人知道了这个消息，是打还是不打？丘吉尔面临艰难的抉择。最后仓促决定，还是打吧。隆美尔想哭都哭不出来，5艘船，走不同的路线，还藏在大雾里，这都能被击沉。他觉得一定是走漏了消息。但是德国人查来查去，查不出个所以然。英国人为了掩盖情报来源是动足了脑筋。

有一个著名的传说是丘吉尔为了保护破译密码这件事不被泄露，宁可牺牲考文垂，没有对德国轰炸机群进行拦截，这个说法其实并不准确。英国军方知道不是伦敦，而是伯明翰、考文垂、伍尔佛汉普顿这三个城市之中的一个，这三个城市太近了，难以确定到底是哪一个。到了14日13点55分，英国人才知道当天夜里德国人要来轰炸。下午3点钟，英国人发现了一道神秘的无线电波束，直接指向了伯明翰和考文垂。这就把伍尔佛汉普顿排除了。到底是伯明翰还是考文垂呢？不得而知。大家赶快报告给丘吉尔，当时他在汽车上。当他打开最新情报，得知有关轰炸的消息以后，马上调头赶回办公室，处理紧急情况。情报上的轰炸目标是一个代号，不确定是哪座城市。丘吉尔已经没有多少反应的时间了。

为什么德国人要发射一束无线电波指向伯明翰呢？这是一种导航技术。夜里轰炸机飞越茫茫大海，根本不知道自己飞到哪里了、要轰炸的城市在哪里。德国人发射一道非常窄的无线电波束来引导轰炸机准确地飞到目标上空。英国人开始觉得很震惊，德国与英国之间最近的地方也有400千米，电波即便是聚成很窄的一束，穿过400千米的距离也已经扩散得非常宽了。德国人用了什么办法能将电波保持得这么窄呢？后来，他们发现其实德国人发射了两束并列的无线电波，一束是短促的声音"嘀嘀嘀"，另一束是拉长的声音"嘀——"，假如飞行员偏左了，只听得到短促的声音；假如偏右了，只听得到拉长的声音。只有在两束电波的交汇处，才能两种声音都听见，汇集在一起就是连续不断的"嘀——嘀——"。
这样德国轰炸机顺着电波就不会跑
偏，一定会路过伯明翰或者考文垂。
这就是夜间导航用的X装置。

图31-2　X导航装置·

可是，伯明翰和考文垂在同一条直线上，到底是伯明翰还是考文垂呢？英国人在寻找交叉电波。X导航装置需要一道主引导电波。轰炸机顺着电波就能通过目标上空。还需要从另外一个地方发射3束电波，在这条主干道上制造3个交叉路口。最后一个交叉路口就在轰炸目标上空。英国人的无线电侦查装置找来找去，发现最后一道交叉线就在考文垂上空。看来德国人的目标就是考文垂。

英国人马上启动了干扰装置，对这套X导航系统进行干扰，同时命令空军的无线电监听台，密切监听德国飞机的通话。当He 111轰炸机飞进英国领空的时候，空军监听部门马上监听到了他们的谈话。德国指挥部要求轰炸机确认导航信号是不是已经校准。得到的答复是已经校准，这意味着英国的干扰完全没起作用。现在已经没时间拦截德国轰炸机了。德国人顺着电波直扑考文垂，在距离考文垂50千米的地方遇到第一个电波交叉路口，轰炸机做好了全部准备。遇到第二个电波交叉路口意味着还有20千米的距离。开始三分钟倒计时。遇到第三个交叉路口的时候，意味着还有5千米，开始5秒倒计时。5秒钟以后，炸弹准确地落到了考文垂。

天上的大月亮照着，下面的考文垂一片火海。德国人足足轰炸了10个小时。也难怪有人认为考文垂是一颗弃子，是英国人有意放弃的。英国看似没有布置任何防护手段，的确让人起疑。

其实英国人不是没做防护，只是这些防护普通人根本感觉不到。不过，毫无疑问，英国人失败了。英国人开启了4部电子干扰机，这是一道无线电围墙。但是德国人完全没有被干扰，顺利穿了过去。英国人想不通，为什么会

德国的X装置的精确度比较高,但是需要在飞机上安装一套接收装置,要增加额外的成本,所以没有大规模安装。只有比较精锐的100轰炸机大队安装了X装置的接收机。但是英国人很快掌握了干扰德国普通导航系统的方法。德国人被迫把使用X装置的100轰炸机大队调了过来。考文垂这个城市不大,应该用精确轰炸。但是100大队投放的却是燃烧弹。德国人的燃烧弹的外形是圆柱体,飞行不稳定,根本就不是按照抛物线下坠的。因此燃烧弹是不可能精确轰炸的。为什么执行精确轰炸任务的100大队要用燃烧弹呢?因为X装置只有100大队有,他们投放燃烧弹是为了给后面没有这套装置的轰炸机指示目标,火光就是最好的导航。所以考文垂才会火光冲天,被炸得非常惨。

无线电波束导航的原理很简单,英国人也懂。他们一直在捕捉X装置的电波信号。他们发现德国人用的是74MHz的频率,这个导航的频率比现在的调频收音机(88~108MHz)低一些。英国人的确是按照这个频率制造的干扰机,而且在考文垂被炸的时候,干扰机也没出现故障。那么为什么没有干扰成功呢?英国人是没办法解开这个谜的,除非得到一部完整的X装置接收机。但是德国人的装置怎么会落到英国人手里呢?只有碰运气。万一100大队哪架飞机掉下来了,就有可能找到X装置的残骸。

机会还真的来了。一架德国轰炸机迷航了,燃料耗尽以后,迫降在了

图31-3 100大队的He-111轰炸机

英国的海滩上，这架飞机的机头上画着一个维京海盗的标志，就是100轰炸机大队的飞机。陆军的人闻风而动，找到了这架飞机的残骸。他们拿绳子把摔碎的机体全都捆了起来，但是这时候海水涨潮了，飞机被泡在了海水里。海军的船开过来，想把飞机捞走，陆军和海军吵了半天。因为飞机已经被海水泡了半天，打捞的时候绳子断了，飞机滑进了深水区里。等到再捞上来，很多元件已经被海水泡过了，标签已经无法识别。技术人员只好连蒙带猜，还原了整个X装置的工作原理。

对于X装置来讲，只发一个单纯的74MHz的电波是不行的，因为这个信号不包含任何信息，不利于排除干扰。因此德国人这个74MHz的电波上搭载了一个2000Hz的音频。假如用耳机收听的话，是能够听见这个声音的。英国人做了一种干扰机，也是在74MHz的频率，但是搭载的音频是1500Hz。德国人的轰炸机上加了一个滤波器，假如搭载的音频不是2000Hz，那么就会被过滤掉，就当什么都没听见，英国人的干扰当然会失败。这个技术细节如此简单，但是英国人就是没注意到，由此造成了不可挽回的损失。

对英国人来讲，这是一个低级错误，调整音频的频率是非常简单的事情。11月，德国人来轰炸伯明翰时，导航系统就被英国人干扰了，炸弹全都扔在了伯明翰南部的荒郊野外。德国人后来研发了Y装置，只需要一道波束就可以为轰炸机导航了。但是没多久，英国人研发了多米诺系统，干扰了Y装置，再次挫败了德国人。这一场看不见硝烟的无线电攻防大战也打得惊心动魄，信号的识别与干扰也是生死攸关的大事。后来希特勒把重点转向了东线，再也不派轰炸机深入英国内陆了，只在沿海地区进行骚扰，英国人这才松了一口气。

英国人也在反思，他们导航还是靠六分仪测量星星，德国人已经开始用无线电系统了。英国人咬牙发狠也要弥补这个差距。他们开始研发新的通用无线电导航系统。新系统不需要一个固定的波束，只要测量几个基地台的方位就可以确定自己的位置，反过来也可以，让基地雷达测量飞机的方位，

然后再反过来告诉飞机。可以说，无线电导航系统就是现代GPS（全球定位系统）的前身。

英国开始对德国进行攻击，这可以看成报复，也可以看成反攻。他们需要突破德国的防空网。德国人的雷达非常厉害，精确度非常高。但是他们的防空调度系统却比英国人落后很多。德国人试图用雷达代替地面的侦查人员，这些侦查人员都是非战斗人员。但是英国的雷达系统会把信息直接通报给飞行员，这样的好处是可以减少战斗机数量，提高效率。所以德国人是输在了软件上，硬件还是非常出色的。

德国人研发了一种轻便的移动式雷达，用来指挥地面高炮，这种雷达叫"维尔茨堡"，雷达波束非常锐利。生产数量也非常多，达到4000部。英国人为了破解这种雷达的奥秘，还曾经派特种部队到海滩上把一整部雷达给拆了运回去，英国人的确很猛啊！

雷达技术的发展带来了意外收获。战后射电天文学开始快速进步。维尔茨堡雷达的天线非常棒，又是战后的剩余物资，成本低廉，不用白不用，所以就被拉去"客串"了一把射电望远镜，研发者德律风根公司可能怎么都想不到会有这种事。

图31-4　维尔茨堡D型雷达

信息战几乎贯穿了第二次世界大战的始终，双方的技术水平都在不断地升级。总体来讲，英、美在无线电技术上是要压德国人一头的，不管是密码的攻防还是信号的攻防。

在1941年，英国人截获了一段德国人的密码通信，他们用炸弹机也没办法解开。他们并不知道这是一种什么东西，估计是德国人的新加密系统。这就是德国人开发出的新一代"洛伦兹加密系统"，洛伦兹加密系统的转子有10~12个，每个转子上的触点也比较多，而且每个转子大小还不一样，破译难度起码是恩尼格玛密码机的26倍。图灵炸弹也炸不动这种新的加密系统。

英国人的炸弹机不好用了，那么该怎么办呢？看来，靠机械式转轮和电磁继电器是不够用了，只能靠全电子的设备。图灵要去美国一趟，他推荐了两个人，一个是马克斯·纽曼教授，另一个是邮政研究所的工程师托马斯·弗劳尔斯。他们在邮政研究所里鼓捣出来一台全新的机器，这台机器用1500个电子管代替了继电器和转轮。输入、输出都用穿孔纸带，每秒可以阅读5000个字符，计算速度大大提高，可以进行最基本的布尔运算。这台机器有5米宽、2米高，需要两个机箱，间隔不到2米，功率4.5千瓦，电子管发热量很大，旁边的人会热得受不了。

这台机器外号叫"巨人"，1943年才研发完毕，马上就运到了布莱奇雷庄园，1944年正式启用。这个机器是一种专用计算机，并不是图灵机那样的通用计算机。1944年，盟军要发起"霸王行动"。"巨人"机还参与了情报的保障行动。毕竟要彻底误导德国人，破译加密通信是必不可少的环节。"霸王行动"开始的时候，盟军的飞机撒下大量的铝箔条，德国人的雷达屏幕上一片回波信号，他们已经彻底搞不懂了，盟军的电子佯攻发挥到了极致。

布莱奇利庄园依靠"巨人"向英国和盟军指挥部提供了4.8万份破译的信息，平均每小时破译的德国情报超过了11份，德国人的计划几乎透明了，没有什么秘密可言。这是了不起的成就。"巨人"机一共生产了11台，战后被下令销毁，而且是彻底粉碎。当时知道这件事的人也没向外吐露过半个字。"巨人"计算机就这么消失在了历史之中。后来虽然解密了，但是资料缺失太多，人们已经不知道这个机器究竟是什么构造了，大家也都不记得了。

现在，布莱奇利庄园已经改造成了英国国家计算机博物馆。有好事者根据老照片想复原"巨人"计算机，但是搞出来之后只是外表比较像。这倒不是他们的技术不行，而是当年使用的元器件已经不再生产了，很多零件他们搞不到。"巨人"计算机的后期版本要使用2400个电子管，现在没地方弄去。为了复原光电读写头，他们甚至把当年参与过类似项目的老工程师请出来，重新画设计图。即便如此，还是很难复原当年的这套机器。信息缺失了，就很难再找回来。

图灵是现代计算机理论的奠基人。正是他提出的数学上的图灵机告诉大家，通用型的计算机是可以实现的。但是要说对现代计算机影响最大的人，当属冯·诺依曼。在世界上第一台计算机ENIAC（埃尼阿克）的建造和设计过程之中，冯·诺依曼提供了不少意见。他在坐火车回洛斯阿拉莫斯实验室的途中，手写了一份101页的报告，后来这份报告被透露了出来。在这份报告里面，冯·诺依曼描述了一个通用性计算机的架构，分为5个部分，存储器、控制器、运算器、输入设备、输出设备。如今运算器和控制器被封装在了一起，称为中央处理器，英文简称CPU。

冯·诺依曼最深的洞见是程序本身也是数据。当时的计算机要更换算法是非常困难的。ENIAC就没有内存这个概念，修改程序需要拔插销、改变连接线，这显然太过麻烦了。莫克利和埃克特当然也知道这是一个大问题，但是机器已经建成了，没办法修改了。

新一代的计算机EDVAC正是按照冯·诺依曼的思想研发出来的，只是主创者因为论文署名的问题，跟冯·诺依曼闹掰了，拖延了工程进度。这个机器比ENIAC小得多，只用了3600个电子管就实现了ENIAC的功能。但是再想缩减，已经很难了，麻烦出在电子管本身。电子管耗电量太大，而且可靠性也不好。ENIAC能好好地工作几个小时不烧管子就算是谢天谢地了。

有什么办法能缩减体积、提高可靠性、减少耗电量呢？这又是一个大问题。

电子管需要预热、容易烧坏的毛病大家都知道，但是，这些问题如何解决呢？其实工程技术人员的办法还是有不少的。比如说把电子管做小一点，过去曾经出现过一种"花生管"。顾名思义，尺寸和花生米差不多。电子管也不是全都又大又粗的。但是再想缩小已经不可能了。要想取得突破，必须放弃电子管。

不过，真的有国家对电子管不离不弃。1976年，苏联一架米格－25战斗机叛逃，飞到了日本的函馆机场降落。这架飞机强调高速性能，高速下空气和飞机蒙皮的摩擦会非常剧烈，飞机蒙皮会严重发热，甚至烧软，除非用钛合金来解决问题。苏联人真是战斗民族，人家用了合金钢。

美国记者在参观那一架叛逃的米格－25战斗机的时候发现机翼生锈了，便拿了一块吸铁石凑过去，结果真的吸上去了，惊得下巴都快掉下来了！美国人从上到下把这架飞机都拆了，又一次被惊得目瞪口呆。这架飞机的电子设备还真的都是"电子设备"，全都是电子管的。这都是什么年头的老古董了？

当然，飞机最后不得不还给苏联，不过是拆散了装在木箱里还回去的。

美国人这边走的是晶体管路线，主要原因还是西方国家的各项工业门类非常齐全，而且水平都很高。晶体管的研发起步也很早，毕竟矿石检波器就是一个天然的二极管，早期晶体管其实也差不了多少。早在1938年，德国

人就把电极插进溴化钾晶体，实现了对电流的放大。但是这个最原始的晶体管的工作频率只有1Hz，基本无法应付交流电。也就是说，用这种东西来做收音机的主要元件是不行的。

在同一时期，贝尔实验室的研究人员在寻找更好的检波材料，他们发现，如果晶体掺杂了微量的杂质，性能不仅优于矿石，还在某些方面优于电子管检波器。第二次世界大战期间，不少实验室都在研究硅、锗材料的制造，他们也取得了不少的成果，这就为后来发明晶体管奠定了基础。

当时贝尔实验室在这方面是比较领先的。贝尔实验室是一个非常了不起的实验室，有很多划时代的发明是从贝尔实验室走出来的，比如1932～1933年央斯基发现了来自太空的射电信号，他也就成了射电望远镜的发明者。贝尔实验室也是UNIX系统的发源地，当然还包括C语言和C++语言。到现在为止，一共有8次13人获得诺贝尔奖。

在20世纪40年代末，贝尔实验室召集了几位科学家进行技术预研。研发组长是肖克莱，手下有巴丁和布喇顿。肖克莱和巴丁是搞理论物理的，布喇顿是搞实验物理的。一开始肖克莱比较倾向于金属半导体结构，但是失败了很多次，后来巴丁认识到半导体的表面缺陷是个大问题，所以必须找到"钝化"表面的方法，就是设法消除这些缺陷。后来问题解决了。

1947年12月，他们成功地制造了一个晶体管。这个晶体管可以把信号放大100倍，尺寸比火柴棍大不了多少，体积非常小，而且也不需要灯丝，用起来很方便。这种晶体管是一种点接触型晶体管，一块掺有微量杂质的锗晶体表面装上去几个触点，就形成了一个三极管，能够起到放大信号的作用。其实与矿石检波器是一码事。只是矿石的杂质是天然的，不好控制，而且触点也很不好找。这种依靠触点形成的三极管自身噪声很大，而且没办法承受大功率。你想啊，触点非常小，承受的电流也就很小。

一个月以后，肖克莱发明了一种"三明治"结构的晶体管，当然你要愿意的话，也可以称之为"肉夹馍"结构。中间是一层P型半导体，两边是N型半导体。只要在中间加上微弱的电流，就可以控制总电流跟着变大或变小。所以也就起到了放大信号的作用。那么晶体管的原理到底是什么呢？说起来很复杂。硅元素和锗元素的最外层都是4个电子，假如我们把磷元素作为杂质掺杂进去，磷元素的最外层有5个电子，在一大群硅原子之中，这里显然多了一个电子。这就是所谓的"N型"半导体。反过来，我们在晶体之中掺杂一点硼元素，硼元素的最外层只有3个电子，在硅原子的海洋里，这里明显出现了一个坑，这就叫作"空穴"。这就是所谓的"P型"半导体。

那么我们把P型半导体和N型半导体结合在一起，形成一个PN结。这个结构就具有单向导电性。让一边多余的电子过去填充空穴，当然没问题，但是反过来就不行了。这就是单向导电性的由来。当然我们还可以构造成"三明治"结构，比如PNP或者NPN，中间的电极就起到了控制的作用，这就是三极管。三极管号称"三条腿的魔术师"。

我们说起来简单，其实这只是通俗化的表达，半导体是基于能带理论的。能带理论是基于量子力学的，成千上万的原子排列在一起，是不可能用波函数慢慢算的，必须从整体上给出一个理论来计算，也就是能带理论。原

图32-1　各种尺寸的三极管

子晶体就好比森林，电子就像撒欢的孩子到处乱窜，想想就头大。

接触型的半导体没有使用价值，但是结晶型的半导体是可以大批量生产的，也就是所谓的"三明治"型。半导体开始在电子行业内开枝散叶，进入越来越多的领域。1956年，肖克莱、巴丁、布喇顿获得了诺贝尔物理学奖。这是贝尔实验室的第一个诺贝尔奖。

我们要特别说一下巴丁，这个人极端低调，哪怕肖克莱用行政权力来抢功劳，他也没有怨言。不过最后他还是收拾行李，离开了贝尔实验室。他是少有的拿了两次诺贝尔奖的人，一次因为半导体，另一次因为超导体。

超导体为什么会在低温下完全失去电阻呢？这个问题爱因斯坦没能解决，费曼也没能解决。当时这个现象被称为"理论物理学的耻辱和绝望"。正是巴丁带着库珀和施里弗搞定了这个问题，而且他还给两位后辈留出了足够的空间。各种公开露面的场合都让他俩去，自己从来不露面。即使是推荐诺奖候选人，他也没把自己算上。他觉得自己拿过一次了，机会还是给别人吧，但是诺奖委员会把奖给了他们三个人。这也是对巴丁的最高奖励了，太不容易了。

三极管被发明之初，价格还很高，晶体管一开始只进入了一些特殊领域，比如助听器。晶体管的体积小巧，用在这里非常合适。后来，其他民用领域也开始大规模应用晶体管技术。第一台晶体管收音机诞生于1954年，过去收音机都是电子管的，电子管越多性能越好。现在都换上了晶体管，22管8波段，太高端了。在我国，半导体几乎成了收音机的代名词。用皮革做一个外套，背在身上可以当随身听，别提多帅了。更小巧一点的，可以放在衣服口袋里。电子管的收音机就没法背在身上了。

当时的计算机也开始晶体管化，晶体管的寿命是电子管的20倍，晶体管是固体器件，耐冲击，体积比真空管小几十倍，即便是和花生管相比，也仅是其六七分之一。假如是简单的收音机，优势并不明显，毕竟电子管的音质和音色都强于当时的晶体管。但是计算机动辄就是上千个电子管，全部替换成晶体管，效果是极其显著的。

不仅是在计算机领域，在军事领域晶体管也有优势。正是因为晶体管体积小巧、耗电量低，所以可以装到导弹上作为引导头的核心组成部分。最开始的响尾蛇导弹只有7个电子管，这7个电子管根本不够用，没办法做复杂的信息处理。使用晶体管，既可以把电子设备做得足够强大，又不占多少空间，所以晶体管的出现是一场革命，原本没法电子化的东西，现在有可能电子化了，电子设备开始向方方面面普及。

肖克莱在1955年离开了贝尔实验室，回到老家圣克拉拉县的山景城，和母亲住在一起。这个地方就在旧金山湾区附近，离斯坦福大学不远。

肖克莱利用自己的名气，创建了自己的公司，招来了一群青年才俊。一个个都不到30岁，思想活跃，而且斗志昂扬。有拿了两个博士学位的学霸，也有来自大公司的工程师，还有著名大学的研究员和教授。他们加入肖克莱半导体公司，根本就没考虑工作环境、条件和待遇，为啥呢？情怀啊！一切只为了情怀，为了能实现理想和抱负。他们也注定会改变这个世界。

肖克莱是个不错的科学家，但是他不是个很好的企业家。他脾气暴躁，管理上一塌糊涂。其实，人无完人，这也并不是什么致命缺陷，完全可以通过团队合作来弥补。但是肖克莱最大的也是最致命的缺陷是他不认为自己有缺陷。他甚至疑神疑鬼到用测谎仪对员工进行测试。一帮青年才俊一个个都心高气傲，谁吃你这一套啊？这还不是压死骆驼的最后一根稻草，当肖克莱决定停止研发硅晶体管的时候，这7个人绝望了。他们下定决心"开路"了。这7个人写了一份商业计划书，开始通过各种关系自己去拉投资。

这一份商业计划书辗转落到了海登斯通投资银行员工洛克的手里，他觉得有戏。他说服了上司，想去见见这7个毛头小伙子。于是他就坐飞机来

到旧金山见他们。这个阿瑟·洛克日后可是美国科技投资史上的传奇人物（被誉为"风险投资之父"），英特尔和苹果的诞生都和他有关。洛克一看这7个人，全是"技术宅"，没有一个人擅长管理。一个企业不能全是这样的人啊。大家一商量，最适合的管理者恰好就是那个对肖克莱忠心耿耿、不离不弃的诺伊斯。于是，这7个人派罗伯茨为代表去说服诺伊斯。

罗伯茨拼命拉拢诺伊斯，当时诺伊斯也实在是对老板肖克莱忍无可忍了，老板肖克莱弄得他和诺奖级别的成果擦肩而过。既然忍不下去，也就无须再忍。这8个人挤在一辆小破面包车里面来到了旧金山市区，找洛克和他的老板科伊尔谈判。谈来谈去，最后谈成了。但是协议还没拟定，没法当场签协议。于是科伊尔拿出一张一美元的钞票，让他们在钞票上签字。8个人就围着钞票上华盛顿的头像签了一圈。这张钞票如今被保存在了斯坦福大学，这是历史的见证。

1957年9月18日，这8个人找老板肖克莱辞职，肖克莱还一点都不知道呢。老板往往是最后一个知道坏消息的人。肖克莱的脾气火爆，当场破口大骂，骂他们是逆贼。所以这8个人又号称"八叛逆"。不过很快他们8个人又得到另外一个响亮的称号："八仙童"。

8个人找到了仙童集团，他们组建的这个公司作为仙童集团的下属公司，叫作"仙童半导体公司"。海登斯通投资银行占了225股，8个人每人100股，剩下300股留给日后的管理层。所以他们得了个新外号叫"八仙童"。公司的地址离肖克莱的公司不远，旁边还有一家创建于车库里的著名公司，不是苹果，是1939年创建于车库的惠普公司。所以，大家明白这个模式了吧，车库创业是此地的传统。肖克莱的公司作为一颗种子种下去，在旁边开花结果了。别忘了，企业的人员流动是很频繁的。他们的手下会不断地跳槽、不断地创业，选址基本上也就在圣克拉拉山谷之中，就如同分裂的细胞一样在不断地增殖。假以时日，此地必定会成为世界半导体工业的大本营。

就在1957年，出了一件大事，对美国人刺激很大。那就是苏联发射了第一颗人造卫星。美国人被这件事刺激得不行，决定奋起直追。他们的火箭技术是落后于苏联的，运载能力差一截。所以美国人就拼命减轻重量。再用大灯泡电子管是肯定不行的，于是在军事项目的刺激之下，美国的晶体管有了巨大的进步，可以说是迅速地"白菜化"，晶体管变得非常常见。

当时很多晶体管都是用锗作为主要材料的，主要是因为当时还没办法提炼高纯度硅，所以锗的优势比硅大，苏联就走了这条道路。但是在温度急剧变化的环境下，锗晶体管的表现不好。所以苏联在人造卫星上和战斗机上还是选用了电子管。美国人在第一颗人造卫星上使用的是锗晶体管。苏联人要是用晶体管的话，进度是赶不上的。因此他们果断地使用了电子管。他们的电子管已经是改良过的，性能非常优异，苏联的卫星领先美国4个月升上了太空。从此苏联就走岔了道，和那些西方国家渐行渐远了。所以，大家也就能明白，为什么苏联的战斗机上用的都是电子管了。

其实也不能怪苏联发展晶体管比欧美慢了一拍。发展过程之中，西方国家碰到的问题，苏联也会碰到。他们也觉得锗比硅好用。特别是锗晶体管的高频性能很好，非常适合国防工业中的尖端电子设备。当时的人都没办法想象，硅元素会实现逆袭。其实美国人自己也没想到，这种不起眼的、遍地都有的元素居然如此强大。

硅晶体管也不是没人在研究，当时德州仪器公司开发出了最早的硅晶体管技术。1955年，贝尔实验室发明了台面硅晶体管技术。仙童公司最开始卖给IBM的晶体管就是台面技术制造的。这一批晶体管每个150美元，一共100个。它们被IBM公司用在了XB－70高空高速轰炸机的计算机上。还有一些用到了民兵式导弹上。当时美苏争霸正如火如荼。不过IBM只买过他们这一批管子，人家和德州仪器合作，自己开发生产线了。德州仪器是最早开始商业化生产硅晶体管的企业。

在市场竞争之中，仙童公司需要更好的技术。真正的突破是8个人之中的霍尼搞出来的平面工艺。制造一个三极管是从一块纯净的硅片开始的，先在硅片上生长一层氧化绝缘层，涂上特殊的感光材料，然后把做好的电路图用镜头投影到硅片上。照过光的地方和没照过的地方是有区别的。把表面腐蚀一下，氧化绝缘层就会按照电路图的样子腐蚀掉，暴露出下面的硅层。凡是有氧化物遮盖的地方，就没办法进行掺杂。这样就可以控制什么地方可以掺入杂质，形成晶体管的PN结，按照所需要的几何模式构成发射极、集电极和基极。这个平面工艺过程可以反复使用，构造出很复杂的半导体器件。

至此，硅元素可以非常方便地做成晶体管了。很重要的一个步骤就是表面生成氧化层。硅的氧化物二氧化硅很结实，硅晶体本身也比较结实，经得起折腾。锗元素的氧化物就不行了，是溶于水的，会给制造工艺带来一定的麻烦。硅的优势开始一点点显露出来。

硅的另一个优势是适用的温度范围比较大。在高温下，锗晶体制造的晶体管会出问题。当时摩托罗拉公司研发了一款晶体管收音机，用的就是锗晶体管。但是没多久就收到一大堆投诉。他们的收音机在烈日下暴晒了一下午，一个个就全都罢工了。而且锗元素的价格比较贵，当时比银子都贵。因为锗在地球上相对来讲是比较分散的。到现在，锗晶体只能作为辅助材料，不能作为主要材料。

这时候除了硅谷的仙童公司，其他的企业也在半导体方面下功夫。德州仪器就是一家实力极其强大的公司。德州仪器公司的一个年轻人基尔比有了一个非常绝妙的想法，能不能把几个晶体管做在一块基片上呢？过去就有人有过这方面的设想，但是没有技术条件去实现，现在完全有机会去实现了。

公司的其他同事都去度假了，只有基尔比自己蹲在实验室里。他刚入职没多久，休假还没他的份儿。他成功地在锗片上制造了几个晶体管。他用很细的金线把这几个微小的晶体管连接成振荡电路。1958年9月12日，他把这个小东西拿到了领导面前，接上示波器，示波器上显示出了一个正弦波，证明这块小小的芯片在正常工作。世界上第一块集成电路诞生了。2000年，基尔比获得了诺贝尔物理学奖，表彰他发明了集成电路。基尔比还是热敏打印机和掌上计算器的发明人。第二年，德州仪器申请了集成电路的专利。

几乎在同一时间段，仙童公司的诺伊斯也想到了这一层。仙童更有优势，因为他们对平面工艺非常熟练。一块硅片上集成多个原件不是一件费力气的事情。晶体管不在话下，反倒是电容电阻有点麻烦，不过诺伊斯还是解决了问题。现在剩下的一个难关是如何把元器件连接起来。仙童公司曾经请了一大帮年轻的女工，在放大镜之下手工连接。尽管女工们心灵手巧，但是电路上还是有很多的缺陷。如果连接导线的工作也能用平面工艺来完成就好了。诺伊斯想到了金属蒸汽。假如把金属烧成蒸汽，熏蒸硅片，在硅片表面形成一层金属膜，那不就可以形成导线了吗？接下来就可以用光照蚀刻的办法把金属膜蚀刻成电路。

诺伊斯发现，铝是最好的导线材料。所以集成电路在很长时间内都是用铝导线的，很久以后才被铜代替。至此，几个难关都被攻克了，集成电路迎来了大规模量产的阶段。硅谷的企业也是遍地开花，硅谷成了名副其实的硅谷。人类就要进入一个新的时代。

当然官司是少不了的，德州仪器和仙童打了10年的专利官司，最后法律判决双方的专利都有效，集成电路是大家添砖加瓦的成果。1965年，"八仙童"之一的戈登·摩尔在《电子学》杂志发表了一篇文章《让集成电路填满更多的组件》，他预言半导体芯片上集成的晶体管和电阻数量将每18个月增加一倍。这个规律连续保持了几十年，到最近才被打破。整个集成电路产业差不多就是这么发展起来的。

1966年，德州仪器销量第一，第二就是仙童，第三是摩托罗拉。但

是，花无百日红，仙童公司慢慢没落，1967年开始出现亏空。母公司持续吸血是一个原因，它自身的管理也有问题。当年的"八仙童"早就各奔东西了。后期的仙童人才流失非常严重，也失去了技术领先的地位，业绩大幅下滑，逐渐走向平凡，到现在已经变成了一个没人关注的普通企业了。

诺伊斯拉着戈登·摩尔和小弟安迪·格鲁夫创建了日后大名鼎鼎的INTEL（英特尔）公司。仙童公司销售部主任桑德斯离开以后创建了AMD公司。

英特尔公司最初的产品是半导体存储器芯片。1969年，英特尔推出自己的第一批产品3101存储器芯片，随后又推出1101和1103，这种价廉物美的产品深受欢迎，供不应求，它的诞生正式宣告了磁芯存储器的灭亡。磁芯存储器的发明人是位华人，他就是电脑大王——王安，如今也许已经没人记得他了。但是我们又不得不提到这个当年在美国市场与IBM大战的悲情英雄。

王安1920年出生在江苏的昆山，日军侵华时他来到美国。王安曾经去IBM公司求职，人家看他是东方人，觉得他不适合搞高科技，面试的人种族倾向还挺严重，他觉得华人只能干开饭馆、洗衣服之类的工作，修理个自行车大概就算是技术活了。不过要是这个面试官的做法被老板沃森知道，恐怕立马就被开了，可惜沃森不知道。老板没空，正在忙着跟儿子吵架。当时IBM面临一个转型期，电子计算机开始兴起，机械式计算机开始走下坡路。老沃森认为多一事不如少一事，他对新东西不关心。小沃森可不是这样，对新技术极其敏感，父子俩吵得脸红脖子粗。说到底，IBM是当时计算机行业的领军者，但是未来该何去何从呢？他们自己内部也是有分歧的。

王安当然是对IBM的面试官憋了一肚子气，从此跟IBM就结下梁子了。他在哈佛大学念应用物理专业。三年就拿了个博士，而且门门功课都是优。当时的应用物理专业其实蛮杂的，都是电子技术、通信技术这些，其中最为前沿尖端的领域就是计算机。王安在拿下博士学位以后，进入了哈佛的计算机实验室当临时工。老板艾肯偏巧也跟IBM有过节，于是这二位一拍即合。

他俩瞄准IBM的软肋就下了死手。

IBM当时使用的存储设备是穿孔纸带，这种东西的读写速度是极慢的，而且体积非常庞大。王安进了实验室以后没多久，就搞出了一个磁芯存储器。这东西可靠性很好，速度快，体积小，可比穿孔纸带厉害多了。艾肯一看这人太厉害了，很快就给王安转正了，王安成了哈佛大学计算机实验室的正式工作人员。这个实验室并不阻碍王安为自己申请专利，所以王安就申请了磁芯存储器的专利。不过这个专利一直到1955年才正式批下来。

没多久，IBM就闻见味道了。现在是小沃森掌权，他开出价码跟王安谈判，要购买王安的专利。一开始开的价是200万美元买断。后来发现买家只有IBM一家，那就好办了，沃森开始压价，最后压到50万美元。IBM买断了王安的磁芯存储器专利。当时王安已经离开哈佛，他总要为自己的饭碗着想，这也是没办法的事情。王安就用这笔钱开设了自己的公司，他的事业起步了。

就这样，王安忙碌了一年，卖磁芯存储器，卖各种小发明，到年底赚到的钱比在哈佛的工资还要高一点。他明白，自己养家糊口是没问题了，这个公司也能够维持下去。就这样，王安过了十几年忙忙碌碌的日子。王安还需要等待机会。

第一次机会是在20世纪60年代到来的。王安搞出了一种名为"洛兹"的计算器，他的公司才开始进入爆发式增长阶段。这种计算器用了1275个分立的晶体管，商店可以用它来算账，教授们计算数据也少不了它。这个计算器能计算函数，一台要3000美元，价钱并不便宜。但是总比IBM的产品要便宜多了，IBM的机器就像冰箱那么大，太占地方了，而且多余的功能普通人也用不上，价钱还很高，一个月租金就要1万美元。因此当时对计算要求最大的银行金融机构非常青睐王安的计算器。

王安电脑公司的"洛兹"计算器开始进入爆发期。几年以后，公司的年销售额就达到了500万美元。后来因为融资的需要，王安的公司上市了，一下子股票大涨，王安也成了富豪。就在这一时期，王安做出了一个大胆的

决策，那就是放弃计算器，全力研发文字处理机。王安盯准了白领阶层，当时的美国已经涌现出大批的白领阶层，他们还在用老式打字机，这显然是一个巨大的市场。

1971年，王安的第一款1200文字处理机上市了，利用磁带作为存储设备。每次按下回车键，就会把文字记录到磁带上，一盒磁带能记录20页的文字，而且机器提供了简单的编辑功能，最起码不会因为修改错别字而重新输入整页文字，挑出来改完了打印就行了。带来的好处是显而易见的。

当时IBM的掌门人小沃森正因心肌梗死而住院，看到这个消息，他把手下人大骂了一顿，怪手下没有及时通知他。这套机器把IBM吓了一跳，因为办公市场一直是IBM的地盘。IBM船大难调头，手下有许多人是从事电动打字机业务的，要转型根本来不及。

1976年，改进后的王安的文字处理机上市了，这回还添加了CRT显示器。这个机器内部使用了INTEL的8080处理器，这个8位的CPU拥有4500个晶体管，2MHz的主频，速度比当初那个4位的4004处理器强得多。这几乎就是一台个人电脑，但是操作系统是专用的，只能用来做文字处理。同时期的王安2200型电脑倒是走了通用计算机的路子，可惜只有简单的解释性的BASIC语言，与现代意义上的个人电脑是有差异的。

当时很多人都在致力于计算机的小型化与个人化。参与这个进程的不仅仅是大公司，还有一帮子"极客"。王安当然不会想到，一个叙利亚移民的后代在车库里也开了一家小公司，这个年轻人日后会两次改变世界。或许王安已经知道民间暗流涌动，到处都有高手在自己家里拼凑简陋的计算机。不过在王安看来，这只是一堆玩具罢了。毕竟王安的文字处理系统卖得太好了，在这个领域内，连IBM都不是对手，大家都丢掉了IBM的机器，改用了王安的WPS系统。没错，王安的机器就叫WPS。

WPS第一次亮相纽约市展览会时，与会者惊呆了。他们从屏幕上看到了编辑文本的过程，在当时，这简直不可思议。展会结束，美国的办公室开始大换装。从白宫到企业，WPS全面接管IBM的领地，王安公司的营业额也突破1亿美元。

1971年，王安电脑公司和IBM的差距是200倍。过了10年，差距缩小到了20倍。王安拿到了一系列的荣誉，也成了美国排名第5的富豪。但是就在这个时候，王安得了癌症，那谁来接班呢？

33 桌面大战：既生瑜何生亮

王安有个解不开的心结，那就是IBM。他非要跟IBM一较高下。他甚至在橄榄球联赛期间租用大屏幕播放广告来奚落计算机巨人IBM，广告的创意来自大卫战胜巨人歌利亚。王安敢于叫板IBM，除了他的实力，还有一个重要的原因，就是IBM没法通过压价倾销来打垮王安，因为美国刚刚颁布了《反垄断法》。IBM是业界的巨人，却被《反垄断法》束缚住了手脚。所以小沃森非常担忧。

王安还有一个非常大的优势，那就是他的公司人才济济。带领思科公司登上巅峰的著名CEO约翰·钱伯斯曾经是王安公司的副总，你说他的公司牛不牛？王安公司的业绩就像坐上火箭一样开始爆发式增长。王安的文字处理机其实和个人电脑只差一层窗户纸了，可惜王安就是没能率先完成这个跨越。

当时，业内上升起了一个新的威胁，那就是个人电脑，代表公司就是苹果。但是王安的公司那时候如日中天，想要转型是非常困难的，公司有严重的路径依赖。王安本人也开始听不进意见，变得固执保守，这是其一。其二，王安犯了一个错误，那就是让儿子接班。

王安的大儿子王列是一个非常优秀的计算机专家，从小受到良好的家庭教育，而且父亲有意培养他当接班人。但是优秀的计算机专家并不一定是一个优秀的管理者。当时，王列深入技术一线，他发现个人计算机的性能在突飞猛进。

1975年在加州圣马太县门罗帕克镇的戈登·法兰西家的车库开了一个计算机发烧友的聚会。这就是第一次Homebrew（英文原意是"家酿"）聚会。这是加州的门罗帕克，不是新泽西州的门罗帕克，不过这两个门罗帕克同样重要，一个是灯泡"起飞"的地方，另一个是个人电脑"起飞"的地方。

来参加聚会的这帮人都是"极客"，这帮人都喜欢自己鼓捣个人电子计算机，不过这些人并不是业余选手，很多人都是大公司里的电脑相关从业人员。有的是搞硬件的，有的是搞软件的。在这次会上，大家畅谈了对于个人计算机的前景和展望，也交流了很多心得体会，哪些元器件好、哪些质量不行、程序该怎么去写，等等。所以乔布斯和沃兹尼亚克这样的人不是凭空涌现出来的，而是有着非常深厚的氛围基础。

参加这第一次Homebrew聚会的人很多都成了计算机公司的创始人，比如沃兹尼亚克就是其中之一。大家都知道，他是苹果公司的创始人之一，他和乔布斯、韦恩在车库里创建了苹果公司。当时他还是惠普公司的一名员工，也是天天跟计算机打交道的人。当时他拿到了一块开发板，这块开发板装有摩托罗拉最新推出的6502芯片处理器。摩托罗拉公司发现CPU太贵是大问题，阻碍了客户购买，他们采用了一系列的新工艺来降低成本。6502芯片是一块8位的CPU芯片，主频1MHz，价钱也很低。可以支持64KB的内存，这在当时已经很不错了。16KB当ROM（只读存储器），48KB当RAM（随机存取存储器）。开发板就是一块集成了各种芯片的组件，DIY爱好者回去接上

图33-1　6502CPU

外围设备就能工作。剩下的就是软件的事儿了。

别小看这块6502芯片，这块芯片的销量非常大，不但能用在计算机里，还能用在游戏机里。任天堂出品的"红白机"，CPU芯片就是6502，只不过那是日本引进以后生产的改进版本。当然，真正使6502芯片成名的是苹果公司的Apple - Ⅰ型电脑，这是沃兹尼亚克的杰作。这个电脑就是一块简单的电路板，你回家自己配壳子，接上键盘和显示器就能用了，当然也可以用电视机当显示器，用录音机当数据存储装置。

沃兹尼亚克和乔布斯的本钱很少，乔布斯卖掉了他的大众车，换了几百美元，沃兹尼亚克卖掉了他的HP - 65计算器，换来500美元。别看计算器那么小，卖的钱跟乔布斯的车差不多呢。可见当时电子产品有多贵。HP - 65是一种能简单编程的计算器，能把数据存在磁条里面。这种磁条是真的一小条，比口香糖还要小，可以存储一点数据资料。

技术方面主要是沃兹尼亚克负责，乔布斯主外，沃兹尼亚克主内。他们生产了第一批家庭用的个人电脑，本质上仍然像一个大玩具，只有一块电路板，也没有外壳，光秃秃的，用户主要也是电脑组装的爱好者，他们可以自己做一个壳子。

图33-2　HP - 65计算器

1976年，他们以666.66美元的价格开始对外出售Apple - Ⅰ型电脑。他们预计能卖出40台就可以回本了，但是他们没想到这台计算机瞬间卖断了货。最终，Apple - Ⅰ型卖出去200台。现在这些Apple－Ⅰ电脑主机板已经成了限量版的奢侈品，大约还有63台存世。一般认为是以Apple－Ⅰ为标志，人类正式走进了个人计算机的时代。

　　1977年，沃兹尼亚克推出了第二代产品，就是大名鼎鼎的Apple－Ⅱ型个人电脑。这个电脑已经相当完善，一个大大的机箱带着一个小键盘。可以接显示器，也能接电视机。可以显示几种颜色，有48KB内存。Apple－Ⅱ计算机卖了能有500多万台，一直卖到20世纪90年代初，可见这台计算机的成功。后来这台电脑可以连接软盘驱动器，5寸的软盘，容量是144KB。而且磁盘只能单面读取，计算机会提示你把软盘抽出来换个面。磁盘容量不大，程序很小，是名副其实的"小程序"。很多人都不知道存在过这种140KB的软盘，因为IBM－PC的软盘起步就是360KB。大部分人接触到软盘都是从IBM–PC开始的。

　　1979年，个人电脑的销售额已经到达1.5亿美元，出现了以Apple－Ⅱ、TRS－80为代表的一大批个人电脑，预计到20世纪80年代初销售额会暴增40%。IBM公司见到个人电脑来势不可阻挡，决定顺应潮流，推出自己的个人电脑系列。IBM的机器是以INTEL公司的8088处理器为核心的，他们的项目代号叫"国际象棋"。他们集中了公司里的精兵强将，管理上也给予了很大的自由度。这样可以摆脱繁文缛节，提高效率。

　　但是，IBM碰到一个麻烦，这个新的个人电脑应该使用什么样的操作系统呢？在当时，计算机起码要搭载一个最基本的编程语言，比如Apple－Ⅱ计算机就搭载了最基本的BASIC语言。同样，IBM的个人电脑也需要搭载一个最基本的BASIC语言解释器。他们找到了一个高高瘦瘦的年轻人，这个年轻人戴着一副大眼镜，头发乱糟糟的。他的母亲是IBM的高管，所以他算是近水楼台先得月。这个大男孩就是未来的世界首富——比尔·盖茨。是盖茨和艾伦的微软公司为IBM提供了一个BASIC语言的解释器，可以在16位的CPU上工作。

在当时，IBM－PC的配置算是个人机里最高的，8088CPU，主频4.7MHz，16位。6502是8位机，8088是16位机，后来的80386是32位机。我们可以把计算机里的晶体管当作操场上做操的小朋友，把主频当作体育老师的口令，口令越快，做操的动作越快。体育老师能同时指挥多少个小朋友呢？6502是8个，8088是16个，80386是32个。这就是主频和位数的含义。

IBM－PC可以使用盒式磁带当作储存器，主机板拥有64KB内存，可以加装3块内存扩展板，内存高达256KB。在微型计算机里算是豪华配置了。

IBM－PC是可以使用软盘的，因此需要一个非常完善的操作系统。有了存储设备，计算机的使用方式就完全不一样了。总不能每次使用计算机，都要手工把程序敲进去吧。用穿孔纸带也太不方便了。万一错了，就必须把纸带打断，然后在中间接入一截补丁，这实在是太麻烦了。有了磁盘就可以随时修改，也不担心断电以后信息全都消失了。当然，寻找一个好的磁盘操作系统就变得迫在眉睫。

经过盖茨的推荐，IBM的人找到了基尔代尔，他是当时最流行的操作系统CP/M的作者。这个人可不是一般人，他的早期工作几乎就是伴随了INTEL每一步的成长。

基尔代尔是盖茨的老乡，他们都出生在西雅图。1942年，基尔代尔出生了。他从小喜欢航海，导航需要用到数学知识，他由此喜欢上了数学。长大以后，他到华盛顿大学学习数学，选修了两门计算机相关的课。后来，基尔代尔加入了美国海军，成为预备役军人。华盛顿大学设立了计算机科学硕士学位。第一批只收了20个学生，基尔代尔就是其中之一。本来他毕业以后应该去巡洋舰上服役的，但是因为他成绩优异，华盛顿大学给了他一个机会，让他去了海军研究生院当教师，教的就是计算机。

1972年，他看到了一则广告，25美元就可以买到一台计算机。基尔代尔眼睛一亮，这是INTEL公司第一枚芯片4004的开发板，从此基尔代尔就和INTEL结了缘。他经常去INTEL公司串门，给他们当顾问。当时INTEL公司的主打产品是内存，不是CPU。即便是老总诺伊斯也认为CPU会被用在闹钟上。大家都没想到CPU有什么大用处，最多也就是控制某种机器实现自动化操作吧。说白了还是干现在单片机的工作。但是基尔代尔持之以恒地为INTEL的CPU开发软件，包括开发编译器，他还在小型机上开发了一个INTEL的CPU的模拟器。很多时候是基尔代尔以顾问的身份在推动INTEL芯片的前进。

INTEL有了什么新产品，也总是先让基尔代尔去尝试，因此基尔代尔成了对INTEL芯片最熟悉的程序员之一。新版的8008比4004快了10倍。INTEL公司把这个芯片做成了计算机，送给了基尔代尔，算是顾问的工资吧。基尔代尔把这个机器放在了海军研究院，和学生们一起鼓捣这个玩意儿。后来INTEL送给了他们最新的用8080CPU做的新电脑。这个芯片的性能更好，速度又快了10倍。INTEL又加送了一台显示器和一台高速纸带阅读机。基尔代尔和学生们大受鼓舞。基尔代尔带着学生们一起设计出了全新的CP/M操作系统。

CP/M操作系统如今已经很罕见了，但是从这个操作系统保留下来的一系列习惯被后来的操作系统所继承，比如盘符A盘、B盘，再一个个往下排，再比如文件名的8.3命名规则等，都是CP/M留下来的习惯。基尔代尔不是一个非常棒的商人，他只是想充分挖掘计算机的潜力，让计算机发挥出最大的能力。1976年，基尔代尔离开海军研究生院，开了一家数字研究公司，开始出售CP/M操作系统。这套系统大卖，第一年就赚了60万至80万美元。原本基尔代尔夫妇觉得能卖

图33-3　桑科8001电脑，运行CP/M 2.2操作系统（1982年）

1.5万美元就不错了，哪知道卖了这么多。20世纪80年代初，年销售额达到了500万美元，没几年又蹿升到了4千万美元。

IBM的人去找基尔代尔的时候，他正开着小飞机在天上兜风，生意全是他的夫人和律师在打理。也不知道IBM的人是觉得他的态度不够诚恳，还是价钱太高，或者是其他方面不称心，反正是没有购买基尔代尔的CP/M操作系统。双方的说法现在并不统一，基尔代尔方面对IBM的保密条款感到厌恶。不管怎么说，他们对丢掉IBM这笔单子是一点也不在意的，哪想到最后会成就了比尔·盖茨呢？

盖茨看准了风头，自告奋勇揽下了IBM的这一笔单子。但是开发一套操作系统往往要一年多的时间，IBM几个月以后就要用。比尔·盖茨急得像热锅上的蚂蚁。好在合伙人艾伦消息灵通。他知道软件圈子内有人模仿CP/M的指令结构，写了一套操作系统叫QDOS。微软花了7.5万美元，连人带系统一起收购了，转手卖给了IBM，从此走上了飞黄腾达之路。

基尔代尔本来和盖茨是有默契的，那就是基尔代尔不涉及编程语言，盖茨不涉及操作系统。但是盖茨犯规了。所以基尔代尔气不打一处来，要找IBM兴师问罪。IBM的律师非常有能力，他们发现这个书呆子只是要求IBM的下一版本操作系统使用CP/M，基尔代尔专门开发了一个CP/M‑86操作系统，并没有要求禁止销售QDOS。结果盖茨躲过了一劫。后来，MS‑DOS还是战胜了CP/M系统，因为更新速度更快，价钱更便宜。CP/M系统的价格是DOS的6倍以上。MS‑DOS成了PC行业事实上的标准。

IBM还有一个创新的举动就是允许其他厂商生产兼容机，这一下引来了PC行业的大爆发。因为这些厂家只要按照IBM公布的技术标准，从INTEL那里买来CPU，再从盖茨那里买来DOS就可以把电脑凑出来。IBM-PC成了PC行业的硬件标准。王安的文字处理机就走了下坡路，公司的管理层明确知道个人计算机的潮流已经不可阻挡。他们也紧急推出了自己的个人电脑。但是，王安的脾气又上来了，他宣布绝不兼容IBM的电脑，从硬件到软件都要自己搞一套。王安正在踌躇满志地要大干一场的时候，他被发现得了癌症。没办法，王安就把公司交给了儿子王列。

王列不是个管理人才，弄得上上下下都有怨言，得罪了一大批人。王安的计算机公司在几年之内迅速崩溃。真是眼看他起高楼，眼看他宴宾客，眼看他楼塌了。王安最后下令儿子辞职，请了最擅长力挽狂澜的职业经理人来挽救公司，无奈公司已经病入膏肓，王安在1990年去世，享年70岁，他的公司只撑了两年就不得不申请破产保护了。后来，王安公司的房子被卖掉了，公司也被拆得七零八落。如今也已经剩不下什么了。年轻人都不知道还存在过这么一家如此耀眼的华人企业。

同样，基尔代尔的公司后来每况愈下，最后被人收购了，他也变得比较消沉，染上了酗酒的毛病，还和老婆离了婚。1994年7月，年仅52岁的基尔代尔在加州蒙特利的寓所里头部撞地，3天后不治身亡。一代大师凄凉离世，彻底告别了他爱恨交加的电脑业。后来有人为基尔代尔鸣不平，悬赏25万美元，寻找微软抄袭的证据，但是也没有什么结果。在当时知识产权保护并不严格。计算机程序到底属于科学成就还是私人的著作呢？这个问题不好回答。QDOS的命令和操作方法明显是模仿CP/M的，但是这能算侵权吗？如今LINUX的命令和文件结构也和UNIX一模一样，这又怎么算呢？

没办法。俱往矣，数风流人物，还看今朝。看谁？苹果和微软！

苹果公司的Apple－Ⅱ电脑卖得非常好，微软公司的DOS系统也是如日中天，占领了大部分市场。这两家公司未来必然是对手。这两个公司的特点很不一样。慢慢地我们就能感觉到这两个公司的差异了。苹果公司的特点是"吃独食"，微软公司的特点是"坑队友"。

我们先说苹果公司。苹果公司本来是乔布斯、沃兹尼亚克和韦恩三个人创建的，据说最早的标志就是韦恩设计的。很快韦恩就退出了，大家也很少提到他。苹果公司主要是乔布斯和沃兹尼亚克在管事儿。技术主要是沃兹

图33-4 "吃独食"和"坑队友"

尼亚克，乔布斯的角色大致是产品经理。不过因为乔布斯在媒体面前光彩照人，特别有明星范儿，所以他对外打交道特别多。乔布斯基本上就是苹果公司的形象代言人。

尽管新的苹果计算机供不应求，可是，乔布斯却仍然不满意。当初，乔布斯去参加计算机的展销会的时候，看到人家拿着精美的宣传资料到处分发，大屏幕上放着广告片，打心眼儿里羡慕人家。你看，人家电脑的机箱是金属的，显得特别高端。再看苹果的计算机，灰头土脸的，宣传彩页也只有一张纸，太寒酸了。由此，乔布斯突然意识到，在这个世界上打拼，没钱是玩儿不转的。改变世界的是钞票，不是点子。所以乔布斯他们开始到处找风险投资人。

既然拉进了新的投资人，股权结构就有了变化。几个创始人的股份都被投资人买回去，重新分配。当时苹果的人还不是很多，也就十来个。苹果公司的1号员工是沃兹尼亚克，2号才是乔布斯，3号是马库拉，他是投资人，7号员工是CEO斯科特，主要管事儿的是这几个人。基本上按照先来后到排的序。后来乔布斯没少跟斯科特闹别扭，还要马库拉居中调解。当时的乔布斯不是一个招人喜欢的人。1977年，苹果公司第一次搞圣诞聚会，CEO斯科特没准备素食，偏巧乔布斯不吃荤腥，只吃素，两个人又大吵了一架。

Apple－Ⅱ型电脑卖得非常好。很多企业开始用苹果的计算机作为办公用具，甚至很多科学计算用苹果机就足够了。后来IBM－PC开始流行，办公室里的电脑开始升级换代，旧的苹果机淘汰下来，就送到青少年宫给娃娃们用了。苹果公司当然不能只卖这一款明星产品，要开发下一代产品。过去都是沃兹尼亚克这个技术宅男主导机器设计，从硬件到软件都是他一手搞定。这一次乔布斯要自己领衔来设计一款电脑。他自己的技术不行，但是他可以发挥产品经理的作用。

新的项目名字叫LISA，Lisa是乔布斯私生女的名字，他对这个女儿一点也不亲切，一直不肯给抚养费，直到母女把他告上法庭。将它用作计算机项目的名字，不知道他是怎么想的，我们不是乔布斯，我们也想不通。

1978年，乔布斯开始启动了研发LISA的计划，但是当时他们也只是按照过去的方式研发电脑，不一样的无外乎速度快一点、体积小一点、外形好看一点。就在这个时间段，施乐公司看好苹果的发展，打算入股苹果公司。两边达成了协议，乔布斯提

图33-5　鼠标器原型

出看看施乐公司的实验室。这一看可了不得，引发了计算机行业的一次地震。

乔布斯在施乐的实验室里看到了什么呢？他看到了鼠标器。如今鼠标已经是普通得不能再普通的东西了。但是在当时是一种非常昂贵的高科技产品。一个鼠标能卖300美元，在当时这是很贵的。鼠标是1968年发明的，最早的鼠标与现在的不一样，有两个独立的轮子，并不能在桌上随意乱滑。只能沿着轮子方向滚，要么沿着横轴，要么沿着纵轴。后来改进了一下，可以随意地推了。

施乐公司与鼠标器相配合的计算机系统不再是字符界面，而是有窗口、有滚动条的图形界面。电脑屏幕是竖过来的，价钱也很贵。现代人可能很少看到电脑屏幕是竖着的，而且不能转动，我过去还真见过这样的设备，那是专门给报纸排版用的系统，屏幕恰好和报纸的版面一样大，可以一目了然。

施乐的电脑是第一代拥有图形界面的电脑，但是销量不好，施乐的主业不是电脑，主打产品是打印机和复印机。因此他们乐得跟苹果公司合作，可以说毫无保留，什么好东西都没有隐瞒。乔布斯团队的人进去一看，立刻两眼发直，都愣住了。不过施乐实验室的图形界面还是很原始的，窗口的确是有的，但是不能重叠，几个窗口平铺在桌面上，也不能用鼠标拖动，当然也就没有办法拉大或缩小。而且计算机的速度很慢，做些什么事只有慢慢等。

乔布斯回到自己的公司，他明白了，未来必然是图形界面的天下，这才是适合普通大众的操作方式，不用记住那些复杂的命令行语句，用最直观的方式来操作电脑才是最优雅的。LISA的配置很高，以当时的标准来看。内存可以配到1MB，CPU是摩托罗拉的68000，主频5MHz，甚至可以搭载5MB的硬盘，这在当时绝对是很厉害的配置了。

乔布斯设计的操作系统的窗口是可以层叠的，可以移动，也可以拉大缩小，和施乐公司的第二代产品star差不多。当然它也有很多的独创之处。苹果公司自己搞出了顶部的菜单栏，到现在Mac系统顶部还是有一条菜单栏，这就是当年延续下来的传统。不管怎么说，LISA系统已经有点现代苹果电脑的轮廓了。

不过，后来乔布斯被人家从项目组给踢出来了。公司的部门改组，成立了5个事业部。LISA划归"个人电脑及办公系统事业部"，这个部门的负责人不是乔布斯。乔布斯也没能当上公司的副总裁，只当了董事会主席，纯粹是个摆设。他的作用就是跟媒体打交道。LISA的开发总体来讲是不成功的，售价太贵了，接近1万美元一台，谁也买不起。只卖了10万台，大约赚了10亿美元。但是开发的费用高达50亿美元，显然没赚回本钱。

沃兹尼亚克因为驾驶私人飞机出了事故，不得不在家休养，后来就淡出了苹果公司，不管事了。创始人只剩下了乔布斯自己。在乔布斯被边缘化的这段时间，他第一次尝到了挫折的滋味。他千方百计要东山再起。于是他盯住了当时公司里的一个不起眼的小项目Macintosh，项目主管是拉斯金。乔布斯这一插手，弄得人家拉斯金很不痛快。乔布斯经常干这种事，人缘真的不怎么样。Macintosh就是现在所有苹果电脑的爷爷，苹果的操作系统也被称为Mac OS，不过这是后话了。

在推进Macintosh研发的过程里，乔布斯逐渐掌握了很多特殊的资源，比如这个项目组有自己的办公室，一般人进不去，有免费的饮料供应。上班可以玩儿电子游戏，还可以去打乒乓球。乔布斯还经常带着开发人员一起去搞团建，他总是大喊大叫："你们是要当海盗，还是当海军？"还把一大堆印着海盗骷髅头的T恤发给开发小组的成员。经过一番精神动员，乔布斯要求他们一个礼拜工作90个小时。这等于是一个礼拜干6天，一天15小时。这种劳动强度摆明了是拿人当牲口用。

Macintosh的配置比LISA要稍差一点，CPU主频更高，达到了7MHz，但

是其他方面的配置不如LISA，但是也比PC机要贵。第一代的Macintosh体积比现在的微波炉还小一点，是一台一体化的电脑。一个大方盒子，上边是一个屏幕，下面有一条开缝，这就是插软盘的地方，外观非常简洁。接上键盘、鼠标，插上电源就可以开始工作了，三根线搞定。

1984年，Macintosh召开了发布会，乔布斯平常穿着很随便，这一次他穿得很正式，西装革履。他打开包，一伸手就把Macintosh电脑给拎出来了，可见这台计算机不重。乔布斯接上电源，从口袋里掏出了一张软盘插进了电脑，计算机开始启动。令人惊奇的是这台电脑发出了声音，音乐缓缓响起，是电影《烈火战车》的主题曲，电脑屏幕上Macintosh几个大字缓缓穿过。接下来屏幕上出现了小画板软件，可以在电脑上画图。然后是文字处理和电子表格软件的界面，还有计算器，接下来是编程工具和国际象棋游戏，最后是乔布斯的照片出现在小画板里面。一切过去以后，电脑开始自己用语音来介绍自己，立马就引起了现场观众的惊声尖叫，没想到电脑还可以这么玩儿，Macintosh电脑引起了轰动。

一台电脑只有操作系统是远远不够的，还需要应用软件。乔布斯对Macintosh的定位是办公用的电脑，当然就需要配备办公用的软件。自己开发吗？恐怕来不及。那就必须找别的公司来开发，找谁呢？乔布斯找到了比尔·盖茨，也就是微软公司。比尔·盖茨见到乔布斯的Macintosh，嘴巴张得老大，这才是真正的家用电脑。很快，比尔·盖茨开始为苹果电脑编写程序，比如文字处理、电子表格等。微软也身陷一场办公软件大战之中，竞争对手有WordStar、WordPerfect，电子表格方面还要跟Lotus1－2－3竞争。当时的微软是不占优势的。不过微软看到了Mac平台的优势，那就是"所见即所得"。这是字符界面根本做不到的，对于文字排版来讲有着非常大的优势。

1988年求伯君搞早期版本的WPS的时候，也是在DOS平台上，也是字符界面。为了排版，需要在文档里边插入很多控制字符，然后可以用打印预览来看看最终的效果，这在当时已经很不简单了。但这是1988年，对于办公软件来讲，字符界面已经时日无多了。

微软一开始和苹果的关系还不错，毕竟不存在竞争关系，但是微软已经在下定决心搞自己的Windows系统了，这就和苹果公司形成了冲突。比尔·盖茨还嘴硬，他说乔布斯是抄袭施乐的，他只是来晚了一步。其实乔布斯抄施乐的合法，因为施乐和苹果本来就是一伙儿的。微软的抄袭却没有得到苹果的许可。不过这种事情也说不清楚，盖茨只是抄袭了思路，外观和代码都和Macintosh有很大的区别，真要深究也未必能抓得住什么把柄。不过对于苹果公司来讲，总觉得是盖茨在背后插了自己一刀。微软这事儿办的的确有点儿坑队友的意思。上一次坑了基尔代尔，这一次坑了苹果。被微软坑过的电脑厂商太多了，后来还坑了一把诺基亚。

乔布斯那一阵子运气糟透了，尽管Macintosh的发布会非常轰动，拍摄的广告也非常棒，但是Macintosh的销售却是一场惨败。每月只卖出去1万台Macintosh，公司积压了20万台。乔布斯和苹果的管理层闹翻了。Macintosh项目组的人发现自己的工资比隔壁的LISA项目组低很多，他们也觉得自己被乔布斯忽悠了，自己成了廉价劳动力。乔布斯已经把人上下得罪个遍，里外不是人。最后他被踢出了苹果公司。

微软则一路蒸蒸日上，从Windows3.1开始，逐渐站稳了脚跟。普通的PC机也可以接上鼠标体验图形界面了。尽管这个图形界面只是架设在DOS上的一层壳子。借助图形界面的加持，微软的Office系列办公软件开始占据主要市场。毕竟"所见即所得"

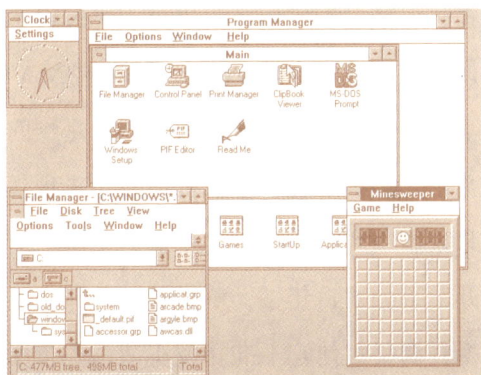

图33-6 Windows for Workgroups 3.11

413

要比字符界面有优势，特别是在排版方面。Windows3.1可以搭载truetype字体，功能也已经变得比较强大。

凭借着Windows构建的图形界面和Office软件，微软开始迅速占领办公市场。Windows的销量也越来越大，那时候INTEL的32位芯片80386刚好上市。内外总线都是32位的，过去16位的DOS已经无法发挥这块芯片的能力。所以Windows的出现可以说是正逢其时。Windows和INTEL就组成了联盟，共同为微软扩展势力。这边出一版操作系统，那边就出一块芯片，20世纪90年代几乎就是这么过来的。

后来INTEL出了80486芯片，因为数字不能当品牌，所以INTEL接下来就不再用数字作为芯片的型号了。他们在1992年推出了"奔腾"芯片，给了电脑一颗"奔腾"的芯。微软也在家憋大招，他们正在研发代号为"芝加哥"的新版操作系统。1995年，他们隆重推出了Windows95操作系统，微软跨上一个新的台阶。苹果公司在个人电脑的行业已经被边缘化了。不过就在同一年，Pixar创作的长篇3D动画《玩具总动员》一炮走红，赚得盆满钵满。乔布斯正是Pixar的投资人。乔布斯又一次站在了舞台的中心，只不过这一次是好莱坞的颁奖礼。

乔布斯离开苹果的这些年，苹果的股票只留了一股，就是为了能收到苹果的财报。毕竟他对苹果是有感情的。他再次创业，建立了NeXT电脑公司，但是也不成功。苹果公司也过得不顺，市场份额越来越少，也在寻求改变。最后是苹果收购了乔布斯的NeXT公司，乔布斯以这样的方式回到了苹果。刚回来的时候，乔布斯只是顾问，不怎么管事。后来董事会实在忍受不了股票一直下跌，提前赶走了现任CEO，请乔布斯回来掌舵。乔布斯只是答应当临时CEO，一来是要摆一下架子，二来他自己也信心不足。离开苹果公司11年了，苹果不再是那个锐意进取的苹果了，他回来掌舵能力挽狂澜吗？他吃不准。说实话，乔布斯在个人作风上实在是让人不舒服。他自己偷偷把苹果的股票给卖了，造成股价下跌，给董事会造成压力，促使董事会换人，被换下去的那个家伙不气死才怪呢，乔布斯就是这号人。乔布斯还有一项技能，他能滔滔不绝地忽悠你相信他所说的一切，哪怕这都不是真的。不过乔布斯还是有独到的眼光，只要时代给他机会，他就能成功。

乔布斯干的第一件事儿就是收回Mac OS操作系统的使用授权。比尔·盖茨当年建议苹果公司允许其他电脑厂商生产Mac兼容机，比尔·盖茨和INTEL就是这么成功的。当时乔布斯不在苹果公司。苹果曾经授权给两家小厂商生产Mac兼容机，但是卖得很少，赚不了多少钱。乔布斯把授权取消了，因为自己生产硬件和软件可以赚得更多。而且乔布斯始终认为软、硬件应该一起考虑，不能分开。

乔布斯干的第二件事儿就是找到比尔·盖茨，让他给苹果投资。比尔·盖茨跟乔布斯是竞争对手，难道还会帮他不成？你别说，比尔·盖茨还真的帮了苹果一把，很多人可能都想不通。盖茨这时候是世界首富，这个首富的帽子他带了有17年之久。他的Windows95系统卖疯了，他为什么要帮助竞争对手呢？首先是苹果和微软之间是有一大堆官司的。对盖茨来讲，输了官司要赔偿10亿美元，而且打官司本身就要花掉大量的钱。可能大家也都能想明白，大企业之间发生恶性竞争，最后开心的是广告商、媒体和律师行业。

对乔布斯来讲，和微软打专利官司，很可能公司根本撑不到官司打赢的那一天。10亿美元的赔偿是没有意义的。所以他和微软和解了，微软投资苹果1.5亿美元，同时继续帮苹果开发办公软件。微软算算账也是划算的，一方面卖Windows95，另一方面卖Office。留着苹果，赚钱反而更多。

开发布会的时候，乔布斯在下面主讲，投影屏幕上是盖茨巨大的照片，苹果终于活过来了，乔布斯差点哭出来，他对苹果是真有感情。事后他后悔了，不该把盖茨的照片放那么大，显得他自己很渺小，所以说"乔帮主"有时候太过计较。尽管双方达成了和解，但是乔布斯还时不时要奚落一

下比尔·盖茨，要嘲笑一下Windows。Mac电脑连接PC机的时候，PC机的图标是蓝屏死机状态的Windows，可见乔布斯在无关紧要的细节之处都不忘踩微软一脚。

乔布斯下一项工作就是苹果公司绝地反击的拳头产品——iMac，这台电脑非常漂亮，一体化的彩色透明塑料壳子显得那么可爱，哪怕是放在浴缸里，都不会显得不协调，这是乔布斯的要求。新的系统配备了清一色的USB接口。在当时，很多PC机还没有来得及配备USB接口呢，尽管USB标准是PC厂商主导制定的。苹果敢为天下先，再一次引领了风气。苹果还放弃了软盘，软盘的末日已经开始倒计时了，光盘才是当时的标配。总之，苹果的iMac销量大增。从此苹果公司起死回生，走上了良性循环的道路。还抢了不少PC机的份额，很多人第一次买电脑，首选居然是苹果机。当然，盖茨气得够呛，他甚至给记者展示了一台刷了蓝漆的PC机，他觉得iMac不过是老黄瓜刷绿漆——装嫩。换个壳子谁不会啊？可惜其他的电脑厂商怎么也做不到苹果产品那么优雅。

乔布斯希望自己的iMac能够实现光盘刻录，但是当时只有托架式光盘才能实现刻录，乔布斯喜欢吸入式的光盘。因此这事儿就耽误下来了。苹果没能抢得头筹，不过后来还是配备了刻录机。不过现在光盘和软盘都已经被淘汰了，生活里很难见到这种东西了。当时，刻录盘的销量节节攀升，在美国甚至达到了上亿片的销量，我国恐怕销量更多。

乔布斯当时发现很多人喜欢把自己喜欢的音乐刻录到CD上，看来音乐是个不错的好生意。乔布斯从别人那里买了一个音乐播放软件加以改造，这就是后来大名鼎鼎的iTunes。iTunes火了以后，乔布斯又开始打造一台和iTunes配合的音乐播放器。正是这个举动导致了苹果公司的转型。苹果从此就不仅仅是一家计算机公司了。

当时市面上出现了许多MP3播放器，一般来讲闪存8MB，也有16MB的、32MB的，把一些MP3音频导入就能播放，按照压缩率一分钟1MB来计算，播放不了多少曲子，翻来覆去也就几首歌。苹果要做的播放器，起步就是1个GB，用的是1.5寸的微型硬盘，可以存放上千分钟的歌曲。如此一来，如何寻找歌曲就变得很麻烦。因此乔布斯手下的天才设计师又设计出了一个转盘操控机构，只要轻轻一转圈，就可以快速滚动播放列表。乔布斯看见这个东西，非常开心。当时，手下把一大堆零件放在桌子上搞排列组合。到底是插卡的合适，还是全封闭的合适？最后乔布斯敲定了一个组合方案。一帮手下开始偷着乐，把旁边一只倒扣的碗打开，设计师们已经做好了一个样品，就是按照乔布斯的选择搭配制作的。乔布斯的习惯被手下摸得一清二楚，大家都是顶尖的聪明人，谁不知道谁啊？所以，很多优秀的产品设计并不是乔布斯本人搞出来的，是他按照自己的认知、自己的口味选出的一群天才设计出的。划时代的产品iPod由此诞生。

乔布斯当时把iTunes和iPod结合成了一个整体，复杂的操作在电脑上完成，然后同步到播放器里面，这样就不需要在播放器上搞出复杂的功能，保持了整个系统的优雅。乔布斯还凭借他的三寸不烂之舌拉拢了音乐界的各大公司，一起给他的音乐商店捧场。于是，一个完整的生态环境被乔布斯打造出来了。用户从音乐商店买了几首歌曲，可以同步到iPod上听，也可以在电脑上听。但是不能从iPod上转移到别人的电脑上，这是为了防止盗版。

苹果公司对同步概念及其推崇。所有内容都是正版的，从音乐商店购买的音乐只能在某一台电脑或者播放器里播放，在这样的场景之下，乔布斯的一切构想是那么方便、那么简单、那么顺理成章。但是在中国，一切都变得不可理喻。大家已经习惯了把文件导入播放器里，播放器就相当于一个U盘嘛。当年享誉世界的iTunes在中国根本就吃不开。所以，乔布斯不是神仙，他对用户体验的那些执念也未必就是全世界通用的。

乔布斯对外观有极高的要求，他提出iPod要用白色塑料，是那种纯粹的白，要白到圣洁，背后是不锈钢镜面的壳子。两面的对比可以展现出这个产品的优雅的气质。有人拿了一台给比尔·盖茨，盖茨看傻了。谁也没想到，科技产品竟然能这么美。然后盖茨开始担忧，iTunes会出Windows版本吗？为什么不会呢？如果出，微软根本招架不住，其他的音乐播放器厂家也招架不住。

　　其实，后来iPhone的出现也是延续了iPod的模式。硬件、软件、供应商体系，都是苹果公司一手打造的。用户获得了无与伦比的体验感受，iPhone还拉开了移动互联网时代的大幕。

　　2005年，iPod销量大涨。销量达到了2千万台，占了苹果公司营收的45%，是2004年的4倍。当时，苹果想和摩托罗拉合作做一款手机，把iPod的功能整合进去。但是乔布斯实在受不了摩托罗拉的品位。他们搞出来的东西不伦不类。假如手机也用那种转盘的操作方式，那该如何拨号，如何打电话呢？这显然是不合适的。

　　当时苹果在准备研发一款平板电脑，也就是iPad。其实iPad是早于iPhone的，乔布斯决定以触控为基础来设计手机，抛弃iPod的转盘。正巧，微软的一个工程师过50岁生日，他认识乔布斯，也认识盖茨，就把两人都请了。在酒席上，盖茨的脸都快绿了。这位工程师真是知无不言、言无不尽，把微软在研发的很多技术都说出来了。微软也在研发一款平板电脑，这位工程师说，只要一支笔，就能搞定一切，在乔布斯耳边说了不下10次，乔布斯都听烦了。乔布斯认为，用笔操作完全是走错了方向。他下决心要让大家见识一下什么叫平板电脑。最终他拿出了一个多点触控的方案，这个方案还用在了iPhone上。

　　2007年，iPhone发布，所有人都傻了，手机原来可以做成这个样子。能够感知横竖屏，能够多点触控。体验比过去上了好几个档次，iPhone也在全球大卖。

就在2008年，乔布斯的癌症复发了，2003年他就被查出得了胰腺癌。胰腺癌一般来讲，查出来就是晚期，死亡率极高，但是医生们发现，乔布斯得的病叫胰岛细胞瘤，也是胰腺肿瘤的一种。这种肿瘤非常罕见，是可以治好的。医生们甚至兴奋地发出惊呼，乔布斯太幸运了。2004年，乔布斯在拖延了9个月以后，开始接受手术。医生们切除了乔布斯的全部胰脏、大部分的胃和肠道。但是医生们发现肿瘤细胞已经转移到了肝脏，乔布斯还是需要接受放疗、化疗的。假如乔布斯不拖延，很可能不会这么严重，这一次治疗并没有彻底断根。

2008年，乔布斯发布了新手机iPhone 3G。但是引起热议的并不是新手机，而是乔布斯消瘦的身体。癌细胞正在扩散，乔布斯的饮食非常不正常。苹果的股价也开始下跌。苹果公司采取的策略是封锁消息。乔布斯也非常喜欢封锁消息。他们对外只是说，乔布斯内分泌失调，全然没有透露内分泌失调是癌细胞造成的。2009年，乔布斯做了肝移植。在手术休养期间，公司运行还算平稳。

2010年，他慢慢恢复了体力，开始向下一个目标冲击，他在2010年拿出了iPad。也就是在2010年，苹果的市值超越了微软。乔布斯算是赢了，但是盖茨可没输。因为盖茨在此之前就放下了微软公司的担子，开始在慈善事业上发力，盖茨切换赛道了。同样在2010年，地平线上升起了新的威胁，那就是Google的安卓系统。这个看上去简陋而且卡顿的系统日后成了iOS的死敌。乔布斯再一次怒不可遏，指责安卓是抄袭。更要命的是，安卓是个开放的体系，和苹果恰好相反。每一招都打到了苹果的痛处，就仿佛是当年它和IBM-PC的竞争。是开放而碎片化，还是封闭而完整？这的确是个问题。这可能就是所谓的"相生相克"吧。

乔布斯的事情还多着呢，他要和Adobe打嘴仗，因为苹果手机不支持当时如日中天的Flash。iPhone4的发布会引起轰动。苹果店的门口排起了长队。好多人提前在门口搭了帐篷，守候了好几天。乔布斯的威望也达到了顶

峰。接下来乔布斯还要解决iPhone4的"天线门"事件，平息公众的指责。当时云计算已经崭露头角，苹果也不能不参与，于是乔布斯推出了iCloud。当然，乔布斯最关心的是苹果公司的新园区，它的外形像一艘外星飞碟。对这个设计，乔布斯倾注了很大的心血，他是个注重细节的人。

2011年5月，盖茨来到乔布斯家看望乔布斯。乔布斯靠一堆靶向药物支撑着。他看上去非常瘦，但是精神还不错。两个人聊得很开心，从家长里短聊到远程教育，又聊到各种计算机系统。这两个人是斗了一辈子，也合作了一辈子。

2011年7月，癌细胞扩散到了乔布斯的全身。整个夏天，乔布斯的病情在不断恶化。乔布斯意识到一个问题，他再也没法回到苹果当CEO了。2011年8月24日，乔布斯强撑着病体回到苹果公司总部。他让全体高管回避，对着6个外部董事念了一封辞职信，并且推荐库克继任，这封信非常短，但是他准备了好久。乔布斯坐着轮椅在公司里转了转，看了看新研发的产品。董事会成员都来跟他告别。乔布斯永远离开了他一手创建，并且为之付出全部辛劳与智慧的苹果公司。

2011年10月5日，乔布斯去世，终年56岁。他生来就是为了改变世界的，他做到了。乔布斯是我们这个时代的英雄。

苹果公司如今已经登上了世界之巅。但是，如今苹果发布新产品，再也不会有人在苹果店门口熬夜排队了。乔布斯要是在天有灵，大概怎么都想不通，如今占领世界智能手机市场一大半份额的是一堆他听都没听过的中国手机品牌。

这个时代不缺想当英雄的人。从富士康流水线上的打工者，到吃着泡面熬夜写代码的"码农"，再到盼望着财富自由的创业者，是他们撑起了整个互联网时代。只要他们有对未来的渴望，而且愿意付出辛劳与汗水，整个社会就会快速前进。

人类经历了三次工业革命，第四次在哪里发生、以何种形式发生，我不知道。但是我知道，哪里有嗷嗷叫着要进步的人，哪里就有希望。当年英国如此，当年美国如此，现在的中国也是如此。

　　数风流人物，还看今朝！